Uni-Taschenbücher 1733

UTB
FÜR WISSEN
SCHAFT

Eine Arbeitsgemeinschaft der Verlage

Wilhelm Fink Verlag München
Gustav Fischer Verlag Jena und Stuttgart
Francke Verlag Tübingen und Basel
Paul Haupt Verlag Bern · Stuttgart · Wien
Hüthig Verlagsgemeinschaft
Decker & Müller GmbH Heidelberg
Leske Verlag + Budrich GmbH Opladen
J. C. B. Mohr (Paul Siebeck) Tübingen
Quelle & Meyer Heidelberg · Wiesbaden
Ernst Reinhardt Verlag München und Basel
F. K. Schattauer Verlag Stuttgart · New York
Ferdinand Schöningh Verlag Paderborn · München · Wien · Zürich
Eugen Ulmer Verlag Stuttgart
Vandenhoeck & Ruprecht in Göttingen und Zürich

François Vouga

Geschichte des frühen Christentums

Francke Verlag Tübingen und Basel

François Vouga, geboren 1948 in Neuchâtel. Studien der Theologie in Lausanne und Genf. 1973 Assistent von Christophe Senft. 1975 Pfarrer in Genf. 1982 Professor in Montpellier. 1985 thèse de doctorat (bei François Bovon). Seit 1986 Professor für Neues Testament an der Kirchlichen Hochschule Bethel.

Wichtigste Veröffentlichungen: Le cadre historique et l'intention théologique de Jean, 1977, ²1981; L'épître de Saint Jacques, CNT XIIIa, 1984; Jésus et la Loi, 1988; Die Johannesbriefe, HNT 15/III, 1990.

Die Deutsche Bibliothek - CIP-Einheitsaufnahme

Vouga, François:
Geschichte des frühen Christentums / François Vouga. –
Tübingen ; Basel : Francke, 1994
  (UTB für Wissenschaft : Uni-Taschenbücher ; 1733)
  ISBN 3-8252-1733-7 (UTB) kart.
  ISBN 3-7720-2223-5 (Francke) kart.
NE: UTB für Wissenschaft / Uni-Taschenbücher

© 1994 · A. Francke Verlag Tübingen und Basel
Dischingerweg 5 · D-72070 Tübingen
ISBN 3-7720-2223-5

Einbandgestaltung: Alfred Krugmann, Stuttgart
Satz: Nagel, Reutlingen
Druck und Bindung: Presse-Druck, Augsburg
Printed in Germany

ISBN 3-8252-1733-7 (UTB-Bestellnummer)

Pour Paul Etienne, Maren Elisabeth,
Alexandre Gérard et Aline Sophie

Vorwort

Eine Geschichte des frühen Christentums darf sich nicht darauf begrenzen, Konsense zu referieren.

Ein Konsens – auch ein wissenschaftlicher Konsens – ist an sich kein Wahrheitskriterium. Ebenso problematisch ist das wissenschaftliche Ideal der 'Objektivität'. Von einer gewissen Objektivität kann in einem Interpretations- und Rekonstruktionsprozeß wie der Geschichtsschreibung über das frühe Christentums nur insofern die Rede sein, als die Darstellung Rechenschaft ablegt über ihre Voraussetzungen und ihre Methoden. Deshalb sollen zum einen die historischen und hermeneutischen Fragen so explizit gestellt, zum anderen sollen auch die exegetischen Entscheidungen so eindeutig wie möglich getroffen werden, daß der Leser zu einem selbständigen Urteil – auch gegen die Lösungsvorschläge des Verfassers – kommen kann. Die Einseitigkeit, die daraus entstehen kann, läßt sich methodisch insofern rechtfertigen, als die Voraussetzungen und die Vorstellungen, die zugrunde liegen, erklärt werden. Literaturverzeichnisse, die auch auf divergierende Interpretationen und Rekonstruktionen hinweisen, können so ein Gleichgewicht in die Diskussion einbringen.

Wissenschaftliche Entscheidungen sind keine Geschmackssache. Interessanter als die vertretenen Positionen sind deshalb die Argumente und Belege, die dem kritischen Urteil des Lesers unterbreitet werden. Bestandteil einer Rekonstruktion der Geschichte des frühen Christentums ist deswegen auch die kritische Darstellung der erhalten gebliebenen Quellen, der Schwierigkeiten ihrer Auslegung und Auswertung sowie der Vorgehensweise bei der geschichtlichen Interpretation.

Die Hauptgesichtspunkte der vorliegenden Untersuchung sind im Rahmen von Vorlesungen in Montpellier, Neuchâtel und Bethel (Bielefeld) erarbeitet worden. Eine wichtige Rolle haben dabei intensive und regelmäßige Gespräche mit meinen früheren Assistenten und Promovenden Eberhard Schwarz, Philippe Kneubühler und Bärbel Bosenius gespielt. Aber auch die fachliche Diskussion mit Prof. Dr. Hubertus Drobner (Paderborn), Prof. Dr. Henneke Gülzow (Hamburg), Dr. Stefan Alkier (Bonn) und Friedrich Avemarie (Tübingen) sowie der ständige Dialog mit meinem Kollegen Andreas Lindemann in

Bethel haben viel zu der endgültigen Form der Arbeit beigetragen. Der Strukturierung der Themen liegen Interpretationsmodelle zugrunde, die ich zum großen Teil meinen Freunden Dr. med. Jürgen Conrady, Dr. med. Winfried Steinmann und Prof. Dr. Pierre-André Stucki (Lausanne) verdanke. Herr stud.theol. Knut Görge Hasselhoff hat das Manuskript durchgelesen und sprachlich verbessert.

Herr Gunter Narr, Frau Renate Beyer und der Francke Verlag haben die Redaktion von Anfang an mit Rat und Tat begleitet. Allen sei gedankt.

Bethel (Bielefeld), September 1993   François Vouga

Inhalt

TEIL I:
Die wahrnehmbaren Anfänge des frühen Christentums

TEIL III:
Das Ende der apostolischen Zeit:
Die Zeit der apostolischen Literatur

Einleitung

1. Bedingungen und Voraussetzungen für eine Geschichtsschreibung des frühen Christentums

BULTMANN, R.: Das Urchristentum im Rahmen der antiken Religionen, Erasmus Bibliothek, Zürich 1949. – FISCHER, K.M.: Das Urchristentum, Kirchengeschichte in Einzeldarstellungen I/1, Berlin 1985, 34–45. – LÜHRMANN, D.: Erwägungen zur Geschichte des Urchristentums, EvTh 32 (1972) 452–486.

Geschichte, so könnte man denken, ist das Vergangene. Sie stellt sich als eine Folge unbestreitbarer Fakten und Verflechtungen dar. Dadurch entsteht der Eindruck, daß, außer in abgelegenen Winkeln ohne Bildung und Geschichtsbewußtsein, die zivilisierte Menschheit ihre Vergangenheit kennt, beherrscht und bewältigt. Eine Durchsicht der historischen Darstellungen beweist das Gegenteil. Der Historiker spannt sein Netz zwischen einigen Stecknadelköpfen und überschreitet so auf eleganten Brücken die dunkel gebliebenen Stellen.

Natürlich geht die Geschichtsschreibung von Texten und Dokumenten aus. Aber eben diese sind lückenhaft und müssen ausgelegt werden. Der Historiker stellt Informationen zusammen, die ihm sinnvoll erscheinen, er ordnet sie an, um einen Bericht zu verfassen. Er wählt Phänomene, die er Tatsachen nennt. Er gibt ihnen die Form, die ihnen in etwa Rechnung trägt, in bezug auf den Zusammenhang aber und die Perspektiven folgt er seinen eigenen Vorstellungen. Darum muß jede Generation ihre Geschichte neu schreiben. Seine Geschichte erzählen heißt, daß eine soziale Gruppe eine Autoanamnese macht, ihre Identität fixiert und auf die jeweilige Geschichtsschreibung überträgt.

Die Geschichte des frühen Christentums fällt auch unter diese Regel. Mit Recht schrieb F.C. Baur nicht nur ein 'Lehrbuch der christlichen Dogmengeschichte' (1847), sondern auch eine Geschichte der 'Epochen der kirchlichen Geschichtsschreibung' (1852). Trotz der relativen Fülle der Dokumente für einen zeitlich und örtlich begrenzten Rahmen – das Neue Testament und die außerkanonische Literatur des Frühchristentums –, wissen wir nur wenig über die Anfänge und die Entwicklung des frühen Christentums und das Leben der ersten Chri-

sten. Zum anderen – und gerade wegen des Konstruktionscharakters
der historischen Arbeit – ist eine Geschichte des frühen Christentums
kaum anders als eine Dramaturgie der Anfänge des Christentums
denkbar, wobei die Bereitschaft, mit Modellen der Fiktion zu arbeiten,
ein unentbehrliches Moment der historischen Erkenntnis darstellt.

1.1   Die Voraussetzungen der Geschichtsschreibung

Da Geschichtsschreibung immer auf Interpretationen angewiesen sein
wird, bleibt für den Historiker auch immer ein großes Risiko bestehen.
Die Interpretation ist weitgehend von den Voraussetzungen der Untersuchung, von dem Vorverständnis der Auslegung und von den ange-
wandten analytischen Mitteln abhängig. Die einzige Möglichkeit einer
gewissen Objektivität für den Historiker ist, über seine Voraussetzungen und Methoden Rechenschaft abzulegen.

Eine erste, *theologische* Voraussetzung für die vorliegende Darstellung des frühen Christentums ist, daß der Glaube in Freiheit unvor-
eingenommen und kritisch fragen und prüfen kann. Diese Freiheit des
Glaubens äußert sich in der existentiellen Haltung des Humors, denn
die Rekonstruktion der Geschichte der christlichen Überzeugungssysteme und Lebensweisen setzt ein gewisses Maß an selbstkritischer
Distanz des Glaubens voraus. Ihr wird alle Freiheit zugestanden, sich
selbst ohne Furcht und Zittern zu verstehen und zu überprüfen, aber
auch die eigene Geschichte und die eigene Herkunft offen aufzuzei-
gen. Kritik kann den Glauben nicht gefährden – im Gegenteil! Freiheit
zur Kritik, das heißt zunächst Freiheit zur Selbstkritik, ergibt sich
schon immer aus der Freiheit des Glaubens. Darum sollte die Geschichtsschreibung des frühen Christentums von dieser Freiheit unbedingt Gebrauch machen. Der Glaube riskiert nichts, wenn er sich der
Kritik und dem Zweifel aussetzt: Das haben wir spätestens von Blaise
Pascal und Søren Kierkegaard gelernt!

Methodisch muß eine Darstellung der Geschichte des frühen Christentums davon ausgehen, daß die historisch-kritische Forschung und
besonders die Formgeschichte die herkömmlichen Vorstellungen, die
sich an die Konstruktion der Apostelgeschichte stark anlehnen, grundsätzlich in Frage gestellt haben. Das Schema 'Die Urgemeinde in
Jerusalem – Die Hellenisten – Paulus' entspricht der theologischen
Absicht des Lukas, aber auch seinem Vorhaben, die diskontinuierliche

Kontinuität der Missionsgeschichte von Jerusalem bis nach Rom zu zeigen. Dieses Schema läßt sich aber durch die literarische Forschung nicht verifizieren. Deswegen soll diese Geschichtsschreibung des frühen Christentums eine neue Gesamtdarstellung aus den Ergebnissen der Auslegung aller schriftlichen Zeugnisse entfalten. Besonders die neuen formgeschichtlichen und soziologischen Arbeiten sollen dabei berücksichtigt werden. Allerdings enthielt schon die 'Geschichte der synoptischen Tradition' von R. Bultmann (1921) die Absicht, Vorarbeiten für die Rekonstruktionen der Entwicklungsgeschichte der frühchristlichen Gemeinden bereitzustellen.

Sachlich darf die Geschichte des frühen Christentums nicht auf eine Geschichte des 'kanonischen' bzw. 'orthodoxen' Christentums reduziert werden. Auffallend ist, daß die Apostelgeschichte nicht nur das johanneische Christentum (Johannesevangelium, Johannesbriefe und Offenbarung) ignorieren, sondern auch die Trägergruppen der apokryphen Traditionen in Palästina, in Syrien und in Ägypten. Die Entdeckung und die Veröffentlichung der koptischen, nur zum Teil gnostischen Texte der Bibliothek von Nag Hammadi (leicht zugänglich in: The Nag Hammadi Library in English, übersetzt und herausgegeben unter der Leitung von J.M. Robinson, Leiden 1988[3]) vermehren die Quellen für eine Rekonstruktion der Geschichte des frühen Christentums erheblich und beeinflussen auch wesentlich unser Verständnis von ihrer Entstehung. Um die Rekonstruktion der frühchristlichen Zeit also möglichst vollständig und plausibel zu gestalten, soll die gesamte erhalten gebliebene Primärliteratur – eben nicht nur die kanonische – verwertet werden.

1.2   Die Abgrenzung des 'frühen Christentums'

Die Frage bei der zeitlichen Abgrenzung des frühen Christentums ist zunächst: Ab wann kann man überhaupt vom *Christentum* reden, und wann ist die Entwicklung so weit fortgeschritten, daß man nicht mehr von einem *frühen* Christentum sprechen kann?

Die vorliegende Darstellung schließt sich der theologischen und historischen These von R. Bultmann an, nach welcher die Verkündigung Jesu zu den Voraussetzungen des christlichen Glaubens und der frühchristlichen Theologie gehört, und nicht ein Teil dieser selbst ist. Die Begründung dafür ist, daß es einen christlichen Glauben erst gibt,

seit es ein christliches Kerygma gibt, ein Kerygma, das – im neutesta-
mentlichen Verständnis – Jesus Christus als Gottes eschatologische
Heilstat verkündigt, und zwar Jesus Christus als Gekreuzigten und
Auferstandenen. Die Verkündigung Jesu selbst gehört also nicht zur
Geschichte des Christentums, wenngleich die frühen Christentümer in
den Bericht über die Verkündigung Jesu vielfach Motive ihres eigenen
Kerygmas eingetragen haben (R. Bultmann, Theologie des Neuen
Testaments, 1f). Die Jesus-Tradition gehört erst dort zur Geschichte
des Christentums, wo die Rezeption der Paradoxien, Aphorismen,
Sprüche und Taten Jesu die nachösterliche Jesusbewegung kennzeich-
net. Kurzum: Die Geschichte des *Christentums* beginnt mit der Verkündigung der Ostererscheinungen Jesu.

Die Abgrenzung des *frühen* Christentums fällt schwerer. Klare und
allgemeingültige Trennlinien gibt es nicht. Das sogenannte Apostelkonzil (48–49 n.Chr.; Gal 2,1–10; Apg 15,1–35), das im Neuen Testament wegen der direkten und indirekten Präponderanz der Paulusbriefe
und ihrer Rezeptionsgeschichte (in der Apostelgeschichte) eine zentrale, historische Rolle spielt, hatte in Wirklichkeit nur eine begrenzte
Bedeutung für die Geschichte des frühen Christentums: Es betraf nur
die Entwicklung der paulinischen Mission und, am Rande, das Jerusalemer 'Judenchristentum'. Nicht anders verhält es sich mit dem jüdischen Krieg (66–70 n.Chr.). Zugestanden: Die Verschärfung der politischen Krise in Palästina hat in der Logienquelle (Lk 11,49–51; 13,34f)
und in der kleinen Apokalypse des Markusevangeliums (Mk 13,1–37,
besonders Mk 13,14–23) eine beträchtliche theologische Gewichtung
erfahren, und der Rückzug des Judentums auf seine nationalen Tendenzen nach der Zerstörung des Tempels hat ebenfalls Spuren in
judenchristlichen Schriften wie dem Matthäus- und dem Johannesevangelium hinterlassen. Im ganzen genommen läßt sich aber nicht
von einem Ereignis sprechen, das die Geschichte des frühen Christentums besonders geprägt hätte.

Auffälliger ist die Tatsache, daß drei der wichtigsten Gestalten des
Frühchristentums fast gleichzeitig und zufällig kurz vor dem jüdischen
Krieg als Märtyrer gestorben sind: Jakobus, der Bruder des Herrn, 62
n.Chr. in Jerusalem (Josephus, JA 20,200, s.u. Teil I, III.2), und
Paulus und Petrus in Rom (s.u. Teil I, III.1 und Teil II, III.1.1). Mehr
als der jüdische Krieg hat ihr Tod für das Selbstverständnis der Christenheit eine deutliche Zäsur bedeutet, die sich auch literarisch nieder-

geschlagen hat. An die Stelle des persönlichen Wirkens der Apostel
für (oder wider) die Verbreitung des Christentums tritt nun die schriftliche Formulierung apostolischer Lehren in pseudepigraphische Schriften (die deutero-paulinischen Briefe und die Apostelbriefe unter den
Namen von Petrus, Jakobus und Judas). Die Abfassung theologischer
Schriften unter der pseudonymen Autorität der Apostel und die Redaktion der Evangelien in Form erzählerisch abgeschlossener Berichte
über Worte und Taten Jesu markieren ein bestimmtes geschichtliches
Bewußtsein – und dadurch eine Epoche – in der Geschichte des Christentums, die sich klar, wenn auch unter Vorbehalt, abgrenzen läßt.
Die sogenannten apostolischen Väter (zunächst der 1. Clemensbrief,
dann Ignatius von Antiochien) eröffnen eine neue Zeit im historischen
Selbstverständnis des Christentums. Die Apostel werden nicht mehr
als pseudepigraphische Autoren verwendet, sie werden als Autoritäten
zitiert (1 Clem 47,1–4 verweist auf 'den' Brief des Paulus an die
Korinther, Ignatius nennt Petrus und Paulus als die Apostel, die den
Kirchen befehlen durften, IgnRm 4,3). Die Trennlinie zwischen den
apostolischen Schriften (das heißt den Schriften unter dem pseudepigraphischen Namen der Apostel) und den nach-apostolischen Schriften
(das heißt den Schriften der 'apostolischen Väter') scheint daher eine
Abgrenzung des 'frühen' Christentums zu ermöglichen, die sich aus
dem historischen Selbstverständnis des christlichen Glaubens selbst
ergibt. Diese Abgrenzung, die F. Overbeck in 'Über die Anfänge der
patristischen Literatur' (1882) bereits eingeführt hat, ist zwar insofern
problematisch, als sie nicht chronologisch verläuft: Der 1. Clemensbrief wurde wahrscheinlich etwa 90 n.Chr. geschrieben und versandt,
während der 2. Petrusbrief erst in der Mitte des 2. Jahrhunderts entstanden ist. Sie ergibt sich aber aus der Diskontinuität des theologischen Selbstbewußtseins und hat zur Folge, daß einige Formen des
frühen Christentums sich weiterentwickeln, während neue Mutationen
schon wachsen.

Definiert man das frühe Christentum vom Übergang der apostolischen zu den nachapostolischen Schriften aus, fällt die Definition des
frühen Christentums zeitlich mit der Entstehungsgeschichte der neutestamentlichen Schriften zusammen. Dies ist kein Zufall, obwohl der
Zusammenhang nur indirekt ist. Es verweist aber immerhin darauf,
daß ein gewisser Bruch in der Definition des Kanons wahrgenommen
wurde.

2. Literarische Quellen

CAMERON, R.: Sayings Traditions in the Apocryphon of James, HTS 34, Philadelphia 1984. – DAVIES, S.L.: The Gospel of Thomas and Christian Wisdom, New York 1983. – DENAUX, A. (Hrsg.): John and the Synoptics, BEThL 101, Leuven 1992. – EMMEL, S./KÖSTER, H./PAGELS, E.: Nag Hammadi Codex III, 5. The Dialogue of the Savior, NHS 26, Leiden 1984. – KLOPPENBORG, J.S.: The Formation of Q. Trajectories in Ancient Wisdom Collections, Studies in Antiquity & Christianity, Philadelphia 1987. – KÖSTER, H.: Ancient Christian Gospels. Their History and Development, London/Philadelphia 1990, 173–271. – LAYTON, B.: The Gnostic Scriptures. A New Translation with Annotations and Introductions, New York 1987, 376–379. – PEARSON, B.A.: Earliest Christianity in Egypt: Some Observations, in: Pearson, G.A./Goehring, J.E. (Hrsg.): The Roots of Egyptian Christianity, Studies in Antiquity & Christianity, Philadelphia 1986, 132–159. – SELWYN, E.G.: The First Epistle of St. Peter, London 1947[2], 7–38. – WOLTER, M.: Die Pastoralbriefe als Paulustradition, FRLANT 146, Göttingen 1988.

Wenn man von vereinzelten Informationen, die in Inschriften, jüdischen und römischen Quellen überliefert werden (s.u. Teil II, I.1: Die historischen Daten; II,3: Die Trennung zwischen Kirche und Synagoge; Teil III, II,2: Die Verfolgungen) einmal absieht, kommen überwiegend frühchristliche Schriften und frühchristliche Traditionen, die in der gnostischen, der apokryphen und der patristischen Literatur ihren Niederschlag gefunden haben, als Quellenmaterial in Frage. Das Problem der Datierung der frühchristlichen Schriften und die historische Rekonstruktion dieser Zeit hängen unmittelbar zusammen. Der vorliegende Band stützt sich auf folgende Quellen und exegetischen Entscheidungen:

2.1   Literarische Quellen für die Zeit von 30–60 n.Chr.

Die ältesten – indirekten – Quellen sind einerseits die vorpaulinischen Formeln (ausdrücklich als solche gekennzeichnet: 1 Kor 11,23–25 und 1 Kor 15,3–5), andererseits die verschiedenen Überlieferungen der Worte und Taten Jesu (in der Logienquelle und im Thomasevangelium sowie in den Traditionen, die die Evangelien rezipiert haben).

Als literarische Quellen für die apostolische Zeit sind zu nennen:

a) *Die paulinischen Briefe*

Als paulinisch authentisch gelten der Römerbrief, die beiden Korintherbriefe, der Galater-, der Philipper- und der Philemonbrief. Der

erste Brief, der unter dem Namen des Paulus verfaßt wurde, ist der
1. Thessalonicherbrief. 1 Thess 1,1 nennt drei Absender: Paulus, Silvanus und Timotheus, wobei Timotheus in der 3. Pers. im Briefkorpus
erwähnt wird (1 Thess 3,2.6) und Paulus sich explizit in der 1. Pers.
vom sonstigen 'Wir' der Verfasser unterscheidet (1 Thess 2,18; 3,5;
5,27). Es bleibt offen, ob Paulus den Brief, in dem keines der großen
theologischen Themen anderer Briefe angeschnitten wird, selbst geschrieben hat, oder ob nicht vielmehr Silvanus den Hauptteil im Auftrag des Paulus verfaßt hat.

Teilungshypothesen werden nicht vorgenommen. Grund dafür ist,
daß die handschriftliche Überlieferung keinen Beleg für verlorene
Fragmente bzw. für andere Formen als die kanonischen liefert, und
daß Briefsammlungen in der Antike zwar üblich sind (Platon, Cicero,
Seneca, Horaz usw.), nicht aber die Sammlung verschiedener Briefe in
Form eines einzelnen Briefes.

b) *Die Logienquelle*
Unter dieser Bezeichnung wird eine Sammlung von Worten Jesu
(Sprüche, Gleichnisse, Erzählungen) rekonstruiert, die das Matthäus-
und das Lukasevangelium unabhängig voneinander bearbeitet haben.
In welcher Form diese Stoffe überliefert worden sind, kann allerdings
nicht festgelegt werden. Wahrscheinlich haben verschiedene Ausgaben
existiert. Eine erste Fassung ist vermutlich ca. 50 n.Chr. zusammengestellt worden. Ihre Form ist die der weisheitlichen Spruchsammlungen (λόγοι σοφῶν). Jesus wird als Weisheitslehrer vorgestellt,
der seine Unterweisung in Paradoxien und Aphorismen formuliert.
Eine zweite, erweiterte Fassung setzt sich mit dem Mißerfolg der
Mission in Israel und mit der Verschärfung der politischen Krise in
Palästina auseinander. Sie ist aller Wahrscheinlichkeit nach ca. 60
n.Chr. herausgegeben worden.

c) *Die erste Fassung des Thomasevangeliums*
Wir gehen in diesem Band von der Hypothese aus, daß auch das Thomasevangelium in verschiedenen Fassungen existiert hat. Die Ausgabe,
die in der koptischen Übersetzung von Nag Hammadi (NHC II,2)
erhalten ist, setzt wahrscheinlich die Existenz der synoptischen Evangelien voraus und ist vermutlich in der gleichen Zeit wie das Johannesevangelium entstanden (zwischen 90–100 n.Chr.). Sie enthält

teilweise gnostische Elemente, aber auch eine Reihe von Sprüchen, die archaischer und weisheitlicher Prägung sind. Die Entstehungsgeschichte dieser Sammlungen von Sprüchen, Gleichnissen, Erzählungen und Dialogen ist deswegen vermutlich parallel zu derjenigen der Logienquelle anzusetzen: Eine Zusammenstellung weisheitlicher Worte ist bereits ca. 50 n.Chr. in Umlauf gebracht worden. Dabei fällt auf, daß die Fragmente, die POxy 654, POxy 1 und POxy 655 enthalten, eine andere Fassung der Logia 1–7.26–28.36f.39 bezeugen.

2.2 Literarische Quellen für die Zeit 60–80 n.Chr.

a) *Der 1. Petrusbrief*
Der Hinweis auf Verfolgungen bietet keinen Anhaltspunkt für die Datierung (s.u. Teil III, II,2). Viel relevanter ist dagegen die angegebene doppelte Verfasserschaft: Absender ist Petrus (1 Petr 1,1), Briefschreiber aber Silvanus (1 Petr 5,12). Der Brief weist eine enge Verwandtschaft mit dem 1. Thessalonicherbrief auf, so daß Silvanus der Verfasser sein könnte. Es ist gut möglich, daß Silvanus, eine Zeit lang Mitarbeiter der paulinischen Mission, sich an Petrus angeschlossen und den Brief kurz nach dem Tod des Apostels als dessen Testament komponiert hat. Der angegebene Verfassungsort ist Rom (1 Petr 5,13). Es muß indes offenbleiben, inwieweit die in 1 Petr 1,1 erwähnten Provinzen das Itinerar einer petrinischen Mission tatsächlich wiedergeben (s.u. Teil I, III,1).

b) *Der Kolosser- und der Epheserbrief*
Die beiden ersten pseudepigraphischen Apostelbriefe sind zwei Fassungen eines paulinischen Essay-Briefes, das heißt einer kurzen, zusammenfassenden und aktualisierenden Darstellung des paulinischen Gedankengutes. Sie bezeugen, daß es in Asien sowohl Gemeinden gab, die sich weiterhin auf die Autorität des Paulus beriefen, als auch eine theologische Schule, die sein Gedankengut weiterentwickelte. Indizien für eine genaue Datierung gibt es nicht. Man kann nur festhalten, daß der Epheserbrief vom Kolosserbrief literarisch abhängig ist, und die Entstehung des Kolosserbriefes ist erst nach dem Tode des Paulus denkbar.

c) *Das Markusevangelium*
Der hermeneutische Schritt von den Spruchsammlungen (Logienquelle, Thomasevangelium) zum in sich geschlossenen und abgegrenzten

Bericht des Markusevangeliums ist vergleichbar mit der diskontinuier-lichen Kontinuität von den paulinischen Apostelbriefen zu den pseud-epigraphen Paulusbriefen: Sammlungen bleiben *per definitionem* offen und stellen isolierte Worte zusammen, die ihre eigene Form, ihre eigene Bedeutung und ihre eigene Gedankenwelt beibehalten. Dieses Offenbleiben, das auch den dialogischen Charakter eines Briefwechsels kennzeichnet, wird nun eliminiert als man darangeht, Lehren festzu-schreiben, oder Sprüche und Taten Jesu in den Kontext einer erzäh-lerischen Kontinuität, die damit auch ihre Interpretation bestimmt, einzubetten. Beide Vorgänge setzen den Tod der Apostel voraus und bringen den Übergang von der apostolischen zur nachapostolischen Zeit zum Ausdruck.

Entstehungsort und -zeit des Markusevangeliums lassen sich nicht präzis festlegen. Mk 13,1f scheint die Zerstörung des Tempels und der Stadt Jerusalem zu kennen (vgl. Josephus, BJ 7,1), so daß die Redak-tion zu Anfang der 70er Jahre abgeschlossen worden sein könnte. Spätere Traditionen bringen die Abfassung des Evangeliums und die Tätigkeit des Markus einerseits mit Rom und dem Tod des Petrus in Verbindung (Papias, Clemens von Alexandrien, in: Euseb, HE II,15,2; Irenäus, Adv. Haer. III,1,1: Nach dem Tode der beiden Apostel Petrus und Paulus), andererseits mit der Entstehung des Christentums in Alexandrien (Euseb, HE II,16 und ältere lokale Überlieferungen).

2.3   Literarische Quellen für die Zeit 80–100 n.Chr.

Hierzu zählen das *Matthäusevangelium*, das ein Sondergut alter 'ju-denchristlicher' Traditionen rezipiert, den Anfang der Reorganisation des Judentums nach dem jüdischen Krieg voraussetzt und wahrschein-lich in Syrien (Antiochien?) in den 80er Jahren entstanden ist; die Verfassung des *Hebräerbriefes*, möglicherweise in Ägypten, auf jeden Fall nach der Zerstörung des Tempels; des *Jakobusbriefes*, der eine kontroverse Rezeption der paulinischen Theologie voraussetzt, und des sogenannten *1. Clemensbriefes*, eines Briefes der Kirche in Rom an die Kirche in Korinth, vermutlich am Anfang der 90er Jahre; die Komposition des lukanischen Doppelwerkes (*Lukasevangelium* und *Apostelgeschichte*), die ebenfalls Anfang der 90er Jahre in Asien, in Griechenland oder in Rom erfolgt ist; die Entstehung der *Offenbarung des Johannes* in Asien (Ephesus bzw. Patmos) und die erhalten gebliebene Fassung des *Thomasevangeliums*, das mit Nord-Syrien bzw. Mesopotamien (Edessa) in Verbindung gebracht wird.

Literarische und für die Rekonstruktion der Geschichte des frühen Christentums relevante historische Probleme ergeben sich indes für folgende Quellen:

a) *Das Johannesevangelium*

Die im vorliegenden Buch angenommene Hypothese lautet, daß der historische und theologische Kern des Johannesevangeliums die Dialoge und die Reden sind. Logia der Jesus-Tradition sind in Dialoge eingebettet, und die Dialoge ihrerseits sind mit Offenbarungsreden erweitert und kommentiert worden. Der erzählerische Rahmen (Wundererzählungen, Passionsgeschichte) setzt keine Sondertraditionen voraus (Semeia-Quelle), sondern eine johanneische Bearbeitung von Stoffen der synoptischen Evangelien. Die endgültige Version des Johannesevangeliums wurde also erst im Anschluß an die Redigierung des Matthäus- und Lukasevangeliums erstellt. Sie ist aber nicht aus einem Guß entstanden. Der Text weist auf einen Prozeß der Selbsterläuterung in der johanneischen Offenbarungstradition hin: Die zweite Abschiedsrede (Joh 15,1–17,26) kommentiert die erste (Joh 13,1–14,31), und die ersten Ostergeschichten (Joh 20,1–29) sind ergänzt worden (Joh 21,1–23), ohne daß eine Redaktion die inneren Spannungen, die dadurch im narrativen Zusammenhang entstanden sind, geglättet hätte (Joh 14,30f; 20,30f und Joh 21,24f). Daraus muß aber nicht der Schluß gezogen werden, daß das Werk unvollendet ist, sondern vielmehr, daß seine Form dem Selbstverständnis des johanneischen Christentums entspricht. Die *Johannesbriefe* wiederum setzen das Evangelium voraus und sind in der kanonischen Reihenfolge zwischen 100 und 130 n.Chr. geschrieben worden.

b) *Der Dialog des Erlösers*

Eine koptische Übersetzung dieser Schrift ist in der Bibliothek von Nag Hammadi gefunden worden (NHC III,5). Die Schrift besteht aus einem Dialog zwischen dem Erlöser und seinen Jüngern, der durch einen Schöpfungsmythos, einen weisheitlichen Katalog, eine apokalyptische Vision und Unterweisungen unterbrochen ist. Der gesamte Text ist wahrscheinlich in den ersten Jahrzehnten des 2. Jahrhunderts verfaßt worden. Formgeschichtlich betrachtet ist der Dialog eine ältere

Entwicklungsstufe als es die Redenzusammenhänge des Johannesevangeliums sind. Es wurde also vermutlich eine Quelle verarbeitet,
die in den letzten Jahrzehnten des 1. Jahrhunderts entstanden ist.

2.4   Literarische Quellen für die Zeit 100–150 n.Chr.

a) *Der apokryphe Brief des Jakobus*
Das Apokryphon des Jakobus (NHC I,2) berichtet in Form eines Briefes von den geheimen Offenbarungen, die der Erlöser Petrus und
Jakobus 550 Tage nach seiner Auferstehung und kurz vor seiner
Himmelfahrt dargelegt hat. Es enthält Jesus-Traditionen (Gleichnisse,
prophetische Sprüche und weisheitliche Aphorismen) mit teilweise
archaischen Stoffen, die Redaktion stammt indes aus der ersten Hälfte
des 2. Jahrhunderts, wie es die Berufung auf die apostolische Autorität
des Petrus und des Jakobus vermuten läßt.

b) *Die Pastoralbriefe*
Mit diesem Namen bezeichnet man die drei pseudepigraphischen
Paulusbriefe an Timotheus und an Titus, die von Anfang an als dreiteilige Briefsammlung konzipiert worden sind. Sie sind vor dem Hintergrund einer tiefgehenden Kontinuitätskrise der paulinischen Mission
entstanden, und sie lassen bereits eine fortgeschrittene Institutionalisierung der Gemeindeorganisation erkennen. Abfassungszeit und -ort sind
unsicher, aber wahrscheinlich sind sie im Zeitraum zwischen 100 und
140 in Kirchen des paulinischen Missionsgebietes (Achaja, Mazedo-
nien, Asien, möglicherweise in Ephesus) entstanden.

c) *Die Briefe des Ignatius von Antiochien*
Die Sammlung enthält sieben Briefe, die zwischen 110 und 117 n.Chr.
geschrieben wurden, als Ignatius dem Martyrium in Rom entgegen-
ging; Abfassungsorte sind Smyrna (IgnEph; IgnMagn; IgnTrall;
IgnRm) und Troas (IgnPhld; IgnSm; und IgnPol).

d) *Der Judas- und der 2. Petrusbrief*
Der 2. Petrusbrief ist literarisch vom Judasbrief abhängig: Der Judasbrief beansprucht die doppelte apostolische Autorität des Judas, Bruder
des Jakobus (= Bruder des Herrn) gegen Häretiker, und der 2. Petrusbrief versucht, die Autorität des Petrus gegenüber der Gnosis zurückzugewinnen (2 Petr 1,16–18; 3,1). Beide Briefe haben die Form einer

Enzyklika, könnten wegen ihrer Rezeptionsgeschichte in Alexandrien entstanden sein und schließen zwischen 120 und 150 den Korpus der apostolischen Literatur ab.

3. Die Prinzipien der Darstellung

ALKIER, S.: 'Urchristentum'. Zur Geschichte und Theologie einer exegetischen Disziplin, BHTh 82, Tübingen 1993. – KAUFFMAN, S.A.: The Origins of Order, Self-Organization and Selection in Evolution, New York 1993. – MANDELBROT, B.B.: Die fraktale Geometrie der Natur, Basel 1987. – RENSING, A./DEUTSCH, A. (Hrsg.): Natur und Form: Schönheit und Gesetzmäßigkeit rhythmischer Strukturen, Bremen 1992. – THOM, R.: Modèles mathématiques de la morphogénèse, Paris 1980[2]. – WILKEN, R.L.: The Myth of Christian Beginnings. New York 1971, Notre Dame 1980[2].

In Übereinstimmung mit der vorgeschlagenen Definition und zeitlichen Abgrenzung erfolgt die Darstellung des frühen Christentums in zwei Hauptteilen: der erste befaßt sich mit der Zeit der Apostel (also bis zum Anfang der 60er Jahre), der zweite mit der Zeit der apostolischen Schriften (also ab dem Ende der 60er Jahre bis ca. 150 n.Chr.). Beiden Teilen vorangestellt ist eine Untersuchung der wahrnehmbaren Anfänge des Christentums, die eine Rekonstruktion der Ereignisse zwischen Ostern und dem Beginn der paulinischen Mission versucht. Vorgestellt werden zunächst die *beteiligten Personen und Gruppen*, das heißt die Gestalten und Strömungen, die jeweils die Entwicklung des Frühchristentums bestimmt haben. Damit soll ein erster Überblick gegeben werden. Der Abschnitt *Auseinandersetzungen und Trends* befaßt sich mit wichtigen Themen und Konflikten, die die jeweilige Epoche geprägt haben. Unter *Personen und Werke* werden biographische Skizzen und eine kurze Darstellung des theologischen Nachlasses der Hauptgestalten vorgestellt.

Im dritten Teil dieses Bandes wird versucht, das Verhältnis der Jesusbewegungen zur antiken Gesellschaft, Begründungen der frühchristlichen Moral und das theologische Problem der Einheit des Christentums zu thematisieren.

3.1   Das Problem des 'Urchristentums'

Seit dem Ende des 18. Jahrhunderts hat sich der Begriff des 'Urchristentums' als *terminus technicus* durchgesetzt. Er vereint in sich mehrere Bedeutungen, die unterschiedlicher Ordnung sind und getrennt hinterfragt werden müssen. Zeitlich-deskriptiv ist zunächst der Moment des Anfangs gemeint. Mit dem Präfix 'Ur-' wird aber der Anfang zugleich mit einer Wertung verbunden, die Beginn und Wesen des Christentums gleichsetzt. Zwar können die Konnotationen variieren: Der Begriff *Urkirche* betont die Kontinuität von 'Urchristentum' und späterer Kirche, der Begriff *Urgemeinde* enthält dagegen eine institutionskritische Tendenz. 'Urchristentum', 'Urgemeinde', 'Urkirche' setzen aber die Vorstellung eines reinen, unverfälschten Ursprungs voraus, dem gegenüber die spätere Entwicklung als Verfallsgeschichte angesehen werden muß. Solche Werturteile, die dem 'Urchristentum' eine normative Bedeutung verleihen, sind jedoch in einer Untersuchung, die zunächst rein phänomenologisch bleiben soll, unangebracht. In dieser Darstellung wurde deswegen der Begriff 'Urchristentum' konsequent vermieden und durch die neutraleren Bezeichnungen 'Frühchristentum' bzw. 'frühes Christentum' ersetzt.

Der Begriff 'Urchristentum' impliziert nicht nur die Gleichsetzung von Anfang und Wesen und das Auseinanderfallen von Wahrheit und Geschichte. Er enthält auch die Idee vom Zerfall einer ursprünglichen Einheit in voneinander unabhängige Gruppierungen und Häresien. Primär wäre demnach die Einheit, die zum Wesen des Christentums gehörte. Zum einen ist es aber historisch unhaltbar, von einem *einheitlichen* Frühchristentum auszugehen, zum anderen liegt der Idee, daß Einheit der Vielfalt vorzuziehen sei, wiederum ein Werturteil zugrunde. Um der historischen Vielfalt der Jesus-Bewegungen gerecht zu werden, wurde manchmal der Begriff der 'frühen Christentümer' (Plural!) verwendet. Er impliziert keine tiefen Trennungen, sondern weist auf die unterschiedliche Rezeption des Jesusereignisses in den einzelnen Kreisen, die sich gleichermaßen als Christen bekennen, hin.

3.2   Die Geschichte des frühen Christentums als Evolution eines deterministischen Chaos

Geschichtsschreibung kann sich nicht darauf beschränken, Fakten aneinanderzureihen. Vielmehr müssen die Ereignisse und Informationen geordnet und miteinander verknüpft werden. Die Frage ist aber: Unter welchen Bedingungen dürfen einerseits historische Fakten von

literarischen Texten abgeleitet werden, und wie sind Entwicklungslinien aus einzelnen historischen Ereignissen zu ziehen?

Es gibt in der Geschichte Ursachen, die ihre berechenbare Wirkung
haben: So ist es zum Beispiel naheliegend, daß auf die Aphorismen
und Paradoxien der Sprüche Jesu gegensätzlich reagiert wurde: Entweder wurde die Paradoxie abgelehnt und als absurd, anstößig oder
uninteressant empfunden, oder man nahm die Provokation an und
mußte sehen, wie man damit umgehen konnte. Der paradoxe Charakter
der Unterweisung bestimmte in jedem Fall ihre Rezeption. Die Zuhörerschaft wurde vor die Entscheidung gestellt, die in der Paradoxie implizierten Fragen entweder zu verwerfen oder sich bereit zu erklären,
über die menschliche Existenz und über ihr Selbstverständnis vor Gott
weiter und vielleicht anders zu denken.

Ein weiteres Beispiel für voraussagbare Wirkungen ist das Kreuzesereignis selbst. Die Tatsache, daß Jesus am Kreuz gestorben war,
und die Implikation der Osterverkündigung, nach welcher der Auferstandene und der Gekreuzigte derselbe sind, zwangen das Christentum zu einem Verarbeitungsprozeß, durch welchen es verstehen mußte, inwiefern der Gekreuzigte gleichzeitig als der Herr des Glaubens zu
bekennen war, und welche Bedeutung diese Form des Bekenntnisses
haben konnte. Eine eindeutige und allgemeingültige Antwort auf die
Frage der Interpretation des Todes Jesu gibt es zwar nicht. Die Behauptung aber, daß der Herr der Gekreuzigte sei, bestimmt das Selbstverständnis des christlichen Glaubens, und dies ist auf verschiedene
Art und Weise bereits in jeder Entwicklungslinie und in jeder Interpretation des frühen Christentums feststellbar.

Kurzum: Es gibt in der Geschichte durchaus Ereignisse, die untereinander eng verbunden sind und als Ursache und Wirkung interpretiert werden können.

Andererseits gibt es auch Ereignisse, die ohne den Zufall kaum
erklärbar sind. Als Beispiel sei noch einmal auf den dramatischen Tod
Jesu hingewiesen. Die Frage, warum Jesus verhaftet, gerichtet und
gekreuzigt worden ist, läßt sich zwar zum Teil durch verschiedene
theologische, politische und soziale Erklärungen beantworten: Sein
Erfolg beim Volk, der Ärger, den er in bestimmten Milieus des religiösen Judentums verursacht hatte, und die unruhige Situation, die
ohnehin in Jerusalem während des Passahfestes herrschte, sind Momente, die den Ablauf der Passionsgeschichte plausibel erscheinen

lassen. Offensichtlich aber haben diese Erklärungen keinen zwingenden Charakter: Die Aussage, nach welcher Jesus sterben *mußte* (δεῖ,
Mk 8,31), ist eine theologische Auslegung der Geschichte. Rein historisch betrachtet, bestimmte jedoch zum Teil der Zufall den Fortgang
der Ereignisse. Hätte man z.B. nicht gewußt, wo sich Jesus in der
betreffenden Nacht aufhielt, hätte man ihn auch nicht verhaften können, ohne die Reaktionen der Menge, die ihm folgte, befürchten zu
müssen. Vielleicht hätte man gar nicht mehr gewagt, ihn zu verhaften.
Er wäre (jedenfalls vorläufig) nicht gekreuzigt worden, und das Christentum wäre nicht (jedenfalls noch nicht) entstanden.

Kurzum: Logische und kausale Verbindungen können zwar manchmal zwischen verschiedenen Ereignissen hergestellt werden, aber sie
vermögen nicht alles zu erklären. Zufällige Umstände spielen nämlich
oft eine Rolle, allerdings ohne daß man dabei sicher sein kann, daß
jeder Zufall reiner Zufall ist. 'Zufall' ist ein negativer Begriff: Er
impliziert entweder, daß Ursachen noch nicht gefunden worden sind,
daß die Bestimmung von Ursachen unentscheidbar bleibt, oder daß
Entscheidungen bzw. Entwicklungen für willkürlich bzw. für aleato-
risch zu erklären sind.

Ob die Ereignisse, die eine Geschichte der frühen Christentümer
einordnen und interpretieren muß, sich auf benennbare Ursachen
zurückführen lassen oder nicht, und ob dem 'Zufall' entscheidende
Eingriffe einzuräumen sind oder nicht, diese Fragen lassen sich mit
Hilfe dieser beiden Kategorien, nämlich eines Tun-Ergehen-Zusam-
menhangs und der aleatorischen Momente, nicht klären, weil ihre
Beantwortung eine Einfachheit und eine Eindeutigkeit der Phänomene
voraussetzen würde, die nicht vorhanden sind. Die Geschichte der
frühen Christentümer läßt sich auf kein einfaches System zurückführen, und auf jeden Fall gilt hier, wie auch im übrigen Bereich der
Geistesgeschichte, die mathematische Regel, die in der sogenannten
Chaostheorie zur Herstellung eines Modells des 'deterministischen
Chaos' geführt hat: Wenn drei oder mehr Ursachen auf ein Objekt
oder ein System einwirken, dann ist das Ergebnis ihrer Zusammenwirkung unberechenbar und unvoraussagbar. Das bedeutet, daß bestimmte Ursachen eines historischen Phänomens – wenn auch nicht
unbedingt alle – identifizierbar sind, daß sie aber das Resultat, zu
welchem sie geführt haben, nicht notwendigerweise so bewirken
mußten. Sie stellen *notwendige* Voraussetzungen der Evolution, die die

Geschichtsdarstellung zu beschreiben und zu deuten hat, dar, sind aber nicht *hinreichend*, um die Phänomene, die aus ihrer Zusammenwirkung entstanden sind, völlig zu erklären.

Der vorliegenden Darstellung liegt insofern das Modell des 'deterministischen Chaos' zugrunde, als historische Rekonstruktionen vom rekonstruierten Zusammenhang der Voraussetzungen abhängig sind. Diese Voraussetzungen können derart sein, daß textliche Fakten durch andere vorliegende Textphänomene impliziert sind, aber auch derart, daß historische Ereignisse durch Texte oder durch darauffolgende Fakten vorausgesetzt werden. Dadurch kann das bekannte Problem des methodischen Sprunges zwischen der Feststellung von literarischen Fakten und den historischen Rekonstruktionen durch logische Schlußfolgerungen sauber gelöst werden: Historische Fakten sind zu rekonstruieren, wenn sie durch die literarischen Quellen vorausgesetzt sind, das heißt: wenn der Textbestand der Quellen sich erst durch die Rekonstruktion dieser Fakten sinnvoll erklären läßt. Genauso lassen sich Ereignisse erst dann kausal verbinden, wenn sich die vermeintlichen 'Wirkungen' durch die Voraussetzung der angeblichen 'Ursachen' sinnvoll verstehen lassen.

Die Konsequenzen dieses Interpretationsmodells für die Rekonstruktion der Geschichte des frühen Christentums sind die folgenden. Erstens: Die Darstellung, die daraus entsteht, soll und kann grundsätzlich unabhängig von Werturteilen bleiben. Aus Verschriftlichungen bzw. aus späteren Entwicklungen können Geschichte bzw. Vorgeschichte rekonstruiert werden, ohne daß die Evolutionen, die sich dadurch aufzeigen lassen, als Fortschritt oder als Niedergang gedeutet werden dürfen. Die theoretische Freiheit von Werturteilen, die in anderen Zusammenhängen (etwa im Bereich der systematischen Theologie) durchaus relevant und notwendig sein können, ergibt sich zweitens daraus, daß den verschiedenen Entwicklungen des frühen Christentums kein *Plan* unterstellt wird. Die Antwort auf die Frage, ob die Entstehung der Kirche – mit ihren verschiedenen Formen – einem Gottesplan entspricht oder sogar von Jesus gewollt war, ist Glaubenssache. Historisch feststellbar ist nur, daß die Worte und Taten Jesu gewisse Bedingungen erfüllt haben, die zur Voraussetzung für die spätere Geschichte der Christentümer wurden.

Dabei zeigt sich drittens, daß historische Größen ganz unterschiedlicher Dimension wie die Biographie bzw. das Selbstverständnis eines

Individuums und die Entwicklung der Weltgeschichte enge Wechsel-wirkungen aufweisen: Die Voraussetzung dafür, daß das Christentum nicht eine Sekte innerhalb des Judentums geblieben ist – die mit dem Rückzug des Judentums nach 70 n.Chr. wahrscheinlich verschwunden wäre –, liegt zum großen Teil in der Radikalität der Theologie, die Paulus formuliert hat. Die Theologie des Paulus wiederum wäre nicht so radikal gewesen, wenn seine pharisäische Herkunft ihn nicht so stark für die Gesetzesproblematik sensibilisiert hätte. Kurzum: Die Form, die das (westliche) Christentum angenommen hat, ist entschei-dend durch das Selbstverständnis eines einzelnen bestimmt worden.

Zu beobachten ist schließlich viertens, daß eine *Geschichte* des frühen Christentums von einer *Entwicklungsgeschichte* des frühen Christentums insofern zu unterscheiden ist, als erstere die Geschichte zunächst synchron betrachtet, die verschiedenen Stadien der Evolution einzelner Mutationen dann aber diachron beschreibt und interpretiert (ob diese für spätere Entwicklungen des Christentums weiterführend waren oder nicht), letztere dagegen ausschließlich diachron arbeitet und sich nur mit den Mutationen befaßt, die das spätere Selbstver-ständnis des christlichen Glaubens und die spätere Geschichte des Christentums geprägt haben. Für diese zweite Darstellungsweise steht z.B. die in der Apostelgeschichte enthaltene Geschichte der frühchrist-lichen Mission: Historische Sequenzen (die Anfänge der 'Urgemeinde' in Jerusalem; die erste Predigt der 'Hellenisten' von Jerusalem bis nach Antiochien; Missionsreisen des Petrus bis zum 'Apostelkonzil' in Jerusalem; die Missionsreisen des Paulus bis nach Rom) werden im Dienste der heilsgeschichtlichen Vorstellung einer Ausbreitung des Christentums nach Westen funktionalisiert. Mit der 'Urgemeinde' befaßt sich der Autor nur so lange, bis die Apostel bzw. die Brüder aus Jerusalem die Heidenmission stufenweise autorisieren: Die Ge-schichte der Jerusalemer Gemeinde nach dem sogenannten Apostel-konzil ist für die lukanische Geschichtsschreibung kein relevantes Thema mehr. Genauso interessiert sie sich für die Mission der Helleni-sten und des Petrus nur bis zu dem Moment, wo die paulinischen Reisen nach Asien, Makedonien, Achaja und Italien legitimiert sind: Über die späteren Reisen, die Petrus bis nach Rom geführt haben, erfährt der Leser nichts. Gegenstand des historischen Werkes ist in diesem Falle die diskontinuierliche Kontinuität, die das Evangelium bzw. die Predigt des Himmelreiches Gottes von Jerusalem bis nach

Rom führt. Ereignisse, Phänomene und Entwicklungen, die zu dieser geographisch-teleologischen Linie nicht gehören, werden in der Darstellung ignoriert oder notizenhaft im Gesamtzusammenhang bis zur Unkenntlichkeit verfremdet.

Die vorliegende Darstellung der Geschichte des frühen Christentums entscheidet sich dagegen für die erste Anschauungsweise. Sie beschreibt zwar Mutationen, die große Überlebenschancen hatten, und die sich, wie das frühe Christentum der 'Hellenisten', mit ihrem Verständnis des Jesusereignisses und der sich daraus ergebenden Theologie in der Geschichte des Christentums durchgesetzt haben. Sie versucht aber auch Mutationen zu verstehen, die keine Überlebenschancen hatten, obwohl sie eine entscheidende Rolle für die Geschichte der Christentümer des 1. Jahrhunderts gespielt haben. Als Beispiel sei das 'Judenchristentum' des Jakobus und der konservativen Kreise in Jerusalem genannt, das sehr früh jede Relevanz für die Selbstdefinition der christlichen Theologie verloren hat. Ebenso müssen diejenigen Mutationen beachtet werden, die ihre Überlebenschancen zwar früh verloren haben, wie der Radikalismus der Wanderpredigt, die aber indirekt durch das schriftliche Gedächtnis frühchristlicher Texte überlebt und später ihre Bedeutung zurückgewonnen haben: Die Traditionen des sogenannten Wanderradikalismus wurden durch die Redaktion des Markusevangeliums aufgenommen und bearbeitet und dadurch als ein Identifikationsangebot überliefert, das nicht nur im Mittelalter (Franziskus, Valdes) aktuell war.

Auch siegreiche Mutationen sind in ihrer Entwicklungsgeschichte nicht unveränderlich und endgültig festgelegt. Große Überlebenschancen haben sie oft deswegen, weil sie anpassungsfähig sind und imstande, den Gründungsmythos des Jesusereignisses immer wieder zu aktualisieren. Zwischen der 'hellenistischen' Theologie der vorpaulinischen Formeln und der 'hellenistisch'-kirchlichen Vorstellungen der Pastoralbriefe liegen tiefgreifende Veränderungen. Dergleichen Mutationen mutieren. Die Modifikationen, die auftreten, können sowohl als kontinuierliche Entwicklung als auch als unerwartete, radikale Umstrukturierungen erscheinen. Chaotische Prozesse sind langfristig unvorhersagbar, auch wenn die zugrundeliegende Gleichung bekannt ist. Der Grund dafür ist, daß kleinste Störungen in den Anfangsbedingungen im Mittel exponentiell anwachsen und damit zu völlig unterschiedlichen Ergebnissen führen können. Das Phänomen, daß kleine, kontinuierliche Veränderungen plötzlich qualitative Brüche verursachen können, hat die 'Katastrophentheorie' von René Thom gezeigt. Sie versucht, diese extreme Form der diskontinuierlichen Kontinuität logisch nachvollziehbar zu machen und erklärt die Paradoxie, daß gerade die Bemühungen frühchristlicher Gemeinden, Traditionen treu zu überliefern, die Entstehung unerwarteter Varianten des Christentums bewirkt und dadurch ganz neue Mutationen vorbereitet haben.

TEIL I

Die wahrnehmbaren Anfänge
des frühen Christentums

I. Die beteiligten Personen und Gruppen

1. Die Ursprünge des Christentums

BROWN, S.: The Origins of Christianity. A Historical Introduction to the New Testament, The Oxford Bible Series, Oxford 1984. – FISCHER, K.M.: Das Urchristentum, Kirchengeschichte in Einzeldarstellungen I/1, Berlin 1985, 57–63. – GRAß, H.: Ostergeschehen und Osterberichte, Göttingen 1970[4]. – GUENTHER, H.O.: The Footprints of Jesus' Twelve in Early Christian Traditions. A Study in the Meaning of Religious Symbolism, American University Studies VII, 7, New York 1985. – KÄSEMANN, E.: Die Anfänge christlicher Theologie, ZThK 57 (1960) 162–185 (= Exegetische Versuche und Besinnungen II, Göttingen 1964, 82–104). – KLEIN, G.: Die Zwölf Apostel. Ursprung und Gestalt einer Idee, FRLANT 77, Göttingen 1961. – MACK, B.L.: A Myth of Innocence. Mark and Christian Origins, Philadephia 1988, 1–131. – TROCMÉ, E.: Jésus de Nazareth vu par les témoins de sa vie, Neuchâtel 1971. – WILCKENS, U.: Auferstehung. Das biblische Auferstehungszeugnis historisch untersucht und erklärt, Themen der Theologie 4, Stuttgart 1970.

Der älteste Text, der die Anfänge des Christentums bezeugt, und auch der einzige Bericht, der aus den ersten Jahrzehnten der christlichen Gemeinden erhalten ist – die Zusammenstellung und die Bearbeitung der Osterüberlieferungen in den Evangelien und in der Apostelgeschichte sind erst nach dem jüdischen Krieg, i.e. nach 70 n.Chr. erfolgt – ist die Bekenntnisformel, die Paulus in 1 Kor 15,3–7 zitiert:

> Christus ist gestorben für unsere Sünden, nach den Schriften, und er wurde begraben, er ist auferweckt am dritten Tage nach den Schriften, und er erschien dem Kephas, dann den Zwölf. Dann erschien er mehr als 500 Brüdern auf einmal, von denen die meisten jetzt noch leben; einige aber sind entschlafen. Dann erschien er dem Jakobus, dann allen Aposteln.

Nicht so sehr die Entstehungsgeschichte und die theologische Aussage dieser Formel, die zunächst nur aus den beiden ersten Strophen bestand (V. 3b–5), interessieren uns hier als vielmehr Informationen, die sie uns indirekt liefert.

1.1   Die österlichen Erscheinungen Jesu und die Anfänge des Christentums

Den Anfang der Christentümer bilden die österlichen Erscheinungen Jesu. Aus *neutestamentlich-theologischer Sicht* ist das Christentum auf der Osterbotschaft begründet. Die vorpaulinischen Formeln (1 Kor 11,23–26; 15,3b–5; wahrscheinlich Röm 1,3f; 3,25; 4,25; Gal 1,4; Phil 2,6–11) fassen das Selbstverständnis des christlichen Glaubens in dem doppelten Bekenntnis des Todes und der Auferstehung Jesu zusammen. Dabei wurden die Erscheinungen des Auferstandenen als Deutung seines Todes interpretiert, nicht etwa als Deutung seiner Worte und seiner Lehre. Von der Osterbotschaft her wird der Tod Jesu als Heilsereignis verstanden: Jesus ist für uns bzw. für unsere Sünden gestorben. Dieses Verständnis des Christentums haben in seiner konsequentesten und radikalsten Form die paulinischen Briefe entfaltet. Es hat sich aber auch im ganzen hellenistischen und westlichen Christentum durchgesetzt und beherrscht die Sammlung der Schriften, die das Neue Testament bilden.

Phänomenologisch ist die Osterbotschaft aber nicht nur in der hellenistischen Tradition als Gründungsmoment des christlichen Glaubens erkennbar, auch in anderen Strömungen gilt sie als Voraussetzung, die Person Jesu und seine Lehre als Heilsereignis zu verstehen. Nicht immer wurde sie dabei so bewußt thematisiert wie in der vorpaulinischen, paulinischen und nachpaulinischen Entwicklungslinie. Beispiel dafür sind theologische Vorstellungen erster Jesusbewegungen, die in verschiedenen frühchristlichen Schriften in Erinnerung bleiben. Die *Wanderpredigt* des sogenannten 'Wanderradikalismus', der im Markusevangelium mit dem Namen des Petrus verbunden ist (Mk 1,16–20; 10,28–30), und die im Auftrag Jesu die βασιλεία verkündigt, behält ihre Aktualität nur deswegen, weil der Auftrag durch die Ostererscheinungen bestätigt worden ist. Auch der *christliche Rabbinismus* des 'Judenchristentums', der die Antithesen der Bergpredigt (Mt 5,17–48) überliefert und ausgelegt hat, geht von der Anerkennung Jesu als maßgebender Autorität aus. Jesus ist der eschatologische Lehrer, der die jüdische Tora maßgebend interpretiert und interpretieren darf. Die galiläische, *weisheitliche* Tradition, die sowohl im Matthäus- und im Lukasevangelium als auch im Thomasevangelium belegt ist, will nicht nur traditionelle Weisheit vermitteln und die

Aufforderung, danach zu suchen, sondern eine Weisheit, die die Weisheit Jesu ist und sich mittlerweile mit seiner Person identifiziert (Lk 7,35; 11,49). Die Schule des *Lieblingsjüngers*, die die Offenbarungstradition des Johannesevangeliums und später der Johannesbriefe trägt, bekennt sich zu Jesus als dem Offenbarer-Erlöser. Die Botschaft, daß der Vater den Sohn in die Welt gesandt hat, setzt erkenntnistheoretisch voraus, daß er zum Vater zurückgekehrt ist (Joh 12,32).

Kurzum: die Osterbotschaft erscheint in verschiedenen Interpretationen und mit verschiedenen Funktionen als das Gründungsereignis der frühchristlichen Bewegungen.

1.2   Die ursprüngliche Vielfalt

Die österlichen Erscheinungen Jesu sind der Ausgangspunkt *verschiedener christlicher Bewegungen*. Dies wird belegt durch die Liste der Erscheinungen, die in der vorpaulinischen Tradition von 1 Kor 15,3–7 genannt werden. Diese Liste enthält zwei Personenketten: Die erste Kette erwähnt zunächst Petrus, der mit dem Kreis der Zwölf unmittelbar verbunden ist, und dann 500 Brüder. Die zweite Kette nennt Jakobus, den Bruder des Herrn (vgl. Gal 1,19; 2,9) und 'alle Apostel'. Beide Ketten beginnen mit dem Namen einer Hauptgestalt des Frühchristentums, auf die unterschiedliche Gruppen folgen, unter anderem die 'Zwölf' und die Apostel, die voneinander getrennt sind. Diese letzte Beobachtung, die Tatsache, daß die 500 Brüder vor Jakobus und den Aposteln genannt werden, und die enge Verbindung des Jakobus mit Jerusalem und den Erscheinungen des Kephas (s. Lk 5,1–11; Mk 9,2–8) sowie der Verbindung der Zwölf (Mk 14,28; 16,7) mit Galiläa läßt vermuten, daß die zweifache Liste von 1 Kor 15,3–7 nach einem geographischen Prinzip gestaltet ist: Die erste Kette (V. 5–6: Kephas, die Zwölf, die 500 Brüder) überliefert die Tradition von Erscheinungen des Auferstandenen in Galiläa, die zweite (V. 7: Jakobus und alle Apostel) Traditionen von Erscheinungen des Auferstandenen in Jerusalem.

a) *Petrus und die Zwölf* sind die erstgenannten Zeugen. Sie werden auch in den Überlieferungen der Evangelien stets miteinander verbunden. Identität und Funktion der Zwölf variieren von Tradition zu Tradition. In Lk 22,28–30 sollen sie die eschatologischen Richter der zwölf Stämme Israels darstellen. In Mk 6,6b–13 sind sie die Begleiter und die Mitarbeiter der Wanderpredigt Jesu. Die Listen, die die Evangelien (Mk 3,16–19 par.) und die Apostelgeschichte (Apg 1,13) liefern, stimmen nicht überein. Es ist für den Historiker unmöglich, die Mitglieder des Kreises genau zu identifizieren. Bestimmte Namen sind dadurch, daß sie Einzelrollen in den Erzählungen der Evangelien übernehmen, und durch ihre Erwähnung in der sonstigen frühchristlichen Literatur bekannt: Simon Petrus, Jakobus und Johannes, Andreas, Philippus, Thomas, Judas.

Andere bleiben unbekannt, und sie scheinen innerhalb der Listen austauschbar zu sein. Als Gruppe erscheinen sie nur als 'die Zwölf' (bzw. als 'die Elf' in den meisten Osterberichten), und die verschiedenen Traditionen belegen Versuche, die Zwölferzahl durch Hinzufügung einzelner Namen zu erreichen. Darüber hinaus ist zu beobachten, daß der Zwölferkreis überraschend schnell aus dem Blickwinkel des Frühchristentums verschwunden ist. Paulus kennt ihn noch als den ersten Zeugenkreis der Erscheinungen Jesu, erwähnt sie aber nicht mehr im autobiographischen Bericht seines ersten Besuchs in Jerusalem (Gal 1,19).

Diese Tatsache ermöglicht folgende Hypothese: Die Zwölf stellen eine Gruppe der galiläischen Genossen Jesu dar, wobei die Zwölferzahl eine symbolische Bedeutung hat (vgl. die zwölf Stämme Israels, aber auch die zwölf Götter im Olymp, die zwölf Schiffe, die Ajax und Odysseus je führen, die zwölf Werke von Herakles, usw.). Sie setzt an sich nicht voraus, daß die Gruppe tatsächlich aus zwölf Individuen bestanden hat, die sich von den übrigen Genossen Jesu unterschieden hätten. Sie sind vielmehr eine Denkfigur für die Umgebung Jesu, die nach Ostern nicht mehr lange existiert hat, und es gibt keinen Grund, 'die Zwölf' für eine Schöpfung der nachösterlichen Gemeinden zu halten, obwohl sie als Chiffre auch späterhin noch Verwendung fand (unter anderem in der historiographischen Rekonstruktion der Apostelgeschichte, die Vorstellungen der dritten christlichen Generation vertritt).

Der geographische Ort der 'Zwölf' als Genossen Jesu ist Galiläa, nicht Jerusalem. Ihre soziale und theologische Verankerung ist die Wanderpredigt. Die Tatsache, daß 1 Kor 15,5f zunächst Petrus, dann die 'Zwölf' und zuletzt die 500 Brüder nennt, impliziert nicht unbedingt eine Zeitfolge für die Anhängerschaft Jesu. Als erster wird eben ein richtiger Genosse unter den Genossen erwähnt, dann die Chiffre der Genossen, und dann die galiläische Nachfolgerschaft.

Wer alles zu den 500 gehören konnte, wird durch die Jesus-Traditionen belegt: Es waren Leute, die sich mehr oder weniger zufällig zusammengefunden haben, weil sie Jesus in verschiedenen Situationen und an ganz unterschiedlichen Orten gehört hatten, und der einzige gemeinsame Nenner war die Anerkennung einer gewissen Autorität der Worte, Taten und der Person Jesu.

b) *Jakobus, der Bruder des Herrn*, gehörte nicht zu den Genossen Jesu, wie die Traditionen der Evangelien es noch belegen (Mk 3,31–33; 6,3). Mit der Gruppe der 'zwölf' Galiläer hatte er nichts zu tun, obwohl die frühchristliche Literatur ihm eine führende Rolle zuschreibt. Paulus zitiert ihn neben Petrus als eine der Hauptfiguren in Jerusalem (Gal 1,19) und im Bericht des sogenannten 'Apostelkonzils' vor Petrus und Johannes (Gal 2,9). Die führende Rolle überhaupt wird ihm im Thomasevangelium zuerkannt: "Die Jünger sagten zu Jesus: Wir wissen, daß du uns verlassen wirst; wer ist es, der groß über uns werden wird? Jesus sagte zu ihnen: Da, wo ihr hingegangen sein werdet, werdet ihr auf Jakobus, den Gerechten, zugehen, für den Himmel und Erde gemacht worden sind" (EvTh 12 = NHC II,2 34,25–30). Sowohl sein Beiname 'der Gerechte', der seine Erklärung in den Erinnerungen von Hegesippus (= Euseb, HE II,23,4–25) findet, als auch die enge Verbindung, die die beiden Berichte von Gal 2,1–10 und 2,11–14(–21) zwischen Jakobus und den 'Judenchristen' aus Jerusalem herstellen, sowie die Notiz von Apg 12,17 (vgl. 15,13; 21,18), die den heilsgeschichtlichen Schemata der lukanischen Historiographie widersprechen, stellen ihn vor als jemanden, der die leitende Figur der christlichen Gemeinden in Jerusalem und gleichzeitig Vertreter eines Verständnisses des Christentums war, das sich der Beachtung des jüdischen Gesetzes verpflichtet fühlte.

Die Vorstellungen dieses Christentums finden ihren klarsten Ausdruck in der alten Tradition von Mt 10,5b–6. Hier wird das Wirken Jesu als eine prophetische und innerjüdische Bewegung verstanden, und die christliche Mission wendet sich nicht an die Heiden, sondern an die verlorengegangenen Schafe Israels. Kurzum: Die Jesusbewegung soll als eine Reform- bzw. Erneuerungsbewegung des Judentums interpretiert werden – die Vorstellung einer Heidenmission muß hier als eine Fehlinterpretation par excellence abgelehnt werden.

c) *Die Apostel*

In direktem Gegensatz zu dieser nationalen Auffassung des Christentums steht der Begriff der *Apostel*, der in 1 Kor 15,7 zusammen mit dem Namen des Jakobus genannt wird. Der älteste Sprachgebrauch des frühchristlichen *terminus technicus* ἀπόστολος ist in den paulinischen Briefen zu finden, wodurch Paulus sein eigenes Selbstverständnis definiert: Er ist Apostel der Heiden (Röm 1,1; 11,13). Was es für ihn bedeutet, Apostel zu sein, wird unter anderem in 1 Kor 3,4–4,21; 9,1–27 und in 2 Kor 3,4–7,1; 11,1–12,10 theologisch und anthropologisch thematisiert. Der paulinische Sprachgebrauch des Begriffs 'Apostel' setzt eine Minimaldefinition dessen voraus, was das Frühchristentum darunter versteht: Ein Apostel ist von Gott (1 Kor 12,28) oder von einer Kirche (Phil 2,25) gesandt, und seine Existenz ist durch die Mobilität gekennzeichnet. Die Apostelgeschichte verwendet den Begriff, um die Kirchenleitung in Jerusalem zu bezeichnen. Die Apostel werden dabei mit den 'Zwölf' identifiziert (was jedoch in 1 Kor 15,3b–7 gerade nicht der Fall ist), und ihre Funktion ist nicht mehr Mission, sondern eine Garantie für Kontinuität inmitten der Diskontinuität der Missionsgeschichte von Jerusalem bis Rom. Dieser Sprachgebrauch stellt eine neue Entwicklung dar, die erst für die dritte christliche Generation typisch ist. Will man Anachronismen vermeiden, dann paßt der Begriff 'Apostel' nur zu der frühchristlichen Gruppe, die die Apostelgeschichte die 'Hellenisten' nennt (Apg 6,1; 9,29, vgl. 11,20): Es war eine Gruppe von griechisch sprechenden Juden bzw. Judenchristen, die die Entwicklung der ersten christlichen Generation bestimmt hat. Es sind Juden der Diaspora, die entweder für das Passahfest nach Jerusalem gereist sind, oder die beschlossen haben, den Rest ihres Lebens in Jerusalem zu verbringen, um dort begraben zu werden. Auf jeden Fall bilden sie von Anfang an eine eigene Strömung des Frühchristentums. Diese 'Hellenisten' haben Jesus in den letzten Tagen in Jerusalem kennengelernt, seine 'liberale' Haltung dem jüdischen Gesetz gegenüber registriert, wie es die Tradition der didaktischen Dialoge (Schul- und Streitgespräche, s.u. II.1.2) belegt, und von der Erfahrung der österlichen Erscheinungen her verstehen sie seinen Tod als das eschatologische Heilsereignis Gottes. Ihre Verbindungen zur Diaspora und die Rückkehr der Pilger in die großen Städte Ägyptens, Nordafrikas, Asiens, Italiens und Griechenlands erklärt die erste große Verbreitung des Christentums in das ganze Gebiet des Mittelmeeres.

2. Die ersten christlichen Bewegungen

BORING, M.E.: Sayings of the Risen Jesus: Christian Prophecy in the Synoptic Tradition, SNTSMS 46, Cambridge 1982. – CHRIST, F.: Jesus Sophia. Die Sophia-Christologie bei den Synoptikern, AThANT 57, Zürich 1970. – DAVIES, S.L.: The Gospel of Thomas and Christian Wisdom, New York 1983. – DOWNING, F.G.: Cynics and Christian Origins, Edinburgh 1992. – FISCHER, K.M.: Das Urchristentum, Kirchengeschichte in Einzeldarstellungen I/1, Berlin 1985, 64–72, 74–86. – FREYNE, S.: Galilee, Jesus and the Gospels. Literary Approaches and Historical Investigations, Philadelphia 1988. – HENGEL, M.: Zwischen Jesus und Paulus. Die "Hellenisten", die "Sieben" und Stephanus (Apg 6,1–15; 7,54–8,3) ZThK 72 (1975) 151–206. – JACOBSON, A.D.: The First Gospel. An Introduction to Q, Foundations & Facets. Reference Series, Sonoma 1992. – KLOPPENBORG, J.S.: The Formation of Q. Trajectories in Ancient Wisdom Collections, Studies in Antiquity and Christianity, Philadelphia 1987. – KÖSTER, H./ROBINSON, J.M.: Entwicklungslinien durch die Welt des frühen Christentums, Tübingen 1971. – LÖNING, K. Der Stephanuskreis und seine Mission. In: J. Becker u. alii, Die Anfänge des Christentums. Alte Welt und neue Hoffnung, Stuttgart 1987, 80–101. – MACK, B.L.: Lord of the Logia. Savior or Sage? In: Gospel Origins & Christian Beginnings (Fs. J.M. Robinson), Sonoma 1990, 3–18. – MACK, B.L.: The Lost Gospel. The Book of Q and Christian Origins, San Francisco 1993. – PATTERSON, S.J.: The Gospel of Thomas and Jesus, Foundations & Facets. Reference Series, Sonoma 1993. – SCHENKE, L.: Die Urgemeinde. Geschichtliche und theologische Entwicklung, Stuttgart 1990, 69–73, 186–260, 317–347. – THEIßEN, G.: Soziologie der Jesusbewegung. Ein Beitrag zur Entstehungsgeschichte des Urchristentums, ThEx 194, München 1977. – WALTER, N.: Apg 6,1 und die Anfänge der Urgemeinde in Jerusalem, NTS 29 (1983) 370–393.

Die Geschichte der ersten Christentümer läßt sich nicht als eine geradlinig verlaufende Entwicklungsgeschichte rekonstruieren, in welcher neuere Formen sich aus älteren und zum Teil überholten ableiten lassen würden. Die Vorstellung, nach welcher der Wanderradikalismus der ersten Genossen oder der Liebeskommunismus der frühen Gemeinden durch den familiären Liebespatriarchalismus der hellenistischen und paulinischen Kirchen ersetzt worden wäre, ist problematisch, weil sie die Einheit des Ursprungs postuliert, weil sie die verschiedenen Formen und Traditionen des Frühchristentums als Bestandteil einer einzigen Evolution interpretiert, weil sie von einer soziologischen Sichtweise ausgeht, die die theologischen Entwicklungen von den Veränderungen der Lebensformen der Gemeinden und ihrer Umwelt her deutet, und weil diese Evolution implizit als Verfallsgeschichte bewertet wird. Die Geschichte des Frühchristentums besteht vielmehr

aus einer Vielfalt von Erscheinungen und Strömungen, die sich nicht
immer klar einander zuordnen lassen. Ihnen ist jedoch zweierlei gemeinsam: Einerseits sind bestimmte Aspekte des Lebens und der
Verkündigung Jesu Voraussetzungen für ihr christliches Selbstverständnis, andererseits deuten sie das Jesusereignis immer auch von
ihrer jeweiligen kulturellen, intellektuellen, religiösen, geographischen
und sozialen Verortung her. Sowohl die Auseinandersetzungen in den
paulinischen Briefen als auch die innerchristlichen Konflikte in den
Streitgesprächen der Evangelien zeigen, daß sich die verschiedenen
Entwicklungslinien nicht unabhängig voneinander ausgebildet haben.
Diese Abhängigkeit voneinander kann zu Polemik oder zu einer
Selbstdefinition durch Abgrenzung werden. Sie kann sich aber auch
darin zeigen, daß man bewußt gegenseitiges theologisches Gedankengut annimmt, oder daß unbewußt und scheinbar zufällig Parallelitäten
in den jeweiligen Strömungen auftreten.

Auffällig ist in dieser Hinsicht die Aufnahme der Themen des
sogenannten Wanderradikalismus sowohl in die Vorstellungswelt der
hellenistischen Gemeinden der vormarkinischen Traditionen (Mk 1,16–
20) als auch in die weisheitlichen Sammlungen der Logienquelle (Lk
9,57–62; vgl. Mk 6,6b–13 und Lk 10,4–11). Solche Interaktionen
müssen so interpretiert werden, daß bestimmte Formen des Christentums zur Voraussetzung für das Selbstbewußtsein und das Selbstverständnis von anderen geworden sind, und daß die verschiedenen Bewegungen durch diskrete Verhältnisse miteinander verbunden sein
können, was sich in der Gleichzeitigkeit verwandter Phänomene zeigt.
Kontinuitäten bilden sich aufgrund der Diskontinuitäten, die ihren
Niederschlag in der frühchristlichen Literatur finden.

2.1   Die Wanderpredigt der Galiläer

Geographisch betrachtet beziehen sich die Traditionen der ersten
frühchristlichen Wanderpredigt (und des sogenannten Wanderradikalismus) auf die galiläische Tätigkeit Jesu und auf ihre nachösterliche
Weiterführung durch Petrus und seine Genossen. Theologiegeschichtlich geht sie von der Interpretation des Wirkens und der Person Jesu
durch den Begriff der βασιλεία aus: Die Angehörigen dieses
Kreises fühlen sich dazu berufen, die Verkündigung Jesu weiterzutra-
gen. Ihre Ausrüstung, wie sie realistisch in Mk 6,6b–13 und idealisiert

in Lk 10,4–11 beschrieben wird, ist Funktion ihrer Mission: Auf ihren Wanderungen werden sie Häuser finden, in denen sie essen und schlafen können; was sie brauchen, ist ihre Beweglichkeit, einen Stock und Sandalen. Es ist für sie nicht etwa Selbstzweck, arm zu sein und ein asketisches Leben zu führen. Der Verzicht auf soziale und finanzielle Sicherheit durch Arbeit, auf ihre Familie in weiterem Sinne (daß sie ihre Frauen verlassen haben, wird weder in Mk 10,29f noch in 1 Kor 9,5 vorausgesetzt) und auf einen festen Wohnsitz ergibt sich aus ihrer Entscheidung, ihre Existenz für die Predigttätigkeit aufzugeben. Soziologisch betrachtet können die galiläischen Wanderprediger deswegen mit der Wanderpredigt der hellenistisch-kynischen Tradition verglichen werden. "Seinen Unterricht erteilte er (= Antisthenes) in dem Kynosarges, einem Gymnasium nicht weit vor dem Tor, wovon nach einigen die Schule auch ihren Namen bekommen haben soll. Er selbst aber wurde Haplokyon (einfältiger Hund) genannt. Er verdoppelte, wie Diokles berichtet, zuerst seinen alten Mantel und beschränkte sich ganz auf ihn; dazu führte er Stock und Quersack mit sich; auch Neanthes sagt, er habe zuerst den Mantel verdoppelt. Sosikrates aber im dritten Buch der Diadochae bemerkt, der Aspendier Diodoros habe sich zuerst den Bart lang wachsen lassen und sich mit Stock und Quersack ausgerüstet" (Diogenes Laertius VI,13). Der Hintergrund dieser Lebensweise ist bei den Kynikern durch die Grundüberzeugung gegeben, daß, wer alles aufgegeben hat, frei ist. Ihre implizite Anthropologie ist optimistisch: "Sein philosophischer Standpunkt gibt sich in folgenden Sätzen kund: Die Tugend, so führte er aus, sei lehrbar. Adel und Tugend sei ausreichend zur Glückseligkeit und bedürfe nichts als die sokratische Willenskraft" (Diogenes Laertius VI,10f). Die Jesus-Tradition der Wanderprediger geht von einem anderen Menschenbild aus. Die Freiheit ergibt sich nicht aus dem Entschluß des Menschen, sich von allem Überflüssigen zu trennen und sich dadurch von unnötigen Sorgen zu befreien (vgl. Teles, Von der Selbstgenügsamkeit), sondern aus der neuen Wirklichkeit der βασιλεία und aus der Heilung und der Befreiung, deren Zeichen Wunder und Exorzismus sind (Mk 6,13).

Die genannten Parallelitäten machen die Akzeptanz des sogenannten Wanderradikalismus durch die Jesusbewegung historisch plausibel. Daß man auf vieles verzichtet, um sich aufzumachen, eine Wirklichkeit zu vermitteln, die zum Glück führt, hat sowohl in der hellenisti-

schen Popularphilosophie als auch in innerjüdischen Erneuerungs-
bewegungen Entsprechungen. Dabei ist zu unterstreichen, daß eine
Wanderexistenz sich nicht aus Angst oder aus ökonomischer Notwendigkeit heraus ergibt, sondern aus einer Entscheidung, die durch die
Wirklichkeit der βασιλεία veranlaßt und bedingt wurde. Die
Berufungsgeschichten (Mk 1,16–20; 2,13–14) und die Rufe zur Nachfolge (Lk 9,58) entstehen durchaus nicht auf dem Hintergrund einer
Angst vor sozialem Abstieg oder vor einer Veränderung der wirt-
schaftlichen Verhältnisse, sondern auf dem von *stabilitas* einer 'bür-
gerlichen' Existenz. Petrus, der nach Joh 1,44 aus Bethsaida stammte
und nach Mk 1,21.29 in Kapernaum wohnte, war dort verheiratet (Mk
1.29f; 1 Kor 9,5) und arbeitete mit Andreas als Fischer am See von
Galiläa. Johannes und Jakobus, Söhne des Zebedäus, besaßen einen
Fischereibetrieb mit mehreren Mitarbeitern in Kapernaum oder in
Gennesareth (Taricheae). Diese Städte hatten sich auf Fischerei und
Fischräucherei spezialisiert und gehörten zu den reichen Industriestäd-
ten in Galiläa. Der fünfte Jünger, dessen berufliche Herkunft wir
kennen, ist Levi: Er war Zöllner.

Kurzum: Der Grund, weswegen man sich für die Nachfolge entscheiden soll – oder, rezeptionsorientiert betrachtet, sich entscheidet –,
ist nicht die Not, sondern die Entdeckung einer neuen Wirklichkeit,
die die Menschen – gerade auch etablierte Menschen – anzieht.

Daß die Genossen der Wanderpredigt aus dem ländlichen Milieu
Galiläas stammten, ist mit Hilfe von geographischen Daten zu proble-
matisieren. Das Umfeld der Tätigkeit Jesu und seiner Jünger scheinen
weder die hellenistischen *Poleis* (Sepphoris, Tiberias, Taricheae), noch
die Landschaft, sondern die kleinen galiläischen Städte gewesen zu
sein (Lk 10,12–15). Die ländliche Realität drückt sich in der Jesus-
Tradition und ihrer Rezeptionsgeschichte in Bildern und Metaphern
aus. Die Literalisierung dieser Motive verlangt eine gewisse Distanz,
und läßt nicht einen selbstverständlichen Erfahrungsbereich vermuten.

Eine Geschichte des sogenannten Wanderradikalismus der Jesusbewegung und seiner Wanderpredigt ist kaum zu rekonstruieren. Dennoch scheint folgende Hypothese einigermaßen plausibel zu sein:
Petrus und die ersten Genossen sind Jesus durch Galiläa gefolgt,
haben ihn nach Jerusalem begleitet, wie es die Traditionen belegen, in
denen Petrus und Jerusalem gemeinsam genannt werden (Mk 14,32–
42; 14,66–72), und sind kurz nach seiner Verhaftung nach Galiläa

zurückgekehrt, wo der Auferstandene ihnen erschienen ist (Mk 14,28; 16,7). Dort haben sie die Wanderpredigt fortgesetzt. Mit anderen Kreisen der Anhänger Jesu, die in Jerusalem geblieben waren, haben sie offensichtlich die Verbindung aufrechterhalten (Gal 1,19; vgl. Apg 12,17). Welcher Art ihre Beziehungen waren, muß aber noch untersucht werden. Als eigene Bewegung haben sie wahrscheinlich nicht sehr lange bestanden. Die Rezeptionsgeschichte der Traditionen der Wanderpredigt bezeugt vielmehr ihre Assimilation durch andere Entwicklungslinien des Frühchristentums. Einerseits wird ihr Gedankengut in die weisheitlichen Sammlungen (Logienquelle und Thomasevangelium) übernommen und dort bearbeitet, andererseits wird Petrus als Missionar und als Vertreter der galiläischen Genossen Jesu und der 'Zwölf' in die hellenistischen Gemeinden (Antiochien, Gal 2,11–14) aufgenommen und geht als Gründungsmythos in ihre Legenden ein (Mk 1,16–20; 6,6b–13; 10,28–30).

Kurzum: Die Genossen der Wanderpredigt und des sogenannten Wanderradikalismus wurden als symbolische Gründungsfiguren anerkannt. Petrus und wahrscheinlich andere haben ihre wandernde Existenz in neuer Form, unter anderem im Rahmen der Missionsorganisation der Hellenisten, weitergeführt. Über die literarischen Traditionen, die das Thema des Wanderradikalismus aufgegriffen haben, ist es im Bewußtsein des Christentums präsent geblieben.

2.2 Die Anfänge der weisheitlichen Entwicklungslinie in Galiläa

Es fällt auf, daß der Radikalismus, der in den weisheitlichen Sammlungen der Logienquelle und des Thomasevangeliums überliefert ist, zwar einerseits Parallelen mit den Traditionen der Wanderpredigt aufweist, andererseits aber auch, daß sich in diesen Spruchsammlungen eine eindeutige Tendenz zur Idealisierung der Motive des sogenannten Wanderradikalismus feststellen läßt. Der Sitz im Leben dieser weisheitlichen Entwicklungslinie ist nicht wie in Mk 6,6b–13 die Erfahrung und der Realismus der Wanderpredigt, sondern die Vermittlung eines Lehrgutes, das mit dem Namen Jesu verbunden ist, durch ein seßhaftes Milieu, das die Genossen der Wanderpredigt und ihren Ethos als Gründungsmythen und idealisierte Figuren ernstnimmt. Ihre Art, die Aussendung der Jünger zu beschreiben (Lk 10,4–11 // Mt 10,9–14), weist auf andere Fragestellungen als auf die konkreten

Lebensbedingungen der Wanderprediger hin: Das Thema ist weiterhin die Verkündigung der βασιλεία, aber als Bestandteil der Überlieferung der Lehre Jesu. Die pragmatische Ausrüstung der Missionare ist zum Armutsideal geworden, ihre Verhaltensregeln sind aus der prophetischen Tradition übernommen (Lk 10,4 // 4 Reg 4,29), und ihre Mißerfolge werden als ungläubige Ablehnung der göttlichen Weisheit (Lk 10,11; vgl. Sap 19,13–17) interpretiert und verarbeitet. Diese Radikalisierung und gleichzeitige Idealisierung setzt Kreise voraus, die den Radikalismus der Wanderpredigt Jesu zwar auch wahrgenommen, aber nicht in eine eigene Wanderexistenz umgesetzt haben: Diese Anhänger Jesu haben ihre Familien und ihre Häuser nicht verlassen, wie Petrus und seine Genossen. Sie kamen ebenfalls aus den galiläischen Städten (Lk 10,8) und blieben dort auch weiterhin seßhaft. Sie haben die Aphorismen, die Gleichnisse und die Erzählungen Jesu gehört. Sie bildeten die Menge, die sich um ihn versammelte, und das Wirken und die Predigt Jesu wurde in ihren Häusern (durch ihre Kinder? Lk 11,19: "Wenn ich aber in Beelzebub die Dämonen austreibe, in wem treiben eure Söhne sie aus? Deshalb werden diese eure Richter sein") weitererzählt und weitergegeben. Sie haben die Worte Jesu als Weisheitslehre angenommen, und die paradoxe Lebensweisheit, die ihnen von Jesus oder in seinem Namen vermittelt worden war, wurde für sie eine Möglichkeit, ihre Existenz zu verstehen. Sie haben die Predigt Jesu im Rahmen der populären weisheitlichen Vorstellungen begriffen und weiterentwickelt. Durch die Erscheinungen des Auferstandenen ist er als Lehrer der göttlichen Weisheit anerkannt worden, bevor er mit der personifizierten Weisheit identifiziert wurde.

Das theologische Programm dieser Entwicklungslinie des Frühchristentums ist in Lk 11,9–10 gegeben: "Bittet, und es wird euch gegeben werden. Suchet, und ihr werdet finden, klopfet an, und es wird euch aufgetan werden. Jeder nämlich, der bittet, empfängt, und wer sucht, der findet und dem Anklopfenden wird aufgetan werden." Diese programmatische Erklärung findet in EvTh 2 ihr Äquivalent: "Wer sucht, soll nicht aufhören zu suchen, bis er findet; und wenn er findet, wird er bestürzt sein, und wenn er bestürzt ist, wird er verwundert sein, und er wird über das All herrschen" (Variante in POxy 654: "beherrschen und Ruhe finden"). Die Aufforderung, zu suchen, mit der Verheißung, daß, wer sucht, auch findet, ist ein erkenntnistheoretischer Grundsatz der weisheitlichen Spruchsammlungen (Spr

1,28; 8,17; Qo 7,25.28; Sap 6,12–24; Sir 4,12–22; 6,18; EvTh 38; 92; 94; 107). Die 'Ruhe' und die βασιλεία als gegenwärtige, eschatologische Ziele der Entdeckung der Weisheit knüpfen an die gleichen theologischen Traditionen an (Sap 4,7; 8,13.16; 3,1–4; Sir 51,26f bzw. Sap 6,17–20; 10,10.14; Sir 25,2; Tob 13,2; Jub 50,9).

Diese Leute haben Gemeinden in Galiläa gebildet, und ihnen verdankt man zum großen Teil die Bewahrung der Worte und der Geschichten Jesu. Sie haben Sprüche und Erzählungen, die sie selbst gehört hatten oder die ihnen überliefert worden waren, gesammelt, zusammengestellt und weitervermittelt. Verwandtschaften in den archaischen Stoffen der verschiedenen Spruchsammlungen (vgl. zum Beispiel Lk 10,18; 11,20; 12,50 und 17,20f mit EvTh 82: "Jesus sagte: Wer mir nahe ist, der ist dem Feuer nahe, und wer fern von mir ist, ist fern vom Königreich" und 10: "Jesus sagte: Ich habe ein Feuer auf die Welt geworfen, und seht, ich wache über es, bis es sich entzündet") lassen eine frühe Verschriftlichung von Paradoxien und Aphorismen vermuten. Vielleicht wurden manche Worte Jesu schon zu seinen Lebzeiten schriftlich formuliert. So wollte man – zunächst für sich – aufbewahren, was besonders paradox oder einleuchtend schien. Diese Verschriftlichung war die Voraussetzung für die Erweiterung und die Verbreitung der *Logia*. Sie ist einerseits die Bedingung für die spätere Zusammenstellung von größeren Sammlungen, andererseits ermöglicht sie die Verarbeitung und Weiterentwicklung der Stoffe, wie man sie sowohl im Thomasevangelium als auch in der Logienquelle erkennen kann. Durch die schriftliche Fixierung der Notizen entwickelt sich eine Kette von Gedanken, die in thematischen Netzen ihren Ausdruck findet.

Genauso wie die Aphorismen, die Gleichnisse und die Erzählungen Jesu, sind auch die Zusammenstellungen von Sprüchen praxisorientiert: Beobachtungen, Reflexionen und paradoxe Urteile werden aufgeschrieben und tradiert, weil sie helfen, die alltägliche Wirklichkeit zu verstehen und Erfahrungen zu verarbeiten, und weil sie Empfehlungen geben, wie man sein Leben führen sollte. In dieser Hinsicht sind die Aphorismen Jesu der Ausgangspunkt einer Lebensweisheit, die in seinem Namen sich weiter entfaltet. Daraus ergibt sich jedoch noch keine Systematik und kein logisches System: Einzelne Situationsaufnahmen, farbige Lebensskizzen und gelegentliche Verhaltensregeln entwickeln zwar eine moralische Lebensart; die Verbindungen bleiben aber assoziativ, auch wenn eine thematische oder rhetorische Ordnung in bestimmten clusters von Logia erscheinen kann. Der Glaube drückt sich nicht in einem rationalen Überzeugungssystem aus, sondern besteht überwiegend in einem pragmatisch orientierten Lebensstil. Die Perspektive ist die eines sachgemäßen und vernünftigen Verhaltens.

Diese Anhänger der galiläischen Kreise und Gemeinden sind in Galiläa geblieben, wo sie ihr Zuhause und ihre Welt haben. Ob sie Jesus nach Jerusalem begleitet haben, ist fraglich. Sie waren von Anfang an mit den Genossen der Wanderpredigt in Kontakt – manchmal sogar mit ihnen verwandt (Lk 11,19; Mk 1,29–31), und sie haben sie unterstützt, wie die Aufnahme des Gedankengutes des sogenannten Wanderradikalismus in die Spruchsammlungen bezeugt (Lk 9,57–62). Auch mit anderen frühchristlichen Bewegungen, wie den Hellenisten und den Brüdern aus Jerusalem, waren sie in Kontakt, was Berührungen und wechselseitige Einflüsse der Überlieferungen beweisen: Vormarkinische Traditionen haben unter anderem Gleichnisse (Mk 4,3–32) und Erzählungen (Mk 12,1–11) übernommen, und einzelne Sprüche sind dem 'judenchristlichen' Rabbinismus der Brüder in Jerusalem und der Logienquelle gemeinsam (vgl. Mt 5,18f und Lk 16,16). Engere Verbindungen zwischen Galiläa und Jerusalem haben wahrscheinlich Wanderprediger wie Petrus ermöglicht, die in beiden Gebieten präsent und tätig waren (Gal 1,19; Apg 12,17).

Die Ausstrahlung dieser Entwicklungslinie des Frühchristentums hängt mit ihrer literarischen Verbreitung und mit der Entstehungsgeschichte der Spruchsammlungen zusammen. Geographisch betrachtet ist die von ihrem Ursprung her galiläische weisheitliche Tradition früh in Syrien und Ägypten bekannt geworden. Theologiegeschichtlich wurde sie der Ausgangspunkt von zwei Schulen, die zwei Interpretationen der Verkündigung Jesu erarbeitet haben. Die erste ist die Thomas-Schule, die die galiläische, weisheitliche Entwicklungslinie konsequent entfaltet hat: Jesus wird weiterhin als der Weisheitslehrer betrachtet, und die Enträtselung seiner Worte ist der Weg, über welchen die Weisheit zur βασιλεία führt (EvTh 1). Dieses Königreich wird aber genausowenig zeitlich verstanden wie die Weisheit, die Vorbedingung für die eschatologische Ruhe ist. Die βασιλεία ist nicht mit Zukunftserwartungen verbunden, sondern eine gegenwärtige Möglichkeit für den Weisen, zu suchen und zu finden.

Die zweite Schule ist in den späteren Schichten der Logienquelle belegt, die das weisheitliche Erbe apokalyptisch uminterpretiert hat.

Problematisiert und theologisch beurteilt wird der Mißerfolg der christlichen Mission bei den Juden. In der Ablehnung der Weisheit enthüllt sich Israel als das Israel, das die ganze Heilsgeschichte hindurch ungläubig gewesen ist, das die Propheten getötet hat, und das jetzt eschatologisch gerichtet werden wird (Lk 11,39–52; 13,31–35). Diesen Geschichtsvorstellungen entsprechend wird Jesus als der durch die apokalyptische Tradition erwartete Menschensohn anerkannt und bekannt.

2.3 Das 'Judenchristentum' in Jerusalem

Die Apostelgeschichte, die kein Christentum in Galiläa kennt, gibt ausführlich Auskunft über die erste Gemeinde in Jerusalem. Die Informationen sind verschiedener Ordnung. Einerseits ist Jerusalem der Ort, von dem aus die Apostel die Aufsicht über die Verbeitung des Christentums haben und die Kontinuität der Missionsgeschichte in ihrer Diskontinuität legitimieren (Apg 8,14–25; 9,26–29; 11,1–8; 15,1–35). Diese programmatische Vorstellung eines zentralisierten Kollegiums in Jerusalem wird durch einzelne Notizen in der Apostelgeschichte selbst widerlegt (vgl. Apg 11,27–30; 12,16–17) und ist offensichtlich eine heilsgeschichtliche Projektion des Verfassers. Andererseits versucht Lukas, das Leben der 'Urgemeinde' zu rekonstruieren. Dies geschieht in Sammelberichten, die die Darstellung der missionarischen Handlungen der Apostel unterbrechen (Apg 2,42–47; 4,32–37): Lukas hat Motive zusammengestellt, die die Bewahrung der apostolischen Verkündigung (Apg 2,42; 4,32), des gemeinsamen Lebens (Apg 2,46; 4,32), der Gütergemeinschaft (Apg 2,44f; 4,34–37, vgl. 4,32) und der Treue zum Tempel (Apg 2,46) hervorheben. Diese Schilderung ist keine bloße Idealisierung, wie die dramatische Geschichte von Apg 5,1–11 zeigt. Ihre einzelnen Elemente spiegeln aber die lukanischen Vorstellungen wider: Die Normativität der 'Lehre' der Apostel wird anerkannt, Grundstücke und Häuser werden verkauft, die Güter werden verteilt, denn die wahren Schätze sind im Himmel (Lk 12,33–34), und die Christen beten im Tempel, was als Erfüllung sowohl der Schrift als auch der Verheißung Jesu zu verstehen ist (Lk 19,45–46). Unstimmigkeiten ergeben sich darüber hinaus auch daraus, daß Lukas die Beschreibung aus seiner eigenen Erfahrung heraus gestaltet. Das gemeinsame Leben wird entsprechend der sozialen Wirklichkeit der

paulinischen und nach-paulinischen Gemeinden abgebildet. Die Bekehrten der apostolischen Predigt versammeln sich in Häusern, in
denen sie das Abendmahl feiern und miteinander essen (Apg 2,42.46).
Daß man die Häuser nicht verkaufen und gleichzeitig ein gemeinsames
Leben dort führen kann, hat der Verfasser vermutlich deswegen nicht
berücksichtigt, weil sich zwei verschiedene Modelle der Freiheit (die
Gütergemeinschaft als Ausdruck der Einmütigkeit und die Erfahrung
der Häuser als Raum, in dem Gal 3,28 praktiziert wird) überlagert
haben. Eine weitere Unstimmigkeit betrifft die Leitung der Gemeinde,
die entweder nach dem lukanischen heilsgeschichtlichen Schema durch
die Apostel (Apg 4,37; 9,26–29) oder nach dem Muster der jüdischen
Tradition, der späteren – auch westlichen – Kirchen (1 Clem 44,5) und
vielleicht schon früher der judenchristlichen Gemeinden (Jak 5,14)
durch das lokale Kollegium des Presbyteriums (Apg 11,30), oder von
Jakobus und den Brüdern (Apg 12,17) geführt wird.

Daß die "Kirchen in Judäa" (so Gal 1,22, vgl. 1 Thess 2,14: Plural) von einem Presbyterium geleitet wurden, ist vorstellbar und historisch plausibel. Daß es in Jerusalem mehrere Gemeinden gegeben hat,
wie Apg 2,46 und 12,16f voraussetzen, ist auch wahrscheinlich, selbst
wenn Lukas die Organisation der Kirchen in den hellenistischen Groß-
städten auf Jerusalem übertragen hat (vgl. Röm 16,5.16; 1 Kor
16,15.19 usw.). Daß die Kirchen in Judäa in den ersten Jahren des
Christentums eine zentrale Rolle spielten, zeigt sich in ihrer Identifika-
tion mit den verfolgten Kirchen; dies geht aus dem paradoxen Zitat
von Gal 1,23 hervor: Die Kirchen von Judäa haben Paulus nie gesehen, bezeichnen ihn aber trotzdem als denjenigen, der 'uns' verfolgt
hat. Demgegenüber beweist *a contrario* der autobiographische Bericht
des Paulus in Gal 1,12–2,14, daß die Gemeinden in Jerusalem, und
unter ihnen bestimmte Persönlichkeiten, als besondere Autorität anerkannt waren. Der Apostel der Heiden empfindet die Notwendigkeit,
seine Beziehung zu Jerusalem den Galatern gegenüber zu rechtfertigen
(Gal 1,17–24) und seine Unabhängigkeit zu begründen (Gal 1,12–16);
das sogenannte Apostelkonzil findet selbstverständlich in Jerusalem
statt (Gal 2,1–10). Aus dem gleichen Bericht geht hervor, welch
entscheidende Bedeutung Jakobus und die Brüder seiner Umgebung
hatten: nicht nur in Jerusalem (Gal 2,4), sondern auch in Antiochien
(Gal 2,12) und, für die Konkurrenten des Paulus, vermutlich in Galatien. Aus der paulinischen Argumentation läßt sich folgendes ablesen:

Die Hauptfigur in Jerusalem ist in der Tat Jakobus, der Bruder des Herrn. Jakobus hat nicht nur Anspruch auf die Leitung der Gemeinden in Jerusalem, sondern auch Einfluß auf Kirchen außerhalb von Judäa. Diesen Einfluß übt er aus, indem er Brüder von Jerusalem in die neugegründeten Gemeinden schickt, um dort ein 'judenchristliches' Verständnis des Evangeliums durchzusetzen: Entweder sollen die Heidenchristen sich beschneiden lassen (was der Verweis auf Titus Gal 2,3 und Gal 2,4 impliziert), oder die Judenchristen sollen sich als Juden von den Heidenchristen absondern (Gal 2,12f). Wenn Jakobus auch die Macht innehat, so gibt er dennoch nicht allein den theologischen Kurs an: Er ist umgeben von konservativen Beratern, welche Paulus in seiner Darstellung auch deutlich von ihm abgrenzt (Gal 2,4–9). Er hat die Autorität des Bruders des Herrn, und diese wird für theologische Vorstellungen in Anspruch genommen, die durch die sogenannten 'falschen Brüder' bestimmt wird.

Was die Quellenlage für die Rekonstruktion der Geschichte der ersten christlichen Gemeinden in Jerusalem und in Judäa betrifft, so kann man feststellen, daß sich das Bild der 'Urgemeinde' in Jerusalem, das die Berichte der Apostelgeschichte rekonstruieren, zum Teil aus der Systematik der lukanischen Heilsgeschichte ergibt und, wo Lukas sich als Historiker verhält, aus den Vorstellungen von hellenistischen Gemeinden der dritten christlichen Generation. Einzelne Auskünfte sind erst dann zuverlässig, wenn sich Überschneidungen mit anderen Quellen ergeben.

Auf einen zentralen Punkt, nämlich das enge Verhältnis der 'Judenchristen' aus Jerusalem zum Judentum und zum jüdischen Gesetz, wird im Galaterbrief aufmerksam gemacht. Die paulinische Darstellung, die die innere Logik der 'judenchristlichen' Interpretation des Christentums kaum erklärt, resultiert allerdings aus einem kritischen Standpunkt. Diese judenchristliche Interpretation findet ihre Entsprechung im hermeneutischen Programm und in den älteren Stoffen der Antithesen der Bergpredigt (Mt 5,18f.21f.27f.33–35). Auch hier wird der Radikalismus Jesu wahrgenommen, und zwar wiederum in Form von paradoxen Aphorismen: "Jeder, der seinem Bruder zürnt, ist schuldig des Gerichtes", "Jeder, der ein Weib sieht, ihrer zu begehren, hat schon die Ehe mit ihr gebrochen in seinem Herzen", "Ihr sollt überhaupt nicht schwören". Die Radikalität dieser Sprüche besteht darin, daß sie jede Trennung von Äußerlichkeit und Innerlichkeit verbietet und eine absolute

Wahrhaftigkeit verlangt. Diese Sprüche werden unmittelbar durch Erläuterungen kommentiert, die ihre Bedeutung und ihre pragmatische Funktion konsequent modifizieren. Einerseits haben die Kommentare eine kasuistische Form, die die Absolutheit der Sprüche relativiert. Andererseits begründen sie die Aufforderungen Jesu durch Vorstellungen des eschatologischen Gerichtes, die ihnen trotz ihrer metaphorischen Formulierung einen juristischen Charakter gibt. Die Verkündigung Jesu ist der Ausgangspunkt eines christlichen Rabbinismus geworden, der den Radikalismus der Sprüche Jesu mit der Problematik des Gesetzes und dessen Auslegung verknüpft, so daß ihr christlicher Radikalismus sich in einer radikalen Gesetzesauslegung ausdrückt.

Den Kern der Gemeinden in Jerusalem bilden die Angehörigen Jesu (sein Bruder Jakobus, vielleicht sein Bruder Judas, Mk 6,3; Mt 13,55, vgl. Jud 1, und Klopas, Lk 24,18; Joh 19,25, vgl. Euseb, HE III,11; IV,22,4, der ihn unter Vorbehalt für einen Onkel des Herrn hält). Sie haben das Passahfest in Jerusalem gefeiert und haben Jesus in Jerusalem 'entdeckt'. Sie sind dort nach dem Tode und nach den Ostererscheinungen Jesu geblieben, und zwar in Kreisen von Neubekehrten, die ihre neue Umgebung gebildet und ihr Verständnis des 'Jesusereignisses' geprägt haben. Wegen Jesus haben sie sich eigentlich zu einer neuen Form des Judentums 'bekehrt'. Die Gemeinden, zu denen sie gehören, bleiben dem Tempelkult verbunden (Mt 5,23f!), verbinden die Überlieferungen der Verkündigung Jesu mit den klassischen Themen des Gesetzes und des Kultes, und halten an den jüdischen Abgrenzungsgeboten der Beschneidung und des Sabbats fest. Sie beachten die Tischreinheit, was auch ein *novum* in der Geschichte der Jesusbewegungen darstellt, und fasten (Mt 6,16–18). Ihr Christentum erscheint als ein christlicher Pharisäismus und versteht sich als eine innerjüdische Reformbewegung. Gegen die Verbreitung des Evangeliums außerhalb des Judentums haben sie sich hartnäckig gewehrt (Mt 7,6; 10,5b–6) und Missionare erst gesandt, um dem Verlust der jüdischen Identität des Christentums entgegenzuwirken (Gal 2,12; Phil 3,2).

2.4   Die Hellenisten in Jerusalem und Antiochien

Die Apostelgeschichte unterscheidet in der Gemeinde von Jerusalem zwei Kreise, die durch ihre Sprache gekennzeichnet sind. Eine Gruppe wird durch die zwölf Apostel geführt. Die andere besteht aus den 'Hellenisten'. Der Begriff ἑλληνιστής, der sich von ἑλληνί-ζειν = griechisch sprechen, ableiten läßt, bezeichnet entweder griechischsprechende Juden (so in Apg 9,29, wo Paulus nach seiner Bekehrung mit ihnen in Konflikt gerät) oder griechischsprechende Judenchristen (so in Apg 6,1). Jede Gruppe, das heißt, der Kreis, der sich um die 'Apostel' sammelt, und die Hellenisten (= die griechischsprechenden Christen), hat ihre eigenen Treffpunkte, und die Hellenisten versammeln sich in ihren jeweiligen Synagogen (Apg 6,9). Jede Gruppe erfährt auch ihre eigene Entwicklung. Sehr früh werden die Hellenisten verfolgt (Apg 6,8–8,1; 8,2–3, diese Verfolgung trifft aber die 'Apostel' nicht, Apg 8,1). Die Ursache dafür sieht der lukanische Verfasser in der Tempelkritik, die er aus dem Tempelwort von Apg 6,14 (// Mk 14,58) ableitet und in der sogenannten Stephanusrede thematisiert (Apg 7,2–53). Die Folgen dieses ersten Konfliktes sind die Zerstreuung der Hellenisten in die Landschaft von Judäa und von Samarien (Apg 8,2) und die Verkündigung des Wortes in Samarien (Apg 8,4 und 8,5–40). Das Christentum verbreitet sich so, daß es in Damaskus Christen geben kann (Apg 9,2.10: Hananias). Die Hellenisten ziehen nach Phönizien, Zypern und Antiochien (Apg 11,19–20), von wo aus Hilfe für die sich in einer Hungersnot befindliche jerusalemitische Gemeinde organisiert und geschickt wird (Apg 11,27–30).

Das Problem der Existenz von zwei verschiedenen Gruppen in Jerusalem löst die Apostelgeschichte durch ihre Hierarchisierung: Ein Kreis wird dem anderen untergeordnet, oder, präziser, die führenden Figuren der Hellenisten, die 'Sieben' (Apg 6,5), werden den 'Aposteln' untergeordnet. Die 'Wahl' der Sieben geschieht unter der Leitung der Zwölf (Apg 6,3–5), die sie legitimieren (Apg 6,6). Ihre Aufgabe ist kontrafaktisch so verteilt, daß die 'Sieben' für die Versorgung der Witwen (Apg 6,1f) und die 'Apostel' für den Dienst des Wortes zuständig sind (Apg 6,4) – obwohl Apg 6,8–7,60 vom Zeugnis und von der Rede des Stephanus und Apg 8,5–40 von der missionarischen Tätigkeit des Philippus berichten. Die Mission der Hellenisten geschieht aber unter der Aufsicht der 'Apostel' (Apg 8,15), die den Geist an die Täuflinge der Hellenisten vermitteln (Apg 8,15f).

Seit F.C. Baur besteht in der Forschung ein relativer Konsens: Die 'Sieben' waren in Wirklichkeit keine den 'Zwölf' unterstellten Armenpfleger, sondern die Vertreter einer selbständigen Gemeindegrup-

pe. Die parallele und kontroverse Entwicklung der beiden Kreise erklärt sich dadurch, daß die sprachliche Verschiedenheit notwendig und
rasch zu einer Spaltung des Gottesdienstes führen mußte, oder, was
plausibler ist, daß es unter den Anhängern Jesu von Anfang an verschiedene Gruppen gab. Sowohl die Liste der 'Sieben' als auch die
einzelnen Personen, die sie nennt, werden außerhalb der Apostelgeschichte nicht erwähnt. Einzige Ausnahme: Philippus, dessen Name
auch unter den 'Zwölf' gefunden wird (Mk 3,18; Apg 1,13, vgl. Euseb, HE III,39,9). Selbst die Figur des Stephanus ist sonst unbekannt.
Die Darstellung seines Martyriums besteht aus Topoi, die aus der
Passionsgeschichte stammen (Apg 6,13bf // Mk 14,55–58; Apg 7,56f
// Mk 14,62 // Lk 22,69; Apg 7,59 // Lk 23,46; Apg 7,60 // Lk 23,34),
und seine deuteronomistische Rede (Apg 7,2–53) ist wahrscheinlich
eine lukanische Fiktion. Genauso problematisch ist die heilsgeschichtliche Stellung, die den 'Hellenisten' zwischen der Verkündigung der
'Zwölf' in Jerusalem (Apg 1,15–5,42) und den Anfängen der Heidenmission (Apg 9,1–19, vgl. V. 15) eingeräumt wird. Historisch ist, daß
die Entwicklungsgeschichte des Frühchristentums ohne eigenständige
Gruppen von griechischsprechenden und hellenistisch gebildeten Anhängern Jesus nicht verständlich ist, daß diese Hellenisten ein profi-
liertes Verständnis des Todes und der Auferstehung Jesu vertreten
haben, daß ihre Christologie mit einer Gesetzesauslegung verbunden
war, die sie in Konflikte gebracht hat, und daß sie als erste das Evangelium außerhalb von Palästina verkündigt haben. In dieser Hinsicht
ist die Notiz von Apg 11,19–20 historisch plausibel: Die Pilger der
Diaspora, die für das Passahfest nach Jerusalem gekommen waren,
sind nach Hause zurückgekehrt und haben das Christentum während
ihrer Heimkehr von Synagoge zu Synagoge verbreitet. Zu bezweifeln
ist nur, daß sie das Wort ausschließlich Juden verkündet haben (Apg
11,19), was offensichtlich dem lukanischen Schema entstammt.

Was das Jesusereignis für die Hellenisten bedeutet hat, läßt sich
erst aus seiner Wirkungsgeschichte und aus der Rezeptionsgeschichte
ihrer Traditionen rekonstruieren. Zur Wirkungsgeschichte der frühen
hellenistischen Entwicklungslinie gehören die Auseinandersetzungen
der Hellenisten mit dem Judentum. Diese Auseinandersetzungen sind
u.a. durch die autobiographischen Berichte des Paulus belegt, der von
seiner Verfolgungstätigkeit erzählt (Gal 1,13.23; Phil 3,6), die sich
nicht in Judäa abgespielt hat (Gal 1,22), sondern wahrscheinlich in

dem Gebiet der ersten hellenistischen Zentren (Damaskus, Gal 1,17). Warum Paulus die 'Kirchen' verfolgt hat, ist aus den Berichten nicht direkt zu erfahren, wohl aber aus der gesamten Problematik der autobiographischen Skizzen in Gal 1,12–2,14(-21) und Phil 3,2–14. Der Grund der Verfolgung scheint dort mit der Veranlassung der Bekehrung des Apostels identisch zu sein. Die Verfolgung der Kirchen ist in Phil 3,6 als Beleg für sein eiferndes Verhältnis zum Gesetz angegeben (Phil 3,4f), und der Erkenntnisgewinn, den seine Bekehrung bedeutet, bezieht sich unmittelbar auf die Verbindung der Gerechtigkeit, die er suchte, mit dem Gesetz (Phil 3,8f). In Gal 1,12.16 werden die Umstände seiner Bekehrung nicht erklärt. Seine Berufung als Apostel der Heiden (Gal 1,16) wird auf eine Offenbarung Christi zurückgeführt, die erst in Gal 2,20 in ihren Konsequenzen thematisiert wird: Nicht mehr er lebt, sondern Christus lebt in ihm, was sich darin zeigt, daß er nicht mehr durch die Werke des Gesetzes, sondern durch den Glauben seine Rechtfertigung bekommt (Gal 2,15–19).

Diese autobiographischen Erläuterungen des Paulus führen zu dem ersten Ergebnis, daß Christen im geographischen Bereich der ersten Mission der Hellenisten verfolgt worden sind, weil sie sich nicht mehr entsprechend dem jüdischen Gesetz verhalten haben. Die Existenz von Kontroversen zwischen den 'Hellenisten' und dem (hellenistischen) Judentum in Jerusalem wird durch eine Notiz der Apostelgeschichte bestätigt, die mit der lukanischen Darstellungsweise konkurriert: Stephanus, dem angeblich die Armenpflege anvertraut worden ist (Apg 6,1–6), erweist sich als in der christlichen Mission öffentlich tätig (Apg 6,8) und gerät deswegen in Konflikt mit hellenistischen Synagogen.

Die Vorstellung, die aus der Wirkungsgeschichte der Tätigkeit der ersten Hellenisten entsteht, ist die folgende: Das Jesusereignis bedeutete für diese hellenisierten Juden eine Revidierung ihres Verständnisses von Gott und von seinem Gesetz, was sie zu offenen Konflikten mit anderen, vielleicht 'konservativen' hellenisierten Juden führte. Hier muß aber präzisiert werden: Die Juden, mit denen sich die christlich gewordenen Hellenisten auseinandersetzen mußten, gehörten zu dem sozialen und religiösen Milieu, aus dem sie selbst stammten und kamen. Die 'Hellenisten' – ob sie Juden geblieben waren oder ob sie sich zum Christentum bekehrt hatten – waren Juden der Diaspora, die entweder als Pilger für das Passahfest nach Jerusalem gereist waren, oder sich entschlossen hatten, den Rest ihres Lebens in Jerusalem zu verbringen, um dort auch begraben zu werden. Wirtschaftlich und kulturell war Judäa für sie wenig attraktiv. Ihre Motive waren religiös und sind in ihrer Verbundenheit mit dem Tempel und mit dem jüdischen Gesetz zu finden. Liberale Tendenzen in der Gesetzesauslegung des hellenistischen Judentums sind gut belegt (Philo; Test XII; Arist., usw.). Nichts läßt aber darauf schließen, daß sich die christlich gewordenen Hellenisten unbedingt dazu zählten. Ihre Präsenz in Jerusalem läßt vielmehr vermuten, daß sie sich nicht als liberal verstanden. Daraus muß man wahrscheinlich schließen, daß die Parallelitäten zwischen der hellenistisch-judenchristlichen und der 'liberalen' hellenistisch-jüdischen Gesetzesauslegung die Plausibilität des neu gewonnenen Überzeugungssystems und die mögliche Akzeptanz der dazugehörenden Hermeneutik aufzeigen. Der Grund der 'liberalen' Haltung der christlichen Hellenisten gegenüber dem Gesetz liegt jedoch nicht in ihrem hellenisierten Vorverständnis des Jesusereignisses, sondern ist als Folge ihrer Begegnung mit Jesus und der Entdeckungen, die daraus resultierten, zu erklären.

Diesem historischen Vorgang entspricht die logische und argumentative Struktur der Traditionen, in denen sie ihr Gesetzesverständnis und ihre Hermeneutik formuliert haben. Ihre Freiheit gegenüber dem Sabbat, den Reinheitsgeboten und den jüdischen Festen begründen sie weder aus der Schrift selbst noch im Namen eines aufgeklärten Menschenverständnisses, sondern durch die formale Autorität Jesu, wie es die vormarkinischen Streitgespräche beweisen (Mk 2,15–28; Mk 7,1–23). Sein Wort gibt die neuen Verhaltensnormen vor, die als Gemeinderegeln rezipiert sind, und seine eigene Freiheit gilt als Vorbild. Die Radikalität drückt sich aber nicht nur in der Infragestellung der jüdischen Abgrenzungsgebote, sondern auch in der Verschärfung der ethischen Forderungen des Gesetzes aus. Diesen beiden Tendenzen einer Relativierung und einer Radikalisierung finden ihre Kohärenz und gleichsam ihr hermeneutisches Programm im Kommentar des paradoxen Aphorismus von Mk 7,15: "Nichts gibt es, was von außerhalb des Menschen in ihn hineinkommt, das ihn verunreinigen kann; sondern diejenigen Dinge, die aus dem Menschen herauskommen, sind es, die den Menschen verunreinigen." Dieser Spruch Jesu, der an sich den Aphorismen der Antithesen der Bergpredigt vergleichbar ist, wird so ausgelegt, daß die Reinheitsgebote in ihrem literarischen Sinne für ungültig erklärt werden (Mk 7,18f), daß ihre Beachtung durch die Pharisäer und Schriftgelehrten Heuchelei ist (Mk 7,6–13), und daß ihr eigentlicher Sinn ein metaphorischer, ethischer ist (Mk 7,20–23, die die Form eines Lasterkatalogs haben). Kurzum: Die Hellenisten haben genauso wie die anderen frühen christlichen Entwicklungslinien den Radikalismus der Jesus-Traditionen rezipiert, diesen Radikalismus genauso wie der judenchristliche Rabbinismus mit der Frage der Gesetzesauslegung in Verbindung gebracht, aber in einer entgegengesetzten Richtung.

Wie das Jesusereignis diese Hermeneutik einer 'liberalen' Auslegung der zeremoniellen Gebote und gleichzeitig die Hermeneutik einer rigorosen Interpretation der moralischen Gesetze begründen kann, läßt sich von den hellenistischen Bekenntnisformeln her begreifen. Mit Hilfe von verschiedenen Denkmodellen (der Loskauf von Sklaven, Mk 10,45; der Opferkult, Röm 3,25; der neue Bund, 1 Kor 11,25, usw.) wird der Tod Jesu als das eschatologische Ereignis für die Vergebung der Sünden verstanden (1 Kor 15,3: "Christus ist für unsere Sünden gestorben"). Die doppelte Folge ist, daß die Soteriologie christologisch besetzt ist und daß das Gesetz infolgedessen als moralische Forderung gedeutet wird. In einer ähnlichen Weise ließe sich die Tempelkritik (Apg 6,8–7,53) erklären: Ein Tempel, der nicht von menschlichen Händen gebaut ist (das heißt: die Autorität des Auferstandenen), hat den irdischen aufgelöst (Mk 14,58 // Apg 6,13bf).

Fassen wir zusammen: Die Hellenisten sind Jesus in Jerusalem begegnet, wohin sie aus der Diaspora und aus den hellenistischen Städten des Mittelmeergebietes gekommen waren, um das Passahfest zu feiern. Was sie erlebt haben, sind die letzten Tage Jesu. Sie sind Zeugen gewesen von seinen letzten Auseinandersetzungen mit den Pharisäern und anderen Predigern in Jerusalem, von den letzten Zeiten der Tischgemeinschaft, von seinem gewaltsamen Tod und von den Osterereignissen. Sie sind dann nach Hause zurückgefahren und haben die Botschaft der Heilsereignisse, das heißt der Sündenvergebung, die in Tod und Auferstehung geschehen war, in ihre Synagogen gebracht. Ihr Ort ist selbstverständlich nicht der Tempel, sondern es sind die griechischsprechenden Synagogen der Diaspora und die Häuser, in denen sie die Tischgemeinschaft weitergepflegt haben. Die Einsetzungsworte des Abendmahls, die nur in hellenistischen Traditionen belegt sind (1 Kor 11,23–26 // Mk 14,22–25), die sich vom Griechi-

schen nicht in eine semitische Sprache zurückübersetzen lassen und
die eine Thematisierung des Todes Jesu als Heilsereignis voraussetzen,
sind aller Wahrscheinlichkeit nach eine Bildung der Hellenisten, die
die Tradition der Tischgemeinschaft als nachösterliches Gedenken an
den Tod Jesu in einer kultischen Form fortführen.

Die hellenistischen Gemeinden sind die Basis für die weitere
christliche Mission geworden. Wanderprediger sind unterstützt und
Missionare von einer Stadt zu anderen gesandt worden (vgl. 2 Kor
3,1; 10,12). Ihre Erfolge hatten die größte Wirkung auf die Entwicklung des Frühchristentums. Die Missionare haben nicht nur Juden der
Diaspora, sondern offensichtlich auch Heiden (Gal 2,11–14) für ihre
Predigt gewonnen. Diese Verbreitung des Evangeliums hat den sozialen Charakter des Christentums verändert: Das Frühchristentum wird
mehrheitlich zu einer städtischen Bewegung der hellenistisch-römischen Gesellschaft. Sie hat auch zu einer Radikalisierung der Konflikte
mit den 'Brüdern' in Jerusalem geführt. Diese Auseinandersetzung
zwischen verschiedenen Christentümern drückt sich einerseits in
Warnungen (Mt 7,6; 10,5b–6) und eschatologischen Urteilen (Mt
5,18f), andererseits durch die Weiterentfaltung der Schul- und Streitgespräche (Mk 2,15–28; Mk 7,1–23; Mk 10,2–45) aus, die den hellenistischen Standpunkt christologisch begründen und formalisieren. Die
Erscheinung von heidenchristlichen Gemeinden (so zum Beispiel
Thessalonich, 1 Thess 2,14) wird den Zustand einer minimalen Anerkennung (Mt 5,19: der "geringste im Himmelreich") zu der Diskussion einer möglichen Anerkennung überhaupt führen.

II. Auseinandersetzungen und Trends

1. Die Problematik des Gesetzes in der Jesus-Tradition

BANKS, R.: Jesus and the Law in the Synoptic Tradition, SNTSMS 28, Cambridge 1975. – BERGER, K.: Die Gesetzesauslegung Jesu. Ihr historischer Hintergrund im Judentum und im Alten Testament I: Markus und Parallelen, WHANT 40, Neukirchen 1972. – DIETZFELBINGER, C.: Die Antithesen der Bergpredigt, ThEh 186, München 1975. – HÜBNER, H.: Das Gesetz in der synoptischen Tradition, Witten 1973. – KLOPPENBORG, J.S.: Nomos und Ethos in Q, in: Gospel Origins & Christian Beginnings (Fs. J.M. Robinson), Sonoma 1990, 35–48. – VOUGA, F.: Jésus et la Loi selon la tradition synoptique, Le monde de la Bible, Genève 1988.

In mehrerlei Hinsicht sind die textlichen Daten paradox. Einerseits stellt die Gesetzesproblematik ein zentrales Thema der Jesus-Tradition dar. Andererseits läßt sich keine einheitliche Position beschreiben und, wenn man vom theologischen Programm späterer Sammlungen absieht (Mt 5,17–20; Mk 7,18–23), fällt die Ungrundsätzlichkeit der Stellungnahmen zu Einzelproblemen auf. Von der Jesus-Tradition läßt sich keine Theologie des Gesetzes ableiten, die den Ursprung, die Wirkungsabsicht und die Interpretation seiner Forderungen begründen und eindeutig festlegen würde. Darüber hinaus läßt sich feststellen, daß die Auseinandersetzungen um die Frage des Gesetzes in bestimmten Textcorpora und in der literarischen Form bestimmter Gattungen (Streitgespräche bzw. didaktische Dialoge, Antithesen) konzentriert sind. Solche Diskussionen fehlen in den alten Spruchsammlungen (Logienquelle, Thomasevangelium) und befinden sich fast ausschließlich in den hellenistischen Traditionen des Markusevangeliums und im matthäischen Sondergut.

Dieser Befund erklärt sich dadurch, daß das Problem des Gesetzes eigentlich kein zentrales Thema der Verkündigung Jesu bildet, sofern es nicht zu den Voraussetzungen der verschiedenen frühchristlichen Entwicklungslinien gehört, sondern daß seine Thematisierung bestimmte Kreise und Strömungen des frühen Christentums kennzeichnet, die ihre Rezeption des Jesusereignisses damit formuliert haben.

1.1   Das Gesetz in den alten Sammlungen der Worte Jesu

Auffallend ist zunächst, daß die ältesten Sammlungen der Aphorismen, Gleichnisse und Dialoge, das heißt der Verkündigung und der Lehre Jesu, keinen einzigen Bezug auf das Gesetz nehmen. Nicht nur der Begriff, sondern auch die Sache bleibt den in der Logienquelle und im Thomasevangelium zusammengestellten Stoffen fern. Und wenn νόμος in der Verarbeitung der Überlieferung erscheint, dann ist er heilsgeschichtlich gedacht (Lk 16,16.17). Im ersten der zwei betreffenden Sprüche wird der Begriff νόμος im Ausdruck 'die Propheten und das Gesetz' verwendet. Die Aussage, nach welcher die Propheten und das Gesetz bis Johannes galten (Lk 16,16a), kommentiert und leitet ein archaisches Logion ein, das Johannes und Jesus als zwei parallele Figuren nahtlos betrachtet: "Von den Tagen des Johannes bis jetzt wird dem Gottesreich Gewalt angetan, und Gewalttäter rauben es" (Lk 16,16b). Die βασιλεία ist bereits mit Johannes in Verbindung gesetzt und wird als in seiner Zeit schon vorhanden betrachtet. Sie bestimmt eine Lebensart (nach Lk 7,31–34: der Freiheit), die Opfer der Gewalt wird (Parallele Lk 13,32: "Siehe, ich treibe Dämonen aus heute und morgen, und am dritten Tag werde ich vollendet"). Der V.16a interpretiert von einer nachösterlichen Perspektive her christlich um: 'Die Propheten und das Gesetz' stehen für die Schrift, die als Epoche gedacht ist und als solche der βασιλεία gegenübergestellt wird.

Die Perspektive wird durch den zweiten Spruch ergänzt: "Bis der Himmel und die Erde vergehen, wird nicht ein einziger Strich des Gesetzes vergehen" (vgl. EvTh 11), womit nicht das *novum*, sondern die Kontinuität der Heilsgeschichte betont wird.

1.2   Die Streitgespräche und die Antithesen

Die Frage der Gesetzesauslegung ist in zwei literarischen Zusammenhängen zum Thema der Jesus-Tradition geworden. Der erste besteht aus den sogenannten Streit- und Schulgesprächen (oder didaktischen Dialogen) des Markusevangeliums: Mk 2,1–3,6; 7,1–23; 10,1–12; 11,27–12,37. Der zweite ist der Block der Antithesen der Bergpredigt (Mt 5,17–48). Dies zeigt, daß das Gesetz nur dadurch ein Thema der Jesus-Tradition geworden ist, daß christliche Bewegungen das Jesusereignis im Rahmen konkurrierender Hermeneutiken rezipiert und gedeutet haben. Wenn die Auseinandersetzung um das Gesetz nicht zur Verkündigung gehört, dann zu den Anlässen der ersten Glaubensstreitigkeiten der frühen Christentümer.

Auffallend ist der konservative Charakter der jeweiligen Argumentation. Weder im matthäischen Sondergut noch in den markinischen Streitgesprächen handelt es sich bei der Auseinandersetzung um das Gesetz um die Entfaltung eines neuen Überzeugungssystems. In beiden Fällen wird die hermeneutische Reflexion dazu verwendet, alte Fronten zu verteidigen. Das bedeutet nicht, daß das Jesusereignis, wie es in diesen frühen Christentümern rezipiert worden ist, kein neues Verständnis des Gesetzes gebracht hat, sondern vielmehr, daß die anhand des Jesusereignisses neu gewonnenen Einsichten gegenüber divergierenden Interpretationen erläutert, bestätigt, legitimiert und begründet werden müssen.

Die argumentative Struktur der *didaktischen Dialoge* bestimmt ihre möglichen Funktionen und die Grenzen ihrer Überzeugungskraft. In Mk 2,15–28 wird die Freiheit gegenüber den Abgrenzungsgeboten des Judentums (bzw. des Judenchristentums) christologisch begründet. Jesus ist nicht gekommen, um Gerechte zu rufen, sondern Sünder, was der Tatsache entspricht, daß nicht die Gesunden, sondern die Kranken einen Arzt brauchen, und was die Tischgemeinschaft mit Sündern und Heiden begründet (Mk 2,15–17). Parallel lautet es: Der Bräutigam ist bei seinen Söhnen, so daß sie nicht fasten können (Mk 2,18–22). Und weiter: Der Menschensohn ist Herr auch über den Sabbat, was der Auffassung entspricht, daß der Sabbat wegen des Menschen da ist, und nicht der Mensch wegen des Sabbats, und was die Praxis eines Christentums begründet, das die Sabbatgebote für überholt hält (vgl. Kol 2,16). Die Autorität der Christologie wird jeweils vorausgesetzt und gilt regelmäßig als Grundlage der Argumentation. Dabei fällt aber auf, daß sie eine bestimmte Interpretation des Jesusereignisses impliziert, die nicht thematisiert wird, und daß die hermeneutischen Konsequenzen, die daraus gezogen wurden, sachlich unbegründet bleiben. Der Sachverhalt ist in Mk 7,1–23 nicht anders. Die Inszenierung und der Anlaß der Auseinandersetzung sind mit dem in Gal 2,11–14(–21) berichteten Zwischenfall in Antiochien genau parallel. Der paradoxe Aphorismus, nach welchem nicht verunreinigen kann, was von außen in den Menschen hineinkommt, sondern was aus ihm

herauskommt (Mk 7,15), begründet die Aufhebung der Reinheitsgebote (Mk 7,18f) und ihre metaphorische Auslegung im Sinne einer
ethischen Umfunktionierung (Mk 7,20–23). Die Argumentation ist erst
deswegen stichhaltig, weil die Autorität Jesu sowohl den Wahrheitsanspruch des Spruches des V. 15 als auch seine doppelte Auslegung
legitimiert. Der Dialog kann nur die Funktion einer Verstärkung und
einer Entfaltung des bereits angenommenen Überzeugungssystems
haben. Die alttestamentlichen Texte, die sowohl in Mk 2,23–28 als
auch in Mk 7,1–23 zitiert sind, reichen nicht aus, um eine Übereinstimmung mit den vertretenen Thesen hervorzurufen.

Kurzum: Eine einzige Argumentation wird als Begründung der
angegebenen Verhaltensregeln regelmäßig angeboten, und zwar das
Autoritätsargument einer bestimmten Auffassung der Christologie.
Hellenisierte Judenchristen, die die LXX verwenden (vgl. Jes 29,13
LXX in Mk 7,6f) und die das Jesusereignis soteriologisch so verstehen, daß es sie von den zeremoniellen Geboten des Judentums befreit
hat, haben auf die jüdischen Abgrenzungsgebote verzichtet und mit
den Heidenchristen problemlos Tischgemeinschaft geübt, wie es die
Hellenisten von Antiochien vor dem Besuch der Gesandten des Jakobus getan hatten (Gal 2,11–14).

Positive Regeln werden im moralischen Bereich mit der gleichen
Argumentation begründet. Lebens- und hermeneutische Regeln sind gegeben, die sowohl die Anerkennung der Autorität der Christologie als
auch eine bestimmte Interpretation des Jesusereignisses und seiner Konsequenzen implizieren. Die schriftliche Diskussion in Mk 10,2–9 überzeugt nur den, der Jesus blanko recht gibt und bereit ist, seine Autorität
als Legitimation der in Mk 10,9 formulierten Regel zu verstehen.
Ebenso verhält es sich im Dialog über das erste Gebot (Mk 12,28–34):
Durch die Autorität Jesu wird eine Hermeneutik als christlich-normativ
eingesetzt, die der hellenistisch-jüdischen Apologetik entnommen ist:
Das ganze Gesetz läßt sich mit den Begriffen der Frömmigkeit bzw.
der Gerechtigkeit und der Philanthropie zusammenfassen. Der Konsens
mit dem hellenistischen Judentum wird durch die Übereinstimmung
zwischen Jesus und den Schriftgelehrten unterstrichen. Neu ist allenfalls
der Verweis auf die Schriftstelle von Lev 19,18, die als allgemeines
ethisches Prinzip eine Schlüsselrolle im hellenistischen Judenchristentum innehat (Röm 13,9; Gal 5,14; in Jak 2,8 kritisch problematisiert),
und die den Wortlaut des zweiten Gebotes wiedergibt.

Der konservative Charakter der Argumentation, der sowohl in ihrer Form als auch in ihrem Ziel besteht, bereits angenommene Werte und Gesichtspunkte zu erläutern und zu verteidigen, ist auch für die *vormatthäische Gesetzesauslegung* und für die Warnungen, die damit verbunden sind, typisch. Mt 7,6 warnt vor der Verbreitung des Evangeliums unter die Heiden. Der hermeneutische Standpunkt ist durch die implizierten Werturteile vorausgesetzt: Was heilig ist, soll nicht den Hunden und Schweinen gegeben werden. Der Ton ist sarkastisch und hat seine Entsprechung in Mk 7,19. Die Form des negativen Imperativs sowohl in Mt 7,6 als auch in Mt 10,5bf weist darauf hin, daß die Heidenmission bereits begonnen hat. Die Begründung ist auch in Mt 7,6 selbst negativ: Das 'Judenchristentum' sieht die Gefahr, daß die richtige – jüdische – Erbschaft des Christentums aufgrund der Heidenmission verlorengehe. In Mt 10,5bf kommt diese Perspektive ebenfalls zutage: Die Wahrnehmung der eigentlichen Mission des Christentums besteht darin, zu den verlorenen Schafen Israels zu gehen (vgl. 1 Kön 22,17; Jer 50,6). Die polemische Ablehnung der Heidenmission geht nicht von einem grundsätzlichen Verzicht auf eine christliche Mission aus. Sie versucht vielmehr, an der klassischen Vorstellung der Mission der Propheten festzuhalten. Das 'Judenchristentum' der vormatthäischen Traditionen versteht sich als Reformbewegung innerhalb des Judentums, wobei die Aufforderung Israels zum Gehorsam die eschatologische Barmherzigkeit Gottes gegen die Heiden allenfalls vorbereitet. Insofern ist die Betonung der Themen des Widerstandes des pharisäischen Judentums gegen die Hellenisierung und die Beachtung seiner Abgrenzungsprinzipien die Voraussetzung für die Mission (auch für die Weltmission) des Christentums: die Bewahrung der rituellen Reinheit (Mt 7,6), die Trennung von den Heiden (keine Tischgemeinschaft, vgl. Gal 2,11–14), die weiter bestehende Gültigkeit der Gebote der Beschneidung (Gal 2,1–10) und des Sabbats (vgl. Kol 2,16). Das hermeneutische Prinzip findet sich in Mt 5,19: Betont wird die Gültigkeit des ganzen jüdischen Gesetzes, und dies polemisch gegenüber liberalen Tendenzen, sofern jene, die anderes machen und zu tun lehren, eschatologisch disqualifiziert werden. Begründet wird dieses Gesetzesverständnis durch die rabbinische These, nach welcher Schriftgelehrte und Pharisäer auf Moses' Stuhl sitzen, und daß alles, was sie sagen, Pflichtcharakter hat (Mt 23,2f; vgl. Mt 23,23).

Die Gesetzesauslegung, die sich daraus ergibt, ist in den *Antithesen* belegt. Paradoxe Aphorismen Jesu sind innerhalb einer Kasuistik rezipiert worden, die ihre Bedeutung und ihre Funktion modifiziert: Sie sind zu ethischen Normen geworden, die als Regeln interpretiert und in den jeweiligen Situationen angewendet werden sollen. Das Ergebnis ist, daß der Radikalismus Jesu als Prinzip und als Tendenz aufrechterhalten wird, daß er aber durch die Auslegung abgeschwächt worden ist, um realisiert werden zu können. Die kasuistische Entfaltung mißt die Forderung des Gebotes an der Erfahrung der Realität, und die Kommentierung ist eine Form der Anpassung, wie es die Konstruktion der 1. Antithese veranschaulicht. Das Verbot, seinem Nächsten zu zürnen, wird einerseits durch die Auflistung von Einzelfällen in seinem absoluten Charakter relativiert und durch die Aufforderung, sich zu versöhnen, implizit für als solches nicht anwendbar erklärt (Mt 5,21–26): Die kasuistische Entfaltung scheitert an der Realität, was zu einer Weiterentwicklung der Kasuistik führt. Durch die Form der Antithesen sind andererseits die paradoxen Aphorismen Jesu mit der Problematik der Gesetzesauslegung in Verbindung gebracht worden. Die Sprüche Jesu sind als Stellungnahmen zur Interpretation der alttestamentlichen Gesetze und zu ihrer kontroversen Rezeption innerhalb des Judentums überliefert.

Kurzum: Der Radikalismus Jesu ist dadurch zum Gesetzes- bzw. zum Gehorsamsradikalismus geworden. Durch die Treue zur Jesus-Überlieferung sind die Worte der Jesus-Tradition so umfunktioniert worden, daß sie eine christliche Variante der Gesetzesfrömmigkeit begründen und legitimieren.

Diese Gesetzesauslegung des 'Judenchristentums' entspricht der hellenistischen Hermeneutik der markinischen Streitgespräche insofern, als sie auf einer Interpretation der Christologie basiert, die sowohl die Rezeption der Worte und Taten Jesu als auch die Auslegung des alttestamentlichen Gesetzes bestimmt. Hier wie da liefert die Christologie das Autoritätsargument, das das ganze Überzeugungssystem begründet. Wie dies im 'judenchristlichen' Kreis möglich wurde, ist aus den christologischen Implikationen der Kreuzigungslegende von Mt 27,51–53 ersichtlich. Der Tod und die Auferstehung Jesu werden apokalyptisch als Inthronisierung des Erwählten und des eschatologischen Richters gedeutet (vgl. äthHen 1,3b–9; 51,1–5). Insofern wurde Jesus als der eschatologische Interpret des Willens Gottes im

Hinblick auf die Vorbereitung Israels auf das nahe Gottesgericht verstanden.

Der Bezug auf das Gesetz hat nicht die Funktion, ein *novum* des Christentums zur Geltung zu bringen. Die Fragestellung 'Jesus und das Gesetz' ist vielmehr in der Verarbeitung des Jesusereignisses im Rahmen vorausgesetzter und vorgegebener Vorstellungen entstanden. Die Gelegenheit dazu wurde durch die Glaubensstreitigkeiten gegeben, die hellenisierte Kreise des frühen Christentums und die 'judenchristlichen' Gemeinden verbunden haben. Den beiden Bewegungen ist nicht nur die Form der Argumentation gemeinsam, nämlich die Verstärkung und die Erläuterung der eigenen Überzeugungen von einer Deutung der Christologie her, die als Autoritätsargument fungiert, sondern auch die hermeneutische Fragestellung, unter welcher das Problem des Gesetzes auftaucht. In beiden Bewegungen geschieht dies unter dem Aspekt der Gesetzes*auslegung*. Die grundsätzliche Gültigkeit des Gesetzes und sein verbindlicher Charakter für das Christentum sind sowohl in den hellenistischen Dialogen als auch in den Antithesen unumstritten. Strittig ist vielmehr die hermeneutische Frage seiner Interpretation. Jede Bewegung steht in einer Auslegungstradition, die die Rezeption des Jesusereignisses und die Wahrnehmung ihrer Bedeutung für das christliche Selbstverständnis bestimmt.

Wenn die tatsächliche Autorität des Gesetzes als anerkannt gilt, dann ist aber dennoch umstritten, *was* Gesetz ist. Weder in den hellenistischen Dialogen noch in den 'judenchristlichen' Traditionen läßt sich der Begriff des Gesetzes mit der alttestamentlichen Schrift identifizieren. Die Gebote bestehen jeweils aus einer besonderen Rezeption alttestamentlicher, jüdischer und hellenistischer Traditionen. Das 'Judenchristentum' gesteht dem mündlichen Gesetz der rabbinischen Tradition die gleiche Autorität zu wie dem schriftlichen Gesetz. In dieser Hinsicht ist Mt 23,2f eine christliche Formulierung des hermeneutischen Prinzips von Aboth 1,1: "Mose empfing die Tora auf dem Berge Sinai, überlieferte sie Josua, Josua den Ältesten, die Ältesten den Propheten und die Propheten überlieferten sie den Männern der Großsynode. Diese sprachen drei Dinge aus: Seid bedächtig beim Rechtsprechen, bildet viele Schüler aus, und errichtet einen Zaun um die Tora." Die Konsequenz ist, daß nicht nur die Tora, sondern auch ihre Auslegung normativ ist. In einer anderen Perspektive verhält es sich in den hellenistischen vormarkinischen Traditionen nicht anders.

Die Forderungen des in der LXX gelesenen biblischen Gesetzes werden einerseits auch von einer bestimmten Hierarchisierung der Gebote her ausgelegt (vgl. Mk 12,28–34, aber auch Mk 10,19). Andererseits ist aber das Gesetz der didaktischen Dialoge mit der 'Schrift' ebenfalls nicht identisch. Zum einen gelten die zeremoniellen Gebote des Alten Testaments als überholt. Zum anderen werden Topoi der hellenistischen Moralphilosophie als 'Gesetz' behandelt. Ein Beispiel dafür sind die Laster- und Tugendkataloge (Mk 7,20f), aber auch das Schema der sogenannten Haustafeln (Kol 3,18–4,1; vgl. Mk 10,1–45).

Eine Diskussion um die grundsätzliche Autorität der Forderungen des Gesetzes und um die anthropologische Problematik, die damit verbunden ist, ist nicht im Blick, und dies weder in der 'judenchristlichen', konservativen Auslegung noch in der hellenistischen, 'kritischen' bzw. aufklärerischen Entwicklungslinie. In ihrer Radikalität erscheint die christliche Dialektik des Gesetzes und des Evangeliums erst in der paulinischen Brieftheologie.

2. Die Rezeption des Radikalismus Jesu

BERGER, K.: Die Gesetzesauslegung Jesu. Ihr historischer Hintergrund im Judentum und im Alten Testament I: Markus und Parallelen, WMANT 40, Neukirchen 1972. – BETZ, H.-D.: Studien zur Bergpredigt, Tübingen 1985. – BETZ, H.D.: Nachfolge und Nachahmung Jesu Christi im Neuen Testament, BTHh 37, Tübingen 1967. – BRAUN, H.: Spätjüdisch-häretischer und frühchristlicher Radikalismus. Jesus von Nazareth und die essenische Qumransekte II: Die Synoptiker, BHTh 24, Tübingen 1969[2]. – JACOBSON, A.D.: Proverbs and Social Control. A New Paradigm for Wisdom Studies, in: Gnosticism & the Early Christian World (Fs. J.M. Robinson), Sonoma 1990, 75–88. – SANDERS, E.P.: Jesus and Judaism, Philadelphia 1985. – SCHENKE, L.: Die Urgemeinde. Geschichtliche und theologische Entwicklung, Stuttgart 1990, 157–185. – STRECKER, G.: Die Bergpredigt. Ein exegetischer Kommentar, Göttingen 1985[2].

Trotz der verschiedenen Formen, die die Rezeption der Jesus-Tradition in den verschiedenen Entwicklungslinien des frühen Christentums übernommen hat, spielt der Radikalismus Jesu eine entscheidende Rolle, und dies in jeder der rekonstruierbaren Bewegungen. Zweierlei läßt sich dabei feststellen: Einerseits ist das Paradoxe und die Radikalität der Denkweise eine gemeinsame Voraussetzung der frühen Christentümer. Andererseits nimmt der Radikalismus jeweils andere Formen und Inhalte an.

2.1 Die hellenistische Rezeption

Nach der Tradition der hellenisierten Judenchristentümer hat der Radikalismus Jesu seinen Ort in Verbindung mit der Gesetzesproblematik gefunden. Die Radikalität nimmt ihre Form in paradoxen Aphorismen wie der rhetorische Frage an, ob es erlaubt sei, am Sabbat das Gute zu tun statt Böses, eine Seele zu retten statt sie zu töten (Mk 3,4). Die Eigentümlichkeit der Frage besteht darin, daß sie eine illusorische Alternative aufzeigt, indem sie die kontroverse Problematik der Gültigkeit des Sabbats und des Gesetzes durch den Hinweis auf eine Evidenz löst, die jede Diskussion überflüssig macht: Die Vertreter abweichender Positionen werden gezwungen, entweder den problematischen Charakter der zeremoniellen Gebote oder ihre fragwürdigen Konsequenzen einzusehen. Eine ähnliche, rhetorische Frage lautet: "Was ist leichter zu sagen: 'Deine Sünden werden vergeben' oder 'Steh auf, nimm deine Trage, und geh!'? (Mk 2,9). Daß es einfacher sei, die Sündenvergebung zu verkünden, ergibt sich aus der Überzeugung, daß der Auferstandene Vollmacht hat, auf der Erde Sünden zu vergeben. Die Begründung dafür besteht in der Aussage, nach welcher Jesus gekommen ist, um seine Seele als Lösegeld für viele zu geben (Mk 10,45).

Die Voraussetzungen dieser soteriologischen Deutung des Todes Jesu sind einerseits der von den Hellenisten hergestellte Zusammenhang zwischen dem Jesusereignis und der Gesetzesproblematik, andererseits eine Verschärfung des Gesetzesverständnisses in seinen ethischen Forderungen (so zum Beispiel der Spruch von Mk 10,9: Was Gott zusammengefügt hat, das soll der Mensch nicht trennen) und drittens eine Verbindung zwischen der Person Jesu und der Tradition des Tempels. Diese letzte Verbindung findet ihren programmatischen Ausdruck im sogenannten Tempellogion, das in verschiedenen Variationen belegt ist (Mk 13,2; 14,58; 15,29; EvTh 71; Apg 6,14; Joh 2,19): Zwei Tempel werden gegenübergestellt: der Tempel in Jerusalem und ein anderer, eschatologischer, der nicht mit Händen errichtet wurde (Mk 14,58; 15,29; Joh 2,19). Nach einer anderen Variante wird die Auflösung des Tempels angekündigt und mit dem Jesusereignis verbunden. Diese zweite Fassung ist eine Verkürzung der ersten, und das Logion schließt sich an eine jüdische bzw. hellenistische Tradition an, nach welcher der Tempel in Jerusalem durch den Bau eines neuen Hauses für die letzten Zeiten ersetzt werden soll (äthHen 90,28f; Jub 1,15–18; TestBenj 9,2; 11QTempel 29,8–10; Sib 5,414–433). Zeitverständnis und Raumvorstellungen sind in den verschiedenen Texten unterschiedlich. In der Tiervision (äthHen 85,1–90,42) ist das neue Haus an den Ort gebracht, von dem das alte entfernt wird. Anders verhält es sich in der Vision des himmlischen Tempels in äthHen 14,10–20 oder in der Vision des himmlischen Kultes in TestLev 3,1–10. Dabei ist die zugrundeliegende Vorstellung nicht mehr die des Aufbaus des neuen Tempels als Moment der eschatologischen Herrschaft Gottes, sondern die – bereits alttestamentliche – Tradition, nach welcher der Tempel in Jerusalem nach dem Vorbild, das Mose bzw. Salomon gezeigt worden ist, gebaut wurde (Ex 25,40; 1 Chr 28,19). Die Implikation dieser Idee ist, daß der himmlische Tempel und nicht sein Abbild als der wahre Tempel angesehen sein soll. Dieses Verständnis des Tempels als Abbild eines himmlischen Urbildes bietet die Möglichkeit verschiedener Auslegungen. Ihnen ist gemeinsam, daß sie den Tempel in Jerusalem als Antitypos von himmlischen Wirklichkeiten betrachten, und daß der Tempel durch eine metaphorische oder allegorische Interpretation als zeitliche und irdische Entsprechung geistlicher, ethischer oder eschatologischer Realitäten verstanden ist. Das hermeneutische Programm einer solchen Auslegung ist bei Philo, Mos II,74–76 vorgelegt, wo Ex 25,40 von der platonischen Ideenlehre her interpretiert wird. Daraus folgt, daß der Tempel auf die menschliche Seele (Philo, somn I,215; II,231), auf die Tugend (Philo, det 160f) oder auf die herrschende und schöpferische Kraft Gottes (Philo, Mos II,97–99; cher 27f) hinweist. Diese Vorstellung liegt der späteren, alexandrinischen Soteriologie des Hebräerbriefes zugrunde, insofern sie zwei Sphären gegenüberstellt, in denen der Tempelkult als irdisches Abbild und Schatten der himmlischen Realitäten, das heißt: des Hohenpriestertums und des Opfertodes Jesu, zu betrachten sind (Hebr 8,1–5; 9,11–12; 9,23). Impliziert ist dabei, daß der Tempel seine Funktion und seine Berechtigung hat, selbst wenn dies nur für eine begrenzte Zeit und nur im Rahmen eines bestimmten Bereichs gilt.

Die Aussage und die Voraussetzungen des Tempellogions sind radikaler, und dies in doppelter Hinsicht: Indem der Tempel als der 'mit Händen gemachte' bezeichnet wird, und der neue als der 'nicht mit Händen gemachte', ist der eschatologische Charakter der neuen Wirklichkeit (2 Kor 5,1) hervorgehoben. Genauso wie in der apokalyptischen Tradition des neuen Tempels wird der alte, irdische Tempel durch den neuen, eschatologischen ersetzt. Im Tempellogion wird der neue Tempel aber rein metaphorisch verstanden, und der alte Opferkult wird durch keinen neuen wiederaufgenommen. Der neue Tempel ist kein Tempel. Genauso wie in der Auslegungstradition von Ex 25,40 und 1 Chr 28,19 wird der Tempel in Jerusalem als Metapher einer himmlischen bzw. eschatologischen Wirklichkeit verstanden. Im Tempellogion bedeutet aber die Erscheinung der neuen Realität, das heißt die Auferstehung Jesu, die Aufhebung ihrer bisherigen, irdischen Entsprechung, was das Markusevangelium in Mk 15,38 durch seine Erzählung veranschaulicht: Jesus, der den neuen Tempel aufbauen wird, wird zunächst den alten zerstören. Für die Sünden, die im Tempel und im Opferkult ihre Vergebung fanden, ist Jesus gestorben, so daß die Osterereignisse als Ende des Tempels und der kultischen Gesetze verstanden werden.

Kurzum: In seiner 'hellenistischen' Rezeption besteht der Radikalismus Jesu nicht in der Radikalität seiner Worte und seiner Forderungen oder seiner Taten und seiner Lebensweise, sondern in der nachösterlichen Interpretation seines Todes und seiner Person. Das Jesusereignis wird als Heilsereignis so gedeutet, daß der Tempelkult und die Heiligkeits-, Reinheits- und Abgrenzungsgebote ihre Funktion verlieren, und daß das jüdische Gesetz in seinen ethischen Forderungen wahrgenommen und radikal ausgelegt wird.

2.2   Die weisheitliche Rezeption

Genauso radikal ist die Rezeption des Jesusereignisses in der weisheitlichen Tradition, wie sie in den ältesten Schichten der Logienquelle und des Thomasevangeliums belegt ist. Der Radikalismus kennzeichnet nicht die Deutung des Jesusereignisses und die daraus folgende Interpretation des Gesetzes, sondern die Sprüche, die in seinem Namen überliefert wurden, und die Themenstellung, unter welcher sich diese Überlieferungen entwickeln.

Den interpretativen Rahmen der weisheitlichen Rezeption liefert der kontroverse Begriff der βασιλεία, der das Zeitverständnis jeweils bestimmt. Die Seligpreisungen, die die erste Spruchsammlung der Logienquelle eröffnen (Lk 6,20f), stellen die Verheißung der nahegekommenen βασιλεία der Not der Armen, der Hungrigen und der Bekümmerten entgegen. Der bevorstehende Anbruch der Gottesherrschaft wird aber gleichzeitig als radikale Forderung verstanden: Für die nahe βασιλεία sollen die Menschen ohne Bedingung und sofort alles verlassen (Lk 9,60). Die βασιλεία als bevorstehende nahe apokalyptische Größe ist das Gründungsmotiv der christlichen Existenz und der missionarischen Predigt (Lk 10,9.11). Das Selbstverständnis dieser Entwicklungslinie des frühen Christentums findet im 'Vaterunser' (Lk 11,2–4Q) ihren klarsten Ausdruck: Die beiden ersten Bitten sind durch die ungeduldige Enderwartung gekennzeichnet, die dritte entspricht dem Bewußtsein und der Entscheidung, in der letzten, kurzen Zeit von der Hand Gottes zu leben, die vierte erklärt die Bereitschaft, vor das Endgericht gerufen zu werden, und die fünfte hat die letzten Bedrängnisse im Blick. Eine ähnliche, entscheidende Stellung hat der Begriff des Königreiches im Thomasevangelium, aber diesmal mit einem deutlichen anti-apokalyptischen Akzent: "Jesus sagte: Wenn die, die euch führen, euch sagen: seht, das Königreich ist im Himmel, so werden euch die Vögel des Himmels vorangehen; wenn sie euch sagen: es ist im Meer; so werden euch die Fische vorangehen. Aber das Königreich ist in eurem Inneren, und es ist außerhalb von euch. Wenn ihr euch erkennen werdet, dann werdet ihr erkannt, und ihr werdet wissen, daß ihr die Söhne des lebendigen Vaters seid. Aber wenn ihr euch nicht erkennt, dann werdet ihr in der Armut sein, und ihr seid die Armut" (EvTh 3 // POxy 654). Die mythischen Vorstellungen, die hier verwendet werden, haben ihre Entsprechungen und ihren Ursprung in der jüdischen und hellenistisch-jüdischen Tradition der Weisheit (Sir 1,1–10.14; Sap 7,21–29; Philo, migr 184f; somn I,57f; vgl. auch EvTh 50 und I QS III,15–19; XI,3–8), die theologische Aussage hat ihre Parallele im Logion von Lk 17,20f: "Das Reich Gottes kommt nicht unter Beobachtung und nicht wird man sagen: siehe, hier oder dort; denn siehe, das Reich Gottes ist unter euch". Genauso wie in Lk 11,20 oder in EvTh 82 ("Jesus sagte: Wer mir nahe ist, der ist dem Feuer nahe, und wer fern von mir ist, ist fern vom Königreich") ist die βασιλεία keine zeitliche – auch keine endzeitliche – Größe, sondern eine geheimnisvolle, vorhandene Möglichkeit, auf welche die Sprüche Jesu verweisen, und die durch die Weisheit und als Weisheit erkannt werden kann (EvTh 22; 27; 46; 49; 113: "Seine Jünger sagten zu ihm: Das Königreich, an welchem Tage wird es kommen? <Jesus sagte:> Es wird nicht kommen, indem man darauf wartet; man wird nicht sagen: seht, hier ist es, oder: seht, dort ist es; sondern das Königreich des Vaters ist ausgebreitet über die Erde, und die Menschen sehen es nicht").

Das Gemeinsame der Rezeption des Radikalismus Jesu in den Spruchsammlungen besteht darin, daß die βασιλεία und die weisheitliche Theologie den Indikativ bilden, der die radikalen Forderungen der Sprüche, die unter dem Namen Jesu überliefert sind, begründet. Der Gedanke, daß Gott die Lilien kleidet (Lk 12,22–34) und seine Sonne über Bösen und Guten aufgehen läßt (Mt 5,45 // Lk 6,35; vgl. Sap 15,1), ist der Grund sowohl dafür, daß der Jünger jede Sicherheit aufgeben soll, um Jesu nachzufolgen (Lk 9,57–62) und sich auf die Vorsehung Gottes zu verlassen (Lk 12,22–34), als auch dafür, daß die mitmenschlichen Verhältnisse – und selbst das Prinzip der goldenen Regel (Lk 6,31) – durch die paradoxe Aufforderung zu Feindesliebe und Wehrlosigkeit beherrscht werden sollen (Lk 6,27–49). Die doppelte Idee einer Gleichberechtigung und einer Gegenseitigkeit ist als Begründung der Ethik zugunsten einer Vorstellung der Selbstlosigkeit aufgegeben, die durch das Vertrauen in die Güte Gottes ermöglicht ist. In einer ähnlichen, weisheitlichen Weise wird die Befindlichkeit des Menschen betrachtet: "Die Füchse haben Höhlen und die Vögel des Himmels Nester, der Sohn des Menschen aber hat nichts, wo er sein Haupt hinlege" (Lk 9,58). Eine ähnliche, aber negativ gedachte Formulierung findet sich bei Plutarch, Tib. Gracch. 9,828c. Der Sinn ist hier, daß die Natur, das heißt der Schöpfer, den Tieren ihre Wohnung gibt, daß aber der Mensch zur Freiheit herausgefordert wird. Aus dieser Gegenüberstellung der Tierwelt und der Menschheit (zu 'Menschensohn' Sing. als Menschheit s. TestJos 2,5; JosAs 18,9) folgert die Variante des Thomasevangeliums: "wo er sein Haupt hinlegen [und] sich ausruhen kann" (EvTh 86), daß also die Tiere ihre Wohnung bekommen, aber der Mensch erst durch die Weisheit zur Ruhe, das heißt zu seiner eigentlichen, eschatologischen Existenz kommt.

Die Radikalität, die die anthropologischen Vorstellungen und die Verhaltensregeln, die als ethische Normen angesehen werden sollen, kennzeichnet, bestimmt in einer ähnlichen Weise die Existenz der missionarischen Prediger. Im Vertrauen, daß nichts verhüllt ist, was nicht offenbar werden wird, und verborgen, was nicht bekannt werden wird, wird geschlußfolgert, daß im Licht gehört werden wird, was die Verkünder der βασιλεία in der Finsternis gesagt haben werden, und daß auf den Dächern verkündet werden wird, was sie in den Kammern geflüstert haben (Lk 12,2f). Zu fürchten haben sie nichts, da auch die Haare ihres Hauptes von Gott ihrem Vater gezählt sind (Lk 12,3–7). Was aber das Moment der absoluten Zuversicht begründet, bedeutet gleichzeitig die radikale Forderung des Bekenntnisses (Lk 12,4–7.11f) und der Mobilität (Lk 10,4–11): Die Missionare, die in die galiläischen Städte gehen (Lk 10,8), werden vor das Gericht der Synagogen, vor die Behörde und die Gewalten gebracht werden (Lk 12,11f). Dabei wird der Heilige Geist sie lehren, was sie sagen müssen, aber die Verheißung geht mit der Warnung einher, daß derjenige zu fürchten ist, der die Macht besitzt, nach dem Tod in die Hölle zu verdammen (Lk 12,5). Die Verkündigung der βασιλεία verlangt eine existentielle Entscheidung sowohl von den Menschen, die Jünger Jesu werden wollen, als auch von den Boten und ihren Zuhörern. In der Betonung des zwingenden Charakters dieser Entscheidung besteht also der Radikalismus dieser Rezeption des Jesusereignisses.

2.3   Die 'judenchristliche' Rezeption

Was die 'judenchristliche' Rezeption des Radikalismus Jesu kennzeichnet, hat die matthäische Redaktion mit dem Begriff der 'besseren Gerechtigkeit' (Mt 5,20) treffend thematisiert. Durch dieses theologische Programm werden sowohl die Verschärfung der pharisäischen Gesetzesauslegung in den drei 'judenchristlichen' Antithesen (Mt 5,21–24.27f.33–36) als auch die dreifache, kasuistische Warnung gegen die Heuchelei bei den Almosen, beim Gebet und beim Fasten (Mt 6,2–4.5f.16–18), als auch die polemische Ablehnung der Heidenmission, die die Vernachlässigung der Forderungen des jüdischen Gesetzes oder sogar die praktische bzw. programmatische Auflösung der Abgrenzungsgebote impliziert (Mt 7,6; 10,5bf), und nicht zuletzt die indirekten Berichte des Paulus (Gal 1,12–2,14) und die späteren historiographischen Traditionen verständlich. Jakobus, der Bruder des Herrn, "war von Mutterleib an heilig. Wein und berauschendes Getränk genoß er nicht und aß kein Fleisch. Kein Schermesser berührte seinen Kopf; er salbte sich nicht mit Öl und nahm kein Bad. Ihm

allein war es erlaubt, das Heiligtum zu betreten. Denn er trug nichts
aus Wolle, sondern nur Leinen. Er pflegte allein in den Tempel zu
gehen. Dort lag er auf Knien und flehte für das Volk um Vergebung,
so daß seine Knie so hart wie die eines Kamels wurden, weil er ständig auf den Knien lag, um zu Gott zu beten, und um Vergebung für
das Volk bat. Wegen seiner Gerechtigkeit hieß er 'der Gerechte' und
'Oblias', was im Griechischen bedeutet: 'Mauer des Volkes', und
'Gerechtigkeit', wie die Propheten über ihn offenbaren. Einige aus den
sieben Sekten im Volk fragten ihn nun: 'Was ist die Tür Jesu?' Er
antwortete: 'Er ist der Erlöser'. Und einige kamen zum Glauben, daß
Jesus der Christus ist" (Hegesipp, Erinnerungen, zitiert in Euseb,
HE II, 23,5–9). Der Bericht ist stark hagiographisch, läßt aber eine
Form des christlichen Radikalismus erkennen, die von den vormat-
thäischen Traditionen her direkt nachvollziehbar ist. Zum einen ist der
Radikalismus Jesu in seiner 'judenchristlichen' Rezeption zwar zum
Gesetzes- bzw. zum Gehorsamsradikalismus geworden, aber im Sinne
einer Forderung nach vollkommener Gerechtigkeit. Diese Frömmigkeit
hat ihr Ziel nicht in sich selbst; sie ist vielmehr im Rahmen eines bestimmten Verständnisses der Verantwortung der Jesusbewegung gegen
Israel funktionalisiert. Ihre Mission besteht in der Fürbitte für die
eschatologische Vergebung der Sünden des Volkes. Zum anderen zeigt
sich, daß das Selbstverständnis dieser Entwicklungslinie des frühen
Christentums zu einem doppelten Konflikt geführt hat: Die Auseinandersetzung mit den hellenisierten Gemeinden über die Verbreitung
des Christentums außerhalb der jüdischen – auch hellenistisch-jüdischen – Grenzen und über die christliche Auslegung des Gesetzes
einerseits, und die Spannungen mit anderen Bewegungen des Judentums andererseits, die sowohl in Apg 12,2 mit dem Bericht der Hinrichtung von Jakobus, Bruder des Johannes und Sohn des Zebedäus,
durch Agrippa I., als auch in 1 Thess 2,14–16 belegt sind. In seinem
Bericht über den Tod des Jakobus, Bruder des Herrn, führt Josephus
die Ursachen des Martyriums (62 n.Chr.) auf die Gesetzesproblematik
zurück (JA 20,200): "Die Anklage lautete auf Gesetzesübertretung."
Das Motiv, falls es überhaupt einen historischen Wert hat, kann nur
als Vorwand verstanden werden. Den Hintergrund des gewaltsamen
Todes des Jakobus und anderer bildet wahrscheinlich die Verschärfung
der politischen Krise in Palästina, die dem jüdischen Krieg der Jahre
66–70 vorausging. Daraus läßt sich schließen, daß die Gemeinden in

Judäa unter ihren Landsleuten deswegen gelitten haben (1 Thess 2,14),
weil sie sich an das Prinzip der Gewaltlosigkeit gehalten haben, das
sowohl in den 'judenchristlichen' Traditionen (Mt 5,21–24; Mt 5,41:
"Wer dich zu einer Meile nötigt, mit dem geh zwei") als auch im
weisheitlichen Radikalismus belegt ist (Lk 6,29Q: "Dem, der dich auf
die Wange schlägt, halte auch die andere hin; und dem, der dir den
Mantel nimmt, verweigere auch den Rock nicht"): Sie haben sich von
den Konflikten mit den Römern ferngehalten.

2.4   Die Rezeption in der Wanderpredigt

Der Hauptbegriff des Radikalismus der Wanderpredigt ist die 'Nachfolge'. Das Verb ἀκολουθεῖν kennzeichnet in den synoptischen
Evangelien das Christsein als Nachfolge Jesu. 'Nachfolgen' wird hier
metaphorisch verstanden. Verwiesen wird im Markusevangelium auf
die von den Jüngern geforderte Bereitschaft, ihre Existenz von der Offenbarung Gottes am Kreuz her zu verstehen (Mk 2,15; 3,7; 5, 24; 6,1;
10,32.52; 11,9; 14,54; 15,41); der Begriff ist bei Matthäus ein *terminus technicus* (Mt 4,25; 8,1.23; 9,27; 14,13; 19,2; 20,29) und bei
Lukas ein Topos geworden (Lk 9,11; 22,39; 23,27). Traditionsge-
schichtlich lassen sich diese theologischen Vorstellungen auf zwei
Motive zurückführen. Einerseits wird ἀκολουθεῖν in seinem
übertragenen, aber seit der klassischen, griechischen Literatur bekannten Sinn von 'einem Lehrer als Schüler nachfolgen' verstanden und
dazu verwendet, die Bedingung zu definieren, unter der man Jünger
Jesu sein kann (Mk 8,34 // Mt 16,24 // Lk 9,23, vgl. EvTh 55; ApJas,
NHC I,2 6,4; Mk 9,38 // Lk 9,49; Mt 10,38 // Lk 14,27). Andererseits
kommt ἀκολουθεῖν im eigentlichen Sinne von 'alles verlassen,
um Jesus auf dem Weg der Wanderpredigt nachzufolgen' in Traditionen vor, die die Berufung bestimmter Jünger erzählen (Simon Petrus
und Andreas, Mk 1,16–18; Levi, Mk 2,13f), die Befindlichkeit der
Jünger Jesu durch den dreifachen Verzicht auf Besitz, Familie und
stabilitas loci beschreiben (Mk 10,28–30, vgl. 10,17–22) oder die eine
unmittelbare und vorbehaltlose Entscheidung von Menschen verlangen,
die Jünger Jesu werden möchten (Mt 8,19 // Lk 9,57; Mt 8,22; Lk
9,59; vgl. Lk 9,61).

Ein erster gemeinsamer Nenner dieser Traditionen besteht in der
Interpretation des Radikalismus Jesu als einem Verständnis des Chri-

stentums, das durch eine bedingungslose Veränderung der Lebensweise bestimmt ist: Die Berufenen werden aufgefordert, jede Beschäftigung sofort aufzugeben, und wer nicht bereit ist, Beruf, Eltern und Kinder unverzüglich zu verlassen, ist für die Gemeinschaft mit Jesus und für die βασιλεία nicht geeignet. Die persönliche Geschichte dieser Jünger ist gekennzeichnet durch den Kontrast zwischen einem Vorher und einem Nachher, d.h. einer Zeit vor und nach dem Ruf zur Wanderpredigt, und jede familiäre Bindung, jede ökonomische Sicherheit und jede seßhafte Existenz gehört zum vergangenen Leben. Auffallend sind zum einen aber der hagiographische Charakter der Berufungsgeschichten, die bedeutende Figuren des frühen Christentums darstellen (Petrus und Andreas, Mk 1,16–18; Johannes und Jakobus, Mk 1,19f), und zum anderen die biblischen Ausdrucksweisen dieser Traditionen. Den Hintergrund der Berufungsgeschichten (Mk 1,16–20; 2,13f) und der drei Dialoge über die Bedingungen der Nachfolge (Lk 9,57–62) bildet gleichsam der alttestamentliche Bericht der Berufung von Elisa durch Elia in der griechischen Fassung der Septuaginta (3 Reg 19,19–21). Die Schilderungen sind Idealszenen, die aus Stereotypen bestehen. Ihr Anliegen ist weder, realistische Anweisungen für die Wanderpredigt zu geben, noch plausible Berichte widerzugeben: Sowohl die Berufung der Fischer, die in ihrem Boot arbeiten, als auch die Bedingungen, die dem Reichen gemacht werden (Mk 1,16–20; 10,17–22), sind atopisch; die Darstellung läßt sich nur auf der Ebene der erbaulichen Perspektive nachvollziehen, nach welcher der Jünger, der Jesu nachfolgen will, bereit sein soll, alles dafür aufzugeben.

Kurzum: Die Traditionen der 'Nachfolge' in der Wanderpredigt nehmen zwar auf den Wanderradikalismus der Genossen Jesu Bezug. Sie sind aber keine Traditionen des 'Wanderradikalismus', wie es allenfalls Mk 6,6b–13 teilweise sein könnte, sondern Traditionen *über* den 'Wanderradikalismus'. Die Genossen Jesu, die durch Galiläa gewandert sind und die βασιλεία verkündigt haben, sind zu symbolischen Gründungsfiguren geworden. Die Geschichte ihrer Berufung sowie ihre Lebensweise werden als erbauliche Vorbilder dargestellt, und zwar in christlichen Milieus, deren Menschen keine Erfahrung mit der Wanderpredigt haben (Lk 10,4–11). Die biblische Sprache hat die doppelte Funktion, das Phänomen der Wanderpredigt der galiläischen Genossen von der prophetischen, eschatologischen Elia-Tradition her zu interpretieren und die Radikalität der Forderungen Jesu zu betonen: Anders als den Jüngern (Mk 1,19f; Lk 9,59–62) wird Elisa die Zeit gelassen, sich von seinen Eltern zu verabschieden.

3. Die Frage des Erbes Jesu

SCHENKE, L.: Die Urgemeinde. Geschichtliche und theologische Entwicklung, Stuttgart 1990, 239–245.

Am klarsten ist die Frage im Thomasevangelium formuliert: "Die Jünger sagten zu Jesus: Wir wissen, daß du uns verlassen wirst; wer ist es, der groß über uns werden wird?" Die Anwort verdeutlicht eine Auffassung, die im frühen Christentum vielfach vertreten bzw. indirekt anerkannt wurde, aber umstritten geblieben ist: "Jesus sagte zu ihnen: Da, wo ihr hingegangen sein werdet, werdet ihr auf Jakobus, den Gerechten, zugehen, für den Himmel und Erde gemacht worden sind" (EvTh 12). Die gleiche Problematik wird im Johannesevangelium thematisiert, aber in einer anderen Perspektive: In Konkurrenz stehen Petrus und die enigmatische Figur des Lieblingsjüngers. Die faktische, beherrschende Position wird Petrus zuerkannt (Joh 21,15–19), die theologische und geistliche Legitimität hingegen für den Lieblingsjünger beansprucht (Joh 13,23–26; 19,26f; 20,2–10; 21,7f.20–23.24).

Die Frage nach der geistigen Leitung des Christentums hat sich von Anfang an gestellt. Die verschiedenen Kreise und Entwicklungslinien der frühen Christentümer haben sich auf verschiedene Autoritätsfiguren berufen (vgl. die Parteien in Korinth, 1 Kor 1,11–13; 3,1–4), bestimmte Persönlichkeiten haben eine prägende Bedeutung gewonnen, was den jeweiligen Gruppen ihre Identität verliehen, was aber auch Konkurrenzsituationen und Konflikte hervorgerufen hat. Abgesehen von der rätselhaften Figur des johanneischen Lieblingsjüngers, die in der johanneischen Tradition eine Schlüsselfunktion innegehabt hat (Joh 21,24), spielen zunächst Petrus und Jakobus, Bruder des Herrn, die entscheidenden Rollen.

3.1   Die wahre Familie Jesu

Der erste und älteste Beleg für die historische Bedeutung von Petrus und Jakobus in den frühen Christentümern findet sich in Gal 1,18f:

Paulus unternimmt seine erste Reise nach Jerusalem, um Petrus kennenzulernen. Neben Petrus, den Paulus implizit für die repräsentative
Persönlichkeit der frühen Christentümer hält, wird Jakobus erwähnt,
den Paulus ebenfalls getroffen hat. Wie die Verhältnisse zwischen
Petrus und Jakobus zu beurteilen sind, läßt sich aus der sehr kurzen
Darstellung des Paulus nicht erschließen. Apg 12,17 legt eine Interpretation nahe, die eine gewisse Plausibilität hat: Die Apostelgeschichte, die bisher Petrus als führende Figur der Apostel und der Jerusalemer Gemeinde vorgestellt hat, setzt plötzlich voraus, daß Jakobus als
Leiter der christlichen Gemeinden in Jerusalem und infolgedessen als
führende Figur des frühen Christentums die Rolle des Petrus übernommen hat. Das implizite Szenario ist die Darstellung eines Putsches.
Diese linearische Konstruktion, die aus Jakobus den Nachfolger des
Petrus macht, ist aber wahrscheinlich eine Vereinfachung der Geschichte. Übersehen wird zunächst, daß Petrus und Jakobus in den
frühchristlichen Traditionen mit verschiedenen geographischen und
theologiegeschichtlichen Orten verbunden sind. Jakobus, Bruder des
Herrn, ist ständig als Vertreter der Gemeinden in Jerusalem oder in
Judäa präsent, während Petrus die Tradition der galiläischen Wanderpredigt personifiziert, bevor man ihm auf den Wegen der Mission der
'Hellenisten' begegnet (Antiochien, Gal 2,11–14; Korinth, 1 Kor 1,12;
3,22). Übersehen werden aber auch Konflikte, die nicht nur im paulinischen Bericht von Gal 2,11–14, sondern auch in der synoptischen
Tradition bezeugt sind (Mk 3,31–35). Die Beziehung zwischen den
beiden läßt sich weder auf eine selbstverständliche Zusammenarbeit
noch auf eine mehr oder weniger friedliche und unproblematische
Sukzession reduzieren. Jakobus und Petrus sind die führenden Figuren
von verschiedenen Formen der ersten Jesusbewegungen, die einander
konkurrierende Ansprüche auf die Weiterführung des Jesusereignisses
erhoben haben, und die Gründungs- und Identifikationsgestalten unterschiedlichen frühchristlichen Selbstverständnisses geworden sind. Jakobus, Bruder des Herrn, sein Bruder Judas und die Familie des Herrn,
haben in Jerusalem und im Judenchristentum eine einzigartige Autorität gewonnen. Genauso maßgebend ist die Figur des Petrus für die
christliche Mission und das hellenistische Christentum geworden.

   Die Frage des legitimen Erbes Jesu ist in der Tradition von
Mk 3,31–35 unter dem Gesichtspunkt der wahren Familie Jesu thematisiert worden. Die Redaktion des Markusevangeliums hat in der

Erzählung von Mk 3,20–35 zwei verschiedene Zusammenhänge in seiner jeweiligen christologischen Perspektive zusammengestellt und kombiniert. Nach seiner Komposition ist Jesus zu Hause. Die Menge versammelt sich um ihn und seine Jünger, und drei verschiedene Gruppen treten nacheinander hervor. Leute aus seiner Umgebung kommen, um sich seiner zu bemächtigen, weil er von Sinnen sei (V. 21); Schriftgelehrte kommen aus Jerusalem und behaupten, daß er den Beelzebul hat, und daß der Herrscher der Dämonen die Dämonen austreibt (V. 23); dann bleiben seine Mutter und seine Brüder draußen, indem sie ihn rufen lassen (V. 31). Die Verteidigungsrede gegen den Vorwurf der Schriftgelehrten besteht aus Traditionsstoffen, die in der Logienquelle parallel überliefert sind (Lk 11,14–23; 12,10). Die Inszenierung der οἱ παρ᾽ αὐτοῦ (V. 21) leitet die eigentliche markinische Thematik ein: Genauso wie Petrus in Mk 8,31–33 wollen sie den Gottessohn von dem Offenbarungsweg seines Leidens und seines Todes ablenken. Die Rede Jesu über seine wahren Verwandten (V. 31–35) verwendet eine Tradition, in der zwei Gruppen gleichzeitig den kontroversen Anspruch erheben, die Interessen Jesu zu vertreten. Die Familie Jesu versucht, ihn zu kontrollieren und zurückzurufen. Auffällig ist, daß diese Familie gleichzeitig als Figur der Gegnerschaft und als autoritative Instanz dargestellt wird. Genannt werden weder die Eltern noch die Schwestern (vgl. Mk 6,3), sondern nur Maria und die Brüder (nach Mk 6,3: Jakobus, Joses, Judas und Simon), die eine symbolische bzw. eine historische und führende Rolle im frühen Christentum gespielt haben. Nach der Tradition, die das Markusevangelium hier verwendet, weist Jesus den Anspruch seiner Familie zurück, und zwar aufgrund eines anderen Kriteriums als das der Familienzugehörigkeit: Sie efüllen nicht den Willen Gottes. Damit werden zwei Familien Jesu einander gegenübergestellt: Die Genossen Jesu, die ihm nachfolgen und um ihn sitzen, und die Familie der Mutter und der Brüder. In der Rezeption der Szene haben sowohl Matthäus als auch Lukas versucht, die Vorstellung eines Konfliktes zu vermeiden. Der Dialog wird bei Lukas zu einer erbaulichen Rede und zu der Ermahnung, das Wort Gottes zu hören (vgl. Lk 8,21), und bei Matthäus zu einer Unterweisung, den Willen des himmlischen Vaters zu erfüllen (vgl. Mt 12,50). Die vormarkinische Tradition belegt aber den Konflikt einer Jesusbewegung mit einer anderen, die sich auf familiäre Verhältnisse beruft, um Autorität und Kontrolle über die Jesustradition zu üben. Der Streitpunkt ist nicht mit der Problematik der Gesetzesauslegung verbunden, wie in den Auseinandersetzungen der 'Judenchristen' mit den Hellenisten (Gal 2,11–14 und die dazu parallele Darstellung von Mk 7,1ff), sondern mit der Existenzweise, die die Zugehörigkeit zu der 'wahren Familie' Jesu impliziert. Die Gemeinschaft der galiläischen Genossen beruft sich auf ihre Vergangenheit und auf die gegenwärtige Fortsetzung der Wanderpredigt, um sich als das wahre Erbe Jesu zu verstehen und um sich gegen die Ansprüche der Familie Jesu, die bis Ostern außerhalb der Jesusbewegung geblieben war ('draußen', V. 31), zu behaupten. Sie haben alles verlassen, um Jesu nachzufolgen (Mk 10,28–30), und setzen nun das Werk Jesu fort. Als solche verkörpern sie die eigentliche Erbschaft Jesu. Ihre stellvertretende Figur ist – bereits zur Zeit Jesu oder von den Ostererscheinungen an und seit den Anfängen der christlichen, nachösterlichen Wanderpredigt – Petrus geworden.

3.2   Die Familie Jesu

Die entscheidende Rolle des Jakobus, Bruder des Herrn, in den Jerusalemer judenchristlichen Kirchen läßt sich aus den ältesten zugänglichen Quellen ableiten (Gal 1,19; 2,1–10.11–14), genauso wie die mit seinem Namen verbundenen Ansprüche der Jerusalemer 'Judenchristen', die Entwicklung der Jesusbewegungen mitzubestimmen und zu kontrollieren (Gal 2,1–10.11–14; vgl. Mk 3,31–35; 7,1ff). Seine besondere Bedeutung verdankt Jakobus möglicherweise der Ostererscheinung, von der in 1 Kor 15,7 berichtet wird, seiner eigenen Persönlichkeit, die ihm den ersten Rang unter den Geschwistern des Herrn gegeben hat, sowie der Stärke der 'judenchristlichen' Gruppe, die ihn in Jerusalem umgeben und sich auf ihn berufen hat (vgl. Gal 2,12). Vorausgesetzt ist dabei die besondere Autorität, die ihm dadurch gegeben ist, daß er als Vertreter der Familie des Herrn und deswegen auch als führende Figur der Jerusalemer Kirchen angesehen war. Hier muß aber genau differenziert werden: Jakobus hätte nie den Einfluß gehabt, den sowohl Petrus als auch Paulus ihm und seinem Kreis zugestehen mußten (Gal 2,12 bzw. 2,9), wenn er nicht der Bruder des Herrn gewesen wäre. Andererseits hat die übrige Familie des Herrn nie die Autorität genossen, die Jakobus auch außerhalb der Kirchen in Judäa und der 'judenchristlichen' Kreise hatte. Anhand späterer historiographischer Traditionen, die sich unter anderem auf Hegesipp berufen, läßt sich schlußfolgern, daß die Familie Jesu bis zu Beginn des 2. Jahrhunderts eine Sonderstellung in den Jerusalemer Kirchen beibehalten hat. Nach dem Tod des Jakobus, des Bruders des Herrn, hätte Simon, Sohn des Klopas, ein Verwandter Jesu, die Leitung der Gemeinden übernommen. Mit gewissen Vereinfachungen berichtet Hegesipp: "Nachdem Jakobus der Gerechte aus gleichen Gründen wie der Herr den Martertod erlitten hatte, wurde Simon, der Sohn des Klopas, eines Onkels des Herrn, zum Bischof ernannt. Alle hatten ihn als zweiten Bischof vorgeschlagen, weil er ein Vetter des Herrn war" (Euseb, HE IV,22,4; vgl. III,11). Die Bezeichnung von Jakobus und Simon als Bischöfe ist ein Anachronismus und ergibt sich aus dem späteren Versuch, die Kontinuität der Geschichte der wichtigen, christlichen Gemeinden zu rekonstruieren. Laut Hegesipp sei Simon im Jahre 107 wegen der Anklage jüdischer Häretiker unter Kaiser Trajan gekreuzigt worden (Euseb, HE III,32,2–6). Nach seinen Angaben wäre Simon dann 120 Jahre alt gewesen. Andererseits berichtet Hegesipp, daß Domitian den Großneffen Jesu, einen Enkel seines Bruders Judas, in Rom vorführen ließ, ihn aber als politisch harmlos wieder entlassen habe (Euseb, HE III,20,1–6; 32,5–6). Die Informationen, die Euseb von Hegesipp hier übernommen hat, sind verwirrend in den Einzelheiten und verwechseln wahrscheinlich einiges. Historisch läßt sich feststellen, daß Verwandte Jesu eine zumindest repräsentative Rolle in der Jerusalemer Gemeinde gespielt haben, die bis zum zweiten jüdischen Krieg bestanden hat. Ihre Bedeutung spiegelt sich nicht nur in den Überlieferungen der späteren christlichen Geschichtsschreibung, sondern auch in der frühchristlichen Pseudepigraphie wider (s.u. III.2 und III.4).

III. Personen und Werke

1. Petrus

CONZELMANN, H.: Geschichte des Urchristentums, GNT 5, Göttingen 1989[6], 132–137. – GRAPPE, CH.: D'un Temple à l'autre. Pierre et l'Eglise primitive de Jérusalem, EHPR 71, Paris 1992. – CULLMANN, O.: Petrus. Jünger – Apostel – Märtyrer. Das historische und das theologische Petrusproblem, Zürich 1985[3].

Nach der Darstellung des Markusevangeliums gehören Simon und sein Bruder Andreas zu den ersten Jüngern, die von Jesus 'berufen' worden sind und ihn auf seinem Wanderleben in Galiläa begleitet haben (Mk 1,16–18). Die Berufungsgeschichte ist stark stilisiert. Zum einen ist sie nach dem Modell der Berufung des Elisa gebildet (3 Reg 19,19–21; ähnliche Rezeption der alttestamentlichen Motive in Lk 9,57–62), zum anderen sind die vier in Mk 1,16–20 genannten Jünger Hauptfiguren des frühen Christentums, so daß man am ehesten vermuten kann, daß eine ätiologische Tradition mit hagiographischen Zügen vorliegt.

Nach dem Johannesevangelium kam Petrus aus Bethsaida (Joh 1,44), nach dem Markusevangelium hatte er einen festen Wohnsitz in Kapernaum (Mk 1,29). Er war verheiratet (1 Kor 9,5), und seine Schwiegermutter wird in Mk 1,29–31 erwähnt. Sein Name war Symeon (griechisch: Simon), Kephas (griechisch: Petros) ist ein Beiname. Die Umbenennung wird auf den historischen Jesus zurückgeführt (Mk 3,16; Mt 16,18). Die matthäische Komposition von Mt 16,17–19 beruht zum Teil auf einer alten, aramäischen Tradition. Petrus wird nicht als Vertreter der Jünger (Mt 16,13–16), sondern als Empfänger einer Offenbarung Gottes (Mt 16,17) vorgestellt, und die Rolle, die ihm verliehen wird, verweist auf die nachösterliche Zeit: Er ist als Gründungsfigur der Kirche anerkannt (Mt 16,18). Daraus soll man wahrscheinlich schlußfolgern, daß der doppelte Ausgangspunkt der vor-matthäischen Tradition in dem besteht, was der Sonderstellung des Petrus in der Geschichte des frühen Christentums und in der früh-christlichen Literatur zugrunde liegt: Zum einen ist Petrus der erste Zeuge der österlichen Erscheinungen des Auferstandenen gewesen (1 Kor 15,3b–5), zum anderen spielte er eine entscheidende Rolle für die Verbreitung des Christentums.

Die Figur des Petrus ist zunächst mit Galiläa verbunden. Nach der Darstellung des Markusevangeliums soll sein Haus in Kapernaum ein regelmäßiger Treffpunkt der Wanderpredigt Jesu gewesen sein (Mk 1,29–31; Mk 2,1–12; 3,20–35; 7,17–23; 9,28f.33–37; 10,10–12). Petrus begleitete Jesus nach Jerusalem (Mk 14,29.54.66f.70–72), kam aber vor dessen Tod nach Galiläa zurück, wo er als erster (oder als zweiter nach Maria Magdalena, Mt 28,8–11; Joh 20,11–18, s.u. Teil II, III,3) die Vision des Auferstandenen hatte (1 Kor 15,5; vgl. Mk 14,28; 16,7; Mt 28,16–20).

Auskunft über den weiteren Verlauf seiner Lebensgeschichte und seiner Missionstätigkeit geben überwiegend die Paulusbriefe. 35–36 n.Chr. besucht ihn Paulus in Jerusalem. Der Grund dieses Besuchs bleibt unklar (Gal 1,18f). Der autobiographische Bericht von Gal 1,12–2,14 setzt an der Stelle nur voraus, daß Petrus und Jakobus, der Bruder des Herrn, als die Vertreter des Christentums in Palästina betrachtet werden, und daß Jerusalem der Treffpunkt der lokalen Autoritäten war. Etwa vierzehn Jahre später hat sich die Situation noch kaum verändert. 48–49 n.Chr. kommt Paulus wieder nach Jerusalem, diesmal zum 'Apostelkonzil' (Gal 2,1–10). Es finden Gespräche über seine Heidenmission statt, und maßgebend für die Ereignisse scheint das Urteil von Jakobus, Petrus und von Johannes, die zu den 'Säulen' gehören (Gal 2,9), zu sein. Eine Art "Arbeitsteilung" in Form einer Gebietsaufteilung wird beschlossen. Sie geht davon aus, daß sich Jakobus, Petrus und Johannes als für die Mission an den Juden zuständig erklären, während die Legitimität der paulinischen Heidenmission anerkannt wird (Gal 2,9). In dem Bericht stellt sich die besondere Rolle des Petrus heraus: Petrus und Paulus sind die beiden missionarischen Hauptfiguren, und der Beschluß ergibt sich aus der Feststellung ihres Erfolges (Gal 2,8). Daraus läßt sich zum einen schlußfolgern, daß Petrus in der Zwischenzeit nicht immer in Jerusalem gewesen ist, zum anderen aber auch, daß er im Bereich Palästinas und der Synagoge geblieben ist.

Eine erste Reise des Petrus ist in Gal 2,11–14 belegt. Man kann vermuten, daß der Zwischenfall in Antiochien, von dem hier berichtet wird, kurz nach dem Treffen in Jerusalem stattgefunden hat. Petrus kam in eine hellenistische Gemeinde, die sowohl aus Juden- als auch aus Heidenchristen bestand. Man aß mit Selbstverständlichkeit an gemeinsamen Tischen, bis 'Judenchristen' aus der Umgebung des

Jakobus die Beachtung der jüdischen Abgrenzungsgebote und daher die Trennung zwischen Juden bzw. Judenchristen und Nicht-Juden, das heißt Heidenchristen, verlangten. Petrus schloß sich den Juden an, bis Paulus ihm dies heftig vorwarf. Historisch ist an dieser Darstellung interessant, daß die Übertretung der Reinheitsgebote weder für die Hellenisten noch für Petrus ein Diskussionsthema war, und daß das Problembewußtsein erst entstand, als die 'Judenchristen' einerseits und Paulus andererseits mit der Situation konfrontiert wurden. Auffällig ist die Gleichgültigkeit des Petrus gegenüber der Gesetzesproblematik, und diese Haltung erklärt sich sowohl durch seinen galiläischen Ursprung als auch durch die Tatsache, daß die Wanderpredigt mit ganz anderen Themen als mit dem Gesetz beschäftigt ist.

Sehr wahrscheinlich ist Petrus Anfang der 60er Jahre in Rom als Märtyrer gestorben. Daß Petrus als Märtyrer gekreuzigt worden ist, setzt der Dialog in Joh 21,15–23 voraus. Die Verbindung des Todes von Petrus mit dem Tode von Paulus und mit Rom wird in 1 Clem 5,1–4 und in 1 Petr 5,13 hergestellt. Der Weg, der Petrus von Palästina und Syrien (Antiochien) bis nach Rom geführt hat, ist nicht mehr zu rekonstruieren. Nach 1 Kor 1,12; 3,22 existierte zwar in der Gemeinde in Korinth eine 'Partei', die sich auf Petrus berief. Dies setzt aber nicht voraus, daß Petrus zwischen 50 und 55 n.Chr. in Korinth gewesen war, sondern kann sich durchaus auch dadurch erklären, daß Mitarbeiter von Petrus über Korinth gereist waren. Genausowenig sicher sind die Vermutungen, die man aus der Adressatenliste von 1 Petr 1,1 ableitet: Nach den Angaben des Briefes schreibt Petrus an die Kirchen, die im Pontus, in Galatien, in Kappadokien, in Asien und in Bithynien verstreut sind. Die Liste enthält Namen, die der römischen Organisation der Provinzen zwischen 37 und 64 n.Chr. entsprechen. Läßt sich dadurch ein Itinerar der petrinischen Mission rekonstruieren? Die Voraussetzung dafür ist, daß Petrus direkt oder indirekt für die Verfassung des Briefes verantwortlich, oder daß der Brief als Testament des Petrus mit präzisen Bezugnahmen auf biographische Traditionen komponiert worden sei. Mit der Hypothese, nach welcher Silvanus der Autor ist (1 Petr 5,12), lassen sich die beiden Momente miteinander verbinden.

2. Jakobus, Bruder des Herrn

CONZELMANN, H.: Geschichte des Urchristentums, GNT 5, Göttingen 1989[6], 137f, 146f. – PRATSCHER, W.: Der Herrenbruder Jakobus und die Jakobustradition, FRLANT 139, Göttingen 1987.

Die frühchristliche Literatur kennt fünf Figuren, die den Namen Jakobus tragen: 1. Jakobus, Bruder des Johannes, Sohn des Zebedäus und Jünger Jesu (Mk 1,19.29; 3,17; 5,37; 9,2; 10,35.41; 13,3; 14,33; Apg 1,13; 12,2; s.u. III.3). 2. Jakobus, Sohn des Alphäus und Jünger Jesu (Mk 2,14; 3,18; Apg 1,13). 3. Jakobus der Kleine (Mk 15,40; 16,1). 4. Jakobus, Vater des Apostels Judas (Lk 6,16; Apg 1,13). 5. Jakobus, der Bruder des Herrn (Mk 6,3; 1 Kor 15,7; Gal 1,19; 2,9.12; Apg 12,17; 15,13; 21,18; Jud 1). Jakobus, der Sohn des Zebedäus, spielt eine wichtige Rolle in den synoptischen Evangelien, und zwar als Bruder des Johannes und wegen seines frühen Märtyrertodes (Apg 12,2; Mk 10,39). Jakobus, Sohn des Alphäus, Jakobus der Kleine und Jakobus, der Vater des Judas, sind nur als Namen bekannt.

Jakobus, der Bruder des Herrn, hat sich aller Wahrscheinlichkeit nach erst nach den österlichen Erscheinungen des Auferstandenen der Jesusbewegung angeschlossen. Das Markusevangelium erwähnt ihn zweimal: Einmal enthält Mk 6,3 eine Auflistung der Geschwister Jesu, und Jakobus wird zusammen mit Joses, Judas, Simon und den anonym gebliebenen Schwestern genannt. In der Heimat Jesu ist seine Familie gut bekannt, und dies ist ein Grund dafür, daß man ihm nicht glaubt (Mk 6,6), trotz der Wunder, die er vollbracht hat (Mk 6,2.5). In Mk 3,31–35 ist die Kluft zwischen Jesus und seinen Angehörigen noch größer: Seine Mutter und seine Brüder versuchen, ihn zurückzuholen, während er diejenigen für seine wahre Familie erklärt, die ihm folgen und also dem Willen Gottes entsprechen. Die polemische Gegenüberstellung der Familie und der wahren Familie Jesu setzt voraus, daß die Mutter, die Brüder und die Schwestern Jesu zu seinen Lebzeiten nicht zu seinem Kreis gehört haben.

In der Apostelgeschichte tritt Jakobus recht überraschend auf (Apg 12,17): Die erste Predigt in Jerusalem, die Anfänge der 'Urgemeinde', die Verfolgung der 'Hellenisten', die Bekehrung des Paulus und die erste Mission der Hellenisten in Samarien und Antiochien, des Petrus in Lydda und Joppe, sowie die Taufe des ersten Heidenchristen Cornelius haben schon stattgefunden, als er zum erstenmal genannt wird. Es wird aber gleich impliziert, daß er die leitende Figur in Jerusalem ist, obwohl die Apostel und, als ihr Vertreter, Petrus diese Funktion bisher ausgeübt hatten. Der Verfasser setzt offensichtlich voraus, daß Daten, die uns durch die paulinischen Briefe zugänglich sind, dem Leser bekannt sind. Nach 1 Kor 15,7 gehört Jakobus, der Bruder des Herrn, zu den ersten, die den Auferstandenen 'gesehen' haben. Nach Gal 1,19 spielt er in Jerusalem schon 35–36 n.Chr. neben Paulus eine Rolle ersten Ranges, und in Gal 2,9.12 wird er als eine der 'Säulen' des Christentums anerkannt.

Die theologische Position, die Jakobus in der Geschichte des frühen Christentums vertreten hat, wird in den frühchristlichen Schriften selbst unterschiedlich dargestellt. Nach der Darstellung der Apostelgeschichte personifiziert er die Autorität, die die christliche Heidenmission nach dem Apostelkonzil legitimiert (Apg 15,13; 21,18). Nach der paulinischen Darstellung ist er von 'Judenchristen' umgeben, die die Tischgemeinschaft von Juden- und Heidenchristen ablehnen, weil sie an den jüdischen Abgrenzungsgeboten festhalten und dadurch ihre Vorstellungen zum Ausdruck bringen, nach welchen das Christentum nur als Bestandteil des Judentums zu verstehen sei. Inwiefern Jakobus selbst diese profilierten Überzeugungen teilte oder nicht, ist schwierig zu rekonstruieren. Paulus unterscheidet zwar seine Position von der der 'judenchristlichen' 'falschen Brüder' (Gal 2,4f.6–10), die Notwendigkeit diese Dissoziation ergibt sich aber aus der Notwendigkeit seiner Argumentation und basiert nicht unbedingt ganz auf der historischen Wirklichkeit. Es fällt immerhin auf, daß sich sowohl das syrische, weisheitliche Christentum des Thomasevangeliums (EvTh 12: Der Nachfolger Jesu ist Jakobus der Gerechte: Für ihn sind Himmel und Erde geschaffen worden) als auch die hellenistisch-judenchristliche Moralphilosophie des Jakobusbriefes (Jak 1,1) auf seine Autorität unmittelbar berufen.

Der Tod des Jakobus wird in einem legendarischen Bericht bei Euseb erzählt (HE II,23.3–18), der sich auf die Hypotyposen von Clemens von Alexandrien und auf die Erinnerungen von Hegesipp beruft, aber auch schon in den 'Jüdischen Altertümern' von Josephus erwähnt wird. Damit ist Jakobus die einzige Figur des frühen Christentums, die in einer alten außerchristlichen Quelle erwähnt wird, was zeigt, welches Ansehen er auch bei nicht-christlichen Juden genoß (H. Conzelmann):

So hielt er (= der Hohepriester Ananos) die Gelegenheit für günstig, da Festus (= der Statthalter bis zu seinem Tod 62 n.Chr.) gestorben, Albinus (= sein Nachfolger) noch unterwegs war. Er berief eine Gerichtssitzung (des Hohen Rates) ein und ließ ihr den Bruder Jesu, des sogenannten Christus (Gesalbten), Jakobus, und einige andere vorführen. Die Anklage lautete auf Gesetzesübertretung. Er ließ sie zur Steinigung abführen (Josephus, JA 20,200; zur Interpretation s.o. II.2.3).

3. Jakobus und Johannes

CONZELMANN, H.: Geschichte des Urchristentums, GNT 5, Göttingen 1989[6], 138–140.

Nach der Darstellung des Markusevangeliums wurden Johannes und Jakobus, die Söhne des Zebedäus, nach Petrus und Andreas von Jesus in die Nachfolge gerufen (Mk 1,16–20). Alle vier werden als Fischer vorgestellt, die Familie des Zebedäus schien sogar ein kleines Unternehmen mit Angestellten zu haben (Mk 1,20). Mit Ausnahme von Mk 9,38 werden beide Brüder immer zusammen genannt (Mk 3,17; 10,35.41; Lk 9,54), und Petrus, Jakobus und Johannes bilden den engeren Kreis der vertrauten Jünger Jesu (Mk 5,37; 9,2; 13,3, wo Andreas als vierter hinzugefügt wird; 14,33). Wahrscheinlich ist diese Zusammenstellung einer Dreiergruppe eine theologische Konstruktion der markinischen Redaktion. Sie spiegelt aber die Sonderstellung der drei Jünger im frühen Christentum wider. Zum einen ist Jakobus 43–44 n.Chr. hingerichtet worden (Apg 12,2; s.u. Teil II,I.1.1), was impliziert, daß er als einer der Repräsentanten der christlichen Gruppen betrachtet wurde; zum anderen wird Johannes zusammen mit Jakobus, dem Bruder des Herrn, und Petrus als eine der 'Säulen' der Entwicklung des frühen Christentums genannt (Gal 2,9; die Tatsache, daß Johannes am sogenannten Apostelkonzil 48–49 n.Chr. teilgenommen hat, schließt aus, daß er mit seinem Bruder als Märtyrer gestorben sein soll, wie es manchmal aus dem *vaticinum ex eventu* von Mk 10,39 abgeleitet wird).

Genauso wie Simon (= Petrus) bekommen Jakobus und Johannes einen Beinamen (= Boanerges, was das Markusevangelium mit 'Don-

nersöhne' übersetzt), der auf den historischen Jesus zurückgeführt wird
(Mk 3,17), und die herausragende Position des Johannes in der Geschichte der frühen Christentümer findet noch einen weiteren literarischen Niederschlag im lukanischen Doppelwerk: Johannes wird sowohl im Lukasevangelium als auch in der Apostelgeschichte als die
zweite führende Person der 'Urgemeinde' neben Petrus dargestellt (Lk
22,8; Apg 3,1.4.11; 4,13.19). Die Rolle der beiden Brüder scheint
jedoch nicht unumstritten gewesen zu sein. Nach der Szene von Mk
10,35–45 formulieren sie den Wunsch, im Gottesreich die Ehrenplätze
neben Jesus einzunehmen. Die Geschichte setzt entweder Rivalitäten
um die Führung der frühen Christentümer voraus (die beiden Brüder
hätten ohne Erfolg versucht, sich an die Spitze der Jesusbewegung zu
stellen), oder die Kritik der vormarkinischen Traditionen gegen das
Selbstbewußtsein einer frühchristlichen Gruppe, die mit den Zebedai-
den verbunden ist. Ähnliche kritische Stellungnahmen sind in Mk
9,38–40 und in Lk 9,54–56 überliefert. Im ersten Dialog wird der
Ausschließlichkeitsanspruch des Johannes bzw. einer Wir-Gruppe
abgelehnt, die einzig autorisierte zu sein, Wundertaten im Namen Jesu
zu vollbringen. Im zweiten werden die beiden Brüder wegen einer
Gerichtstheologie getadelt, nach welcher samaritanische Dörfer wegen
ihres Unglaubens durch das himmlische Feuer zerstört werden sollten.

Die besonderen Ansprüche der beiden Brüder, die Verbindung
ihrer Namen mit Samarien (Lk 9,51–56; vgl. Joh 4,4–42; 8,48: Jesus
sei ein Samariter) und die Tatsache, daß das ganze Johannesevangelium den Namen Johannes übergeht, verleihen der späteren Tradition,
die ihren ersten Beleg in der *inscriptio* von P[66] hat und die Johannes
mit dem johanneischen 'Lieblingsjünger' identifiziert (s.u. Teil II,
III.2), einige Plausibilität. Nach Irenäus, Adv. Haer. III,1,1f, und Clemens von Alexandrien, Hypotyposen (= Euseb, HE VI,14,7), hätte
sogar Johannes das Johannesevangelium verfaßt. Nach Euseb, HE
III,39,1–14, bezeugt Papias von Hierapolis, daß zwei Jünger namens
Johannes, der Apostel und der Presbyter, in Ephesus am Ende des
1. Jahrhunderts aktiv gewesen seien. Inwiefern diese Informationen
und auch die von Euseb überlieferten Legenden über die späteren
Jahre des Greises Johannes (HE III,23,5–19; IV,14,6) glaubwürdig
sind, muß offenbleiben. Auch die Identifizierung von Johannes, dem
Verfasser der Johannesoffenbarung (Apok 1,1.4.9; 22,8), mit dem
Jünger und Apostel Johannes, dem Bruder des Jakobus und Sohn des

Zebedäus, läßt sich erst mit Hilfe der kirchlichen Überlieferung belegen (Irenäus, Adv. Haer. V,30,3).

4. Thomas

BAUCKHAM, R.: Jude and the Relatives of Jesus in the Early Church, Edinburgh 1990, 32–37. – KÖSTER, H./ROBINSON, J.M.: Entwicklungslinien durch die Welt des frühen Christentums, Tübingen 1971, 118–134.

Dieser Jünger Jesu, der in den synoptischen Evangelien nur genannt wird (Mk 3,18; Mt 10,3; Lk 6,15), spielt eine profilierte Rolle im Johannesevangelium, wo er Unverständnis und Zweifel personifiziert (Joh 11,16; 14,5; 20,24–29). Auch er bekommt einen Beinamen: Joh 11,16; 20,24 stellen ihn als Thomas, Didymus (= der Zwilling) genannt, vor. Paradox ist allerdings dabei, daß Thomas auch im Aramäischen 'Zwilling' bedeutet, so daß Thomas und Didymus (genauso wie Kephas und Petrus) zwei sprachliche Formen des Beinamens sind.

Eine Lösung des Rätsels, wer der 'Zwilling' sei, bietet die Thomas-Tradition an: Das Thomasevangelium beruft sich auf die Autorität von Didymus Judas Thomas (NHC II,2), und das Buch des Thomas auf Judas Thomas (NHC II,7 138,2). Thomas wäre also Judas der 'Zwilling'. Dadurch verschiebt sich aber nur das Problem: Wer ist nämlich mit Judas gemeint? Abgesehen von Judas Iskarioth, der kaum in Frage kommt, kennt die frühchristliche Literatur zwei Figuren mit dem Namen Judas. Die erste ist ein Jünger Jesu (Lk 6,16; Joh 14,22; Apg 1,13), der keine besondere Rolle in der Geschichte des frühen Christentums gespielt zu haben scheint. Der zweite ist der Bruder Jesu (Mk 6,3), unter dessen Autorität der Judasbrief pseudepigraphisch geschrieben wurde (Jud 1), und der von der kirchlichen Tradition mehrfach bezeugt ist. Zum einen glaubt Euseb von Hegesipp zu wissen, daß die Enkel des Judas zur Zeit Domitians eine führende Stellung in der Jerusalemer Gemeinde innehatten (HE III,20,1–6; 32,5f). Zum anderen sei 'Judas Thomas' für die Verbreitung des Christentums in Edessa und in Parthien verantwortlich (s.u. Teil II, I.2.2b). Letzteres wird sowohl durch die 'kirchliche' als auch durch die Thomas-Tradition belegt (Euseb, HE I,13,4.11; II,1,6; III,1,1; Das Perlenlied, Thomas-Akten 108–113).

Falls Thomas mit Judas Thomas bzw. mit Judas, dem Bruder des Jakobus (Jud 1; vgl. eine ähnliche Verbindung Thomas/Jakobus in EvTh 13) und dem Bruder des Herrn (Mk 6,3) tatsächlich identisch ist, ergibt sich folgendes für die Rekonstruktion der Geschichte des frühen Christentums: Genauso wie sich das 'Judenchristentum' unter der Autorität und in Verbindung mit dem Namen des Jakobus, des Bruders des Herrn, entwickelt hat, verbreitete sich ein weisheitliches Christentum in Palästina, in Syrien und in Makedonien unter der Autorität und in Verbindung mit dem Namen eines anderen Bruders des Herrn, nämlich des Zwillings Judas. Die Rolle, die der Figur des Thomas im Johannesevangelium zukommt, bringt die Distanzierung einer 'höheren' gnostischen Entwicklungslinie gegenüber der weisheitlichen Tradition der Spruchsammlungen unter dem Namen des Thomas zum Ausdruck, und der Judasbrief hätte genauso wie später der 2. Petrusbrief die Funktion, die Autorität einer 'apostolischen' Tradition durch einen Apostelbrief für eine 'Orthodoxie' zurückzugewinnen.

TEIL II

Von der paulinischen Heidenmission
bis zum jüdischen Krieg:

Die Zeit der Apostel

I. Die beteiligten Personen und Gruppen

1. Die historischen Daten

Becker, J.: Paulus. Der Apostel der Völker, Tübingen 1992[2], 17–33. – Conzelmann, H.: Geschichte des Urchristentums, GNT 5, Göttingen 1989[6], 17–20. – Deissmann, A.: Paulus. Eine Kultur- und religionsgeschichtliche Skizze, Tübingen 1925[2], 203–225. – Lüdemann, G.: Paulus, der Heidenapostel I: Studien zur Chronologie, FRLANT 123, Göttingen 1980. – Schenke, H.-M./ Fischer, K.M.: Einleitung in die Schriften des Neuen Testaments I: Die Briefe des Paulus und Schriften des Paulinismus, Berlin 1978, 36–63.

Eine Zeitrechnung der Geschichte des frühen Christentums zwischen den Anfängen der paulinischen Heidenmission und dem jüdischen Krieg läßt sich aus den folgenden Daten rekonstruieren:

1.1 Der Tod des Zebedaiden Jakobus

Nach Apg 12,2 ließ Agrippa I ("Herodes") Jakobus, Sohn des Zebedäus, hinrichten, wahrscheinlich nicht lange vor seinem eigenen Tod. Über ganz Palästina (einschließlich Judäa und Jerusalem) regierte er 41–44. Die Geschichte des Todes des Agrippa I wird in Josephus, AJ 19,343–350 erzählt, und der Tod des Jakobus in der vormarkinischen Tradition von Mk 10,39 vorausgesetzt. Daß sein Bruder Johannes ihn überlebte, belegt seine Präsenz beim Apostelkonzil (Gal 2,9).

1.2 Das Claudiusedikt

Nach dem Bericht von Apg 18,2 sind Aquila und Priska durch ein Edikt des Claudius gegen die Juden aus Rom vertrieben worden. Dieses Edikt ist sowohl bei Sueton als auch bei Cassius Dio 60,6,6f und Orosius, Hist. 7,6,15f belegt. Sueton schreibt: "Die Juden vertrieb er aus Rom, weil sie, von Chrestus aufgehetzt, fortwährend Unruhen stifteten" (Claudius 25,4). Voraussetzungen für das Edikt sind, daß sich in den Synagogen Roms christliche Gemeinden entwickelt haben, daß Konflikte zwischen Christen und Juden entstanden waren, und daß die Auseinandersetzungen Dimensionen angenommen hatten, die poli-

tische Maßnahmen erforderlich machten. Nach Orosius wurde das
Edikt im Jahre 49, nach Cassius Dio im Jahre 41 erlassen. Cassius
Dio schreibt: "Die Juden hatten sich so vermehrt, daß es wegen ihrer
großen Zahl schwierig gewesen wäre, sie ohne Tumult aus Rom
auszuschließen. So trieb er sie zwar nicht aus, ließ ihnen auch ihre
überkommene Lebensweise, verbot ihnen aber Versammlungen, und
die Clubs, die Gaius (= Caligula) wieder zugelassen hatte, löste er
auf" (Römische Geschichte 60,6,6).

1.3   Die Gallio-Inschrift in Delphi und das Problem der paulinischen Chronologie

Nach Apg 18,12 wurde Paulus in Korinth dem Statthalter Gallio, einem
Bruder des Philosophen Seneca, vorgeführt. Die Amtszeit von Gallio
läßt sich nach einer Inschrift datieren, die in Delphi in Fragmenten
gefunden wurde. Die Inschrift enthält einen Erlaß des Kaisers Claudius,
der in der ersten Hälfte seines 12. Regierungsjahres, das heißt zwischen
dem 25. Januar und dem 1. August 52, herausgegeben wurde. Der Text
nennt Gallio, dessen Amtsjahr folglich sehr wahrscheinlich vom Frühjahr 51 bis zum Frühjahr 52 dauerte. Wenn andererseits die Angabe
von Apg 18,11 stimmt, nach welcher Paulus 1 Jahr und 6 Monate in
Korinth geblieben war, dann hat der Aufenthalt des Paulus in Korinth
zwischen Ende 49 und Sommer 51 (früheste Datierung) bis zwischen
Ende 50 und Frühling 52 (späteste Datierung) stattgefunden.

An dieser Rekonstruktion ist vor allem problematisch, daß die
relative Chronologie der Reisen des Paulus in der Apostelgeschichte
mit den Angaben der paulinischen Briefe nicht übereinstimmt, und daß
sie von einer Überschneidung ausgeht, die nur mit Hilfe des lukanischen Itinerars festgesetzt werden kann.

Nach der *Apostelgeschichte* sieht die paulinische Chronologie folgendermaßen aus:

Apg 9,1–31: Bekehrung des Verfolgers, Predigt in Damaskus und
unmittelbare Reise nach Jerusalem, wo Paulus zu den Aposteln geführt
wird.

Apg 11,25–30 und 12,25: Paulus und Barnabas werden von Antiochien nach Jerusalem gesandt, um angesichts einer drohenden Hungersnot eine Spende zu überbringen.

Apg 13,1–14,28: Erste Missionsreise des Paulus nach Zypern, Pamphylien, Pisidien und Lykaonien.

Apg 15,1–33: Das Apostelkonzil in Jerusalem.

Apg 15,35–18,22: Zweite Missionsreise des Paulus nach Syrien, Kilikien, Phrygien, Galatien, Troas, Makedonien (Philippi, Thessalonich, Beröa), Athen und Korinth. 1 Jahr und 6 Monate Aufenthalt in Korinth. Dann Reise nach Ephesus, zum viertenmal nach Jerusalem, und nach Antiochien.

Apg 18,23–21,26: Dritte Missionsreise, zunächst nach Ephesus über Galatien und Phrygien. Paulus bleibt 2 Jahre und 3 Monate in Ephesus (Apg 19,8 u. 10). Anschließend Reise nach Makedonien und Griechenland (Korinth) und Rückfahrt nach Jerusalem über Makedonien, Troas und Milet. Dadurch wird ein Reiseplan verwirklicht, der in Apg 20,1–6 angekündigt ist, der die Angaben von 1 Kor 16,5–7 und Röm 15,25–27 kombiniert, und der einen ursprünglichen Plan ersetzt (Apg 19,21f, der 2 Kor 1,15f entspricht und aus den in 2 Kor 1,15–2,13 bzw. Apg 20,1–6 angegebenen Gründen aufgegeben wurde).

Apg 21,27–23,10: Gefangennahme in Jerusalem.

Apg 23,11–26,32: Paulus bleibt 2 Jahre lang in Cäsarea in Haft.

Apg 27,1–28,31: Reise nach Rom, mit Aufenthalt in 'Malta' (3 Monate), in Syrakus (3 Tage), bei Brüdern in Puteoli (7 Tage) und freie Predigt in Rom (2 Jahre, Apg 28,30f).

Die Chronologie, die vom Verfasser der Apostelgeschichte aufgestellt wird, ist von den Angaben der Paulusbriefe abhängig: Die Darstellung wird gerade dort chaotisch, wo die Reiseberichte und -pläne der Briefe Interpretationsprobleme verursachen (so Apg 19,21f u. 20,1–6, die 1 Kor 16,5–8, 2 Kor 1,15f und Röm 15,25–27 auslegen und kombinieren). Lücken werden gefüllt, wie die 14 Jahre von Gal 2,1, durch die erste Missionsreise von Apg 13,1–14,28, und die in Röm 15,24–28 angekündigte Fahrt nach Jerusalem und dann nach Rom durch Apg 20,1–28,31), so daß das apostolische Itinerar ein continuum bildet. Inhaltlich werden die Etappen durch Stereotypen der lukanischen Heilsgeschichte (1. Predigt in der Synagoge; 2. Erfolg; 3. Aufregung der Juden, die 4. die heidnische Behörde gegen die Brüder mobilisieren), durch Motive aus den Peristasenkatalogen der Paulusbriefe (2 Kor 11,23–33) und durch novellistische Erzählungen rekonstruiert. Der paulinischen Darstellung widerspricht Lukas immer dann, wenn er die

Kontinuität der frühchristlichen Missionsgeschichte betonen und die Erfüllung des Missionsauftrags von Apg 1,8 (vgl. Lk 24,47f) den Aposteln zuordnen will: Gegen die ausdrücklichen Aussagen des Paulus in Gal 1,17 inszeniert Lukas eine erste Reise des Paulus nach Jerusalem unmittelbar nach seiner Bekehrung, wo er die Apostel trifft, was wiederum in direktem Widerspruch zu Gal 1,18f steht. Genauso schiebt er eine zusätzliche Reise nach Jerusalem in Apg 18,20–22 ein, die den Aufenthalt in Ephesus unterbricht.

Kurzum: Wenn die Chronologie der Apostelgeschichte von den Äußerungen der paulinischen Briefe abweicht, dann läßt sich das entweder von den heilsgeschichtlichen Vorstellungen des Lukas oder von den schriftstellerischen Notwendigkeiten her erklären, einen kontinuierlichen und deshalb glaubwürdigen Bericht zu liefern. Daraus folgt, daß die Apostelgeschichte als Quelle – auch als zusätzliche Informationsquelle – für die Aufstellung der paulinischen Chronologie nicht verwendet werden kann.

Die Angaben in den *paulinischen Briefen* bestehen im wesentlichen aus dem autobiographischen Bericht von Gal 1,12–2,14 und aus den Reiseplänen und -berichten von 1 Thess 2,2; 3,1–6; 1 Kor 16,5–8; 2 Kor 1,15–2,13; 7,5–7; 10,2; 12,14; 13,1.10 und Röm 15,23–29. Daraus ergibt sich folgende Chronologie:

Gal 1,13–16: Berufung des Paulus als Heidenapostel durch eine Offenbarung Jesu Christi.

Gal 1,17: Paulus geht nicht nach Jerusalem, sondern nach Arabien und nach Damaskus.

Gal 1,18f: Nach 3 Jahren geht Paulus nach Jerusalem, um Petrus kennenzulernen. Er bleibt dort 15 Tage und trifft nur Petrus und Jakobus, den Bruder des Herrn.

Gal 1,21: Missionsreise nach Syrien und Kilikien.

Gal 2,1–10: Nach 14 Jahren begibt sich Paulus mit Barnabas und Titus wieder nach Jerusalem zum sogenannten Apostelkonzil.

Gal 2,11–14: Konflikt mit den Leuten von Jakobus und mit Petrus in Antiochien.

1 Thess 2,2: Mission in Philippi und Thessalonich.

1 Thess 3,1: Mission in Athen.

1 Thess 3,1–6: Aufenthalt in Korinth.

1 Kor 16,8: Aufenthalt in Ephesus bis Pfingsten.

1 Kor 16,5–7: Reiseplan für Makedonien und Korinth, der den ursprünglichen Plan von 2 Kor 1,15f auf den in 2 Kor 1,17–2,11 genannten Gründen ersetzt.

2 Kor 2,12f: Reisebericht: Paulus in Troas.
2 Kor 7,5–7: Reisebericht: Paulus in Makedonien.
2 Kor 10,2; 12,14; 13,1.10: Besuchsankündigung in Korinth.
Röm 15,25–28: Reiseplan für Jerusalem.
Röm 15,24 (vgl. Röm 1,10): Reiseplan für Rom.
Röm 15,24 u. 28f: Reisepläne für Spanien.

Will man versuchen, die aus den Paulusbriefen aufgestellte relative Chronologie mit Hilfe der Überschneidung von Apg 18,12 und der Gallio-Inschrift als Basis für eine absolute Chronologie zu verwenden, und rechnet man damit, daß die antike Zählweise Anfangs- und Endjahre mitzählt, dann bleibt folgende Übersicht:

Berufung des Paulus: 32–33
Erste Reise nach Jerusalem: 35–36
Apostelkonzil: 48–49
Paulus in Korinth: 50–52.
Als Vermutung läßt sich weiter ansetzen:
Paulus in Ephesus: 52–55
Reise nach Jerusalem: 55–56.

Der älteste Beleg für den Tod des Paulus als Märtyrer ist 1 Clem 5,1–7, der das Martyrium der beiden 'Säulen' Petrus und Paulus verbindet: "Auf Grund von Eifersucht und Neid wurden die größten und gerechtesten Säulen verfolgt und kämpften bis zum Tod. Stellen wir uns die tapferen Apostel vor Augen: Petrus, der auf Grund von ungerechter Eifersucht nicht eine oder zwei, sondern viele Mühsalen ertrug, Zeugnis ablegte und so zu dem Ort der Herrlichkeit gelangte, die ihm gebührte. Auf Grund von Eifersucht und Streit zeigte Paulus (den Weg zum) Kampfpreis für das Ausharren. Siebenmal in Fesseln, verjagt, gesteinigt, Herold im Osten und im Westen, empfing er den wahren Ruhm für seinen Glauben. Er lehrte die ganze Welt Gerechtigkeit, kam bis in den äußersten Westen und legte vor den Machthabern Zeugnis ab. So schied er aus der Welt und gelangte an den heiligen Ort, das größte Vorbild des Ausharrens" (1 Clem 5,2–7).

1.4   Der Tod des Jakobus, Bruder des Herrn (62 n.Chr.)

Berichte über das Martyrium des Jakobus in Jerusalem sind erhalten
bei Josephus, JA 20,200, aber auch bei Euseb, der sich sowohl auf die
Hypotyposen von Clemens von Alexandrien (HE II, 1,5; II, 23,3) als
auch auf die Erinnerungen von Hegesipp (HE II, 23,4–18) beruft, (s.o.
Teil I: III,2).

1.5   Die Christenverfolgung unter Nero (64 n.Chr.)

Nach Tacitus, Annalen 15,44, versuchte Nero das Gerücht aus der
Welt zu schaffen, Rom habe auf seinen Befehl gebrannt, indem er die
Schuld auf andere schob und "die ausgesuchtesten Strafen über die
wegen ihrer Verbrechen Verhaßten, die das Volk 'Chrestianer' nannte,
verhängte. (3) Der Name leitet sich von Christus ab; dieser war unter
der Regierung des Tiberius durch den Prokurator Pontius Pilatus
hingerichet worden. Für den Augenblick wurde der verderbliche Aberglaube unterdrückt. Aber er brach wieder aus, nicht nur in Judäa, dem
Ursprungsort dieses Unheils, sondern auch in Rom, wo alles Scheußliche und Schandbare von überallher zusammenströmt und Anhang
findet. (4) Man verhaftete also zuerst Leute, die bekannten, dann auf
ihre Anzeige hin eine riesige Menge. Sie wurden nicht gerade der
Brandstiftung, wohl aber des allgemeinen Menschenhasses (*odium
humani generis*) überführt. Die Todgeweihten benutzte man zum
Schauspiel ...".

Die historischen Voraussetzungen dieses Berichtes sind, daß die
Christen von den Juden unterschieden und getrennt behandelt wurden,
daß die Christen in Rom inzwischen in großer Zahl lebten, und daß
sie von der Bevölkerung als solche wahrgenommen wurden.

2. Die Verbreitung des Christentums

FREND, W.H.C.: The Rise of Christianity, Philadelphia 1984, 85–160. – GRIGGS, C.W.: Early Egyptian Christianity from its Origins to 451 C.E., Coptic Studies 2, Leiden 1991. – HARNACK, A.V.: Die Mission und Verbreitung des Christentums in den ersten drei Jahrhunderten, Leipzig 1924[4]. – KÖSTER, H./ROBINSON, J.M.: Entwicklungslinien durch die Welt des frühen Christentums, Tübingen 1971. – PEARSON, B.A./GOEHRING, J.E. (Hrsg.): The Roots of Egyptian Christianity, Studies in Antiquity and Christianity, Philadelphia 1986.

Eine Gesamtdarstellung der Entwicklung und der Verbreitung der verschiedenen frühchristlichen Strömungen läßt sich nicht rekonstruieren. Die Informationen, die uns zugänglich sind, ermöglichen keinen vollständigen Überblick. Sie sind fragmentarisch und punktuell, betreffen einzelne Gemeinden und Ereignisse, und die Tendenz, einzelne Informationen zu verallgemeinern, läßt sich methodisch nicht rechtfertigen. In dieser Hinsicht stellen die 1945 entdeckten Texte von Nag Hammadi einen entscheidenden Erkenntnisfortschritt dar, da sie Formen und Mutationen des frühen Christentums dokumentieren, die bisher unerreichbar geblieben waren. Das bedeutet einerseits, daß sie uns zwingen, feste Vorstellungen zu revidieren, aber auch, daß sie uns darauf hinweisen, daß mit größter Wahrscheinlichkeit wichtige Momente der Geschichte der frühchristlichen Bewegungen und ihrer Entwicklung weiterhin im Dunkeln bleiben. Die überlieferten Dokumente vermitteln partielle und einseitige Einblicke in die Vielfalt der Evolution des frühen Christentums. Einseitigkeiten und Partialitäten sind aber kein Grund, auf den Versuch einer Rekonstruktion zu verzichten. Sie bedingen jedoch eine historische und kritische Darstellung in dem Sinne, daß sie mit Informationen rechnen muß, die von Anfang an keinen Anspruch auf Vollständigkeit haben, die durch ihre Rezeptionsgeschichte gefiltert worden sind und die sich als Ergebnis einer Selektion anbieten. Die Selektion hängt von der Aufnahme der Traditionen in die frühchristlichen Schriften ab, von der Bewahrung, der Weiterüberlieferung und zum Teil der Kanonisierung der Texte, oder dann von ihrer zufälligen Wiederentdeckung.

Unter diesem Vorbehalt läßt sich folgendes rekonstruieren: Die prägenden Momente, die die Entwicklung der verschiedenen Bewegungen direkt oder durch Interaktion bestimmen, sind die weite Verbreitung des Christentums der (judenchristlichen) Hellenisten in den

Synagogen der Diaspora, die daraus folgenden Auseinandersetzungen mit dem Judentum, die Heidenmission des Paulus, die daraus folgende Erscheinung eines Heidenchristentums und die daraus resultierenden Konflikte mit den Jerusalemer 'Judenchristen' sowie die Verschärfung der politischen Krise in Palästina.

2.1   Die Wanderpredigt der Galiläer

Der 'Wanderradikalismus' als Bewegung existiert mittlerweile nicht mehr. Teilweise ist er verschwunden, teilweise haben sich seine führenden Figuren mit seßhaften Kreisen in Verbindung gesetzt. Petrus hat sich zunächst in Jerusalem niedergelassen (Gal 1,18), man trifft ihn aber später in der hellenistischen Gemeinde in Antiochien (Gal 2,11–14), und eine Partei in Korinth beruft sich auf ihn (1 Kor 1,12). Die Wanderprediger als soziale Größe sind nur noch durch ihren geistigen Nachlaß spürbar, das heißt durch die Traditionen, die die hellenistischen, vormarkinischen Überlieferungen und die weisheitlichen Spruchsammlungen wiederverwertet haben. Die Figuren des 'Wanderradikalismus' sind mythische Gründungsfiguren geworden (Mt 16,16–19), und sie reisen über die neu geöffneten Wege der westlichen Mission. Die Arbeitsverteilung in Gal 2,8f setzt eine petrinische Mission im hellenistisch-jüdischen Bereich voraus. Nach Euseb, HE III,1,2 hat Petrus den Diasporajuden im Pontus, in Galatien, Bithynien, Kappadozien und Asien gepredigt. Diese Information ist sehr wahrscheinlich von der Adressatenliste von 1 Petr 1,1 abhängig. Einen historischen Wert hat sie mit Sicherheit nur, wenn der 1. Petrusbrief tatsächlich von Silvanus (1 Petr 5,12) im Namen des Petrus an von ihm gegründete Gemeinden geschrieben worden ist. Ansonsten sind weder Jerusalem (Gal 1,18) noch Antiochien (Gal 2,11–14) noch Korinth (1 Kor 1,12) Städte, wohin Petrus das Christentum gebracht hätte. Die Kirche in Antiochien ist von den Hellenisten und die Kirche in Korinth von Paulus gegründet worden. Ist das Prinzip des Paulus, nur da das Evangelium zu verkünden, wo der Name Christi unbekannt sei (Röm 15,20), polemisch oder einfach abgrenzend? Denkt Paulus an seine Erfahrungen in Korinth oder allgemeiner? Auf jeden Fall läßt sich der Weg des Petrus (und seiner Frau, 1 Kor 9,5) zwischen Antiochien und Rom (1 Clem 5,2ff) nicht mehr mit Sicherheit rekonstruieren.

Kurzum: Was von der Bewegung der Wanderpredigt bleibt, ist einerseits die Rolle ihrer führenden Gestalten als traditionelle Gründungsfiguren und andererseits die symbolische Bedeutung des 'Wanderradikalismus' als eine Form des christlichen Gründungsmythos.

2.2 Palästina – Ägypten – Syrien

Sowohl die Existenz der Gemeinden in Judäa und des Jerusalemer Judenchristentums als auch die wichtige Funktion von hellenistischen Zentren wie Antiochien oder Damaskus für die Verbreitung des Christentums sind anhand der neutestamentlichen Traditionen feststellbar. Sie liegen auch dem programmatischen Darstellungsschema der lukanischen Missionsgeschichte zugrunde. Zusätzlich lassen sich aber auch andere Strömungen belegen oder vermuten.

a) *Das Problem der Anfänge des Christentums in Ägypten*
Nach Euseb, HE II,15,3, soll Markus das Evangelium, das er in Rom geschrieben hatte, nach Ägypten gebracht und als erster Gemeinden in Alexandrien gegründet haben. Diese Tradition und auch die These Eusebs, HE II,17,3, nach welcher sich Philo, contempl, mit der Lebensweise der ersten alexandrinischen Christen befaßt hätte (falls die sogenannten 'Therapeuten' tatsächlich mit christlichen Mönchen zu identifizieren sind), spiegeln eine Entwicklung wider, die sich nur aufgrund verschiedener Indizien und mit großen Lücken rekonstruieren läßt. Sicher ist die Verbreitung des Christentums in Ägypten vor dem Ende des 1. Jahrhunderts. Daß Belege dafür in den kanonischen Schriften fehlen, ist darauf zurückzuführen, daß Ägypten sich nicht auf den Straßen zwischen Jerusalem und Rom befindet, mit denen sich die Apostelgeschichte befaßt (vgl. trotzdem Apg 8,26–40), und daß das ägyptische Christentum nach späteren, orthodoxen Maßstäben problematisch erscheinen sollte, obwohl es sich vielleicht einfach in der Kontinuität von frühen christlichen Bewegungen weiterentwickelt hat. Die Grenzen zwischen Rechtgläubigkeit und Ketzerei lassen sich hier nicht nach westlichen Kriterien nachzeichnen: Clemens von Alexandrien zitiert das Hebräerevangelium und das Evangelium der Ägypter als gleichwertige Autoritäten neben den kanonischen Schriften; nach Euseb soll Philo die Askese der Christen von Alexandrien bewundert haben (HE II,15,3), und gerade in Alexandrien sind in der

Mitte des 2. Jahrhunderts auch die ersten christlich-gnostischen Schulen von Basilides und von Valentin gegründet worden. Das Christentum hat wahrscheinlich sehr früh in Ägypten Fuß gefaßt. Bereits in der Mitte des 1. Jahrhunderts scheint Apollos ein weisheitliches Evangelium von Alexandrien nach Korinth gebracht zu haben. Dies läßt sich jedenfalls aus der Überschneidung der Informationen, die 1 Kor 1,10–4,13 und Apg 18,24–19,7 enthalten, schlußfolgern. Nach Apg 18,24 kam Apollos aus Alexandrien. Daß er die christliche Lehre mit Kompetenz predigen und erläutern konnte, ohne selbst Christ zu sein, wie es Apg 18,25 voraussetzt, entspricht den lukanischen Vorstellungen, die die Predigt des Apollos dem paulinischen Apostelamt unterordnen will. Daß er nur die Taufe des Johannes kannte, ist auch deswegen kaum plausibel, weil die paulinische Argumentation das Problem der Parteien in Korinth mit der christlichen Tauftätigkeit der verschiedenen Apostel unmittelbar verbindet (1 Kor 1,12–17): Apollos war insofern ein christlicher Missionar. Die Predigt des Apollos ist in Korinth als eine hellenistisch-judenchristliche Weisheitstheologie rezipiert worden (1 Kor 1,18–3,4), und Paulus zitiert in seiner Auseinandersetzung mit Apollos und seiner Rezeption in Korinth eine 'Schrift' (1 Kor 2,9), die im Thomasevangelium und im Dialog des Erlösers ihre einzige, bekannte Entsprechung hat (EvTh 17; DialSav, NHC III,5 140,2–5; vgl. Lk 10,21–24).

Kurzum: Vor 50 n.Chr. scheint das Christentum sich in Ägypten verbreitet und unter anderem Formen angenommen zu haben, die mit der hellenistisch-jüdischen Weisheit, mit der alexandrinischen Theologie des Philo und mit gnostischen bzw. jüdisch-gnostischen Kreisen verwandt waren.

Die Vermutung, daß sich das ägyptische Frühchristentum auf die Mission der weisheitlichen Tradition zurückführen läßt, die im Thomasevangelium und in der Logienquelle belegt ist, findet eine Bestätigung im Brief des Claudius an die Stadt Alexandrien (CPJud II 153 = PLond VI 1912). Der Brief wurde 41 n.Chr. abgesandt und befaßt sich unter anderem mit Spannungen, die zwischen Juden und Nicht-Juden in Alexandrien entstanden sind. Der Kaiser warnt dabei vor einer weiteren Immigration von Juden aus Palästina. Fraglich ist, inwiefern die Konflikte mit der Verbreitung des Christentums in der griechischsprechenden jüdischen Bevölkerung in Verbindung gesetzt werden sollen. Gab es diese Verbindung, dann wäre der Brief mit dem Edikt des Claudius in Rom parallel zu verstehen und die Situation in den beiden Städten zu vergleichen. Die Erscheinung von Missionaren in den Synagogen und das Interesse, das sie erweckten, haben in den jüdischen Gemeinden Unruhen und Kontroversen hervorgerufen, die die Logienquelle ihrerseits unter dem Thema der Ablehnung der Verkündigung der βασιλεία verarbeitet (Lk 10,4–11.16).

b) *Syrien: Die Thomas-Tradition in Edessa*

Während die Logienquelle von der Erfahrung der Mißerfolge der Mission, der Auseinandersetzungen in den Synagogen und der Krisensituation in Palästina her die weisheitliche Tradition apokalyptisch auslegt und deutet, entwickelt sich unter dem Namen von Thomas die Überlieferung der Sprüche Jesu in eine Richtung, die von der Weisheitstheologie zur Form der gnostischen Dialoge übergeht. Diese Evolution läßt sich sowohl in den späteren Schichten des Thomasevangeliums (EvTh 114) als auch im Buch des Thomas (ThAthl, NHC II,7) festmachen. Ihre formale Fortführung findet sie im Dialog des Erlösers (DialSav, NHC III,5).

Der Name Thomas (s.o. Teil I: III,4) ist sowohl im Perlenlied der Thomas-Akten (108–113) als auch in der Kirchengeschichte von Euseb mit Parthien und Edessa verbunden. In der Auflistung der Missionsgebiete der Apostel nennt Euseb (HE III,1,1–3) Thomas, der Parthien als Wirkungskreis erhalten hat, Andreas, der in Scythien gepredigt hat, Johannes, der nach einem langen Aufenthalt in Ephesus gestorben ist, Petrus zusammen mit dem Verweis auf die in 1 Petr 1,1 erwähnten Gebiete und Paulus mit einem Zitat von Röm 15,19. Die Geschichte der Verbreitung des Christentums in Parthien wird zweimal erzählt. Thomas sandte Thaddäus nach Edessa, um das Versprechen Jesu zu erfüllen, einen Jünger zu König Abgar zu schicken, um diesen von einer unheilbaren Krankheit zu heilen (Euseb, HE I,13,1–21; II,1,6f). Der angebliche Schriftwechsel zwischen Abgar und Jesus wird in HE I,13,6–10 abgedruckt, wobei der Brief Jesu aus einer Komposition von johanneischen Selbstaussagen des Erlösers besteht. Euseb fährt mit einem Bericht fort, den er aus dem Syrischen übersetzt, und der die Predigt des Thaddäus vor dem König – und dann vor den von ihm versammelten Bürgern – widergibt (HE I,13,11–21).

Was das Perlenlied und diese Legende gemeinsam voraussetzen, ist wahrscheinlich die Tätigkeit von Missionaren und eine Verbreitung der christlichen Traditionen, wie sie zunächst in Galiläa und dann von da aus in Syrien und Ägypten unter anderem unter dem Namen des Thomas überliefert worden sind.

c) Syrien: Die Kreise des Lieblingsjüngers

Von Papias an verbindet die altkirchliche Tradition den Namen des Apostels Johannes – und des Presbyters Johannes – mit Asien und Ephesus. Ihre Ursprünge hatte die sogenannte johanneische Schule jedoch nicht in Asien, sondern höchstwahrscheinlich in Syrien. Betrachtet man die Entwicklung der johanneischen Formen, dann fällt auf, daß die Evolution des Kreises um Johannes Parallelitäten mit der Entfaltung der weisheitlichen Tradition unter dem Namen des Thomas aufweist. Die Offenbarungen des johanneischen Erlösers finden ihren literarischen Ort in Dialogen und Reden. Die Reden stellen das Jesusereignis als den Herabstieg und die Rückkehr des Gottessohnes dar, der den Menschen die Chance gibt, von oben her neu geboren zu werden und das Leben zu bekommen (Joh 12,32).

Die Dialoge haben vorbereitenden Charakter: Mit Hilfe von inszenierten Mißverständnissen und Ironie zeigen sie die Notwendigkeit auf, die menschliche Befindlichkeit und das Erlösungsangebot des Offenbarers von der göttlichen Welt aus zu verstehen. Das ganze setzt ein vor-gnostisches Verständnis des Christentums voraus, das seine volle Entfaltung erst in den Systemen des 2. Jahrhunderts findet. Die erzählerische Komposition des Johannesevangeliums setzt die Redaktion der synoptischen Evangelien voraus (unter anderem: Wundererzählungen, die die Frage der Zeichen von Mk 8,11f thematisieren, und die Passionsgeschichte, die als Verherrlichung und Erhöhung des göttlichen Offenbarers umgedeutet wird), die Reden und Dialoge basieren auf einer frühchristlichen Überlieferung von Sprüchen Jesu, die ihre selbständige Rezeption in den johanneischen Kreisen erfahren hat (vgl. Joh 3,3.5 mit Mk 10,15 // EvTh 22; Joh 5,23b mit Mk 9,37 // Lk 10,16Q; Joh 13,16 mit Lk 6,40). Der Vergleich der einander entsprechenden Variationen zeigt, daß die johanneische Schule sie unabhängig von der synoptischen Tradition rezipiert und zusammengestellt hat. Sie hat sie aus einer Perspektive heraus verstanden, die die johanneischen Fassungen prägt, und die von den anderen frühchristlichen Entwicklungslinien nicht ableitbar ist. Ihre Voraussetzungen sind, daß die christliche Existenz als ein 'Aus-Gott-Sein', das heißt ein 'Nicht-mehr-aus-der-Welt-Sein', verstanden wird, daß Jesus als der herabgestiegene, göttliche Offenbarer anerkannt wird, und daß die Offenbarung insofern eschatologisch ist, als sie heilsgeschichtliche Vorstellungen als irdische und weltliche disqualifiziert.

Kurzum: Die johanneischen Kreise bilden eine eigene Entwicklungslinie, die weder von den anderen ableitbar noch auf sie zu reduzieren ist.

Betrachtet man die ausdrücklichen Verweise des Johannesevangeliums auf seinen historischen Kontext, so fällt die wiederholte Nennung von Strafmaßnahmen, die den Glaubenden in den Synagogen drohen, auf (Joh 9,22; 12,42; 16,2): Anhänger des johanneischen Offenbarers werden als Ketzer verurteilt (Joh 16,2b, vgl. in der Mischna Sanh 10,3 [88b] u. 10,4 [89a]) oder laufen Gefahr, aus den Synagogen ausgeschlossen zu werden. Die johanneische Darstellung der Auseinandersetzungen impliziert keine regelmäßigen Vorgänge. Die Todesstrafe, die die johanneischen Lehrer riskieren (Joh 16,2b), ist für die nachösterliche Zeit in den Abschiedsreden vorausgesetzt, Ausschlüsse aus der Synagoge werden dagegen bereits mit der Zeit Jesu in Verbindung gebracht. Dabei handelt es sich aber wahrscheinlich um eine Rückprojizierung der Narration des Evangeliums.

Kurzum: Das Johannesevangelium setzt die Erfahrung von dramatischen Spannungen mit führenden, jüdischen Kreisen innerhalb der Synagogen voraus.

Diese Konflikte zwischen johanneischen Christen und Synagogen werden üblicherweise von der Entwicklung des Judentums nach dem jüdischen Krieg her verstanden. Sie setzten jedoch voraus, daß die johanneischen Kreise sich zumindest zum Teil innerhalb von Synagogen entwickelt haben. Ausschlüsse aus der Synagoge werden als Bedrohung empfunden, was impliziert, daß johanneische Christen ihre Zugehörigkeit zum Judentum für selbstverständlich gehalten haben. Die Tatsache, daß die Trennung christologisch verarbeitet wurde (Joh 15,20), zeigt, daß sie für das johanneische Christentum zum Anstoß wurde.

Als Fazit läßt sich zusammenfassen: Unabhängig von anderen frühösterlichen Bewegungen, aber nicht ohne Analogie mit der Evolution, die die weisheitlichen Traditionen unter anderem unter dem Namen des Thomas erfahren haben, hat sich in syrischen Synagogen – oder in ihrer Umgebung – ein Kreis entwickelt, der die Voraussetzung für die Entfaltung einer vor-gnostischen Theologie, wie sie im Johannesevangelium formuliert ist, darstellt.

2.3   Das Christentum im Westen

Ende der 40er Jahre ist die Existenz einer judenchristlichen Kirche in Rom (s.o. I.1.2: Das Claudiusedikt) und einer heidenchristlichen Gemeinde in Thessalonich (1 Thess 1,9; 2,14–16) belegt. Die Unterscheidung zwischen der Mission der Hellenisten und der paulinischen Heidenmission ist zum Teil ein Effekt des neutestamentlichen Kanons. Historisch läßt sie sich theologiegeschichtlich rechtfertigen. Die herausragende Bedeutung des paulinischen Missionsunternehmens liegt wahrscheinlich weder in seinem quantitativen und geographischen Umfang, noch in der Zahl der Mitarbeiter und der Trägergemeinden, die es beansprucht hat. Die Informationen, die Paulus über seine Konkurrenten im 2. Korintherbrief indirekt anbietet, setzen vergleichbare Verbindungen und Netze voraus. Das *novum* der paulinischen Heidenmission liegt vielmehr einerseits in den Apostelbriefen, die die paulinische Mission theologisch reflektieren, rechtfertigen und begründen, in der systematischen Einheit zwischen Apostelamt und missionarischer Tätigkeit, die sie implizieren, und andererseits im ausdrücklichen Programm der *Heiden*mission. Diese programmatische Heidenmission hat neue Fragestellungen in das Christentum eingebracht, die ihrerseits neue Auseinandersetzungen verursacht haben.

a) *Die paulinische Mission*
Das Neue ist nicht die paulinische Mission überhaupt, die sofort nach der Berufung des Heidenapostels in Arabien begonnen hat (Gal 1,17), sondern ihr spezifisches Programm, wie es von den anderen Aposteln anerkannt wurde (Gal 2,8f). Zum erstenmal richtet sich eine christliche Mission nicht an Juden, sondern unmittelbar an Heiden. Paulus ist als Heidenapostel berufen worden (Gal 1,16), und sein Programm besteht darin, das Evangelium den Griechen und den Barbaren (und nicht den Juden und den Griechen) zu verkündigen (Röm 1,13f; 11,13). Zu dieser ersten Grundentscheidung kommt ein zweites Prinzip, und zwar die Einstellung, nur dort das Evangelium hinzubringen, wo es unbekannt geblieben war (Röm 15,20, vgl. 2 Kor 10,13–17). Die Konsequenz davon ist die Entstehung rein heidenchristlicher Gemeinden, wie in

Thessalonich oder in Korinth, aber auch schon in Galatien. Die christlichen Gemeinden der paulinischen Mission sind nicht mehr an der Synagoge orientiert oder um die Synagoge gewachsen, sondern aus der heidnischen Umwelt heraus entstanden (1 Thess 2,14–16). Dieses Programm der Heidenmission ist konsequent theologisch reflektiert. Paulus kann Heidenapostel sein (Gal 2,9), weil keiner durch die Werke vor Gott gerechtfertigt werden kann (Gal 2,15–21), und der Gott, der ihn berufen hat, rechtfertigt durch die Gerechtigkeit aus dem Glauben. Die Konsequenz ist eine grundsätzliche Auseinandersetzung mit dem 'Jerusalemer' Judenchristentum, die das Wesen des christlichen Glaubens betrifft und sich durch kein Taktieren vermeiden läßt.

Die Wirkung der paulinischen Mission läßt sich zunächst als eine radikale Verwestlichung des Christentums beschreiben: Ein Netz von heidenchristlichen Gemeinden entsteht, das sich sehr rasch ausdehnen wird und entscheidenden Einfluß gewinnt. Aus Röm 15,19 kann man schlußfolgern, daß Paulus das Evangelium etwa zwischen 48–49 und 55–56 n.Chr. nach Galatien (Gal 1,6–9; 3,1–5; 4,12–20), Asien, Makedonien (Thessalonich, Philippi) und Achaia (Korinth) gebracht hat. Daraus ergab sich die Notwendigkeit einer fundamentalen Reflexion des frühen Christentums über sein Verhältnis zum Judentum und zum jüdischen Gesetz. Erste Konflikte über diesen Themenkreis und seine pragmatischen Folgen führten zu den Besprechungen des sogenannten Apostelkonzils (Gal 2,1–10, vgl. V. 3: Titus wurde als unbeschnittener Christ anerkannt). Der Kompromiß des Apostelkonzils, der das Verhältnis zwischen Juden- und Heidenchristen durch eine gegenseitige Anerkennung unter Trennung der Missionsgebiete und der Lebensweisen regeln sollte, scheiterte zwangsläufig in Antiochien, wo Juden- und Heidenchristen in derselben Gemeinde zusammenlebten und -aßen. Nach dem Kompromißverständnis der Jerusalemer 'Judenchristen' war eine Trennung der Tische notwendig (der Kompromiß des Apostelkonzils setzte voraus, daß sich die Judenchristen weiterhin als Juden verhalten durften), doch nach Paulus' Verständnis von gegenseitiger Anerkennung war die Gemeinschaft von Juden und Heiden in den christlichen Häusern erforderlich: In Christus gibt es weder Jude noch Grieche (Gal 3,28). Der dritte Konflikt, der sein Echo in den paulinischen Briefen gefunden hat, betrifft nicht mehr die Beziehung mit dem Jerusalemer 'Judenchristentum', sondern mit den Kirchen der Mission der Hellenisten. Die Argumentation in Röm 14,1–15,13 setzt voraus, daß Judenchristen das Kommen des Paulus nach Rom befürchten könnten. Der Grund dafür ist, daß sie an jüdischen Geboten wie dem Sabbat (Röm 14,5f) und anderen Abgrenzungsgeboten (Röm 14,2–4) festhalten und ihre Identität nicht den Heidenchristen oder dem paulinischen Einfluß zuliebe verlieren wollen.

b) *Das hellenistische Christentum*
Die beste Informationsquelle über andere Missionsunternehmen sind auch hier die paulinischen Apostelbriefe. Einerseits werden Missionare genannt oder erwähnt, die mit der paulinischen Mission nur mittelbar oder indirekt zu tun haben: Apollos, der seiner eigenen Wege geht (1 Kor 16,12), die Hellenisten, die sich von den Gemeinden unterstützen und finanzieren lassen (2 Kor 3,1–3; 11,20) und während der Abwesenheit des Paulus entscheidenden Einfluß auf einen Teil der korinthischen Gemeinden ausgeübt haben (2 Kor 10,2.10; 11,1–12,21). Andererseits findet Paulus mehr oder weniger regelmäßige Mitarbeiter, die nicht aus dem eigenen Missionswerk kommen. Timotheus wurde zwar von Paulus bekehrt (1 Kor 4,17), Schüler des Apostels sind aber weder Silvanus, der ihn bei der ersten Missionsreise nach Thessalonich und Korinth begleitet hat (2 Kor 1,19; 1 Thess 1,1) und sich später im Kreis des Petrus befindet (1 Petr 5,12), noch der Judenchrist Barnabas, von dem sich Paulus nach dem Konflikt in Antiochien trennt, wahrscheinlich weil sich Barnabas der Partei der 'Judenchristen' angeschlossen hat (Gal 2,13), obwohl er nach 1 Kor 9,6 weiterhin als Missionar tätig bleibt. Dies alles bedeutet: Allein in seinem Wirkungskreis kommt Paulus dazu, mehrere Persönlichkeiten und Kreise zu nennen, die voneinander unabhängig sind, die alle aber in der Mission in Asien, in Griechenland und Rom selbst (Röm 15,29: Spanien wäre nach dem Wissen des Paulus noch ein Missionsgebiet) tätig sind.

Selbst wenn die Hellenisten keine programmatische *Heiden*mission betreiben und ihr Verhältnis zum Judentum ein anderes ist, wie das Verhalten des Barnabas oder die Probleme in Rom es bezeugen, führen ihre Erfolge doch zu einer Verbreitung des Christentums außerhalb der Synagogen und zu einer zunehmenden Bedeutung der Heiden in den Kirchen. Das Schema der angeblich paulinischen Predigt, wie sie die Apostelgeschichte fiktional rekonstruiert und nach welcher sich der Apostel zunächst an die Juden richtet, die Heiden aber erst nach den Mißerfolgen in den Synagogen anspricht, ist sicher nicht paulinisch und widerspricht der Arbeitsteilung von Gal 2,8f. Diese Verhaltensweise könnte aber wohl von hellenistisch-judenchrist-lichen Aposteln herkommen und zu den Erinnerungen von westlichen, heidenchristlichen oder gemischten Gemeinden gehören.

Die Konsequenz des Gewichts, das die Heidenchristen auch in den von den Hellenisten gegründeten Gemeinden haben, ist vergleichbar mit der Wirkung der paulinischen Mission auf das Verhältnis zwischen Juden- und Heidenchristen, selbst wenn Probleme wie das des Ge-setzes nicht auf einer grundsätzlichen Ebene thematisiert werden. Das Judenchristentum der Hellenisten wird an den Rand einer Strömung gedrängt, die immer mehr durch die Fragestellungen und die eigene theologische Entwicklung der Heidenchristen bestimmt ist. Auf einer pragmatischen Ebene wird das durch die Voraussetzungen der Paräne-se in Röm 14,1–15,13 belegt, wonach die Heiden als 'Starke' be-zeichnet werden können. Auf einer theologischen Ebene ist es in den theologischen Traditionen sichtbar, die aus nicht-jüdischen, hellenis-tischen Kreisen herkommen. Verwiesen werden kann auf die soterio-logischen Formeln, die in den Pastoralbriefen zitiert werden. Deu-tungsrahmen des Jesusereignisses bilden nicht mehr die jüdischen Traditionen, sondern Vorstellungen des Hellenismus oder das Alte Testament, und zwar als christliche Schrift gelesen, ohne weiteres Problembewußtsein.

Kurzum: Die ehemalige 'liberale' Bewegung der Hellenisten (= der griechischsprechenden Judenchristen) befindet sich mittlerweile in einer konservativen Position. In den ersten Auseinandersetzungen mit den 'Jerusalemer' Judenchristen hatten sie eine metaphorische und moralische Auslegung des Gesetzes vertreten. In den neu gegründeten Gemeinden der hellenistischen Welt verteidigen sie zum Teil die weitere Gültigkeit des Gesetzes als moralische Autorität und als sym-bolische Kontinuität des Judentums.

Der erste große heidenchristliche Theologe ist der Verfasser des *Markusevangeliums*. Die Jesus-Traditionen, die durch verschiedene frühchristliche Bewegungen überliefert und entfaltet worden waren (Schul- und Streitgespräche, Wundererzählungen und Passionsge-schichte der Hellenisten, Traditionen des 'Wanderradikalismus', weis-heitliche Gleichniserzählungen), werden zu Stoffen einer Novelle bzw. eines populären, hellenistischen Romans und einer konsequenten, heidenchristlichen Theologie. Die Hauptperspektiven sind die Vorstellung einer paradoxen Offenbarung Gottes durch den Weg Jesu nach Jerusalem bzw. zum Kreuz und die Ablehnung einer Apokalyptisierung der Geschichte, wie sie in den späten Schichten der Logienquelle vertreten ist, zugunsten eines Verständnisses der christlichen Existenz als Nachfolge und *Wachsamkeit*.

3. Die Entwicklung der frühchristlichen Bewegungen

Die Gesamtdarstellung ist lückenhaft und die Gewichtung der verschiedenen Kreise und Bewegungen tendenziös, weil sie von der Quellenlage abhängt: Die Geschichtsschreibung besteht aus einer Rekonstruktion der Voraussetzungen von Verschriftlichungen. Milieus, die sich schriftlich nicht durchgesetzt haben, fehlen im Gesamtbild. Umgekehrt verdankt die paulinische Heidenmission ihre Sonderstellung zum Teil der Komposition des neutestamentlichen Kanons.

3.1   Die paulinische Mission und ihre Feinde

BAUR, F.C.: Paulus, der Apostel Jesu Christi. Sein Leben und Wirken, seine Briefe und seine Lehre. Ein Beitrag zu einer kritischen Geschichte des Urchristentums, Leipzig 1866. – BECKER, J.: Paulus, der Apostel der Völker, Tübingen 1992[2]. – BECKER, J.: Paulus und seine Gemeinden, in: J. Becker u. alii: Die Anfänge des Christentums. Alte Welt und Neue Hoffnung, Stuttgart 1987, 102–159. – BORNKAMM, G.: Paulus, Stuttgart 1969. – BULTMANN, R.: Die Theologie des Neuen Testaments, UTB 630, Tübingen 1984[3], § 16–40. – CONZELMANN, H.: Geschichte des Urchristentums, GNT 5, Göttingen 1989[6], 75–92. – DIETZFELBINGER, CH.: Die Berufung des Paulus als Ursprung seiner Theologie, WMANT 58, Neukirchen 1985. – ECKERT, J.: Die urchristliche Verkündigung im Streit zwischen Paulus und seinen Gegnern nach dem Galaterbrief, BU 6, Regensburg 1971. – MEEKS, W.A.: The First Urban Christians. The Social World of the Apostle Paul, New Haven 1983. – OLLROG, W.-H.: Paulus und seine Mitarbeiter. Untersuchungen zu Theorie und Praxis der paulinischen Mission, WMANT 50, Neukirchen 1979. – SCHMITHALS, W.: Die Gnosis in Korinth. Eine Untersuchung zu den Korintherbriefen, FRLANT 66, Göttingen 1965[2]. – SENFT, CH.: Jésus de Nazareth et Paul de Tarse, Essais bibliques 11, Genève 1985.

Die paulinischen Apostelbriefe entfalten die erste überlieferte christliche Theologie. Die bisherigen Jesus-Traditionen waren einerseits

Spruch- und Erzählstoffe, die unter dem Namen Jesu überliefert worden waren, oder christologische, soteriologische Formeln, die den Tod Jesu als Heilsereignis im Rahmen der jüdischen Vorstellungen interpretierten. Die Paulusbriefe belegen die erste Notwendigkeit und den ersten Versuch, den christlichen Glauben als kohärentes und konsistentes Selbstverständnis bzw. Überzeugungssystem zu durchdenken. Dabei muß zugestanden werden, daß Paulus nie ein System oder eine Gesamtdarstellung seiner Theologie entfaltet hat: Kein Traktat und keine Epitome seines Evangeliums, wie Lukrez, Epiktet oder Sextus Empiricus sie vorgelegt haben. Die Formulierung seines Denkens hat im brieflichen Gespräch mit den von ihm gegründeten Gemeinden stattgefunden. Eine einzige Ausnahme stellt der Römerbrief dar, in dem er eine ihm unbekannte Gemeinde um Hilfe für seine weitere Mission nach Spanien bittet.

Kurzum: Die Entfaltung der paulinischen Theologie hängt eng mit der Mission des Apostels und seiner Mitarbeiter zusammen: Zum einen wird die paulinische Heidenmission durch das christliche Selbstverständnis des Paulus begründet, und zum anderen fördern die Konflikte und die Verbreitung der Heidenmission das theologische Denken.

a) *Die Berufung des Paulus als Ursprung seiner Theologie*
Der autobiographische Bericht von Gal 1,12–16 zeigt, daß die Berufung des Paulus das Ergebnis einer Offenbarung Christi durch Gott gewesen ist, die sein Selbstverständnis als Apostel der Heiden bestimmte. Zusammen mit dem Bericht der Berufung wird die jüdische (Gal 1,13f) und die pharisäische Vergangenheit (Phil 3,5) des Heidenapostels betont: Die Apostelgeschichte hebt novellistisch die Bekehrung des Apostels hervor (Apg 9,1–29; 22,3–21; 26,9–20), während die paulinische Darstellung nach einem anderen Modell gestaltet ist: Er wurde ausgesondert und berufen, was auf die Tradition der Berufung der alttestamentlichen Propheten verweist (vgl. Jer 1,5 usw.).

Was mit dieser Offenbarung gemeint ist, muß von zwei Feststellungen her interpretiert werden: 1. In den paulinischen Briefen ist das Jesusereignis nicht mit der Tätigkeit Jesu und seiner Predigt verbunden (zitierte Sprüche Jesu haben dort keine strukturierende Funktion: 1 Kor 7,10; 1 Thess 4,16f), sondern mit seinem Tod und seiner Auferstehung. Der Tod Jesu wird mit dem *terminus technicus* des Kreuzes interpretiert, der seine Doppeldeutigkeit hermeneutisch thematisiert.

Das Kreuzesereignis, das heißt der Tod Jesu von der Offenbarung des Auferstandenen her verstanden, ist der Gegenstand der Predigt (1 Kor 1,17; Gal 6,12b.14; Phil 3,18: Die bösen Arbeiter sind Feinde des Kreuzes), und dieser Tatbestand wird mit dem Begriff des 'Wortes des Kreuzes' thematisiert (1 Kor 1,18). Das Wort des Kreuzes ist das Evangelium. Das Korollarium ist, daß das Kreuz als Gegenstand der christlichen Predigt das Abgrenzungsprinzip des Christentums überhaupt bildet. Das Ärgernis des Kreuzes ist die Trennungslinie sowohl im Hinblick auf das Judentum (1 Kor 1,23; Gal 5,11) als auch auf die hellenistische Weisheit (1 Kor 1,23). 2. Das Jesusereignis wird unmittelbar mit der Fragestellung des Gesetzes verbunden. Das *novum* gegenüber den Auseinandersetzungen der ersten christlichen Bewegungen ist, daß das Problem des Gesetzes grundsätzlich thematisiert wird: Es geht bei Paulus nicht um die Interpretation des Gesetzes, sondern um seine Funktion und um seine Geltung hinsichtlich des Verhältnisses des Menschen vor Gott. Wie ist diese unmittelbare Verbindung des Jesusereignisses mit der Gesetzesproblematik zu erklären? Einerseits durch die Umstände, unter denen Paulus das Jesusereignis kennengelernt hat. Paulus kennt Jesus nicht über die christliche Tradition (Gal 1,22–24), sondern durch die Tradition der pharisäischen, antichristlichen Polemik. Wer war Jesus für Paulus? Der Übertreter des Gesetzes und die Autorität, nach der man sich frei vom Gesetz verhalten durfte. Zugespitzt formuliert: Das Gesetz wurde in den hellenistischen Gemeinden im Namen eines gepredigten Verfluchten übertreten. Gal 3,13 und Röm 8,3 geben den Schlüssel: Durch das Gesetz ist Jesus als Gekreuzigter verflucht worden. Daraus ergibt sich die Alternative: Entweder ist das Gesetz gut, und Jesus wurde durch seinen Tod verurteilt und disqualifiziert, oder Jesus ist gerecht, und die Offenbarungen des Auferstandenen stellen die Ansprüche des Gesetzes in Frage. Der Entscheidung liegen die Bekenntnisse des Apostels zugrunde: "Ich habe Jesus gesehen", 1 Kor 9,1; "Mir hat sich Jesus gezeigt", 1 Kor 15,8; "Gott hat mir seinen Sohn offenbart", Gal 1,15f; "Ich habe an Jesus Gottes Lichtglanz gesehen", 2 Kor 4,6.

Die Konsequenz ist, daß der Gott, der sich in diesem Verfluchten gezeigt hat, sich auch als ein anderer Gott offenbart hat, als der Gott, der durch das Gesetz die Gerechtigkeit der Werke verlangt: Gott ist in Christus als der Gott erschienen, der den Menschen immer schon durch den Glauben gerechtfertigt hat (Röm 3,21ff). Falls aber die

Gerechtigkeit vor Gott nur Gerechtigkeit durch den Glauben sein kann, dann gibt es unter den Menschen keinen Unterschied: Es gibt weder Jude noch Grieche, weder Sklave noch freien Mensch, weder Mann noch Frau (Gal 3,28). Falls aber die Unterschiede unter den Menschen aufgehoben sind, dann ist das Evangelium anthropologisch eine gute Nachricht für die Menschheit.

b) *Die paulinische Mission und ihre Mitarbeiter*
Die programmatische Heidenmission des Paulus stellt sich als ein organisiertes Missionsunternehmen dar. Das Prinzip ist, nur dort das Evangelium zu predigen, wo der Name Christi unbekannt ist (Röm 15,20). Die Strategie ist, Gemeinden in den städtischen Zentren zu gründen, von wo aus sich das Evangelium weiterverbreiten kann. Paulus ist ein Städter. Der Verlauf ist: Durch Kilikien nach Phrygien, dann nach Galatien, dann nach Asien, dann nach Makedonien, dann nach Achaia, bis es östlich von Rom nichts mehr zu tun gibt (Röm 15,23), dann Pläne einer Jerusalemreise, um die gegenseitige Anerkennung der Jerusalemer und der neugegründeten Kirchen abzusichern (Gal 2,10; Röm 15,25–27), dann Pläne nach Spanien (Röm 15,28). Die Organisation bezieht zahlreiche Mitarbeiter ein (die Briefe nennen 16 Personen, darunter 3 Frauen), die als Beauftragte Gottes (1 Kor 3,9; vgl. 1 Thess 3,2) am gemeinsamen Werk (1 Kor 3,9; Phil 2,25) der Missionsverkündigung (1 Kor 16,16; 1 Thess 3,2) arbeiten. Anders als die Apostelgeschichte, die die Mitarbeiter des Paulus als bloße Reisebegleiter sieht, belegen die Paulusbriefe, daß Paulus nie als einsamer Reisender unterwegs war, sondern immer gemeinsam mit Kollegen, die für die apostolische Tätigkeit mitverantwortlich waren und die sowohl an der Gründung von neuen Gemeinden als auch an der Aufrechterhaltung der Kontakte mit den anderen mit Brief und Besuch beteiligt waren. Eine erste Gruppe bilden die *Gesandten der Kirchen* (2 Kor 8,23; Phil 2,25: ἀπόστολοι ἐκκλησιῶν), die der paulinischen Mission von den Gemeinden für eine bestimmte und begrenzte Aufgabe zur Verfügung gestellt werden. Sie vermitteln Nachrichten, bringen Briefe und helfen den übrigen Aposteln. Sie sind der Ausdruck des missionarischen Selbstverständnisses der Gemeinden, die dadurch an der paulinischen Heidenmission Anteil haben. 1 Kor 16,16–18 nennt Stephanas (vgl. 1 Kor 1,16), Fortunatus und Achaikos, und Paulus empfiehlt, solche Leute zu ehren und von den Gemeinden

weiterhin zu entsenden. Phil 2,25–30 erwähnt Epaphroditos, wobei wieder vorausgesetzt wird, daß andere ähnliche Verantwortung übernommen haben, und nach Phlm 13 möchte der Apostel Onesimus als Gemeindegesandten bei sich behalten. Eine zweite Gruppe bildet der engste Kreis der *regelmäßigen Mitarbeiter*. Der erste war Barnabas, ein Hellenist, der die erste Mission des Paulus in Syrien und Kilikien mitgetragen hat. Beide sind zusammen nach Jerusalem zum Apostelkonzil gegangen (Gal 2,1.9) und haben sich nach dem Konflikt in Antiochien getrennt (Gal 2,13). Der zweite war Silvanus, der Paulus in Europa begleitet und der die Gemeinde in Korinth mitgegründet hat (2 Kor 1,19; 1 Thess 1,1). Der dritte, dem Paulus am engsten verbundene, ist Timotheus, der mit Paulus ununterbrochen, von der ersten Reise durch Makedonien an (1 Thess 3,2) bis zum zweiten und letzten Besuch in Korinth, zusammengearbeitet hat (Röm 16,21). Er wurde von Paulus bekehrt (1 Kor 4,17), hat mit ihm die Mission in Makedonien und Achaia unternommen und erscheint als Mitabsender mehrerer Briefe (2 Kor 1,1; Phil 1,1; Phlm 1 und, mit Silvanus 1 Thess 1,1). Er trägt die Mitverantwortung für das paulinische Missionswerk und ist regelmäßig als Vertreter des Apostels in die Gemeinden gesandt worden (1 Kor 4,17; 16,10; Phil 2,19–24; 1 Thess 3,2ff). Die dritte Gruppe bilden *unabhängige Mitarbeiter*, die Paulus mehr oder weniger zufällig getroffen hat und die eine Weile in den von ihm gegründeten Gemeinden in Verbindung mit ihm tätig waren. Titus war ein Heidenchrist, der als Symbol für die Heidenmission am Apostelkonzil teilgenommen hat (Gal 2,1.3) und den Paulus mit der Kollekte der heidenchristlichen Gemeinden für Jerusalem beauftragt hat (2 Kor 2,13; 7,6.13f; 8,6.16.23; 12,18, vgl. Gal 2,10). Priska und Aquila waren in Ephesus, wo eine Gemeinde sich in ihrem Haus versammelte (1 Kor 16,19); sie sollen später nach Rom zurückgekehrt sein (Röm 16,3), wo sie wieder eine Hausgemeinde bei sich hatten. Paulus nennt sie als Mitarbeiter, denen alle Heidenkirchen dankbar sind, und sie haben wahrscheinlich an der Mission in Korinth teilgenommen. Apollos war ein Apostel mit einem eigenen Missionsprojekt (1 Kor 16,12). Sein Auftreten in Korinth hat Spaltungen verursacht: es sind Parteien in der Kirche entstanden (1 Kor 1,12; 3,4–6.22; 4,6). Paulus betrachtet Apollos trotzdem als einen Mitarbeiter und definiert indirekt an seinem Beispiel, was für ihn ein συνεργός ist (1 Kor 3,9; vgl. 16,12). Nach 1 Kor 16,12 wünscht Paulus eine Weiterarbeit des Apollos in

Korinth, was voraussetzt, daß er ihn für einen echten Kollegen und
Apostel hält. Dies betont er, obwohl die Korinther die Predigt des
Apollos gegen die paulinische Verhaltensweise ausspielen (1 Kor 2,1–
5; 4,6.15). Paulus führt dies aber auf ein Mißverständnis seitens der
Korinther zurück. Die christologische Argumentation in 1 Kor 1,18–
3,4 verweist direkt auf die korinthische Gemeinde, was bestätigt, daß
sich Paulus mit der Rezeption der Predigt des Apollos in Korinth und
nicht mit Apollos selbst auseinandersetzt. Inwiefern sich aus der
impliziten Theologie der Korinther, die durch die Argumentation des
paulinischen Briefes vorausgesetzt ist, die Theologie des Apollos
rekonstruieren läßt, muß offenbleiben. Schlüsselbegriffe wie die ironi-
sche und polemische Gegenüberstellung der Begriffe σοφία /
μωρία und die Interpretation des Todes Jesu in 1 Kor 2,8 lassen
eine alexandrinische Entwicklung von hellenistisch-judenchristlichen
Weisheitstraditionen wie sie auch im Thomasevangelium, in der Logienquelle und später im Hebräerbrief belegt sind, vermuten. Auf
jeden Fall bezeugt diese Zusammenarbeit den theologischen Pluralismus der paulinischen Mission. Die Mitarbeiter des Paulus sind zum
Teil eigenständige Theologen gewesen, die die Welt der paulinischen
Mission als offene Gesellschaft erscheinen lassen. Die Grenzen dieser
Offenheit werden dann erkennbar, wenn der Pluralismus und die
christliche Freiheit bedroht werden. Das war auch der Grund für die
Trennung von Barnabas (Gal 2,11–21): Die Behauptung, daß die
jüdischen Abgrenzungsgebote für die Judenchristen weiterhin gültig
sind (Gal 2,15), wird zum Trennungsfaktor zwischen Juden- und
Heidenchristen (Gal 2,13) und schließt die gegenseitige Anerkennung
aus, die aus dem Evangelium folgt, nach welchem es weder Jude noch
Grieche gibt (Gal 3,28). Konsequent in seiner Position, vertritt Paulus
einen radikalen Standpunkt, nach welchem die Judenchristen selbst,
das heißt Petrus, Barnabas und Paulus, aus dem Glauben und nicht
durch die Werke des Gesetzes gerechtfertigt sind. Diese Äußerung
impliziert, daß die weitere Gültigkeit des Gesetzes auch für die Judenchristen problematisch geworden ist. Daraus kann Paulus schlußfolgern, daß Petrus und Barnabas die christliche Freiheit übertreten haben
(Gal 2,18). Dagegen erklärt Paulus, durch das Gesetz dem Gesetz
gestorben zu sein, was von Gal 3,13 her verständlich wird: Sein Eifer
für das Gesetz hat ihn vom Gesetz befreit (Gal 2,19).

c) *Das Problem der 'falschen Apostel'*

Es stellt sich überwiegend in drei Briefen, und zwar im Galaterbrief, im Philipperbrief und im 2. Korintherbrief dar. Dabei müssen Tatsachenaussagen, Bewertungen und ihre Begründungen sorgfältig unterschieden werden. Der *2. Korintherbrief* soll den Besuch vorbereiten, in dessen Verlauf Paulus die Kollekte in Korinth abholen will. Wie in Platons 7. Brief rahmen Reiseberichte und Besuchsankündigungen Apologie und Empfehlungen ein. Die Reiseberichte erklären, warum Paulus so spät nach Korinth kommt (2 Kor 1,15–2,11; 7,5ff), die Empfehlungen versuchen, die Arbeit des Titus, der die Kollekte vorbereitet und sammelt, zu unterstützen (2 Kor 7,5–9,15; 11,7–12; 12,16–18), und die Apologie verteidigt das paulinische Apostelamt wegen der Konkurrenz anderer Apostel, über deren Besuch sich die Korinther – oder zumindest einige von ihnen (2 Kor 10,2.10) – gefreut hatten. Die Argumentation des Briefes führt zu folgenden Feststellungen: Die Konkurrenten sind aufgrund von Empfehlungen, die sie selbst gebracht haben, in Korinth gut rezipiert worden (2 Kor 3,1; 10,12.18). Sie sind von anderen Gemeinden gesandt und unterstützt worden und haben sich in Korinth bezahlen und weiterunterstützen lassen (2 Kor 11,7). Sie sind Judenchristen (ἑβραῖοι, vgl. Phil 3,5, Ἰσραηλῖται, σπέρμα Ἀβραάμ, aber auch διάκονοι Χριστοῦ, 2 Kor 11,22f) und wurden in Korinth wegen ihrer Worte und Taten als Überapostel angesehen (2 Kor 11,5). Der einzige, faktische Vorwurf, der ihnen von Paulus gemacht wird, ist, daß sie gegen Paulus polemisiert (2 Kor 12,16–18) und die Bildung einer Fraktion gegen ihn verursacht haben (vgl. 2 Kor 10,2-11). Die Unterscheidung zwischen Paulus und den falschen Aposteln wird durch die Gegenüberstellung Zerstörung/Aufbau (οἰκοδομή: 2 Kor 10,8; 12,19; 13,10) gedeutet und bewertet. Das Merkmal des paulinischen Apostelamtes und gleichsam die Trennungslinie zwischen den Aposteln ist die Sorge um die Gemeinde. Die Konkurrenten sind deswegen falsche Apostel und betrügerische Arbeiter (2 Kor 11,13), weil sie über Paulus und seine Kollekte gelästert haben: Paulus hätte sich deswegen von den Korinthern nicht bezahlen lassen (2 Kor 11,7ff, um sie später mit der Kollekte zu überlisten (2 Kor 11,12.20; 12,16–18). Ansonsten richten sich die Vorwürfe des Paulus nicht gegen die Konkurrenten, sondern gegen die Korinther: Sie würden bedenkenlos Leute empfangen, die einen anderen Jesus, einen anderen Geist und ein anderes Evangelium predigten (2 Kor 11,4). Kurzum: Die Konkurrenten sind Hellenisten wie Paulus, Apollos oder Barnabas. Sie gehören zu einer anderen Missionsorganisation als Paulus, aber die Merkmale ihres Apostelamtes sind die gleichen: Sie predigen und leiden für Christus, sie tun Zeichen und Wunder (2 Kor 12,12) und berufen sich auf die Wirkung des Geistes. Auffällig ist, daß jede sachlich-theologische Auseinandersetzung fehlt. Allenfalls wiederholt Paulus die Argumentation, die er in einer anderen Situation in 1 Kor 1,18–3,4 schon vorgebracht hatte: Das Paradox seines Apostelamtes entspricht dem Paradox der Gottesoffenbarung (2 Kor 11,30–12,10, vgl. 4,7–5,21). Das Anliegen des Paulus ist nicht so sehr, die anderen Apostel zu disqualifizieren, sondern daß er in Korinth gut empfangen (2 Kor 1,15.23; 9,4; 10,2; 12,14; 13,1.10) und daß die Kollekte als Zeichen der gegenseitigen Anerkennung der von ihm gegründeten Heidenkirchen und der Jerusalemer 'Judenchristen' nicht gefährdet werde (2 Kor 7,5–9,15; 12,16–18).

Anders verhält es sich im *Galaterbrief*. Paulus versucht, die Adressaten für sein Evangelium, das heißt für das Evangelium überhaupt, zurückzugewinnen. Seine Argumentation fordert eine Entscheidung für die christliche Freiheit, die er bei der Gründung der Gemeinden verkündigt hatte, und gegen Judenchristen, die die Beschneidung als Symbol für das Gesetz in die heidenchristlichen Gemeinden einführen wollen. Sie geht von folgenden Fakten aus: Leute sind von außen her in die galatischen Gemeinden eingedrungen (Gal 1,7; 5,7–12) und verlangen die Beschneidung der Neubekehrten (Gal 3,3; 5,2.7–12; 6,13). Die Galater sind verwirrt (Gal 1,6–9), haben sich zum Teil überzeugen lassen und von Paulus abgewendet (Gal 4,12–20). Die paulinische Bewertung der Situation wird klar begründet im Bericht über die Auseinandersetzung mit Petrus nach dem Zwischenfall in Antiochien (Gal 2,15–21) und in der biblischen und heilsgeschichtlichen Beweisführung von Gal 3,1–4,31: Die Judenchristen predigen ein anderes Evangelium, obwohl es kein anderes Evangelium gibt (Gal 1,6–9). Den Galatern empfehlen sie die Beschneidung, um sich ihres Fleisches, das heißt hier ihres Judentums, zu rühmen (Gal 6,13). Das Leben aus den Werken des Gesetzes ist aber ein anthropologisches Äquivalent der heidnischen Existenz der Adressaten vor ihrer Bekehrung (Gal 4,8–11). Kurzum: Die Konkurrenten vertreten den Standpunkt der 'falschen Brüder' (Gal 2,4) und der Leute von Jakobus (Gal 2,12). Die Forderung der Beschneidung der Heidenchristen ist mit dem

Evangelium der Gerechtigkeit Gottes kontradiktorisch. Anthropologisch formuliert: Der Mensch kann sich entweder seiner selbst, seines Gesetzesgehorsames (Gal 5,1–12; es ist aber unmöglich, Gal 3,12) bzw. seiner Erwählung (Gal 6,13) oder der Torheit der Gottesgerechtigkeit rühmen (vgl. 2 Kor 10,17; 12,9).

Die Fronten im *Philipperbrief* sind vergleichbar, mit dem entscheidenden Unterschied allerdings, daß Polemik und Warnungen auf keinen Tatsachenaussagen fußen. Paulus warnt zwar vor 'Hunden' und 'bösen Arbeitern', die ihr Vertrauen in ihr Fleisch und nicht in Christus setzen (Phil 3,2–4) und die Feinde des Kreuzes sind (Phil 3,18); als 'Gegner' erscheinen dabei Figuren, die genauso wie die Konkurrenten in Galatien durch die Betonung der Forderungen des jüdischen Gesetzes gekennzeichnet sind. Keine Aussage läßt aber erkennen, daß Judenchristen tatsächlich in Philippi am Werke sind. Zum einen stellt sich die Argumentation als eine zusammenfassende Darstellung der paulinischen Vorstellungen dar, und weniger als eine Disqualifizierung divergierender Auffassungen (Phil 3,12ff). Zum anderen erfüllt sie die Funktion, die Adressaten gegen eine Gegenmission der 'Judenchristen', wie sie in Galatien durchgeführt worden ist, zu immunisieren. Gegen den doppelten Vorwurf, daß Paulus der Verfolger der Kirche war und daß er die Forderungen des Gesetzes im Bereich seiner Heidenmission zu leicht preisgibt, führt der autobiographische Bericht von Phil 3,4ff an, daß er gerade wegen der Treue zum Gesetz Verfolger war. Seine eigene Gerechtigkeit, das heißt die Gerechtigkeit aus den Werken des Gesetzes, hat er für die geoffenbarte Gerechtigkeit Gottes aufgegeben (Phil 3,4–6, vgl. Gal 1,13ff; 2 Kor 11,22f; Phil 3,7–14). Die Begründung dafür liegt in der Erkenntnis Christi, die ihm zuteil geworden ist (Phil 3,9).

Kurzum: Die Auseinandersetzungen der paulinischen Apostelbriefe mit 'falschen Aposteln' und Konkurrenten zeigen die Grenzen auf, in welchen sich das missionairsche Unternehmen als offene Gesellschaft vorstellt. Die Grenzen konstituieren die Betonung der weiteren Gültigkeit des Gesetzes, das heißt die Gefährdung der gegenseitigen Anerkennung und folglich der οἰκοδομή der Gemeinden, und die Gefährdung der Kollekte, das heißt des symbolischen Zeichens des Pluralismus.

d) *Die paulinischen Gemeinden*

Genauso wie die Apostelgeschichte eine klare Vorstellung der Mitarbeiter der paulinischen Mission vermitteln will (die Mitarbeiter des

Paulus seien keine eigenständigen Apostel und Theologen, sondern Reisebegleiter, die die Kontinuität der Missionsgeschichte durch ihre jüdische bzw. Jerusalemer Herkunft sichern, Apg 4,36f: Barnabas; Apg 15,22.27: Silas; Apg 16,1: Timotheus; Apg 18,2: Priscilla und Aquila; Apg 18,24: Apollos; der Heidenchrist Titus verliert dabei jede Funktion), weist sie auch eindeutige theologische Tendenzen in ihrer Beschreibung der Gemeinden der paulinischen Mission auf. Das missionarische Programm des lukanischen Paulus, die Umkehr zu Gott und den Glauben an Jesus den Juden und den Heiden zu verkünden (Apg 20,21), bestimmt die soziale Struktur der Gemeinden. In Thessalonich findet die apostolische Predigt in der Synagoge statt (Apg 17,1). Die Brüder wohnen bei Jason, einem hellenistischen Juden (Apg 17,5), und die Gemeinde, die daraus entsteht, besteht aus einigen der vornehmsten Frauen und aus einer großen Zahl von Gottesfürchtigen (Apg 17,4). Folglich ist die paulinische Gemeinde überwiegend eine jüdische Gruppe, das heißt eine Gruppe von Juden und Sympathisanten des Judentums, die sich in einem jüdischen Haus versammelt. In Korinth predigt Paulus jeden Sabbat in der Synagoge und dann im Haus eines gottesfürchtigen Mannes namens Titus Justus (Apg 18,4.7). Abgesehen von Titus Justus, dessen Haus an die Synagoge anstieß, bekehren sich der Vorsteher der Synagoge, Crispus, und sein ganzes Haus sowie viele Korinther. Konsequenz: Die Adressaten der paulinischen Mission sind zunächst die Juden und die Heiden, die sich für das Judentums bereits interessieren und die Synagoge unterstützen. Die Hauptfiguren der paulinischen Gemeinden sind Juden (bzw. führende Figuren der Synagoge) und Gottesfürchtige. Die Heiden werden erst dann zur Zielgruppe, wenn die Juden die Verkündigung des Evangeliums ablehnen.

Anders verhält es sich, wenn man die Äußerungen der Paulusbriefe betrachtet. Die Predigt des Kreuzes als Verkündigung der paradoxen Kommunikation Gottes (1 Kor 1,17–2,5) führt zwar auch zur Entstehung von Hausgemeinden. Ihre Adressaten sind aber die 'Völker' und die 'Unbeschnittenen', das heißt die Heiden (Gal 2,7f). Die Glaubenden werden als diejenigen definiert, die eine Hoffnung haben (1 Thess 4,13). Das semantische Feld unterscheidet zwei Gruppen: die Brüder, das heißt die Christen, und die Heiden. Der Unterschied besteht nicht darin, daß die einen auferstehen würden und die anderen nicht, sondern vielmehr darin, daß die ersten ein Wissen haben, das sie von

Hoffnungslosigkeit und Traurigkeit befreit hat: Das christologische Bekenntnis verleiht ihnen eine Erkenntnis, die sie von ihrer Umgebung absondert. Diese Gegenüberstellung von Hoffnungslosigkeit und Hoffnung kennzeichnet nicht die Bekehrung von Juden, sondern von Leuten, die Götzen gedient haben (1 Thess 1,9) und jetzt von ihren Volksgenossen das erleiden, was die Judenchristen in Palästina von ihren eigenen Volksgenossen erlitten haben (1 Thess 2,13–16). Die Voraussetzung ist wieder, daß die Adressaten ehemalige Heiden sind, die die Reaktionen der griechischen Bevölkerung erdulden müssen. Kurzum: Die Gemeinde, die in Thessalonich aus der paulinischen Predigt entstanden ist, besteht nicht aus Juden und aus Gottesfürchtigen, wie es das heilgeschichtliche Schema der Apostelgeschichte möchte, sondern aus bekehrten Heiden, das heißt aus Heidenchristen, was der Arbeitsverteilung von Gal 2,7–9 entspricht. Das Bild, das sich von den Gemeinden in Korinth rekonstruieren läßt, sieht ähnlich aus. Die korinthische Kirche empfängt zwar einige Judenchristen – Luzius, Jason und Sosipater sind Volksgenossen des Paulus (Röm 16,21–23) –, insgesamt kann Paulus sich aber auf die heidnische Vergangenheit seiner Adressaten berufen (1 Kor 12,2), und die prägenden Persönlichkeiten sind Heidenchristen: Tertius, der den Römerbrief als Sekretär schreibt (Röm 16,22), Gajus, der Paulus und die ganze Gemeinde beherbergt, Erastus, der Schatzmeister der Stadt, und Quartus. Zu den ersten Anhängern der christlichen Predigt gehörten Crispus, Gajus und das Haus von Stephanas (1 Kor 1,14–16), und die Gesandten der Gemeinde an Paulus heißen Stephanas, Fortunatus und Achaikus (1 Kor 16,17): sie alle haben griechische Namen von Heidenchristen. Die Diskussion von 1 Kor 8,1–11,1 über das Götzenopferfleisch macht das Problem des Gewissens von schwachen bzw. ängstlichen und von starken bzw. freien Neubekehrten deutlich, nicht aber das Verhältnis zwischen Juden- und Heidenchristen wie in der entsprechenden Argumentation von Röm 14,1–15,13. Kurzum: Mit Ausnahme von drei Namen, die ausdrücklich als die von Judenchristen gekennzeichnet sind, werden nur Griechen bzw. Heiden genannt, und die Probleme, die behandelt werden, sind typische heidenchristliche Probleme.

Zusammenfassend läßt sich festhalten, daß die neu gegründeten Gemeinden der paulinischen Mission zum Judentum keine Beziehung haben. Ihr Verhältnis zum Gesetz und zur jüdischen Tradition hängt nicht mit der Synagoge zusammen. Es entsteht erst deshalb, weil 'Judenchristen' aus Jerusalem den Anspruch erheben, die Entwicklung der christlichen Bewegungen zu kontrollieren und die Verbreitung des Christentums unter den Heiden im Rahmen des jüdischen Gesetzes zu halten. Die Auseinandersetzungen betreffen nicht Christen und Juden, sondern Heiden- und Judenchristen. Anders sieht die Situation in der Apostelgeschichte aus: Die Adressaten des lukanischen Paulus sind Juden und Heiden, die sich der Synagoge angeschlossen hatten, wodurch eine direkte Konkurrenz zwischen Christentum und Judentum entsteht. Diese Vorstellung einer Konkurrenz zwischen Kirche und Synagoge ist bestimmt historisch verankert. Ihre Verankerung hat sie aber nicht in der sozialen Wirklichkeit der paulinischen Heidenmission, sondern in den hellenistischen Gemeinden, die in den Synagogen entstanden sind.

3.2 Der Aufstieg des hellenistischen Christentums

BULTMANN, R.: Die Theologie des Neuen Testaments, UTB 630, Tübingen 1984³, § 9–15. – CONZELMANN, H.: Geschichte des Urchristentums, GNT 5, Göttingen 1989⁶, 54–63. – GAGER, J.G.: Kingdom and Community. The Social World of Early Christianity, Englewood Cliffs, 1975. – GEORGI, D.: Die Gegner des Paulus im 2 Korintherbrief, WMANT 11, Neukirchen 1964. – HARNACK, A.V.: Die Mission und Ausbreitung des Christentums in den ersten drei Jahrhunderten, Leipzig 1924⁴. – KLAUCK, H.-J.: Hausgemeinde und Hauskirche im frühen Christentum, SBS 103, Stuttgart 1981. – KOENIG, J.: New Testament Hospitality. Partnership with Strangers as Promise and Mission, Philadelphia 1985. – MALHERBE, A.J.: Social Aspects of Early Christianity, Philadelphia 1983². – MEEKS, W.A.: Die Rolle des paulinischen Christentums bei der Entstehung einer rationalen ethischen Religion, in: W. Schluchter (Hrsg.), Max Webers Sicht des antiken Christentums. Interpretation und Kritik, Suhrkamp Taschenbuch Wissenschaft 548, Frankfurt 1985, 363–385. – MEEKS, W.A.: The Moral World of the First Christians, Philadelphia 1986. – PLÜMACHER, E.: Identitätsverlust und Identitätsgewinn. Studien zum Verhältnis von kaiserzeitlicher Stadt und frühem Christentum, BThSt 11, Neukirchen 1987. – RORDORF, W.: Was wissen wir über die christlichen Gottesdiensträume der vorkonstantinischen Zeit? ZNW 55 (1964) 110–128. – WILKEN, R.L.: The Christians: As the Romans saw them, New Haven 1984.

Der Aufbau des neutestamentlichen Kanons läßt das theologische und missionarische Werk des Paulus als einen Bruch in der Kontinuität der Geschichte des frühen Christentums erscheinen. Das ergibt sich bereits

aus dem Bild der Missionsgeschichte, das die Apostelgeschichte liefert, und prägt die christliche Geschichtsschreibung, die eine Zeit der
Anfänge vor Paulus, eine Zeit der paulinischen Entfaltung des christlichen Glaubens und der Mission an den Heiden und eine Zeit nach
Paulus unterscheidet. Diese Strukturierung der Entwicklung des Frühchristentums ist aber sehr problematisch, und das aus verschiedenen
Gründen. Der erste liegt einfach in der Chronologie: Die Zeit des
Paulus und seiner Aposteltätigkeit deckt sich fast genau mit den ersten
30 Jahren der Geschichte des frühen Christentums. Zu beachten ist,
daß die Geschichte der paulinischen Mission mit der Berufung des
Paulus als Heidenapostel anfängt, das heißt in den Jahren 32–33
n.Chr., und sich bis zu seinem Tod in den 60er Jahren erstreckt. Das
bedeutet, daß die erste paulinische Reise nach Arabien und nach
Damaskus (Gal 1,17) eine erste Verbreitung des hellenistischen Christentums in Syrien zwar voraussetzt – sonst hätte Paulus die Kirche
nicht verfolgen können, ohne in Jerusalem bekannt zu sein (Gal 1,13
u. 22f) –, daß sich aber diese erste paulinische Mission gleichzeitig
mit der ersten Wanderpredigt der Genossen in Galiläa und der ersten
hellenistisch-judenchristlichen Missionare entwickelt hat. Andererseits
findet Paulus' Tod in Rom knapp vor oder nach dem Martyrium des
Jakobus, des Bruders des Herrn, statt, je nachdem, ob man ihn vor
oder während der Christenverfolgung unter Nero (64 n.Chr.) festlegt;
das heißt aber auch: mindestens 15 Jahre nach der Gründung der
römischen Gemeinde durch die hellenistischen Missionare. Daraus
ergibt sich, daß die paulinische Mission zunächst keinen Bruch in der
Kontinuität der Geschichte des frühen Christentums darstellt, sondern
eine Entwicklungslinie der Jesus- bzw. christlichen Bewegungen, die
sich parallel zu den anderen nach ihren eigenen Prinzipien und nach
dem Überzeugungssystem und dem paulinischen Verständnis des
Christentums verbreitet. Paulus bringt sein Evangelium nach Arabien,
nach Syrien und dann bis Makedonien und Griechenland, während die
Traditionen der Wanderpredigt durch seßhafte Kreise rezipiert, pragmatisch organisiert und theologisch reflektiert werden, während die
Hellenisten die Verkündigung des Todes und der Auferstehung Jesu in
die Synagogen der Diaspora zurückbringen und Gemeinden von Antiochien bis Rom gründen, und während Petrus zwischen Galiläa und
Jerusalem hin- und herpendelt, bevor er weitere Reisen durch Asien
und bis Rom unternimmt.

Der zweite Grund, weswegen das apostolische, das heißt das theologische und missionarische Werk des Paulus nicht als Bruch frühchristlicher Kontinuitäten verstanden werden soll, liegt am begrenzten Einfluß der paulinischen Theologie auf die anderen Bewegungen. Daß das scharfe Profil, das er seinem Verständnis des christlichen Glaubens und des christlichen Apostelamtes in den Korintherbriefen gibt, auf die Theologie seines Mitarbeiters Apollos oder auf die Vorstellungen der Überapostel der Hellenisten eingewirkt habe, läßt sich mit Recht bezweifeln. Die stärkste, wenn auch nur mittelbare Wirkung des paulinischen Christentums auf andere frühchristliche Bewegungen besteht vielmehr in den Auseinandersetzungen, die die Heidenmission bei den Jerusalemer 'Judenchristen' verursacht hat, und in der Gegenpropaganda, die von Jerusalem aus in verschiedenen Gegenden der paulinischen Tätigkeit (Antiochien, Galatien) organisiert worden ist. Eine echte Rezeption der paulinischen Theologie ist erst nach dem Tod des Paulus belegt; sie ist einerseits im unmittelbaren Umkreis der paulinischen Tätigkeit (der Sammlung der paulinischen Briefe werden neue Entwürfe wie der 2. Thessalonicherbrief, der Kolosser- und der Epheserbrief hinzugefügt), andererseits in späteren pastoralen und theologischen Schriften des westlichen Christentums bzw. Heidenchristentums (im Markusevangelium, das Berührungspunkte mit dem paulinischen Gedankengut aufweist, im 1. Clemensbrief, der direkt auf den 1. Korintherbrief des Paulus Bezug nimmt, und in der Apostelgeschichte, die ihre Begrifflichkeit wiedergeben kann, Apg 20,18–35) feststellbar.

Kurzum: Die Apostelgeschichte, die die Erfüllung des Auftrags, das Evangelium bis ans Ende der Welt zu bringen (Apg 1,8), mit dem paulinischen Werk verbindet (Apg 13,1–28,31), tut dies insofern zu Recht, als Paulus der frühchristliche Theologe ist, der die Notwendigkeit und die Legitimität der Heiden- und der Weltmission systematisch und konsequent reflektiert hat. Chronologisch stellt aber die Apostelgeschichte die paulinische Mission als eine Fortsetzung der Mission der 'Apostel', das heißt überwiegend des Petrus, dar, was insofern unsachgemäß ist, als beide zeitlich und geographisch parallel stattgefunden haben. Auch vermittelt sie die Illusion, daß Paulus die Hauptverantwortung für die Verbreitung des Christentums in das westliche Mittelmeergebiet getragen habe, was sich jedoch weder durch die Angaben der Paulusbriefe noch durch die Entwicklung der

Formen und der Gedankenwelt des hellenistischen Christentums bestätigen läßt. Was die paulinischen Briefe und die literarischen Werke des westlichen Christentums voraussetzen, führt vielmehr zu der Annahme, daß das Christentum sich überwiegend über die Synagogen und durch die Aussendung von hellenistisch-judenchristlichen Missionaren nach Westen und ihre Unterstützung verbreitet hat, so daß das christliche Evangelium in der Mitte der 40er Jahre in Rom bereits bekannt war.

Die Tatsache, daß dieses Christentum seinen historischen Ursprung und seine Wurzeln in christianisierten Kreisen des hellenistischen Judentums der Diaspora hat, bedeutet nicht, daß es sich als Judenchristentum entwickelt. Vielmehr läßt sich beobachten, daß die Predigt der hellenistisch-judenchristlichen Missionare zwar an die Themen der jüdischen Apologetik anknüpft, daß sie aber nicht nur die Juden, sondern auch das heidnische Publikum ansprechen will, und daß sie sich weitgehend den Formen, den Themen und den Strategien der hellenistischen Moralphilosophie anpaßt.

a) *Die Themen der hellenistisch-(juden)christlichen Predigt*
Einige Informationen darüber enthält die Apologie des paulinischen Apostelamtes, die im Hinblick auf die Rezeption der hellenistischen Prediger in Korinth entfaltet wird (2 Kor 10,1–13,10). Paulus verweist auf die Organisation ihrer Mission: Sie sind mit Empfehlungsbriefen anderer Gemeinden in Korinth angekommen (2 Kor 3,1; 10,12.18), woraus folgt, daß sie von ihnen gesandt und finanziell unterstützt worden sind. Sie legen Wert auf ihre jüdische Zugehörigkeit (2 Kor 11,22), was vermuten läßt, daß die Gemeinden, die sie beauftragt und geschickt haben, in Verbindung mit dem Judentum gegründet und gewachsen sind. Ein Modell dafür gibt die lukanische Beschreibung der apostolischen Mission in der Apostelgeschichte: Die Verkündigung des Evangeliums findet zunächst in der Synagoge statt, wo sie ein mehr oder weniger breites Echo erfährt. Dabei lassen sich nicht nur Juden, sondern auch Heiden (Proselyten und Gottesfürchtige) taufen, so daß sich neue Kreise in der Umgebung der Synagoge und in den privaten Häusern bilden. Auffällig ist in diesem Zusammenhang der Vorwurf des Paulus, daß die Apostel, die nach ihm nach Korinth gekommen sind, sich der Früchte seiner Arbeit rühmten (2 Kor 10,12–16). Dadurch betont Paulus die Eigenart seiner missionarischen Strate-

gie, das Evangelium nur in neue Gebiete zu bringen. Gleichzeitig setzt er voraus, daß seine Konkurrenten (auch) schon existierende Gemeinden besuchen. Wie sie ihre Aufgabe verstehen, wird jedoch durch diesen Hinweis durchaus deutlich: Mit Empfehlungsbriefen gehen sie von einer Gemeinde zur anderen und lassen sich sowohl von den Synagogen als auch von christlichen Häusern und Kirchen empfangen, um das Evangelium zu verkündigen, aber auch, um die bereits existierenden christlichen Kreise zu festigen und in ihrem Glauben zu stärken, sowie um Verbindungen zwischen den lokalen Gemeinden herzustellen. Der Grund, weswegen sie Geld von den Korinthern erwartet haben, wie es die Argumentation vor 2 Kor 11,1–12,18 impliziert, liegt auf der Hand: Sie brauchten ihre Unterstützung, um ihren Weg weiterzugehen und ihre apostolische Mission in anderen Gemeinden weiterzuführen.

Die Apologie von 2 Kor 10,1–13,10 gibt nicht nur über die Organisation der 'Überapostel' Auskunft, sondern auch über ihre apostolischen Ansprüche und über den Grund ihrer Akzeptanz in Korinth. Einerseits stellt Paulus die apostolischen Zeichen der Gründung der Gemeinde in Korinth den Wundern und machtvollen Taten gegenüber, auf welche die Konkurrenten verweisen können (2 Kor 12,12, vgl. 2 Kor 3,1ff; 10,12ff). Ihren Glauben verdanken die Adressaten der Predigt der Torheit des Paulus (vgl. 2 Kor 11,16–12,10), und dies ist die Empfehlung, auf die sich der Apostel berufen darf (2 Kor 3,1–3). Die Überapostel lehnen sich an eine andere Tradition an, und zwar auch an die in der hellenistischen, vormarkinischen Überlieferung bezeugte Verbindung der Verkündigung des Evangeliums mit der Wundertätigkeit ihrer Boten (Mk 6,6b–13). Die Legitimität ihres Apostelamtes und die Autorität ihrer Predigt leiten sie von den Zeichen ab, die sie in den Gemeinden getan haben und weitererzählen können. Zum anderen setzt die paulinische Argumentation voraus, daß sie sich ihrer apostolischen Heldentaten rühmen. Listen der überwundenen Gefahren der Philosophen und Prediger gehören zu den Gattungen der hellenistischen Moralphilosophie. Dadurch, daß er Armut, Elend, Widerstand, Eifersucht und Verfolgungen erleben mußte, zeigt der Weise seine Überlegenheit, seine moralische Stärke und, paradoxerweise, seine Selbstbeherrschung und seine Freiheit (Epiktet 3,22,50–61; Seneca, De constantia sapientis, 6,3–8). Den Topos übernimmt Paulus in den Peristasenkatalogen (1 Kor 4,9–13; 2 Kor 4,7–10; 6,3–10; 11,21–29), und zwar unter dem Vorzeichen der Torheit und der Parodie (2 Kor 12,1-10): Er rühmt sich seiner Schwachheit, und dies deswegen, weil er in der apostolischen Tätigkeit seine Person von dem Werk Christi grundsätzlich unterscheiden will (2 Kor 4,16– 18; 11,30–12,10). Genau diese Unterscheidung machen die 'Überapostel' nicht, die sich der Macht Gottes in ihren Taten rühmen. Die hellenistisch-judenchristlichen Prediger haben den Korinthern deswegen imponiert, weil sie in Korinth eindeutige Zeichen ihres Apostelamtes gegeben haben, indem sie Wunder tun und erzählen konnten, und indem sie apostolische Heldentaten berichten konnten.

Der Inhalt der Predigt der Konkurrenten des Paulus in Korinth läßt sich aus der paulinischen Argumentation nicht rekonstruieren. Als Quelle für die hellenistisch-(juden)christliche Mission können vielmehr die argumentative Strategie des 1. Thessalonicherbriefes und die Voraussetzungen der Argumentation von Röm 1,18–31 dienen. Ob der 1. Thessalonicherbrief der erste Brief des Paulus ist, in dem die spezifisch paulinischen Themen aus historischen oder der konkreten Situation entsprechenden Gründen nicht enthalten waren, oder ob er von Silvanus im Auftrag von Paulus geschrieben wurde, was mehrere Indizien nahelegen (die konventionellen Topoi der Epistolographie und der Paränese, das Wechselspiel von 'Wir' und 'Ich', 1 Thess 2,18; 3,5; 5,27), ist ohne Bedeutung angesichts der Feststellung, daß sich die in diesem Brief enthaltene christliche Botschaft auf eine begrenzte Anzahl von Aussagen reduzieren läßt. Die erste Aussage betont den Ausschließlichkeitsanspruch des jüdisch-christlichen Monotheismus. Die christliche Predigt ist Verkündigung des einzigen Gottes, und die Thessalonicher, die Christen geworden sind, haben sich mit Recht von den Götzen abgewendet und zu Gott bekehrt (1 Thess 1,2–10). Das Thema wird in 1 Kor 8,6 wieder aufgenommen: In der Welt gibt es viele Götter und Herren. Aber für die christliche Predigt und für 'uns' gilt: Ein Gott und ein Herr. Die zweite Aussage besteht in der sich anschließenden Empfehlung, dem einzig wahren und lebendigen Gott zu dienen. Die Christen sollen sich nicht so verhalten wie die Heiden, die Gott nicht kennen (1 Thess 4,1–12). Traditionelle Themen der populären Moralphilosophie werden den jüdisch-christlichen Begriffen der Heiligkeit und der Bruderliebe untergeordnet. Originell sind nicht die einzlenen Ermahnungen, sondern ihre Begründungen. Die dritte Aussage ist die Erwartung der Wiederkunft des Herrn, die das Zeitverständnis der Brüder bestimmt. Die Befindlichkeit des Menschen ist durch die Erkenntnis gekennzeichnet, daß der Tod des Herrn kommt. Dieses Wissen hat zur Folge, daß die Christen eine Hoffnung haben, die sie von der Unkenntnis der Heiden unterscheidet (1 Thess 4,13–18), daß sie die Zuversicht haben, vom Zorn Gottes befreit worden zu sein (1 Thess 1,9f) und daß sie sich als Söhne des Lichts – und nicht mehr der Finsternis – wach und nüchtern verhalten sollen (1 Thess 5,1–11). Begründung ihres Vertrauens ist eine vierte Aussage, nach welcher Gott Jesus von den Toten auferweckt und ihn zum Retter gemacht hat (1 Thess 1,9f; 4,14).

Von diesen Themen sind die zwei ersten der jüdischen Apologetik entnommen: Die Betonung des Monotheismus gegen die heidnischen Götzen und die Aufforderung zur Heiligkeit der Erwählten angesichts der Unsittlichkeit der Heiden. Vorausgesetzt wird dabei, daß die Heiden den Einen einzigen Gott nicht kennen, oder dann, daß die jüdische Religion bzw. die christliche Predigt den Gott offenbart, von dem ihr philosophischer Monotheismus nur eine Ahnung geben kann. Diese Vorstellung wird in Röm 1,18ff vorausgesetzt und bei Philo (all III,97–99; spec I,29f) thematisiert. Genauso sind die jüdischen bzw. christlichen Gebote die Offenbarung des Gesetzes, das sie in ihrem Herzen eingeschrieben haben (vgl. Röm 2,12–14 und Philo, op 3; Abr 2–5; Mos 14). Das zweite Thema kann mit einer großen Akzeptanz rechnen: Das moralische Ideal, das die Polemik gegen die Gottlosigkeit der Heiden konstruiert, entspricht dem Ideal der Enthaltsamkeit der hellenistischen Popularphilosophie, wie sie von den Stoikern und Kynikern vertreten wird, und der römischen Gesellschaft. Auffallend ist, daß die Formen, in denen sich die hellenistisch-jüdische und die christliche Ethik formuliert, zum großen Teil vom Hellenismus übernommen sind, und zwar auch da, wo sie als Abgrenzungsprinzip dargestellt werden, wie im Lasterkatalog von Röm 1,29f. Das erste Thema ist insofern problematischer, als Juden und Christen den allgemein verbreiteten und philosophisch selbstverständlichen Gedanken des Monotheismus mit einem anti-aufklärerischen Anspruch auf die Exklusivität des Gottes Israels bzw. des Gottes, der Jesus von den Toten auferweckt hat, verbinden. Die Konsequenzen dieser Ausschließlichkeit sind einerseits das Bewußtsein der Gemeindemitglieder, das Haus Gottes in der Welt zu sein, was ihnen eine symbolische und soziale Identität gibt, und andererseits ihre Abstandnahme von religiösen Werten und Praktiken der hellenistisch-römischen Gesellschaft.

Genauso wie die Zugehörigkeit zum Judentum impliziert daher das christliche Bekenntnis eine Abgrenzung gegen den herrschenden Pluralismus, die den Vorwurf des 'allgemeinen Menschenhasses' (*odium humani generis*, s.o. I.1.5) erklären kann.

b) *Die Evolution des Überzeugungssystems*

Die beiden anderen Themen der hellenistisch-(juden)christlichen Predigt, wie sie der 1. Thessalonicherbrief und der Römerbrief darstellen bzw. voraussetzen, gehören zu den eigenen Überzeugungssystemen des frühen Christentums. Die nahe Erwartung der Wiederkunft Christi in seiner Herrlichkeit ist ein Thema, das weit verbreitet ist (vgl. noch 1 Kor 7,29–31; Röm 13,11–14; Mk 9,1; 13,30), das die christliche Theologie durch apokalyptische Züge prägt, und das das Verständnis der menschlichen Existenz und der Weltgeschichte durch die Hoffnung auf die eschatologische Zukunft bestimmt.

Anders verhält es sich mit der soteriologischen Interpretation des Todes und der Auferstehung Jesu als Erlösungsereignis. Daß das Jesusereignis seine Bedeutung und seine Relevanz in dem Moment des Todes hat, und daß dieser als Sterben 'für uns' oder 'für unsere Sünden', was den Tempelkult auflöst, gedeutet wird, gehört zum Verständnis des Christentums, das die 'Hellenisten' von Anfang an verbreitet haben. Die Konsequenz dieser Rezeption des Jesusereignisses war eine kritische Auslegung des Gesetzes, durch welche die Heiligkeits- bzw. Reinigungs- bzw. Abgrenzungsgebote ihre Funktion verloren, und durch welche die jüdische Tradition in ihren ethischen Forderungen wahrgenommen und radikal ausgelegt wurde. Die Voraussetzungen dieser Vorstellungen sind einerseits, daß das Jesusereignis von der – auch hellenistisch – jüdischen Theologie her verstanden wird (mit Hilfe von verschiedenen alttestamentlichen Metaphern wird der Tod Jesu als eschatologischer Moment der Vergebung der Sünden und der Wiederherstellung des Menschen vor den Forderungen Gottes gesehen), und andererseits, daß dieses Christentum im ideologischen und geographischen Rahmen des Judentums aufwächst: Der Ort der christlichen Predigt der 'Hellenisten' ist die Synagoge und ihr zentrales Thema ist die Erfüllung der biblischen Verheißungen im Heilsereignis des Todes und der Auferstehung Jesu.

Evolutionen und Modifikationen dieses Überzeugungssystems lassen sich sowohl in den hellenistischen Formulierungen der Soteriologie als auch in den Gattungen der Paränese feststellen. Einerseits werden alte Formen verwendet, aber mit neuen Inhalten verbunden, andererseits werden neue Formen übernommen und neue literarische Zusammenhänge gebildet, die herkömmliche theologische Aussagen in einem neuen historischen und kulturellen Kontext aktualisieren. In allen Fällen hat man es mit einer diskontinuierlichen Kontinuität zu tun, die durch die Rezeption des judenchristlichen Christentums der Hellenisten in Gemeinden und Kreisen, die immer mehr aus Heidenchristen bestehen, zu erklären ist. Der Erfolg der Predigt der 'Hellenisten' läßt ein Christentum entstehen, das sich nicht mehr vom Judentum her definiert. Sowohl Paulus als auch seine hellenistischen Kollegen und Konkurrenten waren Juden und Judenchristen. Ihre Offenheit gegenüber der Heidenmission hatte ihre Wurzeln in einer christologischen Interpretation des religiösen Erbes alttestamentlich-jüdischer Traditionen. Anders verhält es sich in kerygmatischen Formeln, die die Pastoralbriefe (= die drei Briefe an Timotheus und Titus) zitieren und die das Jesusereignis in Kategorien und in einer Vorstellungswelt interpretieren, die mit der jüdischen bzw. judenchristlichen Herkunft des Christentums keine direkte Verbindung hat. Ein erstes Beispiel liefert 1 Tim 3,16:

> Er ist offenbart worden im Fleische
> gerechtgesprochen im Geiste,
> erschienen den Engeln,
> gepredigt den Heiden,
> geglaubt in der Welt,
> aufgenommen in die Herrlichkeit.

In den vorpaulinischen Formeln war das Jesusereignis in zwei Momenten zusammengefaßt: Als hermeneutischer Schlüssel fungierte die Auferstehung, die die soteriologische Bedeutung seines Todes begründete. Hier werden die Menschwerdung, die Rückkehr als Sieg des Erlösers (vgl. Corp. Herm. 13,9; OdSal 31,5; vgl. 17,2; 25,12; 29,5), wobei σάρξ und πνεῦμα zwei Seinsweisen ausdrücken, die göttliche Erhöhung (vgl. Vergil, Ekl. 4,15f), die Heidenmission, die Verbreitung der Christenheit in der Welt und die endgültige Verherrlichung Jesu aneinandergereiht. Auffallend ist an dieser Formulierung des christologischen Kerygmas, daß Begriffe, die es mit Paulus gemein hat, in einem ganz anderen Sinn verwendet werden: daß die Hervorhebung des Todes und der Auferstehung in ihrer Heilsbedeutung durch den Mythos des Sieges des Erlösers abgelöst worden ist, daß die Heidenmission und ihre Erfolge zum Thema des Bekenntnisses geworden sind, daß die Interpretamente direkt der hellenistisch-römischen Welt entnommen sind, und daß der einzige jüdische Begriff (die Bezeichnung der Heiden als τὰ ἔϑνη) auf die Aufnahme des Christentums in die nicht-jüdische Welt verweist. Der Inhalt des Glaubens ist die Verbundenheit mit dem Heiland und die Zugehörigkeit zur Kirche. Was gepredigt wird, ist die Erhöhung und der Sieg des Retters. Zu seiner herrlichen Erscheinung gehört die Akklamation der Heidenmission. Der Gedankengang ist dabei nicht, daß die Verherrlichung Jesu die Mission begründet, sondern wohl vielmehr, daß Verherrlichung aus dem Erfolg der Heidenmission erfolgt.

Ein ähnlicher hellenistisch-heidenchristlicher Hintergrund wird in Tit 2,14 vorausgesetzt:

> [Jesus Christus] hat sich für uns gegeben,
> auf daß er uns von aller Ungerechtigkeit erlöste
> und sich selbst ein Volk zum Eigentum reinigte,
> das fleißig sei zu guten Werken.

Die Hingabeformel ist eine christologische Vorstellung der hellenistischen, vorpaulinischen Formeln (Röm 4,25; Gal 1,4; vgl. 1 Tim 2,6). Die beiden Finalsätze, die sie interpretieren, sind eine Kombination von Zitaten aus der Septuaginta (1. Satz: Ps 129,8LXX + Ez 37,23 // Ps 129,8LXX; 2. Satz: Ez 37,23 + Ez 19,5 (Dt 14,2) // Ez 37,23). Als Interpretament wird die alttestamentliche Kultsprache übergangslos weiterverwendet, aber so, daß sie metaphorisch interpretiert wird (καϑαρίζειν), und zwar in Richtung einer Ethik der moralischen Reinheit und der guten Werke. Die Vergebung der Sünden reinigt das Volk von seiner Schuld und bereitet es auf ein ethisches Verhalten vor. Der Skopus hat sich seit den älteren hellenistisch-judenchristlichen Traditionen insofern modifiziert, als es sich nicht mehr darum handelt, den Tod Jesu als Heilsereignis zur Geltung zu bringen, sondern daß alttestamentliche Wendungen als christliche Schrift übernommen werden, um ethische Einstellungen und Forderungen durch das Kerygma zu begründen.

Weitere bekenntnisartige Formulierungen ergänzen das Gesamtbild. Nach 2 Tim 1,9f; Tit 3,4–7 ist Jesus der Retter (σωτήρ). Dieser christologische Titel kommt erst im Johannesevangelium und in hei-

denchristlichen Schriften des frühen Christentums vor. Damit hat das
hellenistische Christentum die Bezeichnung gefunden, die seinen
christologischen Vorstellungen entspricht. Inwiefern ist Jesus der
Retter? Indem er in die Welt gekommen ist, um die Sünden zu vergeben (1 Tim 1,15) bzw. indem er dem Tode die Macht genommen
hat und das Leben und die Unvergänglichkeit durch das Evangelium
ans Licht gebracht hat (2 Tim 1,10). Die Begründung dafür ist, daß
Gott der Retter aller Menschen ist (1 Tim 4,10, vgl. Tit 3,4–7). Der
Universalismus entspricht dem in 1 Tim 3,16 dargelegten Überzeugungssystem. Es wird aber präzisiert: Er ist vor allem der Retter der
Gläubigen, das heißt der Mitglieder der Kirche. Das bedeutet auch,
daß das Bekenntnis zu Gott als Retter aller Menschen die Funktion
hat, den sozialen Kreis der christlichen Hausgemeinschaft als Kreis der
Angehörigen des universalen Retters aufzuwerten.

Kurzum: Die kerygmatischen Formeln der Pastoralbriefe belegen
die Entwicklung eines hellenistisch-christlichen Selbstverständnisses,
das zwar aus der Predigt der Hellenisten erwachsen ist, das aber kein
judenchristliches Selbstverständnis ist, sondern das Überzeugungssystem und die Vorstellungswelt eines Heidenchristentums, das sich in
den Kategorien und mit der Begrifflichkeit der hellenistisch-römischen
Welt denkt und ausdrückt. Das Alte Testament wird zwar verwendet,
aber – und dies ohne weiteres – als eine christliche Schrift, die das
Problem des Verhältnisses zur jüdischen Tradition und zu Israel nicht
mehr impliziert.

Eine parallele Evolution ist in der Rezeption der Chrien und der
didaktischen Dialoge der Hellenisten innerhalb der vormarkinischen
Sammlungen zu beobachten. Die ursprüngliche Funktion dieser Traditionen der judenchristlichen Hellenisten war die Fixierung und die
Autorisierung einer bestimmten Gesetzesauslegung in Auseinandersetzung mit den Ansprüchen der Jerusalemer 'Judenchristen'. Es ging
darum, die Freiheit der hellenistischen Entwicklungslinie des frühen
Christentums gegenüber den jüdisch-kultischen Geboten durch das
Verhalten und die Aphorismen Jesu zu legitimieren und das alttesta-
mentlich-jüdische Gesetz in einer ethischen Perspektive zu interpretieren. Die Zusammenstellung dieser Dialoge in größeren Sammlungen
(Mk 2,15–28; Mk 7,1–23; Mk 10,2–45; Mk 12,13–34) verschiebt ihre
Bedeutung. Das Moment der Diskussion über die Interpretation des
jüdischen Gesetzes rückt in den Hintergrund, während der Inhalt der

Unterweisungen Jesu an Relevanz gewinnt. Die Sprüche Jesu bilden eine Kette von Gemeinderegeln, die Richtlinien für das Leben der christlichen Häuser geben. Auffällig ist die Reihenfolge der Themen in Mk 10,2–45: Angesprochen werden die Beziehungen zwischen Mann und Frau (Mk 10,2–12), zwischen Jüngern und Kindern (Mk 10,13–16), zwischen Geld und Nachfolge (Mk 10,17–31) und die Machtverhältnisse unter Christen (Mk 10,35–45). Die Bereiche, die einbezogen werden, kündigen das Programm der christlichen Haustafeln an, wie sie in Kol 3,18–4,1; Eph 5,21–6,9; 1 Petr 2,13–3,7 und dann in 1 Clem 21,7–9; 1 Tim 2,8–15; Tit 2,1–10 formuliert werden. Das hellenistische Christentum definiert seine Identität nicht nur durch seine Zugehörigkeit zum Retter und Heiland der Welt, wie es die kerygmatischen Formeln hervorheben, sondern auch durch Lebensregeln, die sowohl die christlichen Häuser als auch das christliche Haus als Ort der christlichen Gemeindeversammlung leiten sollen. Entscheidend ist nicht mehr die Polemik zwischen parallelen Rezeptionen der Jesusbewegung in den frühen Christentümern, sondern die Formulierung einer Disziplin, die sowohl eine ethische als auch eine Abgrenzungsfunktion hat.

Mit dieser Verschiebung hat sich das Verhältnis des hellenistischen Christentums zum Judentum wiederum verändert. Thema ist nicht mehr der Bezug auf das jüdische Gesetz und seine christliche bzw. christologische Auslegung, sondern die postkonversionale Lebensführung in den – mehrheitlich heidenchristlichen – Kirchen. Die Erfolge der Mission, wie sie die Hellenisten betrieben haben, führen zu einem Christentum, das sich einerseits in der Kontinuität der literarischen und theologischen Traditionen der Hellenisten befindet und versteht, das aber mit dem Judentum und den damit verbundenen Fragestellungen keine eigene Verbindung mehr hat. Die einzigen Verbindungen sind die Vermittlung des Evangeliums durch die Hellenisten und die Verwendung der Schrift als christliches Dokument, das heißt als Autorität, die keinen direkten Bezug mehr zum Judentum und zu Israel hat.

Die Folge dieser Evolution ist eine Verschiebung der Auseinandersetzungen. Mit der Verbreitung des Christentums nach Westen und mit der zunehmenden Bedeutung des Heidenchristentums wird die 'judenchristliche' Gemeinde in Jerusalem an den Rand des Christentums gerückt. Die Diskussion unter Judenchristentümern, das heißt hauptsächlich zwischen den Hellenisten und der 'konservativen' Jerusalemer

Gemeinde, über das Gesetz, macht einer anderen Diskussion Platz, die allerdings das gleiche Thema hat: Divergenzen und Konflikte zwischen hellenistischem Heiden- und Judenchristentum über die theologische Relevanz und den verbindlichen Charakter der jüdischen Wurzeln des Christentums. Erbe der frühchristlichen Hellenisten sind in dieser Perspektive das Matthäusevangelium und der Jakobusbrief, die die Autorität und die Bedeutung der alttestamentlich-jüdischen Gebote und ihrer sozialen Forderungen für das richtige Verständnis des Christentums und für die christliche Orthopraxie nach dem jüdischen Krieg betonen werden. Die Folge dieser Verschiebung der Fronten ist eine Veränderung der Bedeutung der (judenchristlichen) Hellenisten in der Entwicklungsgeschichte des Christentums. Die kritischen Vertreter einer liberalen Auslegung des Gesetzes und der Offenheit gegenüber der Heidenmission verteidigen eine konservative Position in einem Christentum, das mittlerweile mehrheitlich aus Heidenchristen besteht.

c) *Die Formen des Lebens*
Nach dem Darstellungsschema der Apostelgeschichte wurde das Evangelium in den Synagogen der hellenistischen Städte verkündet. Die Reden der Apostel nehmen den Platz und die Funktion der Predigt im normalen jüdisch-synagogalen Gottesdienst ein. Die christliche Verkündigung stellt sich dadurch als eine neue Auslegung der jüdischen Schrift dar, die einerseits auf Erfolg stößt, andererseits zum Skandal führt. Die daraus folgenden Konflikte werden dadurch verschärft, daß einflußreiche Gottesfürchtige, die in der Synagoge mit dem Evangelium in Kontakt kommen, sich den Aposteln anschließen und zum ersten Kreis der neu bekehrten Christen gehören. Für die Apostel wird es schwierig, weiterhin ihre Predigt in der Synagoge zu halten, und man nimmt die Gelegenheit wahr, sich im Haus eines reichen Anhängers des neu entstandenen Christentums zu versammeln. Mit Variationen wird dieser Handlungsablauf in der Erzählung der Mission in Philippi (Apg 16,11–40), Thessalonich (Apg 17,1–9) und in Korinth (Apg 18,1–17) wiederholt. In dieser Darstellung werden verschiedene Erfahrungen zusammengefaßt und in den Bericht der paulinischen Mission zurückprojiziert.

Genauso wie die 'judenchristlichen' Kreise in Jerusalem am Tempelkult weiterhin teilgenommen haben (Mt 5,23f), versammelten sich die Christen in den *Synagogen* der hellenistisch-römischen Städte. Dies

ist zunächst in den Berichten des Claudiusediktes vorausgesetzt: Die
Juden konnten nur deswegen von Chrestus aufgehetzt werden (Sueton,
Claudius 25,4), weil Konflikte zwischen Judenchristen und Juden in
den Synagogen entstanden waren. Dafür, daß sich das Christentum in
den jüdischen Gemeinden verbreitet hat, geben sowohl das Johannes-
als auch das Matthäusevangelium viel spätere Belege. Das Johannesevangelium erinnert daran, daß Mitglieder der johanneischen Kreise
bedroht worden sind, von der Synagoge ausgeschlossen zu werden,
falls sie weiterhin Jesus als den Christus bekennen würden (Joh 9,22;
12,42; 16,2a). Wann diese Vorgänge zu datieren sind, bleibt umstritten
und wird durch die johanneische Darstellung nicht näher präzisiert.
Diese Maßnahmen setzen aber sehr wahrscheinlich eine Situation des
Judentums voraus, die erst nach dem jüdischen Krieg entstanden ist.
Das Matthäusevangelium führt eine ständige, hermeneutische Auseinandersetzung mit dem pharisäischen Judentum seiner Zeit über die
Auslegung des Gesetzes. Den jüdischen Schriftgelehrten und Pharisä-
ern wird eine maßgebende Autorität zuerkannt (sie sitzen auf dem
Lehrstuhl des Moses, Mt 23,2f), obwohl der Erzähler regelmäßig von
"ihrer" Synagoge spricht. Man kann deshalb davon ausgehen, daß das
Matthäusevangelium in einer hellenistisch-judenchristlichen Gemeinde
entstanden ist, die bis kurz vor der Redaktion des Evangeliums im
Rahmen des jüdischen Ghettos gewachsen war.

Ein Gesamtbild darf allerdings aus diesen Einzelbelegen nicht ohne
weiteres abgeleitet werden, und Informationen über einzelne Kreise
dürfen nicht verallgemeinert werden. Es gibt keinen Grund dafür,
anzunehmen, daß die paulinischen Gemeinden mit den Nachbarsyn-
agogen in Kontakt standen (vgl. 1 Thess 2,14–16), obwohl Paulus in
den Synagogen Unterstützung für seine Reisen und seine Mission
gesucht hatte (2 Kor 11,24f), und weder das Markusevangelium noch
seine Leser waren über die jüdischen Verhältnisse informiert (Mk 7,3).

Kurzum: Die Synagogen haben viel länger eine viel größere Rolle
für die Verbreitung des hellenistischen Christentums und für das
Wachstum der christlichen Gemeinden in den Städten der hellenistisch-römischen Welt gespielt, als die Apostelgeschichte erkennen
läßt. In bestimmten Fällen scheint sich die Trennung zwischen hellenistisch-judenchristlichen Gemeinden und hellenistischen Synagogen erst
in den 80er Jahren vollzogen zu haben. Andererseits sind die Beziehungen zwischen Christentum und Judentum vielfältiger gewesen, als

die lukanische Darstellung der apostolischen Mission es harmonisierend schildert. Judenchristliche Gemeinden sind offensichtlich bis gegen Ende des 1. Jahrhunderts innerhalb der Synagogen gewachsen, während die (heidenchristlichen) paulinischen Kirchen von Anfang an außerhalb der jüdischen Gemeinschaften entstanden sind. Wie sich das Verhältnis zwischen Christentum und Judentum innerhalb der Synagogen und zwischen benachbarten Gemeinden entwickelt und mit der Zeit modifiziert hat, kann nicht mit einem einzigen und einfachen Interpretationsmodell rekonstruiert werden.

Sind die hellenistischen Synagogen ein erster Ort für das Leben der Gemeinden der Hellenisten gewesen, dann haben die *Häuser* eine entscheidende Bedeutung für die Evolution des hellenistischen Christentums gewonnen, und dies in doppelter Hinsicht: Zum einen bilden die Häuser soziale Einheiten, die sich zum Teil en bloc zum Evangelium bekehren und zu Zellen des christlichen Alltagslebens werden. Paulus hat das Haus von Stephanas getauft (1 Kor 1,16, vgl. 16,15), und wegen der Bekehrung des Onesimos (Phlm 10) wird das Haus des Philemons zu einem Raum, in welchem die Freiheit im Sinne der theologischen Aussage von Gal 3,28 die zwischenmenschlichen Beziehungen bestimmen soll (Phlm 16). Was es bedeutet, als Christ in einem nicht-christlichen Haus oder mit Nicht-Christen in einem christlichen Haus zu leben, wird zunächst in Einzelanweisungen reflektiert (1 Kor 7–10), bevor sich systematische Strategien entwickeln, die das Verhältnis der Christen zur heidnischen Umwelt durchdenken (vgl. z.B. 1 Petr 2,11–3,22).

Zum anderen ist das Haus der Ort par excellence, wo sich die christlichen Gemeinden versammeln. Die Grußlisten, die sowohl den Römerbrief als auch den 1. Korintherbrief abschließen, zeichnen ein Bild von Kirchen, die aus verschiedenen Hausgemeinden bestehen. Priska und Aquila empfangen eine Gemeinde in Ephesus (1 Kor 16,19) und später in Rom (Röm 16,3–5); Paulus kennt zumindest noch zwei andere christliche Hausgemeinschaften in Rom (Röm 16,14.15); die Kirche in Thessalonich besteht aus mehreren Häusern (1 Thess 5,27), und der Philemonbrief ist auch an die ganze Kirche gerichtet, die sich in seinem Haus versammelt (Phlm 2). Daß in den hellenistisch-römischen Städten die Organisation der christlichen Kirchen als Hausgemeinschaften nicht nur für die von Paulus gegründeten Gemeinden gilt, zeigt sich darin, daß sie im Gedankengut der hellenistisch-christlichen Schriften einen breiten Raum einnimmt: Das Haus ist der selbstverständliche Ort geworden, in dem das Wort verkündet wird, an den man kommt, um das Evangelium zu hören (Mk 2,1f; 3,20). In der literarischen Fiktion des Markusevangeliums kollidieren die beiden Ideen, daß Jesus sich auf dem Wege nach Jerusalem befindet (Mk 8,27; 10,17.32.46.52) und daß er immer wieder mit den Jüngern zu Hause zusammentrifft (Mk 9,28.33; 10,10): Das Haus mit seiner christlichen Gemeinde wird als Ort der Nachfolge interpretiert (Mk 10,29f). Genauso konkurrieren in der lukanischen Darstellung der Urgemeinde die beiden Gedanken, daß die ersten Christen alles, was sie hatten, zugunsten des gemeinsamen Lebens verkauften (Apg 4,32–37), und daß sie sich in den verschiedenen Häusern trafen, um das Brot zu brechen (Apg 2,42–47).

Wie die Versammlungen in den Häusern abliefen, läßt sich nur ungefähr rekonstruieren. Sollte der synagogale Gottesdienst als Vorbild fungiert haben, dann bildeten Gebete, Schriftlesungen und Predigt die Hauptelemente. Wie in der Synagoge wurde die Bibel gelesen, das heißt Bestandteile der zukünftigen 'Septuaginta' (in der Synagoge: einen Text aus dem Gesetz, einen aus den Propheten und einen aus den Schriften), aber auch die Briefe der Apostel (1 Thess 5,27; Kol 4,16, vgl. schon ApkBar(syr) 86,1–3). 1 Kor 1,2 setzt voraus, daß für Paulus die theologischen Betrachtungen von 1 Kor 1,18–4,15 und die darauf folgenden Unterweisungen nicht nur für die Kirche bzw. die Hausgemeinden in Korinth Relevanz haben, sondern auch allgemeiner für alle christlichen Gemeinden in jedem Ort. 2 Petr 3,16 belegt, daß die Paulusbriefe als Sammlungen zusammengestellt worden sind und maßgebende – wenn auch in ihrer Interpretation umstrittene – Autorität erhalten haben.

In einem Brief an Kaiser Trajan berichtet Plinius der Jüngere (ep X,96), daß sich die Christen "regelmäßig an einem bestimmten Tag vor Tagesanbruch versammelten. Sie brachten im Wechselgesang Christus als ihrem Gott ein Lied dar und verpflichteten sich durch Eid, nicht etwa zu einem Verbrechen [wie es den Christen vorgeworfen wurde, vgl. 2 Petr 2,12], sondern zur Unterlassung von Diebstahl, Raub, Ehebruch, Treulosigkeit, Unterschlagung von anvertrautem Gut. Darauf seien sie regelmäßig auseinandergegangen; sie seien wieder zusammengekommen, um eine Mahlzeit einzunehmen, jedoch eine gewöhnliche und unschuldige". Diese Beschreibung gilt für eine spätere

Zeit (der Brief ist um 112 geschrieben worden) und für die Provinz von Bithynien (an der türkischen Küste des Schwarzen Meeres), und seine Informationen dürfen wieder nicht verallgemeinert werden. Unter Vorbehalt der johanneischen Traditionen (vgl. unter anderem Joh 6,48–58) ist die Feier des Abendmahls nur in den hellenistischen Kirchen belegt. Paulus verweist die Korinther auf eine Überlieferung der Einsetzungsworte, die er selber übernommen hat, wahrscheinlich von den Hellenisten in Antiochien (1 Kor 11,23–25), und das Markusevangelium zitiert eine Variante (Mk 14,22–24), von der die Parallelen in Mt 26,26–29 und Lk 22,14–20 abhängig sind. Die Bezeichnung der Mahlzeit als (κυριακὸν) δεῖπνον setzt voraus, daß sie abends stattgefunden hat (1 Kor 11,20). Die Einsetzungsworte deuten sie als sakramentale Kommunion mit dem Herrn: "Dies ist mein Leib, dies ist mein Blut." Ob sie während der Eucharistie liturgisch ausgesprochen bzw. gelesen wurden oder nicht, läßt sich nicht entscheiden. Der paränetische Zusammenhang von 1 Kor 11,17–34 würde gegebenenfalls voraussetzen, daß sie am Ende des Mahles gesprochen worden sind, der Wortlaut des Markusevangeliums aber, daß die gemeinsame Mahlzeit zwischen dem Brot- und dem Kelchwort stattgefunden hat. Die Aufforderung der paulinischen Fassung, das Herrenmahl zum Gedächtnis des κύριος zu feiern, deutet es in Analogie mit hellenistischen Gedächtnisfeiern. Das Motiv kann mit dem klassischen Text des Testaments Epikurs (341–271 v.Chr.) verglichen werden: "Was aber die Einnahmen aus dem von uns dem Amynomachos und Timokrates vermachten Vermögen anbelangt, so sollen aus denselben im Einvernehmen mit Hermarch nach Möglichkeiten die Ausgaben für folgende Zwecke bestritten werden: erstens für die Totenopfer für Vater, Mutter und Brüder, sodann für die gewohnte jährliche Feier meines Geburtstages am zehnten des Monats Gamelion sowie auch für die übliche festliche Zusammenkunft meiner philosohischen Genossen am zwanzigsten jedes Monats zu meinem und des Metrodor [= des engsten Schülers Epikurs] Gedächtnis gemäß den darüber getroffenen Bestimmungen" (Diog. Laert. X,18). Die Einsetzungsworte setzen das Herrenmahl in Verbindung mit dem Tod Jesu, und die Redaktion des Markusevangeliums führt es biographisch auf das letzte Mahl Jesu mit seinen Jüngern zurück, wodurch die Erzählung zu einem ätiologischen Kultbericht wird. In beiden Fällen ist die Tradition der Gemeinschaftsmähler Jesu mit seinen Jüngern, mit den 'Zöllnern' und den 'Sündern'

("Er ist ein Fresser und ein Säufer", Lk 7,34) oder die letzten Tisch-
gemeinschaften in Jerusalem ritualisiert und zu sakramentalen Feiern
umgestaltet worden. Diese Verbindung thematisiert die lukanische
Darstellung der Apostelgeschichte, wenn sie das 'Brotbrechen' als
Gründungsmoment in das Leben der Urgemeinde zurückprojiziert
(Apg 2,42.46; vgl. 20,7.11).

d) *Die Gründe eines Erfolgs*
Obwohl Plinius 112 n.Chr. die Hoffnung hatte, daß das römische Reich
das Christentum durch angemessene Maßnahmen loswerden könnte
(ep X,96), hatte sich das 'Evangelium' durch die Mission der Hellenisten (und des Paulus) in den meisten Hauptstädten der hellenistisch-
römischen Welt und bis Rom in etwa 2 Jahrzehnten verbreitet. Die
Diskrepanz zwischen der Beurteilung des Plinius und den Daten, die
aus den frühchristlichen Schriften ableitbar sind, läßt sich dadurch
erklären, daß die Zahl der Christen innerhalb des römischen Reiches
trotz allem relativ gering geblieben war (wahrscheinlich weniger als
50000 am Ende des 1. Jahrhunderts, und dies in einer Gesellschaft
von etwa 60 Millionen, die 4 bis 5 Millionen Juden zählte), und daß
die gebildeten Kreise der römischen Intelligenz die Bedeutung des
Christentums unterschätzt haben. Letzteres ist darauf zurückzuführen,
daß die Akzeptanz der neuen Religion in den verschiedenen Milieus
der heidnischen Bevölkerung unterschiedlich war. Einerseits haben die
Strukturen und die Voraussetzungen der hellenistischen und der paulinischen Predigt dazu geführt, daß das frühe Christentum eine städtische Bewegung in ihren Missionsgebieten gewesen und geblieben ist.
Andererseits ist das Christentum verächtlich als *superstitio* (Aberglaube), das heißt als für die römische Tradition neue, fremde und
unaufgeklärte Religion rezipiert worden. Diese Bezeichnung kommt
zunächst bei Tacitus vor (Annales 15,44), aber auch bei Sueton (Nero
16) und bei Plinius. Der Begriff war unter anderem bereits verwendet
worden, um die Juden und ihre Bräuche zu disqualifizieren (Tacitus,
Hist. 5,13; Juvenal, Sat. 14, usw.). Er sollte zum einen den für die
Römer unverständlichen und irrationalen Charakter des jüdischen
Gesetzes und seiner Forderungen kennzeichnen, zum anderen ihren
Absolutheitsanspruch, das heißt für den humanistischen Pluralismus
der römischen Schriftsteller ihren Fanatismus, anzeigen.

Paradoxerweise weist diese Kritik der Intellektuellen genau auf einen der entscheidenden Gründe hin, weswegen das Christentum einen verhältnismäßigen großen Erfolg in den verschiedensten Schichten der städtischen Bevölkerung in der Provinz, zum Teil aber auch in Rom haben konnte. Die Themen der hellenistisch-(juden)christlichen Predigt – einerseits der Monotheismus mit dem für das Juden- und Christentum spezifischen Anspruch auf Ausschließlichkeit, andererseits die rigoristische Ethik, die sie von ihren Anhängern forderte (vgl. 1 Thess 4,1–12; 1 Kor 5,1–7,40; 2 Kor 6,1–7,1; Phil 2,12–18) – waren ein starkes und einfaches Identitätsangebot für breite Kreise des römischen Reiches: Nicht nur für die Sklaven und die kleinen Geschäftsleute und Unternehmer, denen die philosophischen Schulen verschlossen waren, weil sie eine Grundausbildung voraussetzten, sondern offenbar auch für die Eliten von Städten wie Korinth (Rom 16,23), die ihre politische Bedeutung zugunsten des Hauses des Kaisers (vgl. Phil 4,22!) verloren hatten. Auffallend ist dabei, daß die Akzeptanz des Christentums nicht mit liberalen Werten wie dem der Freiheit oder der Offenheit zum philosophischen und intellektuellen Dialog verbunden war, sondern vielmehr – und umgekehrt – mit der Ablehnung des Pluralismus und der klaren Abgrenzung von der Welt der 'Heiden' – was Mysterienkulte, die auch ihren Erfolg hatten, nicht anbieten konnten. Die Distanzierung von der religiösen und philosophischen Umwelt konnte nicht nur auf der ideologischen Ebene einer Theologie, die ihren Exklusivismus betont, geschehen, sondern auch auf der existentiellen Ebene des Selbstverständnisses des Individuums, das seine persönliche Geschichte von dem Ereignis seiner Bekehrung her interpretierte, das heißt von einem Augenblick, der eine heidnische Vergangenheit von dem 'Jetzt' unterscheidet, und der durch den Initiationsritus der Taufe sakramental symbolisiert wird.

Die Idee des Monotheismus und das ethische Ideal eines ethischen Rigorismus waren bereits thematisiert durch die hellenistische Philosophie (unter anderem durch die Stoa) und, was die Moral betrifft, durch die familiären Werte der römischen Gesellschaft. Das *novum* der christlichen Predigt gegenüber der hellenistischen Moralphilosophie bestand darin, daß diese Vorstellungen mit der Lebensform des gemeinsamen Lebens in den Häusern verbunden waren. Die Bedeutung dieser sozialen Form des christlichen Glaubens hatte zwei Aspekte: Einerseits fanden die Christen die Möglichkeit einer Anerkennung und einer Integration in die lokalen Hausgemeinschaften. Andererseits gehörten sie dadurch zu einer religiösen Gesellschaft, die ihnen eine ökumenische Identität gab. Durch die Taufe waren sie in die Familie des christlichen Hauses bzw. der lokalen Kirche aufgenommen worden, aber sie bildeten gleichzeitig die Familie Gottes, die ihre Heimat im Himmel hat, die im ganzen Reich verbreitet war, und die sich als alternatives Identifikationsangebot vorstellte. Diese doppelte Solidarität wurde durch die Metaphorik des Leibes in den paulinischen Apostelbriefen thematisiert: Die lokale Gemeinde ist ein Leib, in dessen Zusammenhang jedes Mitglied seine einzigartige Funktion, Bedeutung und Identität bekommt (1 Kor 12,12–31), aber die Kirchen bilden ihrerseits miteinander einen einzigen Leib (Röm 12,4ff), der als Leib Christi auf Erden dem staatlichen und gesellschaftlichen Organismus der hellenistisch-römischen Welt gegenübergestellt wird.

Die Themen der hellenistisch-(juden)christlichen Predigt, das heißt die doppelte Forderung eines exklusivistischen Monotheismus und einer rigorosen Ethik, und die Lebensformen der hellenistisch-christlichen Gemeinden lieferten eine Abgrenzungsmöglichkeit und ein Identifikationsangebot. Die dritte Voraussetzung, die zur Akzeptanz des hellenistischen Christentums beiträgt und seinen verhältnismäßig großen Erfolg erklärt, hängt mit der Struktur seines Überzeugungssystems zusammen. Die Evolution der Formulierungen des Bekenntnisses und der theologischen Aussagen beweisen die Anpassungsfähigkeit einer Religion, die sich als offen für Juden und Griechen bzw. für Griechen und Nicht-Griechen (βάρβαροι, Röm 1,14), für Sklaven und Freie, für Mann und Frau, und dies ohne Vorbedingungen, darstellte. Zum einen ist die relative Anpassungsfähigkeit der Glaubensaussagen des (hellenistischen) Christentums die Konsequenz daraus, daß sich der Glaube als eine persönliche Beziehung zum κύριος versteht, daß seine Formulierungen einen Interpretationsprozeß voraussetzen, der den Tod und die Auferstehung Jesu soteriologisch auslegt, und daß er die Sprachwelt, die Begrifflichkeit und die Mythen seiner Umwelt aufnehmen und durch diesen hermeneutischen Vorgang umfunktionieren kann. Das hellenistische Christentum war insofern eine synkretistische Religion, als es Elemente der stoischen Theologie und Moralphilosophie, der platonischen Anthropologie, der politischen Ideologie des römischen Reiches und der Mysterienkulte übernehmen konnte, und dies im Rahmen seiner eigenen Logik und seiner eigenen Konsistenz. Daraus ergab sich eine Interpretation der menschlichen Existenz, die ihre Kontinuität bewahren konnte, indem sie ihre Relevanz trotz der ideologischen und gesellschaftlichen Diskontinuität ihrer sozialen und historischen Wirklichkeit beibehielt. In dieser Hinsicht stellte die Predigt der Hellenisten und ihrer Nachfolger eine Mutation innerhalb des Christentums dar, die große Verbreitungs- und Überlebenschancen hatte.

Zum anderen hatte die Heidenmission der Hellenisten und des Paulus auf die Forderungen verzichtet, die die Juden von den Heiden programmatisch absonderten. Von den Proselyten, das heißt von den nicht-gebürtigen Juden, verlangt die Synagoge, daß sie sich beschneiden lassen und sich dem jüdischen Gesetz, unter anderem den Abgrenzungsgeboten, verpflichten. Nichtbeschnittene Gottesfürchtige sind Angehörige zweiter Klasse. Anders war es in den hellenistischen Kirchen. Die Aufhebung der kultischen, Reinheits- und Sabbatsgesetze erfolgte aus dem Bekenntnis zum Jesusereignis als Heilsereignis. Dem starken, wohlbekannten und von den intellektuellen Kreisen verachteten Identitätsangebot des Judentums war das Angebot der Kirche vergleichbar. Der Unterschied ist, daß es sich zunächst bedingungslos allen Schichten der Bevölkerung anbieten konnte. Daß die Beziehung zur sozialen und politischen Umwelt auch für Heidenchristen nicht unproblematisch war, zeigen die Diskussionen von 1 Kor 5–10. Aus der Gesamtsituation resultierte aber das Paradox: In den hellenistisch-römischen Städten wurde das Christentum zum Konkurrenten des Judentums, nachdem es sich in den Synagogen und durch die Verbindungen, die in der ganzen bekannten Welt geknüpft worden waren, verbreitet hatte.

Kurzum: Die Themen der hellenistisch-(juden)christlichen Predigt, ihre Evolutionsfähigkeit und die Lebensformen, die sie bewirkt hat, waren in breiten Schichten der hellenistisch-römischen Welt ein ideologisches und soziales Identitätsangebot, das gleichzeitig dogmatisch fest und anpassungsfähig genug war, um seine Anziehungskraft zu erklären. Die virtuelle Akzeptanz reichte jedoch nicht aus, um die Verbreitung des Christentums zu ermöglichen. Voraussetzungen für seinen raschen Erfolg waren die geographische Mobilität der Personen, die die Liste der dem Paulus in Rom bereits bekannten Leute belegt (Röm 16,1–16), und die Tatsache, daß die Synagogen den Aposteln die Wege durch das römische Reich von vorneherein geöffnet hatten.

3.3   Die Radikalisierung der weisheitlichen Kreise: Deuteronomistische Apokalyptik und Gnosis

KOESTER, H.: Ancient Christian Gospels. Their History and Development, Philadelphia 1990, 75–171. – LAYTON, B.: The Gnostic Scriptures, New York 1987, 359–409. – LÜHRMANN, D.: Die Redaktion der Logienquelle, WMANT 33, Neukirchen 1969. – SCHNEEMELCHER, W. (Hrsg.): Neutestamentliche Apokryphen I: Evangelien, Tübingen 1990⁶, 93–113. – STECK, O.H.: Israel und das gewaltsame Geschick der Propheten. Untersuchungen zur Überlieferung des deuteronomistischen Geschichtsbildes im Alten Testament, Spätjudentum und Urchristentum, WMANT 23, Neukirchen 1967. – THEIßEN, G.: Lokalkolorit und Zeitgeschichte in den Evangelien. Ein Beitrag zur Geschichte der Synoptischen Tradition, NTOA 8, Freiburg/Göttingen 1989, 212–245.

Hat sich das Christentum der Hellenisten zunächst innerhalb des Judentums der Diaspora und im Rahmen der Synagogen entwickelt, und bildeten die jüdischen Gemeinden, ihre Verbreitung in der ganzen hellenistischen Welt und ihre engen gegenseitigen Kontakte eine objektiv entscheidende Voraussetzung für die Erfolge der Heidenmission, so belegt die Entwicklung der frühchristlichen weisheitlichen Kreise die Geschichte einer Jesusbewegung, die zum großen Teil durch ihre Verbreitung in und außerhalb von Galiläa und durch Mißerfolge einer Mission im syro-palästinischen Gebiet bestimmt ist.

a) *Die Rezeption der weisheitlichen Tradition im Rahmen einer deuteronomistischen, apokalyptischen Heilsgeschichte*

Die sogenannte Redaktion der Logienquelle und die Themen, die sie durch neue Sprüche in die alte weisheitliche Sammlung einfügt und durch welche sie sie uminterpretiert, belegen die Evolution einer Entwicklungslinie des Christentums, die in Galiläa beheimatet war und sich sehr wahrscheinlich in Syrien, aber vermutlich auch in Judäa und in Ägypten verbreitet hat. Zu den geographischen Vorstellungen ihrer Traditionen gehören jedenfalls nicht nur die galiläischen Städte Chorazin und Betsaida, sondern auch Tyrus und Sidon. Die erste Sedimentation hatte die Predigt Jesu im Rahmen der populären weisheitlichen Vorstellungen aufgegriffen und weiterentwickelt. Jesus war als Weisheitslehrer rezipiert worden, und seine Paradoxien und Aphorismen waren insofern gesammelt, zusammengestellt und weitervermittelt worden, als sie für das Verständnis der Existenz und für die praktische Lebensführung sinnvoll erschienen. Diese archaischen Stoffe werden in einer späteren Zeit durch neue umrahmt, die sich zum einen als ihre

Weiterentwicklung darstellen, sie aber zum anderen unter anderen Voraussetzungen auslegen. Die neuen Sprüche überliefern die Gerichtspredigt des Johannes (Lk 3,7–9.16f), ordnen sie der Figur Jesu unter (Lk 7,18–23.24–28), erklären ihre gemeinsame Opposition gegen 'dieses Geschlecht' (Lk 7,31–35), klagen Israel an (Lk 11,14–36.39–52; 13,34f) und kündigen das kommende Gericht an (Lk 17,23–27). Die neuen Momente sind einerseits die Ankündigung des Gerichts über 'dieses Geschlecht', andererseits die apokalyptische Erwartung der Wiederkunft Jesu als des Menschensohnes, und zuletzt die Demarkation der Scheidelinie, die Jesus und Johannes gleichzeitig verbindet und trennt.

Auffällig ist das Fehlen der Themen, die im Zentrum der Predigt des hellenistischen (Juden-)Christentums standen. Die Problematik des Monotheismus, die für die Heidenmission der 'Hellenisten' eine zentrale Rolle spielte, ist zwar wieder präsent, aber unter einer ganz anderen Perspektive: Die Versuchungsgeschichte (Lk 4,1–13), die die Spruchsammlung einleitet, fordert die Anhänger dazu auf, sich kompromißlos zu dem einen und einzigen Gott zu bekennen und sich nach seinen Worten zu richten und zu verhalten. Das zugrundeliegende Denkschema ist nicht die Apologetik, die den aufklärerischen und gleichzeitig exklusivistischen Charakter der christlichen Religion hervorhebt, sondern die deuteronomistische Tradition, die zum treuen Gottesbekenntnis aufruft, das durch das vorbildliche Verhalten Jesu definiert ist. Sowohl die einzelnen Versuchungen als auch die Schriftworte, mit denen Jesus ihnen widersteht, verweisen auf die Geschichte der Versuchungen Israels in der Wüste, so daß die Geschichte des Unglaubens Israels als – negatives – Interpretament des Selbstverständnisses dieses Christentums fungiert. Genauer: Eine bestimmte Deutung der Geschichte Israels und das Verhältnis zu 'diesem Geschlecht', das heißt zum gegenwärtigen Judentum, bestimmt das Verständnis und die Interpretation der eigenen, christlichen Geschichte. Die Propheten und die Weisen (Lk 11,49), das heißt die christlichen Missionare, die zu Israel gesandt und die verfolgt und getötet worden sind, sind keine anderen als die Nachfolger der Propheten, die Israel zur Umkehr gerufen haben und unter seiner Verstockung gelitten haben (Lk 11,49–51; 13,34f).

Diese heilsgeschichtliche Vorstellung setzt nicht voraus, daß dieses Christentum ausschließlich aus Judenchristen, das heißt aus zu Christen gewordene Juden, bestehe. Eine Erzählung wie die Geschichte des Hauptmannes von Kapernaum (Lk 7,1–10) und die Erwähnung der Königin von Süden, die im Gericht mit den Männern 'dieses Geschlechts' auftreten und sie verurteilen wird (Lk 11,30–32), implizieren genauso wie die Aussendungsrede von Lk 10,2–12 eine Offenheit gegenüber den Heiden. Wie die Kirchen der 'Hellenisten' in den westlichen Städten rekrutieren sich die Anhänger dieses weisheitlichen Christentums sowohl unter den Juden als auch unter den Griechen. Auffällig ist nur, daß die gemischte Zusammenstellung dieser Gemeinden unproblematisch gewesen zu sein scheint, und daß die Heidenmission nicht thematisiert wird. Diese Selbstverständlichkeit steht in Kontrast zu den Auseinandersetzungen mit den 'Judenchristen', die sowohl die paulinische als auch die hellenistische Heidenmission geprägt haben. Von den Problemen und Diskussionen, die zum Apostelkonzil geführt haben (Gal 2,1–10), scheinen die verschiedenen Schichten der Logienquelle nichts zu kennen. Das bedeutet, daß sich in Palästina und seiner Umgebung ein Christentum entwickelt hat, das von den Konflikten zwischen den Hellenisten und den 'Judenchristen' und zwischen Paulus und der konservativen Umgebung des Jakobus nichts zu wissen brauchte, und das durch das sogenannte 'Apostelkonzil' selbst nicht betroffen war. Das unproblematische Verhältnis zu der Heidenmission und die Distanz zu den Fragestellungen, die in Jerusalem (Gal 2,1–10) und in Antiochien (Gal 2,11–14) diskutiert worden waren, hängen mit dem Faktum zusammen, daß dieses weisheitliche Christentum der doppelten Thematik des Gesetzes und der Gesetzesauslegung keine entscheidende Bedeutung beigemessen hat, was sich vermutlich einerseits aus seinen Anfängen in Galiläa und seiner Verbreitung in hellenistischen bzw. hellenisierten Kreisen ergibt, andererseits aus der universalistischen Weltanschauung der Weisheit, für welche die Erkenntnis Gottes von Beobachtungen des alltäglichen Lebens (Lk 11,9–13), der Vögel und der Pflanzen (Lk 12,4–7.22–31) und der Vorsehung (Lk 6,35) direkt abzuleiten ist. Der Begriff νόμος spielt in der Logienquelle kaum eine Rolle und bezeichnet in Lk 16,16f einmal die Schrift als Merkmal der heilsgeschichtlichen Periode, die bis zu Johannes dem Täufer reicht, und einmal das Gesetz als Chiffre der Kontinuität derselben Heilsgeschichte. Das bedeutet nicht, daß dieses Christentum die Autorität des Gesetzes nicht anerkannt hat, sondern vielmehr, daß es die Unterweisungen Jesu, wie sie in den Sprüchen überliefert sind, als Lehre der Weisheit und deswegen, in der Kontinuität der alttestamentlichen und jüdischen Weisheitstradition, als Äquivalent des Gesetzes verstanden hat.

Kurzum: Weder der Versuch, mit der hellenistischen Kultur ins Gespräch zu treten, noch die Frage der Legitimität der Heidenmission noch die Diskussion um die Funktion und die Relevanz des Gesetzes, die sich aus dem Bekenntnis des Todes und der Auferstehung Jesu als Heilsereignis ergeben – das heißt, keines der Themen, die sowohl die Rechtfertigung der paulinischen Mission als auch die Predigt und die Begründungen der Mission der Hellenisten beherrschen –, beschäftigen eigentlich die christlichen Kreise, die sich als Trägergruppe der Logienquelle und ihrer Weiterentwicklung rekonstruieren lassen.

Genausowenig läßt sich ihre Lebensweise und ihre Organisation von der Struktur der städtischen Gemeinden, die Paulus und die Hellenisten gegründet hatten, ableiten. Propheten und Weise werden genannt, die nach Lk 11,49 mit der Predigt zu Israel – aber wahrscheinlich nicht nur zu Israel – beauftragt sind, und die vermutlich auch die Aufgabe der Unterweisung und der Führung der Versammlungen innehatten. Wo sich diese Christen versammelt haben, läßt sich nur mit Hilfe von Analogien rekonstruieren (mit Hausgemeinden haben die in Lk 10,5–7 erwähnten Häuser nichts zu tun). Plausibel ist, daß sie sich in Synagogen getroffen haben, die allenfalls in Galiläa auch als gemeinschaftliche und politische Treffpunkte zur Verfügung standen. Dadurch würden sich zum einen die Nähe zu den jüdischen Kreisen und zum anderen die Unruhen, die in Alexandrien entstanden waren, falls sie in Beziehung zur Verbreitung des Christentums zu setzen sind (s.o. unter 2.2.a), erklären. Ob und wie christliche Gottesdienste stattgefunden haben, läßt sich nicht belegen. Es gibt keinen Hinweis dafür, daß das Abendmahl gefeiert wurde. Die Taufe war bekannt, und dies zumindest durch die Traditionen über Johannes den Täufer. Überliefert ist auch das 'Vaterunser' (Lk 11,2–4), das vielleicht zum liturgischen Gebrauch gehörte. Mehr läßt sich nur als Vermutung formulieren.

Kennzeichnend für das Selbstverständnis dieser christlichen Kreise aus Galiläa und Syrien ist die Deutung des Jesusereignisses von der apokalyptisch-weisheitlichen Figur des Menschensohnes her. Als Titel begegnet der 'Menschensohn' in der jüdischen Apokalyptik (in den Bildreden äthHen 37–71 und 4Esr 13), in der Logienquelle und folglich in den Evangelien. Im äthHen ist der Menschensohn eine präexistente, himmlische Figur, die vor der Endzeit verborgen bleibt und nur den Gerechten offenbar wird. Seine Erscheinung führt die Endzeit herbei, in der Gott ihm das Endgericht überträgt (vgl. Dan 7,9–14). Auch in der Logienquelle bezeichnet υἱὸς τοῦ ἀνθρώπου den eschatologischen Richter: Erwartet wird die Wiederkunft Jesu, der unübersehbar, aber nicht zu einem berechenbaren Zeitpunkt kommen wird (Lk 12,8f.40; 17,23f.26–30). Für die Sorglosen wird er als verheerendes Unheil hereinbrechen, während die Frommen aufgefordert werden, für sein Kommen bereit zu sein. Das Kriterium des eschatologischen Urteils wird in Lk 12,8f gegeben: Wer sich zu Jesus bekennt, zu dem wird sich auch der 'Menschensohn' bekennen vor dem Gericht Gottes. Hier kommt die eigentliche theologische Leistung der Redaktion der Logienquelle und ihrer Trägerkreise zum Ausdruck. Zum einen wird der kommende Menschensohn mit der historischen Person des Gekommenen identifiziert (Lk 6,22; 11,30; 12,10). Zum anderen wird gleichzeitig die irdische Geschichte Jesu in die Kontinuität der verfolgten Propheten gestellt, und deshalb wird jeder danach gerichtet werden, wie er zu Jesus stand. Kurzum: Die Logienquelle identifiziert den eschatologischen Retter Israels mit Jesus, der die Welt und Israel nach der Scheidelinie des Bekenntnisses zum irdischen Menschensohn richten wird, und zum Bewußtsein ihrer Trägergruppe gehört die Verheißung, nach welcher die Jünger in seinem Reich auf Thronen sitzen werden, um die zwölf Stämme Israels zu richten (Lk 22,28–30).

Der Auslöser dieser christologischen Vorstellungen findet sich in einem Aphorismus der älteren Schicht der weisheitlichen Spruchsammlung, der die menschliche Befindlichkeit der Existenz der Tiere gegenüberstellt: "Die Füchse haben Gruben und die Vögel unter dem Himmel haben Nester; aber der Mensch hat nichts, wo er sein Haupt hinlege" (Lk 9,58). Diese Betrachtung hat eine anthropologisch pessimistische Parallele bei Plutarch (Tib. Gracch. 9 828c) und υἱὸς τοῦ ἀνθρώπου im Singular bezeichnet hier wie in TestJos 2,5 und JosAsen 18,9 die Menschheit. Die Voraussetzungen für die christologische Entfaltung des Titels sind einerseits die apokalyptische Prägung der jüdischen Weisheit, wie sie in äthHen 37–71 belegt ist, und andererseits die Deutung der Geschichte Jesu durch die heilsgeschichtliche Vorstellung des gewaltsamen Geschicks der Propheten. Auffällig dabei ist einerseits, daß diese Entwicklung der Christologie des 'Menschensohnes' zu der geistigen Welt gehört, die diese Jesusbewegung von Anfang an kennzeichnet: Der Weisheitslehrer ist die 'Weisheit' überhaupt geworden (Lk 7,35; 11,49), und die weisheitlichen Unterweisungen haben sich in eine Heils- bzw. Unheilsgeschichte der Endzeit verwandelt. Eine ähnliche, apokalyptische Radikalisierung der weisheitlichen Tradition ist in der ältesten Henochüberlieferung feststellbar (Methusalahapokalypse und Zehnwochenapokalypse, äth-Hen 83–93). Auffällig ist andererseits, daß das heilsgeschichtliche Denkmodell, das die Christologie prägt, die Interpretation der Predigt des Täufers und die Sprüche Jesu, die das Gericht über 'dieses Geschlecht' ankündigen, auch bestimmt.

Das sogenannte deuteronomistische Geschichtsbild, das zugrunde liegt, ist das folgende: Der Ungehorsam Israels wird festgestellt (Ne 9,26–30; 2 Chr 30,7f; 2 Kön 17,1f), Gott ruft zur Umkehr durch das Wort seiner Propheten (Neh 9,26.30; 2 Kön 17,13), Israel verweigert sich (Neh 9,26.29f; 2 Kön 17,14–17.19), weswegen Gott Israel bestraft (Neh 9,30b; 2 Kön 17,18.20). Das Schema kann durch zusätzliche Momente erweitert werden: Gott ruft nochmals zur Reue und zur Umkehr, was mit der Verheißung und der Erwartung der Wiederherstellung Israels einerseits, mit der Zerstörung der Feinde und der Ungläubigen andererseits verbunden ist (Sach 1,3–6; 4Esr 7,129f; AssMos 9,2; ApkBar(syr) 31f; 44f; 85). Nach diesem Muster ist die Verkündigung des Täufers gebaut: Johannes wird als Prophet geschildert, der das Gericht über das ungläubige und verstockte 'Geschlecht' ankündigt (Lk 3,7–9.16–18). Wie die doppelte Metaphorik des Zornes (Lk 3,7) und des Feuers (Lk 3,16, vgl. 3,9.17) zeigt, ist der Tenor nicht die Taufe, sondern die Ankündigung der Zerstörung. Dadurch ist das Thema dargestellt, das sowohl die Wehe- und Klagerufe Jesu (Lk 11,37–52; 13,34f) als auch die Funktion der christlichen Propheten (Lk 11,49–51) kennzeichnet. Das heilsgeschichtliche Verhältnis ist das einer diskontinuierlichen Kontinuität. Die Gerichtsankündigung bildet den Moment der Permanenz. Abstufungen sind verwirklicht durch die Aufwertung der Mission des Täufers, der als Elias redivivus vorgestellt wird (Lk 7,24–28, vgl. Ex 23,30 u. Mal 3,1), und durch die Unterordnung seiner Person unter die kommende, christologische Figur Jesu (Luk 7,18–23, vgl. Jes 61,1fLXX; 42,6f; 35,5; 29,18f).

Die Wiederaufnahme des Themas führt eine Erweiterung und eine Aktualisierung der Perspektive ein (Lk 13,34f):

> Jerusalem, Jerusalem
> die du die Propheten tötest
> und steinigst die, welche zu dir gesandt sind,
> wie oft wollte ich deine Kinder versammeln,
> wie eine Henne ihre Jungen unter ihre Flügel schart,
> aber ihr habt nicht gewollt.
> Siehe, euer Haus wird euch verlassen.
> Ich sage euch: Ihr werdet mich nicht mehr sehen
> bis die Zeit kommt, da ihr sagt:
> Gepriesen sei, der im Namen des Herrn kommt.

Die Form von Lk 13,34f ist die Klage (V. 34), die den Gerichtsspruch einleitet (V. 35). Es spricht die in Jerusalem wohnende Weisheit von Sir 24 (vgl. V. 10f). Das zugrundeliegende Schema verweist auf die Weisheit, die ihr Nest unter den Menschen gebaut hat (Spr 1,20–27; Sir 1,15). Unter den Menschen hat sie aber keinen Ort gefunden, um zu wohnen (Spr 1,28–33; äthHen 42) bzw. die Sünder haben sie nicht gesehen (Sir 15,7). Die Klage ist eine Erinnerung an die prophetischen Heilsankündigungen Gottes (Dt 32,11; Jes 31,5; 49,25; Ps 84(83),4). Die Feststellung der Ablehnung Israels, das die Propheten tötet (Neh 9,26; Jer 2,30; 26,20ff; Klgl 2,20; 1 Thess 2,15; Lk 6,23Q; Apg 7,52) führt zu einer Gerichtsformel (vgl. Jer 12,7; 22,5), die auf die unmittelbare Gegenwart dieses Geschlechts 'Bezug' nimmt: "Euer Haus wird verlassen", Präsens. Kurzum: Der Spruch Jesu trägt eine Deutung der Geschichte Israels vor, die die Auseinandersetzung zwischen der Verkündigung der βασιλεία und dem Judentum mit Hilfe des deuteronomistischen Geschichtsbildes verarbeitet. Das Hauptinteresse ist nicht christologisch, sondern heilsgeschichtlich, und dies in dem Sinne, daß die Entwicklung des Verhältnisses zwischen der christlichen Mission und 'diesem Geschlecht' von einer Beschleunigung der Geschichte her verstanden wird. Jerusalem hat die Heilsankündigungen abgelehnt, und die Verwüstung des Tempels wird als die entsprechende Strafe Gottes gedeutet.

Eine ähnliche Aktualisierung ist in Lk 11,49–51 vorhanden:

> Deshalb hat auch die Weisheit Gottes gesagt:
> Ich werde Propheten und Weise zu ihnen senden,
> und einige von ihnen werden sie töten und verfolgen,
> damit an diesem Geschlecht das Blut aller Propheten gerächt wird,

das von der Grundlegung der Welt an vergossen wurde,
vom Blut Abels bis zum Blut des Secharja,
der zwischen Altar und Tempelhaus umkam.
Ja, ich sage euch: es wird an diesem Geschlecht gerächt werden.

Die Gerichtsankündigung geht wieder von Ereignissen aus, die zur Gegenwart des Spruches gehören und die als Gottes Gericht über Israel gedeutet werden. Der Verweis auf 'dieses Geschlecht' wird historisiert und aktualisiert: Die Katastrophe, die über das Judentum hereinbricht, ist die Vergeltung für den Ungehorsam des Volkes. Christliche Missionare sind von der im erhöhten Jesus personifizierten Weisheit (vgl. Lk 7,35) gesandt worden, und ihr Geschick ist dasjenige der Propheten, die verfolgt und getötet worden sind. Daß christliche Prediger in den Synagogen und von den Juden verfolgt worden sind, ist bereits in den Paulusbriefen belegt (Gal 1,13.23; Phil 3,6; 2 Kor 11,24f; 1 Thess 2,14–16). Der besondere Ton liegt hier aber wieder auf der Dramatisierung der Geschichte: Durch die Ablehnung der Boten der christlichen Weisheit ist das Maß voll geworden, und das Unheil, das über diese Generation hereinbricht, rächt eine Unheilsgeschichte, die mit Abel begonnen hat. Kurzum: Das Selbstverständnis der Redaktion der Logienquelle und ihres Trägerkreises ist bestimmt durch die Erwartung der Wiederkunft Jesu als die Erscheinung des Menschensohnes, der das die ganze Heilsgeschichte hindurch vergossene Blut der Propheten durch das Endgericht Gottes rächen wird. Das Gericht bleibt aber nicht in einer unbestimmten Zukunft, sondern beginnt in der Krise, die Israel in seiner gegenwärtigen Geschichte erfährt.

Welche Ereignisse genau gemeint sind, läßt sich nur hypothetisch rekonstruieren. Die präsentische Form ἀφίεται in Lk 13,35 könnte auf die Caligulakrise verweisen (39–41 n.Chr.), von der sowohl Philo, legGai 197–337, als auch Josephus, BJ 2,184–203 und AJ 18,256–309, berichten. Ursache des Konfliktes war die Selbstapotheose des Kaisers und die Reaktion von Juden, die einen neu errichteten Altar in Jamnia niedergerissen hatten. Als Reaktion darauf wurde der in Syrien amtierende Statthalter Petronius beauftragt, mit zwei Legionen nach Jerusalem zu ziehen, um ein Bild bzw. Bilder im Tempel aufzustellen. Kriegsgerüchte, Demonstrationen und Verhandlungen zwischen Petronius, Agrippa I und Caligula wurden durch die Ermordung des Kaisers am 24.1.41 unterbrochen. Falls Lk 13,35 als Anspielung auf die drohende Entweihung des Jerusalemer Heiligtums zu lesen ist, bildet der Anfang der 40er Jahre den *terminus a quo* der Apokalyptisierung der weisheitlichen Tradition. In Lk 11,49 wird 'dieses Geschlecht' mit der Ermordung eines bestimmten Secharja in Verbindung gebracht. Unklar bleibt, wer hier gemeint ist. Man denkt entweder an die Steinigung von Sacharja, Sohn des Priesters Jojada (2 Chr 24,20f), und die beiden Namen Abel und Secharja würden für eine Zusammenfassung der biblischen Heilsgeschichte, wie sie in der Septuaginta vorliegt, stehen, oder an Secharja, Sohn des Bareis, der nach Josephus, BJ 4,334–344, inmitten des Tempels 67 oder 68 von Zeloten erschlagen worden war. In diesem Fall würde die apokalyptische Radikalisierung dieses weisheitlichen Christentums mit der Verschärfung der politischen Krise in Palästina, die dem jüdischen Krieg der Jahre 66–70 vorausging, verbunden sein.

b) *Die Rezeption der weisheitlichen Tradition im Rahmen eines gnostischen Erlösungsmythos*

In der Entwicklungsgeschichte des Thomasevangeliums erfährt die weisheitliche Tradition eine entsprechende Radikalisierung. Die Weisheit wird allerdings nicht in einem prophetisch-apokalyptischen, sondern in einem gnostischen Denkmodell rezipiert. Hier wird sie nicht nur verstanden als der Versuch, zu suchen, um zu finden, wie in den ersten Schichten der Sammlungen (EvTh 2; Lk 11,9f), sondern als Vermittlung einer Erkenntnis über Gott und über das Wesen des Menschen. Sie ist funktionalisiert im Rahmen eines Überzeugungssystems, das sich genausowenig wie die apokalyptisch-deuteronomistischen Interpretamente der Redaktion der Logienquelle aus der weisheitlichen Weltanschauung ableiten läßt, und das die Sprüche, Aphorismen und Paradoxien Jesu von seiner eigenen Gedankenwelt her auslegt und deutet. Das existentiale Programm dieser Entwicklungslinie des Frühchristentums wird in EvTh 50 angekündigt:

> Jesus sagte: Wenn sie zu euch sagen: Woher kommt ihr?, dann sagt zu ihnen: Wir kommen aus dem Licht, daher, wo das Licht aus sich selbst heraus geboren ist. Es hat [sich aufgestellt] und es hat sich in ihrem Bild offenbart. Wenn sie zu euch sagen: Wer seid ihr?, dann sagt: Wir sind seine Söhne, und wir sind die Erwählten des lebendigen Vaters. Wenn sie euch fragen: Welches ist

das Zeichen eures Vaters in euch?, sagt zu ihnen: Er ist Bewegung und Ruhe.

Die erste Voraussetzung dieses Dialogs ist die Definition der menschlichen Existenz durch die Fragestellungen, die für die spätere Gnosis kennzeichnend sind: Woher kommt die Existenz, wer ist sie, und wo geht sie hin? (Exc. Theod. 78,2). Die Beantwortung der letzten Frage ist durch die Beantwortung der ersten impliziert: Das Ziel der Existenz ist es, zu ihrem Ursprung zurückzukehren: "Die Jünger sagten zu Jesus: Sage uns, wie unser Ende sein wird? Jesus sagte: Da ihr entdeckt habt den Anfang, warum sucht ihr das Ende? Denn da, wo der Anfang ist, wird auch das Ende sein. Selig, wer sich an den Anfang halten wird, und er wird das Ende erkennen, und er wird den Tod nicht schmecken" (EvTh 18). Der Grund, weswegen Anfang und Ende bzw. Woher und Wohin identisch sind, besteht darin, daß die Seele ihren Ursprung im Licht des himmlischen Vaters hat, und daß das himmlische, unsichtbare Ebenbild der Erlösten auf ihre Rückkehr in den Himmel wartet: "Jesus sagte: Die Bilder sind dem Menschen offenbar, und das Licht, das ihnen ist, ist verborgen im Bild des Lichtes des Vaters. Er wird sich offenbaren, und sein Bild ist durch sein Licht verborgen" (EvTh 83). "Jesus sagte: Wenn ihr eure Ebenbilder seht, werdet ihr erfreut sein. Aber wenn ihr eure Ebenbilder seht, die vor euch existierten, die nicht sterben noch sich offenbaren, wieviel werdet ihr dann ertragen?" (EvTh 84).

Die Folgerung aus dieser dramatischen Darstellung der menschlichen Existenz und ihres Weges zwischen Himmel und Erde ist einerseits die Aufnahme der anthropologischen Vorstellung, nach welcher die Seele ihre Wohnung und gleichsam ihr irdisches Gefängnis in einem Leib gefunden hat ("Jesus sagte: Wer die Welt erkannt hat, hat einen Leichnam gefunden; und wer einen Leichnam gefunden hat, dessen ist die Welt nicht würdig" EvTh 56), und andererseits die Überzeugung der geheimnisvollen Präsenz des Göttlichen inmitten des Irdischen ("Jesus sagte: Ich bin das Licht, das über allen ist. Ich bin das All; das All ist aus mir hervorgegangen, und das All ist zu mir gelangt. Spaltet das Holz, ich bin da; hebt einen Stein auf, und ihr werdet mich dort finden" (EvTh 77). Die Konsequenz dieser Weltanschauung ist, daß der Mensch die βασιλεία in sich zu suchen hat: "Jesus sagte: Wenn die, die euch führen, euch sagen: seht, das

Königreich ist im Himmel, so werden euch die Vögel des Himmels
vorangehen; wenn sie euch sagen: es ist im Meer, so werden euch die
Fische vorangehen. Aber das Königreich ist in eurem Inneren, und es
ist außerhalb von euch. Wenn ihr euch erkennen werdet, dann werdet
ihr erkannt, und ihr werdet wissen, daß ihr die Söhne des lebendigen
Vaters seid. Aber wenn ihr euch nicht erkennt, dann werdet ihr in der
Armut sein, und ihr seid die Armut" (EvTh 3). Anthropologisch und
in einer anderen Metaphorik formuliert wird das Licht Gottes innerhalb des Menschen durch den Erlöser offenbart: "Seine Jünger sagten:
Belehre uns über den Ort, an dem du bist, denn es ist eine Notwendigkeit für uns, daß wir ihn suchen. Er sagte zu ihnen: Wer Ohren hat,
der höre! Es ist Licht im Inneren des Menschen des Lichts, und er
erleuchtet die ganze Welt. Wenn er nicht scheint, das ist die Finsternis" (EvTh 24). Kurzum: Für dieses Verständnis des Christentums
wird die Weisheit als die Offenbarung einer himmlischen Welt verstanden, die als eigentlicher Ursprung und als Ziel der geistigen Existenz zu verstehen ist, die geheimnisvoll in der Wirklichkeit vorhanden
und zu entdecken ist, so daß die menschliche Existenz ihre Heimat
beim himmlischen Vater bzw. in ihrem himmlischen, unsichtbaren
Ebenbild hat, aber weder in ihrem Leib noch in der Welt.

Die ethische Folgerung aus diesem Selbstverständnis des christlichen Glaubens ist die entsprechende Aufforderung, von der Welt als
Bestimmung der Existenz Abstand zu nehmen: "Jesus sagte: Wer die
Welt gefunden hat und reich geworden ist, der soll auf die Welt verzichten" (EvTh 110). In zeitlichen Kategorien ausgedrückt: "Jesus
sagte: Seid Vorübergehende!" (EvTh 42). Diese Distanzierung setzt
eine Aufwertung der Einsamkeit voraus: "Jesus sagte: Selig die Einsamen und die Erwählten, denn ihr werdet das Königreich finden,
denn ihr seid hervorgekommen aus ihm, und aufs neue werdet ihr
dahin zurückkehren" (EvTh 49). Das Ideal dieses Christentums ist
nicht das eines christlichen gemeinsamen Lebens, wie es das paulinische Bild des Leibes metaphorisiert (1 Kor 12,12–31), sondern das
einer himmlischen Dissidenz, an der allein der einzelne durch sein
geistiges Leben als Individuum teilhaben kann. Die Masse gehört zur
Welt, der einzelne allein kann zu der Erkenntnis seines Ursprungs,
seines Endes und deswegen seines Wesens kommen, so daß die christliche Gemeinde nur als Gemeinschaft von Einsamen zu verstehen ist.
"Jesus sagte: Es gibt viele, die an der Tür stehen, aber es sind die

Einsamen, die in das Brautgemach eintreten werden" (EvTh 75). Das Königreich ist keine kollektive Sache.

Dieses Verständnis des Christentums und der Gemeinschaft der Glaubenden bestimmt die Vorstellungen der Kirche und ihres Verhältnisses zum Judentum. Genauso wie für die Redaktion der Logienquelle und für ihren Trägerkreis scheint die Verbreitung der christlichen Weisheit unter den Heiden unproblematisch zu sein. Daß die Heidenmission selbstverständlich ist, läßt sich in der Erweiterung des Logions von Lk 16,13 in EvTh 47 feststellen: "Jesus sagte: Es ist nicht möglich, daß ein Mensch zwei Pferde besteigt, noch daß er zwei Bogen spannt; und es ist nicht möglich, daß ein Diener zwei Herren dient ..." Die Begründung für die Aufhebung der jüdischen Abgrenzungsgebote wird in EvTh 53 gegeben: "Seine Jünger sagten zu ihm: Ist die Beschneidung nützlich oder nicht? Er sagte zu ihnen: Wenn sie nützlich wäre, würde ihr Vater sie schon beschnitten in ihrer Mutter zeugen. Aber die wahre Beschneidung im Geist hat vollen Nutzen gehabt." Zum einen wird ein Argument aus der Schöpfungstheologie entfaltet, zum anderen wird unterschieden zwischen einer weltlichen und einer pneumatischen Beschneidung. Die Unterscheidung als solche ist nicht neu und liegt schon der Argumentation von Röm 2,25–29 zugrunde. Neu ist dagegen die Tragweite der anthropologischen Gegenüberstellung, die das richtige Verständnis von Frömmigkeit bestimmt. "Jesus sagte zu ihnen: Wenn ihr fastet, werdet ihr euch eine Sünde zuschreiben; und wenn ihr betet, werdet ihr verdammt werden; und wenn ihr Almosen gebt, werdet ihr Böses an eurem Pneuma tun. Und wenn ihr in irgendein Land eintreten werdet und in den Gebieten wandert, wenn man euch empfängt, dann eßt, was euch vorgesetzt wird; heilt die unter ihnen, die krank sind. Denn das, was in euren Mund hineingeht, wird euch nicht beflecken; aber das, was euren Mund verläßt, das ist es, was euch beflecken wird" (EvTh 14). Die Aufhebung jeder Trennungslinie zwischen Juden und Heiden wird fast polemisch betont. Verblüffend ist jedenfalls die Warnung vor Fasten, Gebet und Almosen, die damit verbunden ist. Fasten, Gebet und Almosen gehören genauso zur Disziplin der 'Judenchristen' wie die Beachtung der Abgrenzungsgebote (Mt 6,1–18). Beide Problemkreise werden auch in EvTh 6 miteinander in Verbindung gebracht, und diesmal in einem unverkennbar polemischen Ton: "Seine Jünger fragten ihn und sagten ihm: Willst du, daß wir fasten? Und wie sollen wir beten und Almosen geben? Wie beachten wir die Frage der Speisen? Jesus sagte: Lügt nicht und, was ihr verabscheut, das tut nicht; denn alles ist offenbar im Angesicht des Himmels; denn es gibt nichts Verborgenes, das nicht offenbar werden wird, und es gibt nichts Verhülltes, das bleibt, ohne enthüllt zu werden." Zum einen fällt die Distanz auf, die dieses Christentum gegenüber anderen frühchristlichen Entwicklungslinien markiert – hier gegenüber dem Gesetzesverständnis des 'Judenchristentums', in EvTh 3 gegenüber einer apokalyptischen Interpretation der βασιλεία –, und dies aufgrund des Bewußtseins eines besseren Wissens. Zum anderen ist die Freiheit dieser Christen der unmittelbare Ausdruck ihres Verständnisses der menschlichen Existenz und ihrer Erlösung. Es gibt nämlich nur eine sachgemäße Art zu fasten, und die besteht darin, daß man von der Welt Abstand nimmt, und eine einzige richtige Art, den Sabbat zu feiern, indem die Erwählten und Einsamen die eschatologische Ruhe durch ihre Weisheit finden: "Jesus sagte: Wenn ihr nicht fastet gegenüber der Welt, werdet ihr das Königreich nicht finden; wenn ihr den Sabbat nicht feiert wie den Sabbat, werdet ihr den Vater nicht sehen" (EvTh 27). Kurzum: Die Gesetzesproblematik und äußerliche Formen der Frömmigkeit spielen insofern keine Rolle, als sie zum Bereich der Welt gehören und daher keine Relevanz für die Erlösung und das geistige Leben haben. Riten und formalisierte Lebensformen braucht die Gemeinschaft der Einsamen nicht.

Das einzige Logion, das Rückschlüsse zuläßt auf das soziale Milieu dieses Christentums, ist eine eigene Fassung der Erzählung des großen Gastmahls (EvTh 64):

> Jesus sagte: Ein Mann hatte Gäste; und nachdem er das Mahl zubereitet hatte, schickte er seinen Diener, um die Gäste einzuladen. Er ging zum ersten und sagte zu ihm: Mein Herr lädt dich ein. Der sagte: Ich habe Geld bei Kaufleuten; sie werden heute Abend zu mir kommen, ich werde gehen und ihnen Aufträge geben. Ich entschuldige mich für das Mahl. Er ging zu einem anderen und sagte zu ihm: Mein Herr hat dich eingeladen. Dieser sagte zu ihm: Ich habe ein Haus gekauft; und man braucht mich für einen Tag. Ich werde keine Zeit haben. Er ging zu einem anderen und sagte zu ihm: Mein Herr lädt dich ein. Dieser sagte zu ihm: Mein Freund wird sich verheiraten, und ich mache das Mahl. Ich kann nicht kommen. Ich entschuldige mich für das Mahl. Er ging zu einem anderen, er sagte zu ihm: Mein Herr lädt

dich ein. Er sagte zu ihm: Ich habe einen Bauernhof gekauft; ich werde gehen, den Zins zu erhalten. Ich kann nicht kommen. Ich entschuldige mich. Der Diener kam zurück und sagte zu seinem Herrn: Die, die du eingeladen hast zum Mahl, lassen sich entschuldigen. Der Herr sagte zu seinem Diener: Geh hinaus auf die Wege, bring die mit, die du finden wirst, damit sie essen. Die Verkäufer und Händler [werden] nicht den Ort meines Vaters [betreten].

Die Geschichte wird eindeutig allegorisch interpretiert. Das Thema sind die Bedingungen für eine Teilnahme an der Weisheit und der Erkenntnis, das heißt auch, an der Ruhe und am Königreich. Im Vergleich zu den parallelen Fassungen (Mt 22,1–10 // Lk 14,15–24) sind die Motive der jeweiligen Entschuldigungen sozial eindeutiger verortet. Sie kennzeichnen Leute, die Aufträge geben, Häuser kaufen und Zinsen von den Pächtern ihrer Bauernhäuser erhalten. Der Horizont ist offensichtlich durch den Rahmen von kleinen Städten und von Unternehmern gegeben, die die landschaftliche Umgebung in ihrem Besitz oder im Bereich ihrer wirtschaftlichen Tätigkeit haben. Die Warnung, die das Gleichnis kommentiert, scheint von einer Klassenproblematik auszugehen. Verkäufer und Händler scheinen von der christlichen Gemeinschaft – genauso wie die Reichen im Jakobusbrief (Jak 4,13–5,6) – ausgeschlossen zu sein. Die genaue Ausführung ihrer Aussagen weist jedoch auf eine andere Fragestellung hin: Sie haben keine Zeit und können deswegen nicht kommen. Ihnen fehlt nicht der Wille, sondern die Freiheit. Kinder des lebendigen Vaters zu sein, setzt Ungebundenheit vom sozialen Leben und Unabhängigkeit von der Welt und ihren Werten voraus. Die Identität des einzelnen ist nicht durch den persönlichen Status in der weltlichen Gesellschaft und Wirtschaft, sondern durch seine Fähigkeit, sich als Individuum zu verstehen, sich als Einsamer zu verhalten und daher zum Erwählten zu werden, gegeben.

Kurzum: Die Redaktion des Thomasevangeliums dokumentiert die Existenz einer Entwicklungslinie des weisheitlichen Frühchristentums, das sich wahrscheinlich in Syrien und dann in Ägypten verbreitet hat, und das die Tradition der Sprüche, Aphorismen und Paradoxien Jesu im Rahmen eines gnostizierenden Überzeugungssystems rezipiert und verstanden hat. Dieses Christentum lebt vom Bewußtsein, seine geistige Heimat im Lichte des himmlischen Vaters zu haben, und dieses

Bewußtsein bestimmt sowohl sein eigenes Selbstverständnis als auch seine Beziehung zu anderen christlichen Bewegungen. Seine Tradition versteht sich als eine Sondertradition, die es von den anderen Kreisen unterscheidet und abhebt. Sie überliefert die "geheimen Worte, die Jesus der Lebendige sagte" (EvTh, Einleitung), was bedeutet: nicht die allgemein bekannten, die auch andere vermitteln können, sondern die authentische Lehre, die "Didymus Judas Thomas aufgeschrieben hat". Und diese Lehre ist deswegen authentisch, weil sie auf den Weg hinweist, über welchen die Existenz der Einsamen und Erwählten zu ihrem Ziel, also zu ihrem Ursprung im Vater, was auch bedeutet zur eschatologischen Ruhe und zum wahren Königreich, das in ihnen und um sie bereits gegenwärtig ist, gelangt. Das Ziel erreicht man durch das wahre Fasten – durch die Befreiung von der Welt – und durch den wahren Sabbat – durch die Gelassenheit und die Souveränität eines selbständigen Menschen.

3.4   Die Gemeinden des Lieblingsjüngers

BARRETT, C.K.: Johanneisches Christentum, in: J. Becker u. alii, Die Anfänge des Christentums. Alte Welt und Neue Hoffnung, Stuttgart 1987, 255–278. – CULLMANN, O.: Der johanneische Kreis. Zum Ursprung des Johannesevangeliums, Tübingen 1975. – HENGEL, M.: Die johanneische Frage. Ein Lösungsversuch, WUNT 67, Tübingen 1993. – MEEKS, W.A.: The Man from Heaven in Johannine Sectarianism, JBL 91 (1972) 44–72 (dt.: Die Funktion des vom Himmel herabgestiegenen Offenbarers für das Selbstverständnis der johanneischen Gemeinde, in: W.A. Meeks (Hrsg.), Zur Soziologie des Urchristentums. Ausgewählte Beiträge zum frühchristlichen Gemeinschaftsleben in seiner gesellschaftlichen Umwelt, ThB 62, München 1979, 245–283. – SCHMITHALS, W.: Johannesevangelium und Johannesbriefe. Forschungsgeschichte und Analyse, BZNW 64, Berlin 1992.

Die johanneische Offenbarungstradition und die gnostizierende Entwicklung, die die weisheitlichen Traditionen des Frühchristentums unter dem Namen des Thomas vorlegt, haben viele Gemeinsamkeiten. Historisch betrachtet heißt das: Sowohl die Dialoge und Reden des JohEv als auch die 'Logia' des EvTh sind aus Sprüchen und Aphorismen entwickelt worden, wie sie in den frühen Spruchsammlungen rezipiert und zusammengestellt worden waren. Zum einen ist die formale Evolution parallel. Aus einzelnen Sprüchen wurden kleine Dialoge konstruiert (Joh 3,2–5), die ihrerseits Ausgangspunkt für breitere Dialog- und Redenzusammenhänge bildeten (Joh 3,2–12 und 3,13–21). Zum anderen findet man oft Varianten der gleichen Sprüche an Schlüsselstellen der beiden Evangelien (Joh 8,51 // EvTh 1; Joh 8,52 // EvTh 111; Joh 4,14 // EvTh 13; Joh 7,37f // EvTh 108; Joh 11,9f // EvTh 24; Joh 8,12 // EvTh 77; Joh 1,9 // 8,14 // 13,3 // EvTh 50; Joh 7,34 // 8,21 // 13,33 // EvTh 38; Joh 14,3 // EvTh 24; Joh 14,22 // EvTh 37 usw.). Diese Gemeinsamkeiten setzen nicht voraus, daß die Thomas-Tradition und die Tradition des Lieblingsjüngers einen gemeinsamen Ursprung haben, sondern vielmehr, daß Kontakte während der Entwicklung der Überzeugungssysteme stattgefunden haben. Auffallend ist, daß die parallelen Formulierungen sowohl die Christologie als auch die Soteriologie betreffen, und daß sie nicht die Quellen, sondern die Theologie des Johannesevangeliums und des Thomasevangeliums in ihrem jeweils eigenen Profil zum Ausdruck bringen. Kurzum: Aus unterschiedlichem Ursprung, aber in literarischen Gattungen, die vergleichbar sind, entwickeln sich zwei frühchristliche Milieus, die sich im Laufe ihrer Evolution literarisch beeinflußt haben. Die Gemeinsamkeiten beschränken sich aber nicht auf literarische Parallelitäten. Auch die Überzeugungssysteme der beiden Christentümer haben starke Ähnlichkeiten: Für beide ist Jesus der Erlöser, der vom Himmel herabgestiegen ist, um die Menschen aus der Welt zu holen, die der Vater ihm geben will. Der Tod Jesu wird im Thomasevangelium nicht reflektiert. Im Johannesevangelium ist er die Rückkehr des Erlösers zum Vater: Er geht dorthin zurück, um eine Wohnung für die Seinen vorzubereiten (Joh 13,31–14,4) und um die Menschen zu sich hochzuziehen (Joh 12,32). Genauso wie die Jünger des Thomasevangeliums sind die johanneischen Jünger noch in der Welt, aber nicht mehr von der Welt: Ihre Identität und ihren Ursprung bekommen sie von ihrer Einheit mit dem Vater und dem Sohn (Joh 17,1–26), und sie bilden auf Erden die himmlische Gemeinde der Brüder, die einander lieben und dadurch ihre eschatologische Zugehörigkeit erweisen (Joh 13,34f; 15,9–17). Die Ähnlichkeit der Überzeugungssysteme geht mit einem vergleichbaren Verhältnis zu den anderen christlichen Bewegungen einher. Die Redaktion, die das Johannesevangelium verfaßt hat, kennt zwar die synoptische Tradition und ihre Rezeption in den drei ersten Evangelien, aber ihr Verständnis des Christentums fußt auf einer eigenen Offenbarungstradition, die die Eigenständigkeit und das Selbstbewußtsein der johanneischen Kreise begründet.

Kennzeichnend ist die Selbstvorstellung der johanneischen Tradition in der dramatischen Darstellung des Evangeliums. Genauso wie in den anderen, kanonischen Evangelien spielt Petrus eine aktive Rolle unter den Jüngern. Jedoch läuft die Kontinuität des Offenbarungswerkes nicht über ihn (so Mt 16,16–19), sondern über eine anonyme Gruppe, die die Worte des Erlösers in der 2. Pers.Pl. ausspricht (Joh 3,11; 4,22; 9,4), die sich als den bekennenden Kreis des vom Himmel herabgestiegenen Logos vorstellt (Joh 1,14.16), und auf deren Autorität der Verfasser (Joh 21,24) sich unmittelbar beruft. Diese Wir-Gruppe steht auch in Zusammenhang mit einer weiteren Figur, die ebenfalls nur in der johanneischen Tradition bekannt ist: dem sogenannten Jünger, den Jesus liebte. Der Lieblingsjünger wird zum einen als der vorbildliche Glaubende (20,2–10; 21,7), zum anderen als der qualifizierte Interpret Jesu (Joh 13,23ff) und als sein Vertreter (Joh 19,26f) dargestellt. Die Redaktion des Johannesevangeliums betrachtet ihn als eine historische Figur: Einerseits wird in Joh 21,20–23 vorausgesetzt, daß er nicht wie Petrus als Märtyrer gestorben ist, andererseits muß insofern über seinen Tod gesprochen werden, als eine Legende unter den (johanneischen) Brüdern die Idee verbreitet hat, daß er bis zum Kommen Jesu am Leben bleiben würde, und als die Wir-Gruppe sich von dieser Tradition distanziert. Den Rahmen für diese Diskussion liefert die Ankündigung des Martyriums des Petrus (Joh 21,18f), so daß man annehmen kann, daß der Lieblingsjünger nach Petrus eines natürlichen Todes gestorben ist. Laut Redaktion des Johannesevangeliums wäre der Lieblingsjünger Zeuge der Offenbarung des Erlösers und, als solcher, der Verfasser des Evangeliums gewesen (Joh 21,24). Auffällig ist jedenfalls, daß die Figur des Lieblingsjüngers und die Wir-Gruppe als zwei autoritative Instanzen erscheinen, die sich gegenseitig ergänzen. Die Wir-Gruppe verweist auf den Lieblingsjünger als den Garant der johanneischen Offenbarungstradition. Auf der anderen Seite ist es die Wir-Gruppe, die die Wahrhaftigkeit seines Zeugnisses bezeugt. Kurzum: Das johanneische Christentum stellt sich als einen Kreis vor, der den Anspruch erhebt, durch das richtige Verständnis die wahre Kontinuität des Offenbarungs- und des Erlösungswerkes von Jesus zu bilden. Sein Selbstbewußtsein basiert auf der Kontinuität einer Offenabrungstradition, die durch die Wir-Gruppe der bekennenden Glaubenden vertreten wird (vgl. 1 Joh 1,1–3; 4,6.14) und sich auf die historische Figur des Lieblingsjüngers beruft. Diese Figur ist zum

Gründungsmythos der johanneischen Kreise geworden, genauso wie Petrus und Jakobus es für andere Bewegungen geworden sind. Das Johannesevangelium ist unter seiner apostolischen Autorität geschrieben worden, genauso wie Thomas als Verfasser des Thomasevangeliums dargestellt wird (EvTh, Einleitung).

Offensichtlich hat sich das johanneische Christentum in den Synagogen entwickelt (Joh 9,22; 12,42; 16,2): Eine Vorform der christlichen Gnosis ist in und am Rande jüdischer Gemeinden gewachsen, genauso wie Valentin seine gnostische Schule innerhalb der römischen Kirche ein Jahrhundert später (etwa 138–158 n.Chr.) gründete und führte. Ein vermeintlich heterodoxes Judentum hat den ideologischen Rahmen vorgegeben, in welchem die johanneische Theologie das Jesusereignis als Sendung des Erlösers verstanden hat. Bis zu einem verhältnismäßig späten Zeitpunkt – wahrscheinlich bis nach dem jüdischen Krieg – ist das Verhältnis des johanneischen Christentums zum Judentum, in dem es beheimatet war, unproblematisch geblieben. Es fällt im Johannesevangelium auf, daß die Konflikte Jesu mit den 'Juden' ausschließlich die Christologie betreffen. Man kann daraus ableiten, daß die johanneischen Kreise wegen ihres christologischen Bekenntnisses (Joh 9,22; 12,42) in den 70er oder 80er Jahren als jüdische Häretiker durch pharisäische oder vor-rabbinische Strömungen von den Synagogen ausgeschlossen worden sind. Bis zu diesem Zeitpunkt haben Juden- und Heidenchristen ihre Brüdergemeinschaft (Joh 13,34f; 15,9–17) innerhalb der jüdischen Gemeinde geführt. Die Tatsache, daß die Problematik des Gesetzes keine größere Rolle spielte als in der Logienquelle und im Thomasevangelium, zeigt und belegt die Vielfalt des Christentums *und* des Judentums des 1. Jahrhunderts: Das Gesetz und die jüdischen Abgrenzungsgebote sind nur deswegen eine Streitfrage im Frühchristentum gewesen, weil die 'Judenchristen' ihren Glauben als bessere Gerechtigkeit verstanden haben, und weil die Hellenisten und Paulus ihre programmatische Heidenmission demgegenüber rechtfertigen mußten. Auf der anderen Seite zeigt die hellenistisch-jüdische Literatur des neutestamentlichen Zeitalters, daß das Problem kein spezifisch-christliches war. Das Buch der Jubiläen, das die beiden Gebote der Beschneidung und des Sabbats in den Rang von Todsünden erhebt, belegt *via negationis*, daß die Abgrenzungsgebote auch innerhalb des Judentums eine sehr relative Bedeutung haben konnten.

Die gesamte patristische Tradition plädiert für Ephesus bzw. für Asien als Abfassungsort des Johannesevangeliums und der Johannesbriefe. Damit verbunden sind die Legenden über Johannes, sowohl über den Apostel als auch über den Presbyter (Papias, vgl. Euseb, HE III,39,14; Irenäus, Adv. Haer. II,22,5; III,1,18; 3,4; V,30,3; Clemens von Alexandrien, vgl. Euseb, HE III,23,5–19). Daß die johanneische Offenbarungstradition ihre Wurzeln in Asien hatte, ist jedoch unwahrscheinlich. Verwandtschaften mit den übrigen frühchristlichen Spruchsammlungen und die formalen und theologischen Berührungen mit den Dialogen des Erlösers (zum einen die spätere Fassung des Thomasevangeliums, zum anderen der Dialog des Erlösers, NHC III,5) plädieren vielmehr für eine erste Entwicklung der johanneischen Kreise in Syrien. Aus der Bedeutung von Samarien im Handlungsablauf des Evangeliums (Joh 4,4–42) hat man auf Anfänge des johanneischen Christentums in heterodoxen, samaritanischen Milieus zu schließen versucht. Auffällig ist die Tatsache, daß sich die Geschichte des johanneischen Jesus fast vollständig in Jerusalem und in Samarien abspielt. Zwei Ausnahmen sind die Heilung des Sohnes eines königlichen Beamten (Joh 4,43–54) und die Speisungsgeschichte mit der anschließenden Rede (Joh 6,1–7,1), die aber von den synoptischen Evangelien abhängig sind. Daraus läßt sich schlußfolgern, daß die johanneische Offenbarungstradition ihren Ursprung nicht in Galiläa, sondern in Judäa oder tatsächlich in Samarien hat.

Kurzum: Die johanneische Offenbarungstradition verweist auf ein Frühchristentum, das in einem Milieu der jüdischen Frühgnosis entstanden ist und sich von Judäa oder Samarien aus nach Syrien und, vielleicht nach dem jüdischen Krieg und seinen unmittelbaren Konsequenzen, nach Asien verbreitet hat. Seinen Ort hat es bis zu einem späten Zeitpunkt in 'heterodoxen' bzw. liberalen Synagogen. Ihre Präsenz dort wird erst im 3. Drittel des 1. Jahrhunderts problematisch. Diese Synagogen bieten den äußeren Rahmen für ein Christentum, das aus einer Gemeinschaft von Brüdern besteht, die sich lieben (ἀγαπᾶν ἀλλήλους) und deren Einheit ihre Zugehörigkeit zur himmlischen Einheit des Vaters und des Sohnes, ihres Erlösers, repräsentiert und verwirklicht.

Die Frage, inwiefern die gnostisch geprägten Frühchristentümer der Johannes- und der Thomas-Tradition eine legitime oder eine ketzerische Form der Christenheit bilden, ist anachronistisch. Sie verweist auf eine Vielfalt, die die Anfänge und die Entwicklung des frühen Christentums kennzeichnet. Zum einen zeigt sie, daß sich die Geschichte des Christentums nicht auf die Kontinuität einer Entwicklungslinie, die von den Hellenisten über Paulus bis zum sogenannten 'Frühkatholizismus' reicht, reduzieren läßt. Diese Reduzierung ist vielmehr die einseitige Konsequenz einer ideologischen Geschichtsschreibung. Die Einheit und die Kontinuität existieren nicht, sie werden rückblickend konstruiert. Zum anderen zeigt sie, daß das Jesusereignis nicht anders zugänglich wird als durch Interpretationen, die von ihren Vorverständnissen und den dazugehörenden Voraussetzungen abhängig sind. Sind aber die Anfänge vielfältig, und sind die Entwicklungslinien des Frühchristentums durch die Weltanschauungen geprägt, mit denen das Jesusereignis rezipiert, interpretiert und gedeutet wird, dann ist die Wahrheit nicht ohne weiteres durch einen Rückgriff auf den Ursprung erreichbar. Von Anfang an herrscht die Vielfalt, der Konflikt der Interpretationen und die Notwendigkeit, sich zu entscheiden.

II. Auseinandersetzungen und Trends

1. Das Apostelkonzil und das Aposteldekret

CONZELMANN, H.: Die Apostelgeschichte, HNT 7, Tübingen 1972[2], 92–96. –
CONZELMANN, H.: Geschichte des Urchristentums, GNT 5, Göttingen 1989[6],
67–75. – DIBELIUS, M.: Das Apostelkonzil, in: Aufsätze zur Apostelgeschichte,
FRLANT 60, Göttingen 1961, 84–90. – FISCHER, K.M.: Das Urchristentum,
Kirchengeschichte in Einzeldarstellungen I/1, Berlin 1985, 92–100. –
GEORGI, D.: Die Geschichte der Kollekte des Paulus für Jerusalem, ThF 38,
Hamburg 1965. – HAENCHEN, E.: Die Apostelgeschichte, KEK 3, Göttingen
1968[6], 396–414. – KLEIN, G.: Galater 2,6–9 und die Geschichte der Jerusalemer Urgemeinde, ZThK 57 (1960) 275–295 (= Rekonstruktion und Interpretation. Gesammelte Aufsätze zum Neuen Testament, BevTh 50, München 1969,
99–128).

Der autobiographische Vortrag von Gal 2,1–10 und die Erzählung von
Apg 15,1–29 enthalten zwei verschiedene Berichte über das sogenannte Apostelkonzil. Beiden Darstellungen ist zu entnehmen, daß ein
Treffen zwischen Paulus, Petrus, Jakobus (und, nach Gal 2,9, Johannes) in Jerusalem stattgefunden hat, wo Fragen bezüglich der Anerkennung bzw. der Bedingungen der Heidenmission des Paulus erörtert
worden sind. In der lukanischen Geschichtsschreibung ist das Apostelkonzil der große Wendepunkt der Missionsgeschichte, der den Übergang zwischen der 'Urgemeinde' und dem Heidenchristentum am Ende des 1. Jahrhunderts bildet. In dieser Hinsicht wird es als die Mitte
der Geschichte des Frühchristentums betrachtet. In der paulinischen
Schilderung erhält das Treffen einen präzisierten Rahmen. Paulus zieht
nach Jerusalem auf eigene Initiative (genauer: aufgrund einer Offenbarung), und nicht wegen einer kirchlichen Entscheidung. Dem 'Heidenapostel' geht es darum, die von ihm in Syrien und Kilikien gegründeten heidenchristlichen Gemeinden (Gal 1,21), aber auch die Früchte
der zukünftigen Reisen vor der Propaganda der 'Judenchristen' zu
schützen, indem er seine 'Berufung' als Apostel der Heiden und die
Legitimität seines Apostelamtes durch seine Kollegen in Jerusalem
anerkennen läßt. In der Apostelgeschichte wird von einem Beschluß
gesprochen, bei dem es sich um eine Genehmigung der paulinischen
Mission handelt. Nach der paulinischen Darstellung kann insofern nur

von einer gegenseitigen Anerkennung die Rede sein, als die Legitimität des paulinischen Apostelamtes und der daraus resultierenden Heidenmission durch die Offenbarung Gottes bzw. durch die Offenbarung Christi begründet ist (Gal 1,12.16).

1.1   Das Apostelkonzil und das Problem der Anerkennung der Heidenmission

Thema des Apostelkonzils sind nach der Apostelgeschichte die Bedingungen für die Aufnahme der Heiden. Die grundsätzliche Problematik der Zulassung von Heiden in die Kirche war im Komplex von Apg 10,1–11,15 behandelt und geregelt worden. Anlaß des Treffens ist ein Streit, der zwischen 'Judenchristen' aus Jerusalem, die die Beschneidung der Heidenchristen forderten, und Paulus und Barnabas in Antiochien entstanden war. Paulus und Barnabas werden mit einer Begleitung nach Jerusalem geschickt, wo eine Plenarversammlung der Apostel und der Ältesten stattfindet. An der eigentlichen Diskussion nehmen teil: 'Judenchristen' aus der Partei der Pharisäer, die sich an das Gesetz Moses halten wollen, Petrus, der den paulinischen Standpunkt aufgrund der Erfahrung von Apg 10,1–11,15 und einer Anspielung auf Gal 2,15–21 (Apg 15,11 // Gal 2,15) verteidigt, und Jakobus, der den Lösungsvorschlag macht: Den Heiden sollen keine Schwierigkeiten gemacht werden; es soll ihnen nur vorgeschrieben werden, daß sie sich von der Befleckung mit Götzen, Unzucht, Ersticktem und Blut enthalten (Apg 15,20). Diese Bestimmungen entsprechen den Enthaltungsforderungen, die nach Lev 17f für die in Israel lebenden Nichtjuden gelten. Der Vorschlag des Jakobus wird stillschweigend beschlossen und brieflich durch das 'Aposteldekret' den Brüdern in Antiochien mitgeteilt (Apg 15,23–29).

Als Quelle für seine dramatische Szene hat m.E. der Verfasser der Apostelgeschichte die beiden Abschnitte des paulinischen Berichtes von Gal 2,1–10 und 2,11–21 verwendet, wobei er den Zwischenfall in Antiochien (Gal 2,11–14) vorangestellt hat (Apg 15,1–3), um die Gesamtperspektive zu verschieben. Thema des Treffens in Jerusalem ist nach dem Galaterbrief die volle Anerkennung der (unbeschnittenen) Heidenchristen als Christen, und die Frage des Umgangs von Juden- und Heidenchristen untereinander innerhalb gemischter Gemeinden stellt sich erst hinterher in Antiochien. An den Diskussionen in Jerusalem nehmen unter anderem Jakobus, Petrus, Johannes und 'falsche Brüder', die die 'konservative', das heißt gesetzestreue Position vertreten, teil. Die Ergebnisse der Diskussion sind zum einen die Anerkennung des paulinischen Apostelamtes (Gal 2,9) und der Gesetzesfreiheit für die Heidenchristen (Gal 2,3), zum anderen die Kollekte im paulinischen Missionsgebiet für die Gemeinde in Jerusalem (Gal 2,10). Die Voraussetzung war die Feststellung, daß Paulus genauso als Heidenapostel berufen worden war wie Petrus als Apostel der Juden (Gal 2,7f). Die Konsequenz ist eine Arbeitsteilung, die die Form einer Gebietsaufteilung annimmt: Jakobus, Petrus und Johannes werden mit der Verkündigung in den Synagogen, Paulus und Barnabas mit der Verkündigung an die Heiden und der Gründung von heidenchristlichen Gemeinden beauftragt.

Der autobiographische Bericht des Paulus ist polemisch. Er dokumentiert die Selbständigkeit des paulinischen Apostelamtes. Die Unabhängigkeit des Heidenapostels gegenüber Jerusalem und den übrigen Aposteln, die seine Autorität in den Augen der 'Judenchristen' in Jerusalem, in Antiochien und in Galatien problematisch macht, ergibt sich vielmehr daraus, daß er seinem Selbstverständnis nach sein Evangelium nicht von Menschen, sondern von einer Offenbarung Gottes bzw. Christi (Gal 1,12.16) erhalten hat. Deshalb ist er nur einmal – und zwar relativ spät – nach Jerusalem gekommen, um Petrus kennenzulernen (Gal 1,18f, so daß die Gemeinden von Judäa ihn persönlich nicht kannten, sondern nur aufgrund seines Rufes als Verfolger der Kirche (Gal 1,22f). Deshalb betont er auch die Selbständigkeit seiner Entscheidung, ein zweites Mal mit Titus und Barnabas nach Jerusalem zu ziehen, um die Freiheit der von ihm gegründeten Gemeinden anerkennen zu lassen (Gal 2,1ff).

Die Konsequenz der freien Entscheidung des Paulus, die 'Säulen' in Jerusalem zu treffen, ist der inoffizielle Charakter des sogenannten Konzils. Von einem Apostelkonzil kann nur deswegen die Rede sein, weil sich dabei vier der bedeutenden Gestalten des frühen Christentums mehr oder weniger zufällig getroffen haben, weil der Bericht des Galaterbriefes dem Ereignis eine argumentative Bedeutung gegen die Vorwürfe der 'Judenchristen' beimißt, und weil die Geschichtsschreibung der Apostelgeschichte dieses Treffen hochstilisiert hat – und dies aus Gründen, die sich von ihrem Anliegen her erklären lassen, die Kontinuität der Missionsgeschichte durch die Diskontinuitäten ihrer

Entwicklung zwischen Jerusalem und Rom zu zeigen. Kurzum: Das sogenannte Apostelkonzil war ein informelles Treffen zwischen Paulus und Kollegen, die sich in Jerusalem befanden, und seine Bedeutung ist auf die Weiterentwicklung der paulinischen Heidenmission begrenzt gewesen. Zum einen waren nur bestimmte Gruppen und Netze des Frühchristentums durch die Frage des Gesetzes und seiner pragmatischen Konsequenzen für die Mission und das Zusammenleben in gemischten Gemeinden betroffen. Petrus selber scheint zu diesen Fragen keine eigene Meinung gehabt zu haben (Gal 2,12). Zum anderen sollte das Treffen keine anderen Folgen haben als die moralische Verpflichtung der paulinischen Gemeinden, ihre Solidarität mit Jerusalem durch die Kollekte zu beweisen, und die der Jerusalemer Gemeinde, diese Gemeinschaft anzuerkennen (Röm 15,25–27).

Die Darstellung der Ereignisse in Jerusalem, wie sie in Gal 2,1–10 vorliegt, ist deutlich tendenziös. Man kann dennoch davon ausgehen, daß Paulus die dargestellten Fakten exakt wiedergibt, und zwar schon deshalb, weil jede Ungenauigkeit die Überzeugungskraft seiner Argumentation hätte herabsetzen können. Die doppelte, klare Anerkennung seines Apostelamtes und der Gesetzesfreiheit für die Heiden, die er gegen die 'falschen Brüder' (Gal 2,4), das heißt gegen die 'Judenchristen' in Jerusalem, gewonnen hatte, vermochte nicht alle Probleme zu lösen. Problematisch erwies sich in Antiochien die Gebietsverteilung, wie sie nach Gal 2,9 vereinbart worden war. Die Lösung war gut, solange es darum ging, die gegenseitigen Beziehungen der heiden- und judenchristlichen Gemeinden zu verstehen und zu regeln. Neue Probleme entstanden in Kirchen, die aus Juden- und Heidenchristen bestanden. Aufschlußreich ist in dieser Hinsicht der in Gal 2,11–14(–21) berichtete Zwischenfall in Antiochien. Die Ausgangssituation war für alle Beteiligten unkompliziert: Wie – wahrscheinlich – in den meisten Gemeinden der Hellenisten, bereitete das Zusammenleben von Heiden und Juden keine Schwierigkeiten. Der Grund dafür lag im Überzeugungssystem der Hellenisten, für welche das als Heilsereignis verstandene Jesusereignis die Aufhebung der jüdischen Heiligkeits- und Reinheitsgesetze zur Folge hatte, und in der relativ liberalen Haltung der Synagogen der Diaspora gegenüber den jüdischen Abgrenzungsgeboten. Für Petrus war die Frage der Gesetzesauslegung offensichtlich kein relevantes Thema, so daß er sich der Meinung der anderen ohne weitere Überlegungen anschloß. Ein Problembewußtsein erscheint erst, und zwar in entgegengesetzter Richtung, wenn die 'Judenchristen' einerseits, Paulus andererseits mit dem Problem der Tischgemeinschaft konfrontiert werden. Für die 'Leute von Jakobus' ist die Situation klar: Die Judenchristen unterstehen dem 'Evangelium der Beschnittenheit' (Gal 2,7) und sind dem Gesetz Moses verpflichtet, unter anderem den Reinheitsgeboten, die die Trennung zwischen jüdischen bzw. judenchristlichen und heidnischen bzw. heidenchristlichen Tischen verlangen. Für Paulus ist die Situation auch klar: Die gegeneitige Anerkennung von Gal 2,9 bzw. die Anerkennung der vollen Legitimität der Heidenmission geht von der Erkenntnis aus, daß Christus das Ende des Gesetzes ist, und von ihrem Korollarium, daß es in der Kirche weder Jude noch Grieche, weder Sklave noch Freien, weder Mann noch Frau gibt (Gal 3,28). Die Folge ist, daß Juden- und Heidenchristen die gleichen Rechte haben, und daß die Trennung der Tische, wie sie die 'Judenchristen' vornehmen, den Voraussetzungen der Vereinbarung in Jerusalem widerspricht.

Fazit: Der Galaterbrief enthält den Bericht einer Reise, die Paulus im Jahr 48–49 n.Chr. nach Jerusalem unternommen hat, um seine Heidenmission seinen Kollegen bekanntzugeben und um die Anerkennung seines Apostelamtes als Heidenapostel und die Anerkennung der von ihm gegründeten heidenchristlichen Gemeinden sicherzustellen. Ihm geht es nicht primär um die Legitimität seiner apostolischen Tätigkeit und seiner missionarischen Erfolge, sondern um die Einheit des Leibes Christi auf Erden durch die gegenseitige Anerkennung der einzelnen Kirchen. Ergebnis des Treffens war die Feststellung, daß den verschiedenen Aposteln verschiedene Gaben zuteil geworden waren, daß Petrus, Johannes und Jakobus als Apostel der Judenchristen, Paulus als Apostel der Heidenchristen berufen worden waren. Der Handschlag von Gal 2,9 war ein erstes Zeichen der gegenseitigen Anerkennung, das das zweite Zeichen der Kollekte der paulinischen Heidenkirchen für Jerusalem vorbereitete.

1.2   Die Kollekte des Paulus

Nach der Darstellung der Paulusbriefe beginnt die Geschichte der Kollekte mit der Vereinbarung in Jerusalem (Gal 2,10). Sie endet mit der Ankündigung der letzten Reise des Apostels nach Jerusalem, wo er die Absicht hatte, das in den von ihm gegründeten Gemeinden von

Makedonien und von Achaien gesammelte Geld selbst zu überbringen, und nach Spanien, wo er dachte, seine apostolische Tätigkeit weiterführen zu sollen (Röm 15,14–29). Mehrere Briefe sind ganz oder zum Teil dem Fortschritt der Kollekte gewidmet. 1 Kor 16,1–4 erwähnt die Anfänge der Sammlung in Galatien und organisiert sie in Korinth. Jeden Sonntag soll jedes Mitglied der Gemeinde überlegen und vorbereiten, was es geben will, damit man nicht erst dann Geld zusammenstelle, wenn Paulus seinen nächsten Besuch in Korinth machen wird (1 Kor 16,5–9). Der Plan ist offensichtlich noch, Vertreter der Gemeinde mit dem Ertrag der Kollekte mit einem apostolischen Empfehlungsbrief nach Jerusalem zu schicken (1 Kor 16,3). Von einer Mitreise des Apostels selbst ist nur noch unter Vorbehalt die Rede: Falls es angemessen ist, daß Paulus auch mithingehe, dann werden ihn die Vertreter der Korinther begleiten (1 Kor 16,4). Die Hauptpunkte sind zum einen, daß die Boten in Jerusalem im Namen der Kirche einen offiziellen Besuch machen sollen, und zum anderen, daß der Besuch im Auftrag des Heidenapostels stattfinden soll. Die doppelte Argumentation zeigt die Perspektive der symbolischen Handlung: Eine direkte und feierliche Kontaktaufnahme zwischen der von Paulus gegründeten Gemeinde und den 'Heiligen' soll die Anerkennung besiegeln, die durch den Handschlag in Jersualem stattgefunden hatte (Gal 2,9).

Dafür, daß es sich bei dem Dank von Phil 4,10–20 um die gleiche Kollekte für Jerusalem handele, gibt es eigentlich kein Indiz: Paulus schreibt den Philippern deswegen, weil sie seine apostolische Arbeit weiterhin unterstützt haben. Daß sie ihn finanzieren durften, scheint übrigens Ärger in Korinth verursacht zu haben (2 Kor 11,9). Die Notwendigkeit, Mißverständnisse darüber auszuräumen, ist einer der Gründe, der zur Abfassung des 2. Korintherbriefes geführt hat. Paulus verfolgt in diesem zweiten Brief zwei Ziele: Einerseits will er nochmals seinen mehrmals verzögerten zweiten Besuch in Korinth vorbereiten (2 Kor 1,15ff; 9,4; 10,2ff; 12,14; 13,1.10), andererseits versucht er, die Sammlung der Kollekte zu reaktivieren (2 Kor 7,5–9,15). Seit den ersten Anweisungen in 1 Kor 16,1–4 war einiges schief gelaufen. Der Darstellung des Briefes und seiner implizierten Voraussetzungen kann entnommen werden, daß die Beziehungen zwischen der Gemeinde in Korinth und dem Apostel distanziert geworden waren, daß die Korinther kaum verstanden hatten, warum Paulus

seinen Besuch wiederholt verzögert hatte (2 Kor 1,15ff; 2,12f; 7,5ff),
daß sie sich an andere Apostel gewendet hatten, die in Korinth vorbei-
gekommen waren (2 Kor 11,1–29), und daß sie daran Anstoß genommen hatten, daß Paulus, der jede finanzielle Unterstützung der Korinther abgelehnt hatte (2 Kor 11,7–15), sie im nachhinein aufgefordert
hätte, ihren Anteil der Kollekte beizusteuern. Die 'Konkurrenten' des
Paulus, die inzwischen in Korinth gut angekommen waren, hatten ihm
sogar unterstellt, daß er seine Gemeinde überlisten wollte (2 Kor
11,20; 12,16–18). Kurzum: Die Apologie des Apostelamtes, die Paulus
im 2. Korintherbrief unternimmt, hat nicht nur die Funktion, das
paulinische Verständnis des Apostelamtes und der christlichen Existenz zu erläutern, sondern auch den Zweck, die Teilnahme der Korinther an der Kollekte zu begründen und zu retten. Im Laufe der Argumentation erfährt der Leser, daß Titus, der am Jerusalemer Treffen
teilgenommen hatte, die Verantwortung für die Kollekte übernommen
hat, und Paulus empfiehlt ihn der korinthischen Gemeinde. Angekündigt wird auch der Besuch von zwei anderen Brüdern, die Titus, den
Träger des Briefes, nach Korinth begleiten (2 Kor 8,16–24; 9,3). Der
Ersterwähnte ist durch die Kirchen in Makedonien gewählt worden,
um Paulus mit der Kollekte nach Jerusalem zu begleiten (2 Kor
8,18ff). Kurzum: Die Kollekte hat nicht nur in den Paulusbriefen eine
gewisse Bedeutung; sie nimmt auch mehrere Mitarbeiter in Anspruch,
die sich diesem ökumenischen Werk widmen.

Hatte Paulus ursprünglich geplant, Vertreter der Gemeinden mit
der Empfehlung eines Apostelbriefes und der Kollekte nach Jerusalem
zu schicken, so scheinen sich seine Pläne in Röm 15,25–27 verändert
zu haben. Paulus hat vor, über Rom nach Spanien zu gehen, um das
Evangelium in weitere, bisher unerreichbare Gebiete zu bringen (Röm
15,14–24.28f). Er ist aber zunächst unmittelbar dabei, nach Jerusalem
zu fahren. Dafür gibt er eine zweifache Begründung. Zum einen haben
die Gemeinden aus Makedonien und Achaien Wohlgefallen daran
gehabt, ihre Gemeinschaft mit der Kirche in Jerusalem durch die
Kollekte zu beweisen. Die Argumentation ist insofern gelogen, als die
Kollekte offensichtlich das Ergebnis der Initiative, der Anregungen
und der Organisation des Paulus gewesen ist (2 Kor 7,13–9,15). Hervorgehoben werden soll aber die Bedeutung des Unternehmens, das
die gegenseitige Anerkennung der betroffenen Gemeinden symbolisiert. Zum anderen wird die Notwendigkeit dieser geforderten An-

erkennung durch eine Argumentation begründet, die sich unmittelbar an die heilsgeschichtlichen Betrachtungen von Röm 11,25–32 anschließt. Die freie Entscheidung der heidenchristlichen Gemeinden, eine gemeinsame Gabe für Jersualem zusammenzustellen, war auch eine moralische Pflicht: Die Heiden sollen deswegen den Juden(christen) mit materiellen Gütern einen Dienst erweisen, weil sie ihrer geistigen Güter teilhaftig geworden sind (Röm 15,27). Die Vorstellung ist wie in Röm 11,28–32 die einer asymmetrischen Gegenseitigkeit, die ihren Grund darin hat, daß Gott seine Gnade bzw. seine Barmherzigkeit den einen und den anderen erwiesen hat (Röm 11,32). Kurzum: Die gegenseitige Anerkennung, die die Sammlung und die Annahme der Kollekte symbolisieren soll, ist nicht rein formal. Theologisch betrachtet ergibt sie sich aus der Überzeugung, daß es weder Jude noch Heide, weder Sklave noch Freien, weder Mann noch Frau in Christus gibt (Gal 3,28). Historisch betrachtet ist sie daran orientiert, den zeitlichen Vorrang der Juden(christen) und die anthropologische Gleichberechtigung der Heiden(christen) zu bekennen.

Daß die Überbringung der Kollekte nach Jerusalem die Gefangennahme des Paulus und seine letzte Reise nach Rom verursacht hat, wird erst durch die historische Darstellung der Apostelgeschichte belegt.

1.3   Das Problem des 'Aposteldekrets'

Nach der Darstellung der Apostelgeschichte endet das sogenannte Apostelkonzil mit dem Beschluß, einen Brief nach Antiochien abzusenden, der die Entscheidungen der autorisierten Gremien (die Apostel, die Ältesten und alle Männer, die an der Versammlung teilgenommen haben, Apg 15,22) mitteilt (Apg 15,23–29):

> Die Apostel und Ältesten, eure Brüder, grüßen die Brüder aus den Heiden in Antiochien, Syrien und Kilikien. Da wir gehört haben, daß einige von uns, denen wir keinen Auftrag gegeben haben, mit ihren Reden Unruhe unter euch brachten und Verwirrung in eure Seelen trugen, haben wir einmütig beschlossen, Männer zu wählen und zu euch zu senden samt unseren lieben Barnabas und Paulus, Leute, welche ihr Leben für den Namen unseres Herrn Jesus Christus eingesetzt haben. Wir senden also Judas und Silas, die mündlich dasselbe berichten sollen. Denn der heilige Geist und

wir haben beschlossen, euch keine größere Last aufzuerlegen
außer diesen notwendigen Stücken: Enthaltung von Götzenopferfleisch, Blut, Ersticktem und Unzucht. Wenn ihr euch davor bewahrt, werdet ihr recht tun. Lebt wohl!

Dieses sogenannte Aposteldekret beinhaltet folgende Probleme: Literarisch betrachtet ist der Text von seinem erzählerischen Rahmen abhängig, innerhalb dessen von der Aussendung von Paulus, Barnabas,
Judas Barsabbas und Silas (Apg 15,22) nach Antiochien berichtet
wird. Er steht in der Kontinuität der lukanischen Darstellung des
Konzils, die ihn konsequent vorbereitet. Die vorliegende Lösung
entspricht gleichzeitig der Problemstellung von Apg 15,1.5 (sie soll
den Sitten bzw. dem Gesetz Moses gerecht sein) und den ideologischen Vorstellungen des lukanischen Christentums, die in der Rede
des Paulus erörtert werden (Apg 15,7–11). Die Offenheit der Christenheit gegenüber den Heiden wird vorausgesetzt und gerechtfertigt, und
dies unter den Minimalbedingungen, die die Vorschriften von Lev 17f
aufstellen: Verbot fremder Opfer (Lv 17,8f), Verbot des Blutes (Lev
17,10ff), Verbot des πνικτόν (Lev 17,13) und Verbot der Ver-
wandtenehen (Lev 18,6ff). Die heilsgeschichtliche Kontinuität der
Heidenmission mit den alttestamentlich-jüdischen Verheißungen, die
durch den fiktiven Aufriß der paulinischen Autobiographie in Apg
9,1–19; 22,6–21; 26,12–23 bereits betont ist, wird dadurch nochmals
hervorgehoben und in Apg 21,25 bestätigt.

Historisch betrachtet fällt auf, daß Paulus das 'Aposteldekret' in
seinem Bericht von Gal 2,1ff weder voraussetzt noch erwähnt, daß die
Existenz eines offiziellen Protokolls sich weder in seiner Darstellung
noch in der frühchristlichen Literatur nachweisen läßt, und daß die
ethischen Anweisungen der paulinischen und nach-paulinischen Apostelbriefe ein solches Dokument nirgends voraussetzen. Bemerkenswert
ist, daß sowohl die Argumentation von 1 Kor 8–10 als auch die apologetische Paränese von Röm 14,1–15,13 sich aufgrund des sogenannten
Aposteldekrets erübrigen würden. Umgekehrt läßt sich feststellen: Die
Forderungen des Dekrets entsprechen ungefähr den Vorstellungen, die
die Unterweisungen von 1 Kor 5–10 für die heidenchristliche Gemeinde bestimmen.

Fazit: Die historische Existenz eines 'Aposteldekrets', das die
Ergebnisse des sogenannten Apostelkonzils zusammengefaßt hätte und
das *ad usum* der heidenchristlichen und gemischten Gemeinden be-

kannt gegeben worden wäre, ist höchst unwahrscheinlich. Plausibel ist entweder, daß Lukas den Brief selber als Abschluß seiner dramatischen Konstruktion von Apg 15,1–29 komponiert hat, oder daß er Regelungen eingearbeitet hat, die in bestimmten Kirchen der Hellenisten bekannt, überliefert oder praktiziert waren. Für beide Hypothesen, das heißt sowohl für die Fiktionalität wie auch für die Existenz von Anweisungen in lokalen Gemeinden, die dem Verfasser der Apostelgeschichte bekannt waren, sprechen die gleichen Argumente: die Evidenz, das heißt die Offenheit, und die – in einer liberalen Perspektive – biblische Logik der Lösung des Problems, das durch die Tischgemeinschaft impliziert war.

2. Interpretationen und Bedeutung des jüdischen Krieges

BRANDEBURGER, E.: Markus 13 und die Apokalyptik, FRLANT 134, Göttingen 1984. – CONZELMANN, H.: Geschichte und Eschaton nach Mc. 13, ZNW 50 (1959) 210–221 (= Theologie als Schriftauslegung. Aufsätze zum Neuen Testament, BevTh 65, München 1974, 62–73). – THEIßEN, G.: Lokalkolorit und Zeitgeschichte in den Evangelien, NTOA 8, Freiburg/Göttingen 1989.

Der jüdische Krieg (66–70 n.Chr.) und die Verschärfung der politischen Krise in Palästina, die ihm vorausging, sind die einzigen politischen Ereignisse, die ihren theologischen Niederschlag in den frühchristlichen Texten gefunden haben. Zweierlei ist dabei zu unterscheiden: Zum einen hatte der jüdische Krieg für manche Kreise des Judentums tiefgreifende Folgen, die von christlichen Texten vorausgesetzt werden und eine spezifische Wirkung auf manche christliche Kreise hatten. Eine gewisse Bedeutung hatte dabei unter anderem der Versuch einer national-konservativen Bewegung des Judentums, die die Redaktion des Matthäusevangeliums und der Verfasser des Johannesevangeliums mit den Pharisäern identifiziert, und die sich durch ihre Gesetzestreue auszeichnet, die Kontrolle über Synagogen der syrisch-kleinasiatischen Diaspora zu übernehmen, in welchen Juden und Christen bis zu den 70er Jahren offensichtlich koexistiert hatten (s. unten 3.2). Zum anderen sind Stellungnahmen zu lesen, in denen bestimmte Kreise des Frühchristentums die Ereignisse der politischen Krise in Palästina und den jüdischen Krieg theologisch ausgelegt und gedeutet haben. Auffällig ist, daß die Auseinandersetzungen über die theologische Relevanz der Konflikte, des jüdischen Aufstandes und der Zerstörung des Tempels ihren Ausdruck in Texten gefunden haben, die entweder in ihrer Denkweise oder in ihrer Form apokalyptisch geprägt sind. In diesem Zusammenhang sind einerseits die apokalyptischen Gerichtssprüche der Logienquelle (Lk 11,49–51; 13,34f), andererseits die sogenannte Apokalypse von Mk 13,1–37 zu berücksichtigen.

2.1   Apokalyptische und heilsgeschichtliche Dramatisierung

Die jüdische Apokalyptik ist von Anfang an und in jeder Form ihrer Renaissance mit Krisensituationen verbunden. Sie hat die doppelte Funktion, den Widerstand gegen den Verlust der politischen und kulturellen Identität des Judentums zu unterstützen und bereits erfolgte Identitätsverluste zu verarbeiten. Sie geht von der Vorstellung einer Beschleunigung der Geschichte aus, in der Gott die Macht direkt ergriffen hat bzw. ergreifen wird. Der Seher hat ein Doppeltes zu offenbaren: Einmal, daß die ganze Geschichte Israels einen Sinn hat, der sich in der nächsten Zukunft offenkundig und vor allen offenbaren wird. Insofern wird die Weltgeschichte als Heils- und Unheilsgeschichte aufgefaßt. Der Sinn der Geschichte erweist sich andererseits darin, daß die Ereignisse von Gott gesteuert werden, und dies nach einer theologischen Logik, in welcher die Sünden bestraft werden (so in den ältesten Schichten der Henoch-Tradition die Zehnwochen Apk, äthHen 92,1–5; 93,1–10; 91,11–17) und die treue Gerechtigkeit der Gerechten eschatologisch belohnt werden wird. Die apokalyptische Weltanschauung, die eine Dramatisierung der politischen und der religiösen Geschichte begründet, kann sowohl den letzten Kampf der Gerechten gegen die Sünder ideologisch rechtfertigen als auch ihre Niederlage aus der Perspektive eines bevorstehenden, eschatologischen Gerichtes verarbeiten (so in den ältesten Schichten der Henoch-Tradition die Methusala Apk, äthHen 83,1–91,10).

Das Verhältnis der frühchristlichen Dramatisierung der palästinischen Krise und des jüdischen Krieges, wie sie in der Redaktion der Logienquelle erfolgt ist, ist das einer diskontinuierlichen Kontinuität mit den jüdischen Formen der Apokalyptik. Gemeinsam sind die heilsgeschichtlichen Vorstellungen, das Zeitverständnis und die theologischen Begriffe – hier die deuteronomistische Interpretation der

Geschichte Israels –, die der Deutung der Ereignisse zugrunde liegen. Sowohl in der jüdisch-apokalyptischen als auch in der christlich-apokalyptischen Deutung der historischen Ereignisse, die in der Zerstörung des Tempels gipfelten, spielt das Argument der Theodizee eine entscheidende Rolle. Die Katastrophe vom Ende des Heiligtums und von der Verwüstung der Stadt wird bereits als Strafe Gottes gegen das Judentum interpretiert. Die syrische Baruch-Apokalypse versucht die jüdische Niederlage dadurch zu verarbeiten, daß sie sie durch die Sünden des Volkes erklärt und rechtfertigt und daß die Gerechtigkeit Gottes durch die Beschleunigung der Perioden der Geschichte und das bevorstehende nahe Ende der Welt erwiesen ist (so der Brief Baruchs, ApkBar(syr) 78,1–87,1). Die Gemeinsamkeiten gehen aber weiter: Sowohl in der jüdisch-apokalyptischen als auch in der christlich-apokalyptischen Interpretation werden die politische Krise in Palästina und der jüdische Krieg als Zeichen des nahegekommenen endzeitlichen Gerichtes Gottes ausgelegt. Die Diskontinuitäten hingegen betreffen die Deutung der Geschichte und die Anwendung der apokalyptischen Schemata auf die Bewertung der historischen Ereignisse. Problematisch ist nämlich für die christliche Apokalyptik weder die politische Niederlage Israels noch die mögliche oder bereits geschehene Zerstörung des Tempels. Thematisiert wird der Unglaube des Volkes, das die Propheten tötet und diejenigen steinigt, die zu ihm gesandt worden sind. Aktualisiert wird nicht so sehr die Kreuzigung Jesu, wie es im lukanischen Geschichtsverständnis der Fall ist (Lk 6,23; Apg 7,52), sondern der Mißerfolg der christlichen Mission der Propheten der christlichen Weisheit (Lk 11,49–51). Mit der Ablehnung der christlichen Missionare ist das Maß der Sünde Israels voll, und die Grausamkeiten der Krisen in Palästina, sei es während der Caligulakrise in den Jahren 39–41 n.Chr. (Philo, LegGai 197–337; Josephus, BJ 2,184–203; AJ 18,256–309), sei es während des jüdischen Krieges selbst (66–70 n.Chr.), sind als logische Konsequenz daraus bzw. als göttliche Antwort darauf zu verstehen. Das Blut aller Propheten wird an diesem Geschlecht bzw. an dieser Generation gerächt (Lk 11,49–51), und das Haus Jerusalem wird verlassen werden (Lk 13,34f).

Damit ist das Ende jedoch noch nicht erreicht. Die Vollendung der Welt- und Heilsgeschichte wird die Wiederkunft des Menschensohnes bringen (Lk 13,35). Ob seine eschatologische Erscheinung eine endzeitliche Bekehrung Israels voraussetzt (so die in Röm 11,26f bzw. Jes

59,20f implizierten Vorstellungen) oder ob sein Kommen in der Herrlichkeit gleichsam als seine öffentliche Enthüllung und als der evidente Beweis der Wahrheit der prophetischen Sprüche gegen den Unglauben Israels zu verstehen ist, läßt sich aus der Interpretation des Orakels in Lk 13,34f nicht ableiten: "Ich sage euch: Ihr werdet mich nicht mehr sehen, bis die Zeit kommt, da ihr sagt: Gepriesen sei, der im Namen des Herrn kommt." Eindeutig ist, daß sowohl die jüdisch-apokalyptische als auch die christlich-apokalyptische Dramatisierung der politischen Krise in Palästina und des jüdischen Krieges die Caligulakrise, die Eroberung Jerusalems und die Zerstörung des Tempels als Bestandteil einer Endzeit der Heilsgeschichte deuten, aber so, daß sie nicht ihren Abschluß, sondern ihren vorletzten Akt bilden. Kurzum: Die Redaktion der Logienquelle und ihr Trägerkreis vertreten eine Variante der jüdischen bzw. judenchristlichen, apokalyptischen Deutung der politischen und religiösen Niederlage des jüdischen Krieges. Die Strafe Gottes, durch welche das Blut aller Propheten gerächt wird, läßt nicht die eschatologische Wiederherstellung Israels erwarten (so die syrische Baruch-Apokalypse, aber auch die Apokalypse Abrahams), sondern die Möglichkeit einer letzten Bekehrung des verstockten Volkes.

2.2   Antiapokalyptische Historisierung

Die Voraussetzungen für die Geschichtsvorstellungen der sogenannten Apokalypse in Mk 13,1–37 sind zum Teil die gleichen wie in der Dramatisierung der Logienquelle. Vorausgesetzt wird zunächst die eschatologische und endzeitliche Wiederkunft des Menschensohnes (Mk 13,24–27), die das Ende der Welt- und Heilsgeschichte bedeutet. Dann wird auch hier die Fragestellung der apokalyptischen Vollendung der Zeit im Zusammenhang mit Anspielungen auf die palästinische Krise und auf den jüdischen Krieg behandelt. Offen wird allerdings dabei bleiben, ob in Mk 13,1f die Zerstörung des Jerusalemer Tempels als bereits erfolgt impliziert oder ob das Ende des Heiligtums als Topos erwähnt wird, und auf welche Ereignisse die Aktualisierung von Dan 9,27; 12,11 in Mk 13,14 verweist. Man kann wiederum entweder an die Caligulakrise (39–41 n.Chr.) oder an die Katastrophe von 66–70 denken. Anders als in der Logienquelle wird aber das Drama des jüdischen Aufstandes und seiner Konsequenzen von den Vorstellungen

eines kosmisch-eschatologischen Endes der Geschichte klar getrennt.
Programmatisch wird die doppelte Frage der Endzeit und der Zeichen
in Mk 13,4 so gestellt und in Mk 13,5–27 so beantwortet, daß Kriege
und Hungersnöte keineswegs zur letzten, sondern allenfalls zur vorletzten Zeit gehören, das heißt zur normalen Entwicklung der Menschen bzw. Weltgeschichte, und daß sie nicht einmal als σημεῖον
ausgelegt werden dürfen. Die Zeichen des Endes sind die kosmischen
Ereignisse, die erst in Mk 13,24 einsetzen bzw. beschrieben werden.

Sind die Voraussetzungen der Zeitvorstellungen in der apokalyptischen Deutung der Logienquelle und in der sogenannten Apokalypse
von Mk 13,1–37 einigermaßen vergleichbar, so sind die Intentionen
und die theologischen Tendenzen einander radikal entgegengesetzt. An
der Idee eines nahe bevorstehenden Endes wird zwar festgehalten (Mk
13,30). Aber jede Spekulation über die apokalyptischen Tage und
Stunden und jede argumentative Funktionalisierung eines apokalyp-
tisch-heilsgeschichtlichen Ablaufs wird deswegen für irrelevant erklärt,
weil keiner den Zeitpunkt des Endes kennt bzw. kennen kann (Mk
13,32), und weil nichts von dem, was beobachtet werden kann, zur
Endzeit gehört und über sie Auskunft geben kann. Betont werden das
'noch nicht' der apokalyptischen Vollendung der Geschichte (Mk
13,7), die immanente Zeitlichkeit der Gegenwart (Mk 13,9.10.13.18f.
21) und die Aufgaben und Erfahrungen, die die christlichen Jünger
noch erwarten (Mk 13,9–13). Der Tenor der Aussagen liegt nicht im
Futurum, sondern vielmehr in der Aufforderung, wach zu bleiben (Mk
13,33–37), was bedeutet, sich nicht verwirren zu lassen (Mk 13,5–
8.21–23). Die Warnungen zeigen, daß nicht die Beschreibung, sondern
vielmehr die kritische Abgrenzung die Absicht ist.

Wogegen sich die Abgrenzung ausspricht, geht aus dem Aufbau
der Rede hervor. Die letzte Epoche der Weltgeschichte, die trotz jeder
Steigerung der Drangsal im Rahmen des bisherigen Geschichtsablaufs
bleibt (Mk 13,14–29), wird von der abschließenden, kosmischen
Katastrophe, die sich in supranaturalen Ereignissen abspielen wird,
abgehoben (ἐν ἐκείναις ταῖς ἡμέραις, μετὰ τὴν
θλῖψιν ἐκείνην, Mk 13,24). Was sich daraus ergibt, ist zum
einen die Uminterpretation der Naherwartung der Parusie in Bereitschaft angesichts des jederzeit möglichen überraschenden Kommens
des Menschensohnes (Mk 13,28–37), zum anderen die Betrachtung der
historischen Vorgänge, einschließlich der Vorgänge der Krise in

Palästina und des jüdischen Krieges, als die Geschichte einer Epoche, durch die die christliche Existenz bzw. die Verantwortung und die Weltmission der christlichen Jünger ihren zeitgemäßen Rahmen bekommen: Das Evangelium soll allen Völkern verkündet werden, Mk 13,10. Kurzum: Topoi, Interpretamente und Stoffe (Mk 13,14–20) einer apokalyptischen Deutung des jüdischen Krieges werden so rezipiert, zitiert und verarbeitet, daß sie in die antiapokalyptische Perspektive einer konsequenten Historisierung der Geschichte und der Gegenwart umfunktioniert werden. Funktion und Tendenz der sogenannten Apokalypse in Mk 13,1–37 ist, jede heilsgeschichtlich-apokalyptische Auslegung der politischen und religiösen Ereignisse, das heißt jede unsachgemäße theologische Dramatisierung der Geschichte, zu widerlegen, und dies von der Hermeneutik einer Christologie aus, die Kreuz, Auferstehung und Wiederkunft als Hauptmomente betrachtet.

Als Fazit läßt sich zusammenfassen: Der jüdische Krieg und die Verschärfung der politischen und religiösen Krise in Palästina, die ihm vorausging, sind die einzigen politischen Ereignisse, die ihren Niederschlag in den frühchristlichen Texten gefunden haben. Wenn man von den Konsequenzen absieht, die die Eroberung Jerusalems und die Zerstörung des Tempels für das Judentum und unter Umständen auch für die Beziehung zwischen Kirche und Synagoge hatten, hat der jüdische Krieg kaum Spuren in der frühchristlichen Theologiegeschichte hinterlassen. Eine theologische Relevanz der Krise ist zwar in jüdisch- und christlich-apokalyptischen Schriften anerkannt worden. Demgegenüber ist aber festzustellen, daß eine theologische Deutung der Ereignisse nur in apokalyptischen Auslegungen zu finden ist, und dies sowohl im Judentum als auch im Frühchristentum –, daß die Krise des jüdischen Krieges auch innerhalb des Judentums als rein politische Angelegenheit betrachtet werden konnte, belegt die Geschichtsschreibung von Flavius Josephus –, daß sich eine theologische bzw. heilsgeschichtlich-apokalyptische Deutung der Krise vom christlichen Standpunkt aus nur in der Redaktion der Logienquelle finden läßt, und daß die sogenannten Apokalypsen der synoptischen Evangelien (Mk 13,1–27 und Par.) gerade die Legitimität einer solchen Interpretation der jüdischen politischen Geschichte aus christologischen Gründen bestreiten.

3. Die Trennung zwischen Kirche und Synagoge

BECKER, J.: Paulus: Der Apostel der Völker, Tübingen 1992[2], 34–86. – ELBO-GEN, I.: Der jüdische Gottesdienst in seiner geschichtlichen Entwicklung, Hildesheim 1962[4], 36–41. – FROHNHOFEN, H. (Hrsg.): Christlicher Antijudaismus und jüdischer Antipaganismus, Hamburg Theologische Studien 3, Hamburg 1990. – HENGEL, M.: Der vorchristliche Paulus, in: M. Hengel/U. Heckel, Paulus und das antike Judentum, WUNT 58, Tübingen 1991, 177–293. – HUM-MEL, R.: Die Auseinandersetzung zwischen Kirche und Judentum im Matthäus-evangelium, BevTh 33, München 1966. – KILPRATRICK, G.D.: The Origins of the Gospel according to St. Matthew, Oxford 1950. – LAMPE, P.: Die stadt-römischen Christen in den ersten beiden Jahrhunderten. Untersuchungen zur Sozialgeschichte, WUNT II/18, Tübingen 1987, 1–9. – MAIER, J.: Geschichte der jüdischen Religion von der Zeit Alexanders des Großen bis zur Aufklärung mit einem Ausblick auf das 19./20. Jahrhundert, Berlin 1972, 92–95 und 139–151. – MAIER, J.: Jüdische Auseinandersetzungen mit dem Christentum in der Antike, EdF 177, Darmstadt 1982. – MAIER, J./SCHUBERT, K.: Die Qum-ran-Essener, UTB 224, München 1982. – MARTYN, J.L.: History & Theology in the Fourth Gospel, Nashville 1979[2]. – SANDERS, E.P. (Hrsg.): Jewish and Christian Self-Definition II: Aspects of Judaism in the Graece-Roman Period, London 1981. – SANDERS, J.T.: Schismatics, Sectarians, Dissidents, Deviants. The First One Hundred Years of Jewish-Christian Relations, London 1993. – SCHÄFER, P.: Die sogenannte Synode von Jabne. Zur Trennung von Juden und Christen im ersten/zweiten Jahrhundert n.Chr., in: Studien zur Geschichte und Theologie des rabbinischen Judentums, AGJU 15, Leiden 1978, 44–64. – SCHÄFER, P.: Geschichte der Juden in der Antike. Die Juden Palästinas von Alexander dem Großen bis zur arabischen Eroberung, Stuttgart/Neukirchen 1983, 145–157. – SIMON, M.: Verus Israel. Etude sur les relations entre chrétiens et juifs dans l'empire romain, Paris 1964. – THEIßEN, G.: Sozialge-schichtliche Überlegungen zu einem beginnenden Schisma, in: M. Hengel/U. Heckel, Paulus und das antike Judentum, WUNT 58, Tübingen 1991, 331–359.

Die Vorgänge, die zur Trennung zwischen christlichen Gemeinden und Synagogen geführt haben, sind im wesentlichen unbekannt. Nur weni-ge Fakten lassen sich rekonstruieren, und nur die Komplexität der Evolution und der Situationen kann mit einiger Plausibilität festge-macht werden. Zum einen setzt jede Gesamtdarstellung der Geschichte des Verhältnisses zwischen Frühchristentum und Synagoge und ihrer Trennung eine illegitime Verallgemeinerung extrem spärlicher Infor-mationen voraus. Zum anderen kann man feststellen, daß sich die Beziehungen zwischen Christen und Juden in den verschiedenen

Gebieten und Ortschaften von Palästina und der Diaspora sehr unterschiedlich entwickelt haben: Belegen, rückschließen und voraussetzen lassen sich sowohl Spannungssituationen als auch gegenseitiges Verständnis, unproblematisches gemeinsames Leben als auch heftige Konflikte, und dies zumindest von den wahrnehmbaren Anfängen des Christentums an bis hin zum Ende des 1. Jahrhunderts. Bestimmte frühchristliche Kreise sind sofort in Konflikt mit jüdischen Instanzen gekommen, andere Gemeinden sind reibungslos innerhalb der Synagogen aufgewachsen, wieder andere, wie die paulinischen Kirchen, haben sich von der Synagoge nie getrennt, weil sie unabhängig von den Synagogen gegründet worden waren.

Kurzum: Der Prozeß der Trennung und ihre Gründe lassen sich nicht auf einen gemeinsamen Nenner reduzieren. Zweierlei kann man jedoch rekonstruieren: Zum einen sind die christlichen Gemeinden, die in den Synagogen aufgewachsen waren, von den Synagogen nicht ausgeschieden, sondern ausgeschlossen worden. Zum anderen spielte dabei der Rückzug des Judentums nach dem jüdischen Krieg eine bestimmende Rolle: Dem internationalen, das heißt hellenisierten und alexandrinischen Judentum gegenüber gewann das nationale konservative und rabbinische Judentum einen größeren Einfluß auf die Synagogen, während das Heidenchristentum und der Hellenismus ein immer größer werdendes Gewicht in den Traditionen und in der sozialen Zusammenstellung der judenchristlichen Gemeinden bekamen. Anders formuliert: Die Entwicklung des Verhältnisses zwischen Judentum und Christentum wurde entscheidend durch die innerjüdischen und innerchristlichen Auseinandersetzungen und Entwicklungen bestimmt.

3.1   Das Problem der Quellen

Zeugnisse des Trennungsprozesses sind in den *jüdischen Schriften* des 1. Jahrhunderts, das heißt im zeitgenössischen Judentum, nicht zu finden.

Zitiert wird in diesem Zusammenhang die 12. Benediktion des Achtzehngebets, das nach 70 n.Chr. im Zuge der rabbinischen Neuordnung der Gebetspraxis und der Liturgie zu dem bereits früher vorhandenen und an die beiden täglichen Opferzeiten gebundenen *Schemah Israel* hinzugefügt worden ist. Die Verwendung dieses Textes als Dokument für die Trennung zwischen Kirche und Synagoge ist aber problematisch. Nach der rabbinischen Tradition wurde zwar die *Birkat hammînîm* unter Gamaliel II, das heißt in der Jabne-Periode zwischen 70 und 135 n.Chr., festgelegt (jBer IV,3f.8a; bBer 28b–29a). Aus talmudischer Zeit ist aber kein Text erhalten. Rabbinische Kurzfassungen ("Gepriesen seist Du, Herr, der Du die Anmaßenden niederzwingst") und Inhaltsangaben ("Zwing nieder unsere Gegner – Du zwangst nieder unsere Gegner", jBer I,4f.4d), verbunden mit den rabbinischen Zeugnissen, die von einer *Birkat hammînîm* sprechen, heben das Grundthema der Benediktion hervor: Die Befestigung Israels gegen seine Feinde, das heißt einerseits gegen äußere Feinde wie die feindliche Weltmacht und die 'Denunzianten' (*môserîm*), andererseits gegen innere Feinde, womit zentrifugale Tendenzen innerhalb der Synagoge, das heißt antirabbinisch eingestellte Bewegungen, darunter Christen, die sich der *Halacha* gegenüber kritisch verhalten und geäußert haben, aber auch hellenisierende (vgl. ApkAbr) bzw. synkretistisch-assimilatorisch orientierte Juden und Apostaten gemeint sein können. Kurzum: Der Zweck der *Birkat hammînîm* war, Gott um Befreiung von den politischen Bedrückern und um Vernichtung der Häretiker zu bitten.

Die Textüberlieferung schwankt, was sich dadurch erklären läßt, daß die Verschiebung der Fronten Variationen in den Formulierungen bewirkt hat: Die Bezeichnung der Zielgruppe wurde der jeweiligen inneren Situation angepaßt. Unverändert bleibt die Tatsache, daß die Adressaten weder die 'Feinde' noch die eventuell anwesenden Häretiker sind, sondern die Gottesdienstteilnehmer selbst, und daß die Funktion der Verwünschungen primär in der Selbstabgrenzung und der inneren Festigung liegt. Es sollen nicht Häretiker auf die Probe gestellt werden, sondern solche, die zwar selbst rechtgläubig sind, aber Abweichler bewußt tolerieren wollen: Einerseits soll das heilsgeschichtliche Selbstbewußtsein der erwählten Gemeinde gestärkt, andererseits sollen ihre Grenzen gegen zentrifugale Elemente deutlich gemacht werden.

Die 12. Benediktion ist deswegen mit der Problematik der Trennung zwischen Kirche und Synagoge in Verbindung gebracht worden, weil Varianten die Christen neben den *Mînîm* explizit nennen. So zum Beispiel das Fragment einer 'palästinischen' Fassung des Achtzehngebets aus der Kairoer Geniza, in dem eine Verwünschung der Anhänger des Nazareners zwischen der Segens- und der Schlußformel auftaucht:

Für die Abtrünnigen möge es keine Hofffnung geben
und das anmaßende Königtum entwurzele und zerschmettere bald
in unseren Tagen.

Und die Nôserîm und die Mînîm mögen augenblicklich vergehen,
getilgt werden aus dem Buche des Lebens und nicht mit den Gerechten verzeichnet werden.

Gepriesen seist Du, Herr, der Frevler zerbricht und der Anmaßende beugt!

Die 'Urfassung' der 12. Benediktion läßt sich nicht rekonstruieren.
Eine 'Urfassung' gab es wahrscheinlich auch nicht. Themen und
Inhalte wurden in Jabne definiert, der exakte Wortlaut der Gebete
wurde aber noch lange offengelassen, bis sich ein Bedarf nach genaue-
ren Festlegungen und einer Standardisierung der synagogalen Dichtung
ergab. Genauso wie andere Gruppen wurden die *Nôserîm* ausdrücklich
erwähnt, wo sie für die Gemeinde ein aktuelles Problem darstellten.
Mit einiger Wahrscheinlichkeit kann man aber annehmen, daß die
Bezeichnung der *Nôserîm* als Zielgruppe kaum zu den ältesten Textge-
stalten gehört. Daß Christen sich durch die 12. Benediktion getroffen
fühlten, auch ohne dort unbedingt *expressis verbis* genannt zu werden,
könnte Justin, Dial. 16; 47; 93; 95; 103; 117; 133; 137 belegen. Altkirchliche Nachrichten über die ausdrückliche Verwünschung von
Christen finden sich bei Origenes, In Ps XXXVII (XXXVI) hom. II,8
(MPG XII,1387); In Matth XVI,3 (CLS X,469) und dann bei Hierony-
mus (Ad Is 5,18f; Ad Is 49,7; Ad Is 52,4ff) und bei Epiphanius (Pan.
29,9), das heißt unter christlicher Herrschaft. Kurzum: Der Überliefe-
rungsgeschichte des Achtzehngebetes und der *Birkat hammînîm* läßt
sich keine Information über den Trennungsprozeß zwischen Christen
und Synagoge im Laufe des 1. Jahrhunderts entnehmen. Die Vermutung, daß die Verwünschung gegen die Häretiker dazu verwendet
werden sollte, den Judenchristen die Teilnahme am Synagogengottesdienst unmöglich zu machen, übersieht einerseits, daß die Problematik
des unkorrekten Vorbetens erst im frühen 3. Jahrhundert belegt ist,
und andererseits, daß die rabbinischen Dissidentenlisten vorrangig von
solchen Gruppen und Tendenzen Abstand nehmen, die mit der hellenistisch-römischen Kultur und mit Rom als Weltmacht in Verbindung
gebracht werden. Kurzum: Mit den *Mînîm* sind auf keinen Fall ohne
weiteres die Judenchristen gemeint, und die jüdischen Schriften und

Überlieferungen enthalten keine spezifischen Informationen über den Trennungsprozeß zwischen Christen und Synagogen.

Hilfreich für das Verständnis der jüdischen Sichtweise des Dreiecksverhältnisses Juden – Heiden – Christen ist die antijesuanische Polemik der Apokalypse Abrahams (ApkAbr 29,3–11), einer hebräischen Schrift, die sehr wahrscheinlich kurz nach 70 n.Chr. als Warnung vor der Hellenisierung des Judentums verfaßt wurde:

> (3) ... ich sah einen Mann von der linken, heidnischen Seite kommend; Männer, Frauen und Kinder kamen von der Seite der Heiden in großer Menge und beteten ihn an. (4) <Und> während ich noch schaute, kamen (Männer) von der rechten Seite, und die einen verhöhnten diesen Mann, andere schlugen ihn, und andere beteten ihn an. (5) <Und> ich sah, daß jene ihn anbeteten. Und Asasel lief herbei und betete ihn an; und nachdem er ihn auf das Angesicht geküßt hatte, wandte er sich um und stellte sich hinter ihn. (6) Und ich sprach: 'Urewiger Starker! Wer ist (dieser) Mann, der von den Heiden mit Asasel verhöhnt, geschlagen (und) angebetet wird?' (7) Und er antwortete und sprach: 'Höre, Abraham, der Mann, den du verhöhnt und geschlagen, und dann wieder angebetet gesehen hast, dieser ist der, welcher dem Geschlecht, das aus dir hervorgehen wird, gegen die Heiden helfen wird in den letzten Tagen an dieser zwölften Stunde des Äons der Gottlosigkeit. (8) In der zwölften Stunde des Äons meiner Vollendung werde ich diesen aus deinem Samen hervorgehenden Mann einsetzen, den du gesehen hast aus meinem Volk. Alle werden ihm folgen. Zähle noch dazu diejenigen, die, wie von mir gerufen, sich in ihrem Rate verändert haben werden. (9) Und jene, die du von der linken Seite der Darstellung kommen sahest und die ihn anbeteten, dies ist eine große Zahl von Heiden, die ihre Hoffnung auf ihn setzen. (10) <Und> jene von deinem Samen Hervorgehende, die du von der rechten Seite (kommen) sahest: Die einen verhöhnten und schlugen ihn, andere beteten ihn an; viele unter ihnen werden von ihm verführt werden. (11) Jener wird diejenigen aus deinem Samen, die ihn angebetet haben werden, prüfen an diesem Ende der zwölften Stunde, bei der Vernichtung des Äons der Gottlosigkeit (Übersetzung: B. Philonenko-Sayar/M. Philonenko, Die Apokalypse Abrahams, JSHRZ V/5, Gütersloh 1982, 451).

Das Christentum bzw. der christliche Messias ist die letzte Versuchung des Judentums. In der historischen Deutung geht Jesus aus dem Samen Abrahams hervor (V. 8), in der Darstellung, das heißt seiner symbolischen und religiösen Bedeutung nach, von der Seite der Heiden (V. 3). Die Beurteilung des Christentums ist eine doppelte: Historisch und sozial betrachtet bringt es dem Volk insofern eine Hilfe gegen die Heiden (V. 7 u. 9), als Heidenchristen, die durch das Christentum in die Synagogen eingeführt werden, auch die Sympathie von – manchmal einflußreichen – Milieus der hellenistisch-römischen Gesellschaft für das Judentum gewinnen können. Theologisch betrachtet ist aber das Christentum nichts anderes als die letzte heidnische bzw. hellenistische Verführung des Judentums.

Der sonst offensichtliche Mangel an Interesse des Judentums für die Erscheinung und die Verselbständigung des Frühchristentums erklärt sich unter anderem durch die zahlenmäßig geringe Bedeutung der neuen Bewegung (wahrscheinlich weniger als 50 000 Christen am Ende des 1. Jahrhunderts gegenüber 4 bis 5 Millionen Juden im römischen Reich), durch die Vielfalt des Judentums, die die Akzeptanz für neue Mutationen bedingt, und durch die logische Struktur des jüdischen Überzeugungssystems, das das Problem der Wahrheit von seinen eigenen Prämissen aus (das heißt vom Bewußtsein der Erwählung Israels und vom Glauben an die Offenbarung Gottes durch Moses' Gesetz aus) betrachtet und diskutiert.

Aufschlußreicher für die Rekonstruktion der Geschichte der Trennung zwischen Christen und Synagogen sind die Informationen der *römischen Historiker*. Sie spiegeln allerdings nur die Situation des Frühchristentums und des Judentums in der Stadt Rom wider und haben insofern für die Geschichtsschreibung des frühen Christentums einen begrenzten Wert. Die beiden Texte von Sueton, Claudius 25,4, und Tacitus, Annalen 15,44, sind die einzigen, die überhaupt einen präzisen chronologischen Rahmen für die Evolution der Verhältnisse liefern. Nach Sueton habe Claudius die Juden aus Rom vertrieben, weil sie, von Chrestus aufgehetzt, fortwährend Unruhen stifteten. Nach Tacitus habe Nero die Schuld für den Brand Roms auf Leute geschoben, die das Volk 'Chrestianer' nannte. Ursprungsort dieses Aberglaubens sei Judäa, er habe sich aber mittlerweile auch in Rom verbreitet. Man habe zuerst Leute verhaftet, die ihren Glauben bzw. ihre *superstitio* bekannt haben, und dann auf ihre Anzeige hin eine weitere riesige Menge festgenommen. Das Claudiusedikt (vgl. Apg 18,2; Cassius Dio 60,6,6f; Orosius, Hist. 7,6,15f) setzt voraus, daß sich das Christentum im Jahre 41 oder 49 (je nachdem, ob man der Datierung von Cassius Dio oder von Orosius folgt) in den römischen Synagogen verbreitet hatte, daß es innerhalb und außerhalb der jüdischen Gemeinde Auseinandersetzungen verursachte, die politische Maßnahmen rechtfertigten, daß sich aber Christen und Juden vom römischen Standpunkt aus nicht unterscheiden ließen. Tacitus setzt seinerseits in seinem Bericht der Christenverfolgungen unter Nero voraus, daß sowohl die römische Bevölkerung als auch das Kaiserhaus das Christentum im Jahre 64 als eine ideologisch und sozial eigenständige Größe wahrgenommen hatten. Die neue *superstitio* wird nicht mehr von ihrem Bezug zum Judentum her definiert, sondern durch ihre quantitative Bedeutsamkeit, durch die Rezeption des gesellschaftlichen Verhaltens ihrer Anhänger und, was Tacitus selbst betrifft, durch ihren eigenen religiösen Ursprung.

Kurzum: In Rom waren Kirche und Synagoge am Anfang der 60er Jahre nicht nur klar getrennte Größen, sondern auch von der heidnischen Bevölkerung als solche deutlich anerkannt. Wann und wie die Trennung stattgefunden hat, läßt sich aus den Berichten über das Claudiusedikt rekonstruieren. Die Voraussetzungen des Ediktes sind, daß Juden und Christen in Rom Anfang der 40er Jahre zusammengehörten, daß das Evangelium sich durch die Synagogen dort verbreitet hatte, und daß heftige Konflikte im Laufe der 40er Jahre entstanden waren. Der Trennungsprozeß wurde durch die Austreibung der Juden (und Christen) aus der Stadt beschleunigt. Der Römerbrief des Paulus liefert den Beleg dafür, daß sich in den Jahren 55/56 eine Gemeinde rekonstituiert hatte, die aus Juden- und Heidenchristen bestand (Röm 14,1–15,13), und die sich getrennt von der Synagoge in Häusern versammelte (Röm 16,3–5.14f).

Die wenigen Informationen, die die *frühchristliche Literatur* liefert, zeigen, daß sich die Entwicklung der Verhältnisse, die für die römische Gemeinde rekonstruiert werden kann, nicht verallgemeinern läßt. Die für diese Problematik relevanten Texte finden sich einerseits in den Paulusbriefen, andererseits in den Voraussetzungen der dramatischen Vorstellungen des Matthäus- und des Johannesevangeliums, die die Geschichte von judenchristlichen Kreisen in Erinnerung behalten. Zum einen dokumentieren die autobiographischen Rückblicke des Paulus die erste synagogale Vefolgung der Christen (Gal 1,13.23; Phil 3,6), und zwar nicht in Judäa, sondern in der Diaspora (Gal 1,22). Zum anderen belegen die Briefe das paradoxe Verhältnis des Heidenapostels zum Judentum. Grundsatz seiner Beziehung zu den Juden und zu den Heiden ist die Freiheit des Apostels, der sich den Juden gegenüber als Jude, den Gesetzlosen gegenüber als vom Gesetz befreit verhält (1 Kor 9,19–23). Die Konsequenz dieses Prinzips für die missionarische Strategie ist, daß der Apostel heidenchristliche Gemeinden gründet, die keine Beziehung zu den Synagogen haben. Die Peristasenkataloge zeigen aber gleichzeitig, daß er selbst in enger Verbindung mit den Synagogen bleibt (2 Kor 11,24f), und zwar wahrscheinlich deswegen, weil die Ausweitung der jüdischen Diaspora zu den Rahmenbedingungen seiner missionarischen Reisen gehört. In dieser Hinsicht sind die Verhältnisse des Paulus vergleichbar mit denen der Missionare der Hellenisten, die sich von den Synagogen unterstützen und aussenden ließen (s. oben I.3.2a). Sowohl das Matthäus- als auch das Johannesevangelium spiegeln eine spätere Situation wider. Der Verfasser des Matthäusevangeliums, der mit dem pharisäischen Judentum einerseits eine ständige Diskussion über das Gesetz und seine Interpretation führt, nimmt demonstrativ Abstand von der Synagoge und belegt dadurch andererseits eine noch frische Trennungssituation. Die Redaktion des Johannesevangeliums projiziert in die Geschichte Jesu Bedrohungen zurück, die Angehörige der johanneischen Kreise betrafen: Die 'Juden' bzw. die Pharisäer hätten beschlossen, jeden aus der Synagoge zu verbannen, der sich zu Jesus bekennen würde (Joh 9,22; 12,42; 16,2a), und die Trägergruppe der johanneischen Offenbarungstradition befürchtete offensichtlich, als häretische Lehrer verurteilt zu werden (Joh 16,2b).

Über diese drei Textzusammenhänge hinaus kommen allenfalls in Frage die doppelte Erwähnung der Verleumdung der Christen durch die 'Synagoge des Satans' in Smyrna und Philadelphia (Apok 2,9; 3,9), wo nicht nur eine Trennung, sondern auch eine kontroverse Konkurrenzsituation zwischen Kirche und Synagoge vorausgesetzt wird, und der Verweis auf verschiedene Verfahren der Synagogen gegen jüdische Christen und judenchristliche Missionare (Apg 26,9–11 und Justin, Apol. I,31,6; Apg 28,21). Ersteres ist deswegen interessant, weil der Verfasser der Offenbarung den Synagogen ihre jüdische Identität abspricht und die Kontinuität des Judentums für sich beansprucht. Die Berichte der Apostelgeschichte sind andererseits insofern hilfreich, als sie die Vorstellungen und vielleicht Erfahrungen eines westlichen Christentums des Endes des 1. Jahrhunderts widerspiegeln.

Zum einen kann sich der lukanische Verfasser ohne weiteres vorstellen, daß Christen als Häretiker gefangengenommen werden, um vor jüdische Autoritäten geschleppt und dort zum Tode verurteilt zu werden. Ob dabei tatsächlich vorausgesetzt wird, daß die jüdische Behörde das *ius gladii* besaß, muß hier offen bleiben. Der Plausibilität des in Apg 26,9f zusammengefaßten Verfahrens liegt auf jeden Fall die Erzählung des Prozesses und der Steinigung des Stephanus zugrunde (Apg 6,8–7,60). Zum anderen ist dem lukanischen Verfasser die Praxis eines zwangsweisen Abschwörens per Verwünschung bekannt (Apg 26,11), die auch bei Justin belegt ist. Auffällig ist aber, daß diese Maßnahme nicht nur für das Judentum typisch war. Nach Josephus, BJ 7,46–63, befahl ein jüdischer Apostel, daß die Juden von Antiochien Opfer nach der Sitte der Griechen darbringen sollten, damit sich Widerständler beim Ausbruch des jüdischen Krieges durch ihre Verweigerung offenbarten. Das gleiche verlangt Plinius von den Christen, die von ihm verhört werden: Wer behauptet, kein Christ zu sein, muß opfern und *maledicere Christo* (Plinius, ep. X,96,5). Endlich ist dem lukanischen Verfasser bewußt, daß die Synagogen ihren Widerstand gegen häretische Lehrer durch gegenseitige Mitteilungen und Briefe koordinieren (Apg 28,21).

3.2   Paulus und die Synagogen

Das erste Paradox ist, daß sich Paulus trotz seiner Bekehrung weiterhin als Jude versteht: Das Evangelium des Kreuzes ist die Offenbarung der Gerechtigkeit Gottes, wie sie in der Schrift bezeugt ist (Röm 3,21–31), die wahren Kinder Abrahams sind alle, die glauben (Röm 4,10–12), und die eigentliche Beschneidung ist die des Herzens (Röm 2,26–29, vgl. Phil 3,2f). Diese Kontinuität findet ihren Ausdruck im zweiten Paradox, daß Paulus aus dem Grund in den Synagogen mehrfach gestraft worden ist (2 Kor 11,24f), weswegen er selbst die Christen in den Synagogen verfolgt hatte (Gal 1,13.23; Phil 3,6). Diese Situation ergibt sich aus dem dritten Paradox, daß sich Paulus verpflichtet hat bzw. daß er dazu berufen worden war, immer wieder neue heidenchristliche Gemeinden zu gründen (Röm 1,13–15; 15,14–22), obwohl er selbst mit den Synagogen verbunden blieb.

Die von Paulus gegründeten Gemeinden konnten sich von der Synagoge deswegen nicht trennen, weil sie ihr nie angehört hatten.

Aus den Briefen des Paulus ergibt sich folgendes Bild: Die Galater, die sich wegen der paulinischen Predigt bekehrt hatten (Gal 3,1–5), waren Heiden, die Götter dienten, die keine Götter sind (Gal 4,8f). Sie sind zwar jetzt versucht (worden), sich beschneiden zu lassen (Gal 5,1–12); Ursache dafür ist aber die Argumentation von anderen Missionaren, die ein 'anderes Evangelium' mit sich gebracht haben (Gal 1,6f; 5,7). An sich sind die galatischen Kirchen heidenchristliche Gemeinden, die sich aus ehemaligen Heiden, das heißt Nicht-Juden, zusammensetzen. Die Gemeinde, die Paulus und Timotheus in Thessalonich gegründet haben, besteht auch ausdrücklich aus Heidenchristen: Sie haben sich von den Götzen abgewandt, um dem wahren und lebendigen Gott zu dienen (1 Thess 1,9). Infolgedessen sind sie einerseits nicht mehr wie 'die anderen', die keine Hoffnung haben, was nur die Heiden bezeichnen kann (1 Thess 4,13). Andererseits hat ihre Bekehrung zu Folge, daß sie mit ihren Mitbürgern ähnliche Schwierigkeiten haben wie die Judenchristen mit den Juden in Judäa (1 Thess 2,13–16). Die doppelte Voraussetzung dieser Aussage ist, daß die Bekehrung sowohl der Heiden als auch der Juden einen sozialen Bruch impliziert, der zu Diskordanzen mit der sozialen Umwelt führt, aber auch, daß Heiden und 'Juden' in einer ähnlichen Weise heilsgeschichtlich negativ qualifiziert werden. Die Kirche in Korinth ist ebenfalls überwiegend heidenchristlich (vgl. 1 Kor 12,2). In der Grußliste von Röm 16,21–23 werden zwar drei Brüder genannt, die Paulus explizit als seine Volksgenossen vorstellt: Luzius, Jason und Sosipater. Sie bilden aber eine Ausnahme und werden deswegen ausdrücklich erwähnt. Die anderen Persönlichkeiten, die entweder in Röm 16,21–23 oder in 1 Kor 1,11–16; 16,17f genannt werden, sind alle Heidenchristen, und der älteste Kern der Gemeinde besteht aus Nicht-Juden (1 Kor 1,11–16). Kurzum: In der Zeit, wo sich der Trennungsprozeß zwischen Christen und Synagogen in der römischen Gemeinde entwickelt, und wo christliche Kreise in anderen Gebieten und Ortschaften problemlos innerhalb der jüdischen Gesellschaft wachsen, werden christliche Kirchen gegründet, die von Anfang an ihre Wurzeln in der heidnischen Bevölkerung haben.

Die Geschichte der Beziehung des Apostels zur Synagoge vor und nach seiner Berufung ist insofern die einer Kontinuität, als sie zu der gleichen historischen und theologischen Logik gehört. Über die Verfolgungstätigkeit des Paulus geben die Briefe nur wenig Informatio-

nen. Als Gründe werden der Eifer des Pharisäers für das Gesetz bzw.
die gesetzeskritische Haltung der Christen oder bestimmter frühchristlicher Bewegungen genannt. Der angegebene Ort ist die syrische Diaspora. Aus dem Bericht des Galaterbriefes läßt sich rekonstruieren: Die
Kirchen in Judäa wußten nur vom Hörensagen, daß Paulus versuchte,
die Kirche zu zerstören; sie kannten ihn nicht persönlich. Mit der
Bezeichnung der 'Kirchen von Judäa' ist zunächst Jerusalem gemeint,
wie es 1 Thess 2,13–16 einerseits, die Argumentation von Gal 1,10–
2,21 andererseits zeigen, in der Paulus sein Verhältnis zu Jerusalem
thematisiert. Daraus folgt, daß er gegen christliche Kreise der Diaspora
gekämpft hat. Das Nächstliegende ist, daß er unter anderem Kirchen
in Damaskus verfolgt hat (πάλιν ὑπέστρεψα εἰς Δαμασ-
κόν, Gal 1,17). Aus den Angaben des autobiographischen Berichtes
von Gal 1,15–2,21 läßt sich auch der Zeitpunkt rekonstruieren. Die
Verfolgungstätigkeit des Paulus hat mit dem Anfang des hellenistischen Christentums in Syrien begonnen (s. oben, Teil I, I,2,4). Was
mit 'verfolgen' (διώκειν) gemeint ist, läßt sich am besten aus den
späteren Erfahrungen des Paulus selbst rekonstruieren (2 Kor 11,24f):
Christen wurden bedroht, Nötigung und Gewalt gegen Sachen und
Personen ausgeübt, einschließlich der Synagogenstrafe der 40 weniger
1 Schläge (vgl. Dt 25,3 und Josephus, AJ 4,248); vereinzelte Lynchjustiz ist nicht auszuschließen (Apg 7,54–60). Die Hellenisten waren
dadurch – wie später Paulus – vor die Entscheidung gestellt, entweder
in der Synagoge zu bleiben, und sich *ipso facto* ihrer Disziplin zu
unterwerfen, oder den religiösen und sozialen Rahmen des Judentums
zu verlassen. Man kann also feststellen, daß bis zum wahrnehmbaren
Ende seines Lebens Paulus auf seine Zugehörigkeit zur Synagoge
nicht verzichtet hat (2 Kor 11,24f), genauso wie die Brüder des johanneischen Kreises die Synagogen erst verlassen haben, als sie wegen
Drohungen und Ausschlüssen nicht mehr bleiben konnten (Joh 9,22;
12,42; 16,2), und die Hellenisten der matthäischen Kirchen ihre hermeneutischen Auseinandersetzungen mit dem pharisäischen Judentum
bis kurz vor dem Zeitpunkt der Verfassung des Matthäusevangeliums
innerhalb der Synagogen weitergeführt haben. Kurzum: Seit den
Anfängen der paulinischen Mission sind heidenchristliche Gemeinden
gegründet worden (vgl. Gal 2,2.7–9), das heißt, daß wahrscheinlich
seit der Mitte der 30er Jahre Kirchen existierten, die sich ganz unabhängig vom Judentum entwickelt haben und von Anfang an keine Be-

ziehung zu den Synagogen hatten. Die Autobiographie des Paulus belegt aber, daß er auch als Heidenapostel seine Zugehörigkeit zur christlichen Kirche oder zur Synagoge nicht als Alternative betrachtet hat, sondern daß er die Kontakte mit den jüdischen Gemeinden für seine missionarischen Reisen und um gelegentlich Juden vom Evangelium zu überzeugen (Röm 11,13) genutzt hat.

3.3 Prozesse der Trennungen

Die Rekonstruktion ist ausgesprochen schwierig. Allenfalls kann man versuchen, die Entwicklung der Verhältnisse, die das Matthäus- und das Johannesevangelium voraussetzen, zu beschreiben. Die Untersuchung ist aber dadurch eingeschränkt, daß die Texte keine expliziten Berichte, sondern nur Anspielungen enthalten. Die Ergebnisse sind deswegen sehr fragmentarisch, weil sie sich auf zwei bestimmte Kreise, auf die hellenisierten judenchristlichen Gemeinden der matthäischen Schule und auf den Verband der johanneischen Brüderschaften, und auf ein einziges Gebiet, sehr wahrscheinlich Syrien, beschränken.

Die Beurteilung des Verhältnisses zwischen johanneischem Kreis und Judentum ist überwiegend von der dreimaligen Erwähnung eines Ausschlusses aus der Synagoge derjenigen, die Jesus bekennen werden, abhängig:

> Wer Christus bekennt, sei aus der Synagoge ausgeschlossen (Joh 9,22)
> Die ἄρχοντες bekennen Jesus nicht, damit sie aus der Synagoge nicht ausgeschlossen werden (Joh 12,42)
> Die Jünger werden aus der Synagoge ausgeschlossen werden (Joh 16,2a)

Die historische Deutung des angesprochenen Vorganges eines Ausschlusses aus der Synagoge ist insofern schwierig, als der johanneische Begriff ἀποσυνάγωγος außerhalb des Johannesevangeliums nicht belegt ist und sich die Maßnahmen, die die 'Juden' bzw. die Pharisäer gegen bekennende Christen beschlossen hätten, mit keinem bekannten jüdischen Verfahren ohne weiteres identifizieren lassen. Mit einiger Plausibilität, aber ohne es belegen zu können, kann man das ἀποσυνάγωγος γίνεσθαι mit der 12. Benediktion des

Achtzehngebets in Verbindung bringen. Eine andere Interpretations-
möglichkeit bieten Analogien in der Sektenregel der Gemeinde in
Qumran an:

> Jemand, dessen Geist abweicht von der Grundlage der Einung, so
> daß er abfällt von der Wahrheit und in der Verstockung seines
> Herzens wandelt, wenn er umkehrt, büßt er zwei Jahre. Im ersten
> rühre er die Reinheit der Vollmitglieder nicht an. Im zweiten rühre
> er den Trank der Vollmitglieder nicht an und hinter allen Männern
> der Einung sitze er. Wenn er erfüllt hat die zwei Jahre, werden die
> Vollmitglieder über seine Angelegenheit befragt, und wenn sie ihn
> zulassen, so werde er in seine Rangstufe eingetragen und darnach
> wird er (wieder) um Rechtsentscheid befragt (1 QS V,18–21, vgl.
> 1 QS VIII,24–IX,2; Dam XII,3–6; 4 Q 266).

Obwohl sich die historischen Vorgänge nicht rekonstruieren lassen, ist
festzustellen, daß die Redaktion des Johannesevangeliums eine ihr gegenwärtige Situation – oder eine Situation der Geschichte des johanneischen Christentums, die in klarer Erinnerung geblieben war – in der
Darstellung der Zeit Jesu zurückprojiziert hat. Die Voraussetzungen
dieses literarischen Faktums sind die folgenden: Objektiv betrachtet
hat das johanneische Christentum bis relativ kurz vor der Zeit der
Abfassung des Evangeliums zum Judentum gehört. Das heißt auch,
daß sich die johanneischen Christen als Juden oder als ein besonderer
Kreis innerhalb des Judentums verstanden haben. Subjektiv betrachtet
ist der Ausschluß aus der Synagoge als Problem empfunden worden,
das im Johannesevangelium verarbeitet werden mußte (Joh 15,18–
16,4). Die Tatsache, daß einige gezögert haben, sich öffentlich zum
Erlöser zu bekennen, um nicht ausgeschlossen zu werden, zeigt, daß
die Grenzen zwischen Judentum und johanneischem Christentum
– oder zwischen Judentum und bestimmten Kreisen des johanneischen
Christentums – offen bzw. diskutabel geblieben waren.

Ein zusätzliches Informationselement bringt die Vorankündigung
von Joh 16,2b: "Ja es kommt sogar eine Stunde, wo jeder, der euch
tötet, einen Gottesdienst zu verrichten wähnt." Ἀλλ᾽ ἔρχεται
ὥρα setzt eine Unterscheidung von zwei Zeiten voraus, die zwei verschiedene Maßnahmen betreffen: Einerseits geht es um einen Ausschluß (Joh 16,2a), andererseits um Hinrichtungen (Joh 16,2b). Die
erste Maßnahme wird in die Zeit Jesu zurückprojiziert (Joh 9,22;
12,42), die andere wird ausdrücklich für die Zeit der Jünger angekün-

digt. Wie sich beide zueinander verhalten, ist schwierig zu rekonstruieren. Die kasuistische Form von Joh 16,2b setzt keine regelmäßige Maßnahme voraus. Was betont wird, ist eine logische und theologische Verbindung: Jünger Jesu könnten getötet werden, und es würde deswegen passieren, weil man denken würde, Gott dadurch einen Dienst zu erweisen. Daß solche Vorgänge als etwas Neues gegenüber Ausschlüssen aus der Synagoge im Laufe des Johannesevangeliums erscheinen, kann entweder bedeuten, daß Joh 16,2b eine neue Erfahrung der johanneischen Gemeinden wiedergibt, oder daß Auschlüsse und Todesurteile verschiedene Personenkreise betrafen bzw. betreffen konnten: Durch die Verbannung aus der Synagoge waren alle bedroht, die Jesus bekennen würden (Joh 9,22; 12,42), während die Todesstrafe nur über die in den Abschiedsreden versammelten Jünger (Joh 16,2) verhängt wurde.

Wiederum lassen sich die in Joh 16,2b angekündigten Vorgänge nicht genau rekonstruieren. Auffällig ist ihre angebliche Begründung: Die Todesstrafe von Trägern der johanneischen Offenbarungstradition sei vermeintlich als Gottesdienst verstanden worden. Einen Vorstellungsrahmen für eine historische Interpretation bietet hier auch die Damaskusschrift an:

> (In) jedem Fall eines <Bannes>, da einer vom Bann getroffen wird, so daß er aufhört (ein lebendiger) Mensch zu sein, ist dieser nach (?) den Gesetzen der Heiden zu töten (?) (Dam IX,1).

Eine andere Analogie findet man in Vorschriften der Mischna, die den Umgang mit Ketzern festlegen:

> Strenger ist es bei den Worten der Schriftkundigen als bei den Worten der Tora: Wenn jemand sagt, es gebe keine Tephillin-Pflicht, um die Worte der Tora zu übertreten, so ist er frei, wenn er aber sagt: Es seien fünf Gehäuse erforderlich, um zu den Worten der Schriftkundigen hinzuzufügen, so ist er schuldig.
> Man tötet ihn weder durch das Gericht seiner Stadt noch durch das Gericht in Jabne, vielmehr bringt man ihn zum obersten Gericht in Jerusalem; da bewacht man ihn bis zum Feste und richtet ihn dann hin, denn es heißt: 'Und ganz Jisraél soll hören und sich fürchten und fortan nicht mehr freveln' – dies die Worte R. Aqibas. R. Jehuda sagt, man ziehe seine Aburteilung nicht in die Länge, vielmehr töte man ihn sofort, schreibe und sende durch Boten schriftliche Mitteilung nach allen Orten: N., Sohn des N., ist vom Gericht zum Tode verurteilt worden (Sanh X,3 (= 88b) und X,4 (= 89a).

Der Text reflektiert ein zunächst völlig innerrabbinisches Problem: die Autorität (und das Legitimationsbedürfnis) der rabbinischen Lehrüberlieferung im Verhältnis zur Schrift. Die Problematik ist die der Irrlehrer: Die vorgeschriebenen Maßnahmen betreffen nicht jedes beliebige Mitglied der Synagoge, sondern Lehrende und andere maßgebliche Personen. Der Skopus ist der der Bewahrung der Tradition der Schriftkundigen: Streng bestraft wird nicht das Wort gegen die Schrift (damit ist keine gesetzliche Entscheidung von Belang getroffen, denn jeder kann sich darüber aus der Schrift belehren), sondern gegen die rabbinischen Entscheidungen. Die Begründung für die Hinrichtung der unorthodoxen Lehrer ist durch einen Verweis auf das Deuteronomium gegeben (Dt 17,13), der ein mögliches Äquivalent in Joh 16,2b finden könnte. Der Brief, der im Traktat Sanhedrin zitiert wird, hat auch eine gewisse Entsprechung im Bericht der Apostelgeschichte, diesmal aber in bezug auf die Tätigkeit des Paulus. Zu Paulus sagen die Juden in Rom: "Wir haben weder Briefe über dich aus Judäa empfangen, noch ist jemand von den Brüdern gekommen und hat über dich etwas Böses berichtet oder beredet" (Apg 28,21).

Ist diese Interpretation von Joh 16,2b richtig, dann läßt sich feststellen, daß sowohl die Androhung, aus der Synagoge ausgeschlossen zu werden, als auch die der Hinrichtung von Irrlehrern eine enge Beziehung zwischen den johanneischen Gemeinden und dem Judentum voraussetzt. Zur Zeit der Redaktion des Evangeliums steht zwar der johanneische Kreis nicht mehr unter der disziplinären Autorität der Synagoge. Die Auseinandersetzungen mit den Pharisäern, die als die führenden Gestalten der Synagoge geschildert werden, die Drohungen, aus der Synagoge ausgeschlossen zu werden, und das Risiko für die Trägergruppe der johanneischen Offenbarungstradition, zum Tode verurteilt zu werden (vgl. die Steinigungen von Joh 8,59 und 10,31), gehören aber zu den Erfahrungen, die unter dem Begriff des 'Hasses der Welt' durch das Evangelium verarbeitet werden müssen.

Der Ablauf der Ereignisse, der dadurch impliziert ist, setzt zum einen voraus, daß die Christen des johanneischen Kreises die Synagogen erst widerwillig und verhältnismäßig spät verlassen haben. Die gleichzeitige Zugehörigkeit zur Synagoge und zur Offenbarungstradition des Lieblingsjüngers sahen die johanneischen 'Brüder' insofern nicht als eine Alternative an, als sich die eschatologische Gemeinde in einer bestimmten Kontinuität mit dem Judentum verstand. Auch wenn sie ihren Ursprung im Himmel und nicht im irdischen Abbild der Mose-Tradition hat, bekennt sie, daß das Heil von den Juden kommt (Joh 4,22). Der rekonstruierbare Ablauf der Ereignisse zeigt zum anderen, daß das Selbstverständnis der johanneischen Gemeinden und ihre Interpretation ihrer Beziehung zum Judentum von dem Verständnis, das das pharisäische Judentum von der johanneischen Tradition hatte, streng unterschieden werden muß: Die Darstellung des Johannesevangeliums setzt voraus, daß die soziale und bekennende Zugehörigkeit des johanneischen Christentums zum Judentum zu einem bestimmten Zeitpunkt (wahrscheinlich nach den Anfängen der Jabne-Epoche) nicht mehr für tolerierbar gehalten wurde.

Die Situation, die sich im Matthäusevangelium widerspiegelt, setzt vergleichbare Verhältnisse voraus. Die Trennung zwischen der matthäischen Gemeinde und den Synagogen gehört auch zur Vergangenheit der Redaktion des Evangeliums. Der stereotype Sprachgebrauch von 'ihren' bzw. 'euren' Synagogen (Mt 4,23; 9,35; 10,17; 12,9; 13,54; 23,34) zeigt, daß die Synagogen als solche für Matthäus die Synagogen des pharisäischen Judentums sind: Die Kirche des Matthäus nimmt offensichtlich am Synagogengottesdienst nicht mehr teil. Der Vorgang, der zur Ablösung geführt hat, läßt sich nicht mehr rekonstruieren. Auffällig ist nur, daß die Kontroversen zwischen Jesus und den Pharisäern, die hauptsächlich Interpretationsfragen des Gesetzes betreffen, zu regelrechten Auseinandersetzungen geworden sind, die innerhalb der Synagogen zwischen christlichen und jüdischen Lehrern stattgefunden haben. Grundsätzlich wird die Autorität der jüdischen 'Schriftgelehrten und Pharisäer' anerkannt: Sie sitzen auf Moses' Stuhl, und alles, was sie sagen, sollen die christlichen Jünger befolgen und tun (Mt 23,2f). Vom Standpunkt des Matthäusevangeliums aus besteht der Dissens in der Christologie, die eine bessere Gerechtigkeit als die der 'Schriftgelehrten und Pharisäer' fordert (Mt 5,17–20): Zum einen hat das ganze Gesetz, also sowohl 'das Gesetz und die Propheten' (= die Schrift, Mt 22,40) als auch die mündliche Auslegung der vorrabbinischen Tradition, verpflichtenden Charakter (vgl. Mt 23,23); zum anderen sollen die gesamten gesetzlichen Vorschriften (Mt 5,18f) vom hermeneutischen Schlüssel des Liebesgebotes her (Mt 22,34–40; Variationen: Die Barmherzigkeit in Mt 9,13; 12,7; die zweite Tafel des Dekalogs *und* die Nächstenliebe, Mt 19,19; die goldene Regel, Mt 7,12) ausgelegt und befolgt werden. Die Folgen dieses Dissenses über die Anerkennung der Christologie als maßgebende Instanz für die Gesetzesauslegung hat nach dem Matthäusevangelium zweierlei zur Folge, nämlich daß die 'Schriftgelehrten und Pharisäer' als Heuchler und Gesetzesverächter betrachtet werden (Mt 15,7; 23,13–36 bzw. 23,28), aber auch, daß die Christen in einer Stadt nach der anderen von der Synagoge verfolgt werden (Mt 10,17; 23, 34). Kurzum: Die Gemeinden des matthäischen Evangeliums führen zur Zeit der Redaktion des Evangeliums ihr eigenes Leben am Rande der Synagoge. Kurz vorher waren sie aber noch innerhalb des Judentums und des Synagogenverbandes geblieben, wo ihre christlichen Schriftgelehrten (Mt 13,51f) sich mit den pharisäischen auseinandergesetzt haben.

Als Fazit kann zusammengefaßt werden: Sowohl das Matthäusevangelium als auch das Johannesevangelium setzen Formen des Christentums voraus, die bis kurz vor ihrer Redaktion innerhalb der jüdischen Synagogen gewachsen waren. Zum Überzeugungssystem dieser Christentümer gehört das zweifache Bekenntnis der Zugehörigkeit zur jüdischen Tradition und Gemeinde und zur eschatologischen Autorität der Christologie. Die Anerkennung dieser doppelten Autorität und auch die Tatsache, daß das eschatologische Selbstverständnis der johanneischen Gemeinden bzw. die christologisch bestimmte Heilsgeschichte der matthäischen Schule zu einer eschatologischen Interpretation der jüdischen Schrift und der jüdischen Tradition führt, ist kein Spezifikum des Christentums. Sie kennzeichnet ebenso die Denkweise sowohl der apokalyptischen Bewegungen innerhalb des Judentums als auch die Selbständigkeit der Überlieferung und die Gemeindeorganisation der Essener in Qumran und außerhalb. Plausibel ist aber, daß diese Gemeinden, die sich noch verhältnismäßig spät unter der jurisdiktionellen Zuständigkeit der Synagogen befanden, immer klarer als unorthodox empfunden wurden, und daß sie nach den Anfängen der Jabne-Epoche (70–135) so bekämpft und bedroht worden sind, daß sie weniger freiwillig als gezwungenermaßen den Rahmen des synagogalen Verbandes verlassen haben.

III. Personen und Werke

1. Paulus

BERGER, K.: Apostelbrief und apostolische Rede. Zum Briefformular frühchristlicher Briefe, ZNW 65 (1974) 190–231. – BETZ, H.D.: Der Apostel Paulus und die sokratische Tradition. Eine exegetische Untersuchung zu seiner 'Apologie' 2. Korinther 10–13, BHTh 45, Tübingen 1972. – BOSENIUS, B.: Die Abwesenheit des Apostels als theologisches Programm. Der zweite Korintherbrief als Beispiel für die Brieflichkeit der paulinischen Theologie, TANZ 11, Tübingen 1993. – BURCHARD, CH.: Der dreizehnte Zeuge. Traditions- und kompositionsgeschichtliche Untersuchungen zu Lukas' Darstellung der Frühzeit des Paulus, FRLANT 103, Göttingen 1970. – LYONS, G.: Pauline Autobiography. Toward a New Understanding, SBLDS 73, Atlanta 1985. – VOUGA, F.: Der Brief als Form der apostolischen Autorität, in: K. Berger/F. Vouga/M. Wolter/D. Zeller, Studien und Texte zur Formgeschichte, TANZ 7, Tübingen 1992, 7–58.

1.1   Autobiographisches und Biographisches

Lebenslauf und Chronologie wurden bereits zusammengefaßt (s.o. I.1.3). Autobiographische Berichte enthalten sowohl die Paulusbriefe (Gal 1,12–2,14[–21]; Phil 3,4–11, aber auch die Reiseberichte in 2 Kor 1,15–22; 2,12f; 7,5–16, die Peristasenkataloge in 2 Kor 4,7–10; 11,23–29, und die Bekenntnisse von Röm 7,7–25 und 2 Kor 12,1–10) als auch die zweimal wiederholte und variierte Geschichte der Bekehrung in der Apostelgeschichte (Apg 9,1–19a // Apg 22,3–16 // Apg 26,4–18). Die paulinische Erzählweise zeichnet sich dadurch aus, daß sie sich entweder auf äußerliche Fakten beschränkt (Gal 1,12–2,14), oder daß autobiographische Verweise Ausgangspunkte einer Thematisierung der Befindlichkeit der menschlichen bzw. der glaubenden Existenz sind (Gal 2,15–21; Röm 7,7–25; Phil 3,4–11). Kurzum: Das 'Ich' der autobiographischen Berichte des Paulus meint entweder die äußerliche Persönlichkeit des Apostels, oder schildert Erfahrungen, die unmittelbar theologisch reflektiert werden und sich ohne weiteres verallgemeinern lassen. Die Konsequenz daraus ist, daß die in den Paulusbriefen enthaltenen Informationen wohl eine Chronologie (für die Zeit zwischen 35 und 55 n.Chr.) und einen partiellen Lebenslauf (am achten Tag beschnitten, aus dem Stamm Benjamin geboren, Pharisäer geworden, Verfolger der Kirche und zum Heidenapostel berufen, Phil 3,4–11; Gal 1,12ff) rekonstruieren, aber keine Autobiographie im eigentlichen Sinne darstellen.

Einzelheiten wie Geburtsort (Tarsus, Apg 9,30; 11,25; 22,3), Ausbildung (Schüler von Gamaliel, Apg 22,3) Hebräischkenntnisse (Apg 22,2), römische Bürgerschaft (Apg 16,37f; 22,25–29; vgl. 21,39) und auch die Behauptung, er hätte lange in Jerusalem gelebt (Apg 26,4) und dort die Christen verfolgt (Apg 26,10, was Gal 1,22–24 widerspricht), sind erst der lukanischen Darstellung zu entnehmen. Die 'autobiographischen' Berichte der Apostelgeschichte vermitteln übrigens insgesamt ein anderes Bild des Paulus und der paulinischen Mission als die Paulusbriefe. Das heilsgeschichtliche Missionsschema: 1. Predigt in der Synagoge zu den Juden, die 2. gottesfürchtige Griechen (= Heiden) überzeugt, was 3. die Eifersucht der Juden verursacht, ist ein Stereotyp, das sich mit Variationen in der lukanischen Darstellung immer wieder wiederholt (Apg 17,1–9.10–15; 18,1–17; vgl. 21,27–40), das aber in den Paulusbriefen keine Entsprechung findet (sowohl der 1. Thessalonicher- und der 1. Korinther- als auch der Galater- und der Philipperbrief setzen voraus, daß die betreffenden Gemeinden von Anfang an aus Heidenchristen bestanden, die die Götzen für den wahren Gott aufgegeben haben) und seinen Gründungsmythos im Bericht über den göttlichen Auftrag an Paulus im Tempel in Jerusalem hat (Apg 22,17–21): Paulus ist nicht als Heidenapostel berufen worden (so Gal 1,16), sondern als Apostel des Volkes und der Heiden (Apg 26,16–18). Er wird unter die Heiden hinaus in die Ferne gesandt (Apg 22,21), weil die Juden sein Zeugnis nicht annehmen wollen (Apg 22,18). Dementsprechend betonen die lukanischen Berufungsgeschichten des Paulus die jüdisch-gehorsame Kontinuität des Selbstverständnisses des Paulus vor und nach seiner 'Bekehrung'. Seine jüdische Vergangenheit (Apg 22,3–5; 26,4–18) ist kein Hindernis für die Plausibilität seines neuen Auftrags, sondern hat den Wert eines Arguments *a fortiori* in einem Geschichtsbild, für welches die Kontinuität der Geschichte Israels in der paulinischen Juden- und Heidenmission stattfindet. Offensichtlich ist für Lukas wichtig, daß Ananias fromm, treu zum Gesetz und von den Juden gut angesehen sei (Apg 22,12), und auch programmatisch, daß der Missionsauftrag im Rahmen des

Jerusalemer Tempels stattfindet (Apg 22,17–21). Kurzum: Paulus als Heidenapostel ist ein guter Jude, der Gott und die himmlische Erscheinung gehört hat (Apg 22,14f; 26,19–21), und die Juden disqualifizieren sich, indem sie sich gegen ihn und seine Juden- und Heidenmission einsetzen (Apg 26,19–21).

Die letzte Reise des Paulus nach Jerusalem, seine Verhaftung und seine Fahrt als Gefangener nach Rom (Apg 20,7–28,31) werden aus verständlichen Gründen erst in der Apostelgeschichte erzählt. Der Bericht veranschaulicht allerdings die heilsgeschichtlichen und politischen Hauptthemen des lukanischen Doppelwerkes: den Unglauben des Judentums und die Rechtmäßigkeit des römischen Staates in der Behandlung des christlichen Problems (Apg 26,31; s.u. Teil III, II.3.1). Die lukanische Geschichtsschreibung, die sich in ihrem Bericht der Anfänge der paulinischen Mission nachweisbar große Freiheiten mit den historischen Stoffen erlaubt, ist sehr wahrscheinlich kaum zuverlässiger in der Darstellung des Endes. Mit Sicherheit läßt sich nur feststellen, daß Paulus den Römerbrief wahrscheinlich in Korinth geschrieben hat, und dies mit der Absicht, die Kollekte nach Jerusalem zu bringen und dann nach Rom und nach Spanien zu gehen (Röm 15,25–29). 1 Clem 5,1–7 setzt voraus, daß er als Märtyrer gestorben ist. Daß er in Rom gestorben sei, könnten sowohl 1 Clem 6,1 als auch IgnRm 4,6 voraussetzen.

1.2 Paulus als Briefschreiber

Für die Entwicklungsgeschichte des frühen Christentums noch wichtiger als die programmatische Heidenmission des Paulus ist die Entfaltung der paulinischen Brieftheologie. Zum einen scheinen die paulinischen Apostelbriefe den ersten Versuch darzustellen, den christlichen Glauben als rationales und konsistentes Selbstverständnis bzw. Überzeugungssystem zu durchdenken. Zum anderen hat Paulus eine Briefform gebildet, die als Gattung der apostolischen Literatur par excellence rezipiert worden ist und dadurch die Denk- und Kommunikationsstruktur der frühchristlichen Theologie stark geprägt hat.

Die Schreibtätigkeit des Paulus ist mit zwei Städten und mit Denkpausen im Anschluß an wichtige Etappen seiner Missionstätigkeit verbunden: In Korinth wurden der 1. Thessalonicher- und der Römerbrief verfaßt, in Ephesus die Korintherbriefe, der Galater- und der

Philipperbrief. Die oberflächliche Vermutung, daß diese Briefe aus Zeitgründen jeweils einen persönlichen Besuch ersetzen sollten, wird durch die doppelte Beobachtung widerlegt, daß sie einen höheren Anspruch haben, als unmittelbare Probleme in den Gemeinden zu lösen (programmatisch ist der 1. Korintherbrief nicht nur an die Gemeinde in Korinth, sondern auch an die ganze Christenheit adressiert, 1 Kor 1,2b), und daß sie Bestandteil einer Strategie der paulinischen, apostolischen Kommunikation sind, nach welcher Briefe, Besuche von Mitarbeitern und Besuche des Apostels selbst genaue und unterschiedliche Funktionen haben: Mitarbeiter halten den gegenseitigen Kontakt zwischen Apostel und Kirchen aufrecht, erfüllen besondere Aufgaben und sind für die Lösung einzelner Probleme zuständig; Besuche des Apostels sind dem Aufbau der Gemeinden gewidmet; grundsätzliche Diskussionen und Auseinandersetzungen werden durch Apostelbriefe geführt (2 Kor 1,15–2,11; 7,5–16). Der Grund, weswegen Paulus die briefliche der mündlichen Kommunikation für theologisch-kontroverse Argumentationen vorzieht, wird in 2 Kor 4,7–5,5 genannt: Die Schrift ermöglicht eine Unterscheidungen zwischen dem persönlichen 'Ich' des Absenders und dem apostolischen 'Ich' der brieflichen Darstellung einerseits, und daher zwischen dem 'äußeren' und dem 'inneren' 'Ich' des Apostels andererseits (vgl. auch 2 Kor 11,30–12,10). Die Notwendigkeit dieser Unterscheidungen ist grundsätzlich-theologischer Ordnung: Die paulinische Kreuzestheologie setzt eine Unterscheidung voraus zwischen der Weisheit der Welt (= *sub specie temporis*) und der Weisheit Gottes (= *sub specie aeternitatis*, 1 Kor 1,18–31). Die Vermittlung dieser Unterscheidung setzt eine zweite voraus, die zwischen der Weisheit des Evangeliums und der Weisheit des Apostels differenzieren kann. Diese zweite Unterscheidung setzt eine dritte voraus, die die apostolische Befindlichkeit durch die Ich-Problematik thematisiert, und diese findet ihren bestmöglichen Ausdruck in den Bedingungen der brieflichen Kommunikation.

Die Verwendung der Gattung des Briefes für die philosophische bzw. religiöse Unterweisung bei Paulus ist nicht neu. Die Vorteile der brieflichen Kommunikation sind unter anderem von Seneca hervorgehoben worden. Produktionsorientiert betrachtet: Anders als die übrigen Formen der schriftlichen Kommunikation ist der Brief mit einem Wahrheitsanspruch verbunden und setzt die persönliche Aufrichtigkeit des Verfassers voraus (Seneca, ep.mor. 75,2). Adressatenorientiert betrachtet: Wenn es um Effizienz geht, dann wirkt ein Gespräch oder ein Brief auf den angesprochenen Adressaten besser als ein öffentlicher Vortrag (Seneca, ep.mor. 38,1; 75,5). Diese Überlegungen finden ihre Entsprechung in der Form des Apostelbriefes, die Paulus aus dem hellenistisch-jüdischem Brief ableitet (2 Makk 1,1–9; 2 Makk 1,10–2,18; ApkBar(syr) 78,2–86,3; so noch 1 Thess). Der Kommunikationszusammenhang wird nicht durch einen Gruß, sondern durch eine Segensformel, die die beiden Gaben Gottes der Gnade und des Friedens zusagen, hergestellt (ἀπό κτλ., Röm 1,7; 1 Kor 1,3; 2 Kor 1,2; Gal 1,3; Phil 1,2). Die Gegenüberstellung Gott/Mensch zeichnet aber auch sowohl die Selbstvorstellung des Absenders als auch die Adressaten, die die apostolische Kommunikation konstituiert, aus. Zum einen stellt sich der Absender als Apostel vor, und zwar im Auftrag seines Herrn. Dadurch verpflichtet er sich seinen Adressaten gegenüber als apostolische Autorität. Zum anderen sind die Adressaten als Geheiligte bzw. als Erwählte bzw. als Adressaten der heiligen Gaben Gottes (1 Kor 1,3f) qualifiziert. Voraussetzung der apostolischen brieflichen Kommunikation ist, der Form des paulinischen Apostelbriefes nach, die gegenseitige Anerkennung der apostolischen Autorität und der christlichen Gemeinden vor Gott, der den Apostel beauftragt und die Adressaten erwählt hat. Auffällig ist, daß die paulinische Form des Apostelbriefes nicht nur in den pseudepigraphischen Paulusbriefen (im Epheser- und im Kolosserbrief, aber auch im 2. Thessalonicherbrief und in den Pastoralbriefen) übernommen worden ist, sondern auch – mit einigen Variationen – in den übrigen Apostelbriefen (in den Petrus-, Jakobus-, Judas- und in den zwei kleinen Johannesbriefen). Rezeptionsgeschichtlich betrachtet bedeutet dies, daß der paulinische Apostelbrief als Form der apostolischen Autorität und als die Gattung par excellence der apostolischen Zeit rezipiert worden ist. Literaturgeschichtlich betrachtet bedeutet es, daß – genauso wie Jesus zu den Voraussetzungen der frühen Christentümer und der christlichen Theologie gehört – die Form des paulinischen Apostelbriefes eine Voraussetzung für die (pseudepigraphische) apostolische Literatur ist.

2. Der 'Lieblingsjünger'

HENGEL, M.: Die johanneische Frage. Ein Lösungsversuch, WUNT 67, Tübingen 1993. – LORENZEN, T.: Der Lieblingsjünger im Johannesevangelium, SBS 55, Stuttgart 1971. – SCHENKE, H.M.: The Function and Background of the Beloved Disciple in the Gospel of John, in: Ch.W. Hedrick/R. Hodgson Jr. (Hrsg.), Nag Hammadi, Gnosticism and Early Christianity, Peabody 1986, 111–125.

Das Johannesevangelium, das mit Ausnahme von Joh 21,2 weder Jakobus noch Johannes, die Söhne des Zebedäus, nennt (s.o. Teil I, III,3), verleiht der rätselhaften Figur eines Jüngers, 'den Jesus liebte', eine besondere Bedeutung. Dieser wird in Joh 13,23–25 als der vertraute Jünger Jesu (sein Verhältnis zu Jesus in Joh 13,23 gleicht dem Verhältnis des Sohnes zum Vater in Joh 1,18) und als der autorisierte Interpret des Offenbarers bzw. als Vermittler zwischen Petrus und Jesus vorgestellt (Joh 13,24). Er erscheint ein zweites Mal in Joh 18,15f als der 'andere Jünger' (so auch in Joh 20,2), und zwar mit einer ähnlichen doppelten Rolle wie in Joh 13,23–25: Einerseits folgt er weiterhin Jesus (Joh 18,15), andererseits hat er wiederum eine vermittelnde Funktion zwischen Petrus und Jesus (Joh 18,16): Er kennt den Hohenpriester und führt Petrus in den Hof hinein, wo Jesus verhört wird (Joh 18,13). Das Johannesevangelium führt die Figur des Lieblingsjüngers ein drittes Mal im Zusammenhang mit der Erzählung vom Tod bzw. von der Erhöhung Jesu ein (Joh 19,26f): Zum einen ist der Lieblingsjünger der einzige Jünger, der bis zum Ende mit Jesus zusammengeblieben ist und dadurch zum unersetzbaren Zeugen wird, zum anderen wird er von Jesus berufen, ihn als 'Sohn' seiner Mutter zu vertreten (Joh 19,26). Indem er zum Nachfolger wird, den Jesus einsetzt, bekommt er die Funktion einer Gründungsfigur der christlichen, eschatologischen Gemeinde.

Die Konkurrenzsituation zwischen dem Lieblingsjünger und Petrus wird noch dreimal in den johanneischen Osterberichten thematisiert. Die erste Szene ist die des leeren Grabes (Joh 20,2–10). Nach der Darstellung des Johannesevangeliums ist der Lieblingsjünger der erste, der an die Gruft kommt (Joh 20,4), Petrus der erste, der in die Gruft hineingeht (wodurch die traditionelle Rolle des Petrus als erster Zeuge der Auferstehung anerkannt wird, Joh 20,6, vgl. 1 Kor 15,5), der Lieblingsjünger aber wiederum der erste, der 'sieht und glaubt' (Joh 20,8), und dies unabhängig von der Schrift, nach welcher Jesus von den

Toten auferstehen mußte (Joh 20,9). Die gleiche Rollenverteilung kennzeichnet die Szene am See von Tiberias (Joh 21,1–8): Als erster versteht der Lieblingsjünger den wunderbaren Fischzug als eschatologisches Zeichen und bekennt Jesus als den Herrn (Joh 21,7), und Petrus bleibt von seinem Zeugnis abhängig (Joh 21,7–14).

Die letzte Szene ist ein Dialog zwischen Petrus und Jesus (Joh 21,15–23): Petrus wird als Hirte der Kirche eingesetzt (Joh 21,15–17), sein Märtyrertod wird ihm von Jesus vorausgesagt (Joh 21,18f), und er fragt nach dem Geschick des Lieblingsjüngers (Joh 21,20–23), der gerade dabei war, Jesus nachzufolgen (Joh 21,20). Aus der Antwort Jesu und dem Kommentar, den das Johannesevangelium anfügt, geht hervor, daß ein Spruch in den johanneischen Gemeinden überliefert worden ist ("wenn ich will, daß er bleibt, bis ich komme, was geht es dich an?", Joh 21,22), der zu der Vorstellung geführt hat, daß der Lieblingsjünger nicht sterben würde (Joh 21,23). Diese Schlußfolgerung wird als Fehlinterpretation abgelehnt (Joh 21,23b), was weder zwingend voraussetzt, daß der Lieblingsjünger zur Abfassungszeit des Johannesevangeliums bereits gestorben sei, noch impliziert, daß sein Tod für die johanneische Gemeinde ein Problem, das hier verarbeitet werden müßte, gewesen sei. Die einzige Implikation des Textes ist, daß der Lieblingsjünger keine fiktionale, sondern vielmehr wohl eine historische Figur des johanneischen Christentums war, dessen Stellung im Epilog von Joh 21,24f präzisiert wird: Der Lieblingsjünger ist der Zeuge, auf den sich die johanneische Offenbarungstradition beruft. Ihre Trägergruppe (= die Wir-Gruppe, die schon in Joh 1,14.16; 3,11; 4,22; 9,4 und dann in 1 Joh 1,1–3.5; 4,6.14 zur Sprache kommt, s.o. I.3.4) bezeugt, daß sein Zeugnis wahr ist, und der Verfasser des Evangeliums (Joh 21,25: 1. Pers. Sg.), der zur Wir-Gruppe gehört (Joh 21,24: 1. Pers. Pl.), behauptet, das Buch in seinem Namen geschrieben zu haben (Joh 21,24). Fiktional oder historisch setzt der Übergang von der 3. Pers. Sg. (der Lieblingsjünger habe Joh 1,1–21,23 geschrieben) zur 1. Pers. Sg. ein ähnliches Verhältnis zwischen dem Lieblingsjünger und dem 'Ich' des Verfassers voraus wie zwischen Paulus und Tertius für die Abfassung des Römerbriefes (Röm 16,22) oder zwischen Petrus und Silvanus im 1. Petrusbrief (1 Petr 5,12).

Kurzum: Die historische Figur des Lieblingsjüngers ist gleichzeitig die eines Jüngers, der die vollkommene Erkenntnis des Offenbarers hat, der von Jesus den Auftrag bekommen hat, seinen Platz auf Erden

zu übernehmen (Joh 19,26f), und auf dessen wahres und qualifiziertes
Zeugnis sich die johanneische Offenbarungstradition beruft. Die Konkurrenz zwischen dem Lieblingsjünger und Petrus, von der in den
Abschiedsreden und in der Passions- und Ostergeschichte berichtet
wird, hat einen proleptischen und programmatischen Charakter: Sie
bezieht sich ausdrücklich auf die nachösterliche Zeit und auf die
Entwicklungsgeschichte der frühen Christentümer. Die Rolle des
Petrus ist ambivalent. Zum einen wird seine historische Bedeutung
anerkannt: Er wird sowohl als der Vertreter der Zwölf als auch als der
erste Zeuge der Auferstehung Jesu, als Hirt der Kirchen und als Märtyrer dargestellt. Zum anderen wird aber neben ihm die Figur des
Lieblingsjüngers eingesetzt, und zwar als die Autorität des Zeugen, der
sieht, glaubt, versteht und die Erkenntnis hat. Durch diese Darstellung
bringt das Johannesevangelium den Gründungsmythos und das Selbstbewußtsein der johanneischen Kreise zum Ausdruck: Die Existenz
anderer christlicher Bewegungen wird anerkannt, aber in der sich auf
den Lieblingsjünger gründenden Überzeugung, daß die johanneische
Offenbarungstradition eine höhere und vollkommenere Form des
christlichen Glaubens darstellt.

Das Johannesevangelium bietet keine Identifikationsmöglichkeit
des Lieblingsjüngers mit einer namentlich bekannten Figur des frühen
Christentums. Allenfalls kann man auf die anonyme Gestalt des Jüngers verweisen, der als erster gemeinsam mit Andreas Jesus nachfolgt
(Joh 1,37.40), und auf die Liste der Jünger, die sich an der Szene von
Joh 21,2–14 beteiligen: Genannt werden dort Petrus, Thomas, Natha-
nael, die Söhne des Zebedäus und noch zwei andere (Joh 21,2). Daß
der Lieblingsjünger und Johannes, der Bruder des Jakobus und Sohn
des Zebedäus, miteinander identisch sind, was sowohl in P[66] als auch
von Irenäus und Clemens von Alexandrien vorausgesetzt wird, ist
weder unmöglich noch zwingend (s.o. Teil I, III,3).

3. Maria Magdalena

BOVON, F.: Le privilège pascal de Marie-Madeleine, NTS 30 (1984) 50–62.
– PAGELS, E.: The Gnostic Gospels, New York 1979.

Unter den Frauen, die im Umkreis Jesu genannt werden, spielt Maria
Magdalena eine herausragende Rolle. Sie wird nicht über ihre Fami-

lienverhältnisse (Tochter, Mutter, Ehefrau), sondern über ihren Ursprungsort charakterisiert. Sie stammt aus Magdala, einer Stadt, die wegen ihrer Fischerei ein wichtiges wirtschaftliches Zentrum war. Die einzigen Frauen, die sonst in der frühchristlichen Literatur als selbständige Personen genannt werden, sind Maria und Martha (Lk 10,38–42; vgl. Joh 11,1–54). Maria Magdalena gehört nicht nur zu den Frauen, die bei der Kreuzigung Jesu dabei sind (Mk 15,40.47; Mt 27,56.61; Joh 19,25) und das leere Grab entdecken (Mk 16,1; Mt 28,1; Lk 24,10; Joh 20,1), sondern sowohl im Matthäusevangelium (allerdings mit der 'anderen' Maria zusammen, Mt 28,8–10) als auch im Johannesevangelium (Joh 20,11–18) ist sie die erste Person, die – noch vor den Jüngern (Mt 28,16–20; Joh 20,19–29) – den Auferstandenen gesehen hat.

Kurzum: Maria Magdalena ist nicht nur mit den Legenden des leeren Grabes verbunden (Mk 16,1–8; Mt 28,1–7; Lk 24,1–11.12; Joh 20,1–10), sondern auch mit den Traditionen der Ostererscheinungen, womit sie in direkte Konkurrenz mit Petrus und Jakobus tritt (1 Kor 15,5.7). Man muß entweder annehmen, daß die Erscheinungen des Auferstandenen vor den Frauen (Mt 28,8–10) bzw. vor Maria Magdalena (Joh 20,11–18) eine späte Entwicklung der Osterlegenden darstellen, weil sie eine Art Mischform der Ostererscheinungen vor den Jüngern (Mt 28,16–20; Lk 24,36–43; Joh 20,19–29; vgl. Mk 14,28; 16,7; 1 Kor 15,3b–5) und der Erzählungen vom 'leeren Grab' anbieten, oder man muß voraussetzen, daß frühchristliche Traditionen Maria Magdalena neben Petrus, Jakobus und anderen Gestalten der Anfänge des Christentums als einen der ersten Zeugen der Osterereignisse und als eine der Gründungsfiguren der Christenheit betrachtet haben.

Wer Maria Magdalena war und welche Bedeutung sie in der Umgebung Jesu und in der Geschichte des frühen Christentums hatte, läßt sich nur mit Vorsicht rekonstruieren. Nach dem Bericht des Lukasevangeliums (Lk 8,2) hat sie sich der Gruppe der JüngerInnen Jesu angeschlossen, nachdem er sie von sieben Dämonen befreit hatte. Diese Information scheint Mk 16,9 zu bestätigen; die längere Fassung des Markusevangeliums ist hier aber wahrscheinlich von Lk 8,2 abhängig.

Interessanter und historisch aufschlußreicher ist die Tatsache, daß Maria Magdalena sowohl im Johannesevangelium als auch in späteren gnostischen Texten einen besonderen Platz erhält. Im Johannesevangelium ist sie Adressatin der ersten Offenbarung des Auferstandenen

(Joh 20,11–18), und sowohl im Thomasevangelium (EvTh 21) als auch in der Sophia Jesu Christi, (NHC III,4 und BG 8502,3 77,8–127,12, NHC III,4 98,9; 114,8–13), in der Pistis Sophia, wo 39 von den 46 Fragen, die Jesus gestellt werden, von Maria Magdalena formuliert werden, und im Dialog des Erlösers (NHC III,5 126,17–20; 131,19–21; 134,24f; 137,4–11; 139,12f; 140,14–141,2; 141,12–14; 142,20f; 143,6–10; 144,5–8; 144,22; 146,1–4) bekommt sie eine Sonderstellung als Gesprächspartnerin des Herrn.

Genauso wie der Lieblingsjünger im Johannesevangelium steht dabei Maria Magdalena in Konkurrenz mit Petrus. Im Thomasevangelium empört sich Petrus darüber, daß sie zum engen Kreis der Jünger gehöre: "Simon Petrus sagte zu ihnen: Maria soll aus unserer Mitte fortgehen, denn die Frauen sind des Lebens nicht würdig. Jesus sagte: Seht, ich werde sie ziehen, um sie männlich zu machen, damit auch sie ein lebendiger Geist wird, vergleichbar mit euch Männern. Denn jede Frau, die sich männlich macht, wird in das Himmelreich gelangen" (EvTh 114). Zum einen ist die Problematik grundsätzlich anthropologisch-soteriologisch: Bedingung für das Leben ist die Rückkehr zur ursprünglichen, androgynen Natur des Menschen, wodurch Unterschiede zwischen Mann und Frau aufgehoben werden. Zum anderen wird die Diskussion durch die Sonderstellung der Maria Magdalena unter den Jüngern ausgelöst. In der Pistis Sophia ärgert sich Petrus, daß Maria Magdalena die Hauptrolle im Dialog mit Jesus übernimmt und daß der Vorrang des Petrus und der Apostel nicht berücksichtigt wird (Pistis Sophia 36, vgl. 71). Im Dialog des Erlösers gehört sie gemeinsam mit Judas und Matthäus zu einer kleinen Gruppe, die eine Sonderunterweisung des Herrn bekommt (NHC III,5 134,24f), und wird als eine Frau gepriesen, die "das All kennt" (NHC III,5 139,12f). Und am klarsten wird sie im Evangelium der Maria dem unverständigen Petrus gegenübergestellt, dem sie alles erklären muß (BG 8502,1 10,1–19,5). Kurzum: In den gnostischen Dialogen des Erlösers nimmt Maria Magdalena eine Funktion ein, die mit der priviligierten Stellung des Lieblingsjüngers im Johannesevangelium vergleichbar ist: Einerseits wird sie als Vorbild des Glaubens, des Verständnisses und der Erkenntnis des Erlösers und seiner Offenbarung vorgestellt, andererseits ist sie (im Evangelium der Maria, BG 8502,1 10,1–6: von Petrus selbst) als autorisierte Vermittlerin und Auslegerin der Worte des Erlösers deswegen anerkannt. Entweder muß man davon ausgehen, daß gnostische Schulen Legenden weiterentwickelt haben, oder man muß annehmen, daß Maria Magdalena zur Lebzeit Jesu bzw. in bestimmten Entwicklungslinien des frühen Christentums eine historische Rolle gespielt hat, die sich sowohl im Johannesevangelium als auch in der Thomasschule und in gnostischen Schulen widerspiegelt, und die sie ähnlich wie Petrus, Jakobus und der johanneische Lieblingsjünger zu einem Gründungsmythos des Christentums gemacht hat.

Nach dem Evangelium der Maria wurde Maria Magdalena von Jesus mehr geliebt als die anderen Frauen (BG 8502,1 10,2). Nach dem Philippusevangelium (NHC II,3) war sie seine Lebensgefährtin: "Drei (Frauen) hatten ständigen Umgang mit dem Herrn: Maria, seine Mutter, seine Schwester und Magdalena, die seine Gefährtin (κοιν-ωνός) genannt wird. Seine Schwester, seine Mutter und seine Gefährtin heißen nämlich alle Maria" (NHC II,3 59,6–11). "Der S[oter lieb]te [Ma]ria Mag[da]lena mehr als [alle] Jün[ger, und er] küss[te] sie [oft]mals auf ihren [Mund]. Die übrigen [Jünger] [gin]gen zu ihne[n, um Forde]rungen [zu] stellen. Sie sagten zu ihm: Weswegen liebst du sie mehr als uns alle? Der Soter antwortete und sprach zu ihnen: Weswegen liebe ich euch nicht so wie sie? Wenn ein Blinder und ein Sehender beide zusammen im Dunkeln sind, unterscheiden sie sich nicht voneinander. Wenn das Licht kommt, dann wird der Sehende das Licht sehen, und der Blinde wird im Dunkeln bleiben" (NHC II,3 63,32–64,9).

TEIL III

Das Ende der apostolischen Zeit:

Die Zeit der apostolischen Literatur

I. Die beteiligten Personen und Gruppen

1. Die Problematik der apostolischen Literatur

Literaturgeschichtlich und theologisch betrachtet sind die Jahre, die
dem jüdischen Krieg folgen, deswegen entscheidend, weil sie die erste
Epoche der literarischen Produktion des Christentums bilden. Zwischen dem Ende der 60er Jahre und der Jahrhundertwende erscheinen
nacheinander und an verschiedenen Orten die vier kanonischen Evangelien, aber auch der größte Teil der apostolischen Literatur, das heißt
der Schriften, die unter den Namen der Apostel verfaßt und verbreitet
worden sind (der 1. Petrusbrief; die Briefe an die Kolosser, an die
Epheser und der 2. Thessalonicherbrief; der Jakobusbrief; die Offenbarung des Johannes) sowie eine erste Geschichtsschreibung der frühchristlichen Missionsgeschichte. Die unmittelbaren Voraussetzungen
dieser literarischen Produktion sind der Tod der Apostel (Jakobus,
Sohn des Zebedäus, war 43/44 n.Chr. in Jerusalem hingerichtet worden, Jakobus, Bruder des Herrn, 62 n.Chr., Paulus und Petrus wahrscheinlich in der gleichen Zeit in Rom, vgl. 1 Clem 5,2–7; es über-
leben Johannes in Asien und Judas), die Sammlung und der Umlauf
der paulinischen Apostelbriefe, die durch ihre Form und ihre Kom-
munikationsethik als Vorbild fungieren, und die Überlieferungen der
Jesus-Tradition. Die Epoche ist nicht die der Verbreitung des Christentums, sondern die der Formalisierung der apostolischen Tradition und
des Evangeliums. Umstritten ist nicht die Autorität der Gründungsfiguren, sondern ihre Interpretation.

Die systematisierende Zusammenfassung der paulinischen Theologie in brieflichen Essays (Kol, Eph), die ebenfalls pseudepigraphische
Fixierung der Lehre der Apostel und die Verschriftlichung der Darstellung des Lebens und der Verkündigung Jesu setzen ein doppeltes
interpretatives Moment voraus. Zum einen muß das Überzeugungssystem der verschiedenen Entwicklungslinien des Frühchristentums
aktualisiert werden, um seine Relevanz auf Dauer zu bewahren. Die
deuteropaulinischen und die übrigen apostolischen Briefe haben nämlich nicht nur die Funktion einer Darstellung der paulinischen Theolo-

gie und der Rede der Apostel. Die Wiederholung hat einen innovativen Charakter: Rezipierte Themen und Stoffe werden in neuen intellektuellen, religiösen und sozialen Zusammenhängen entfaltet und erarbeitet. Zum anderen zwingen innere und äußere Auseinandersetzungen zu klaren Abgrenzungen. Die apostolischen Traditionen müssen nicht so sehr befestigt als definiert werden. Sowohl die Abfassung der vier kanonischen Evangelien als auch die Vielfalt der Literatur, die unter den Namen der Apostel verbreitet wird, belegen den Konflikt um die Interpretationen innerhalb der frühchristlichen Bewegungen zwischen ihrer verschiedenen Entwicklungslinien und zwischen dem Frühchristentum und seiner religiösen Umwelt.

1.1   Die Apostel und die apostolische Literatur

Die schriftliche Gestaltung der Jesus-Tradition und der apostolischen Überlieferungen setzt eine Veränderung des Selbstverständnisses der frühen Christentümer voraus. Der Prozeß der Verschriftlichung hat zunächst eine an sich besondere Bedeutung für die Interpretation ihrer Entwicklung. Produktionsorientiert impliziert er den empfundenen Bedarf, das christliche Evangelium als Überzeugungssystem klar zu denken und zu formalisieren. Die erste Funktion der Schrift ist nämlich nicht die Kommunikation, sondern vielmehr die Möglichkeit, den eigenen Gedanken Form und Konsistenz zu verleihen. Das Christentum der nach-apostolischen Zeit, das heißt der Zeit nach dem Tod der Apostel, zeichnet sich durch die Bemühungen seiner verschiedenen Entwicklungslinien aus, ihren Glauben als logische und verständliche Interpretation des Jesusereignisses und der menschlichen Existenz darzustellen. Adressatenorientiert impliziert die Verschriftlichung den Anspruch auf eine gewisse Autorität, die durch die Materialität der Schrift eine allgemeine Gültigkeit gewinnt und auf Dauer aufbewahrt werden kann und soll. Der Autoritätsanspruch gilt zum einen für die Wahrheit des christlichen Evangeliums als solches, zum anderen aber auch, und dies sowohl in den kanonischen Evangelien als auch in den apostolischen Schriften, für die Richtigkeit ihrer Darstellung. Die *kanonischen Evangelien* stellen sich – anders als die Sammlungen der Jesus-Tradition – als erzählerischer Zusammenhang, das heißt auch als geschlossene Einheit, vor. Dieser Prozeß der Literalisierung setzt einerseits eine Selektion voraus: Die Stoffe der Überlieferung der

Worte und Taten Jesu werden integriert oder ausgelassen. Andererseits werden sie durch den um sie konstruierten narrativen Rahmen gedeutet. Logienzusammenstellungen wie die sogenannte Logienquelle und das Thomasevangelium lassen gewissermaßen die freie Interpretation der einzelnen Sprüche zu. Die dramatische Inszenierung der kanonischen Evangelien dagegen tradiert sie in einem strukturierten Kontext, der ihre Auslegung bestimmt und festlegt. In den *apostolischen Schriften* wird die Lehre der Apostel zwar meistens weiterhin in Form von Briefen verschriftlicht, die Pseudepigraphie verändert aber die Bedeutung und die Funktion der Gattung des 'Apostelbriefes'. Ihrer Autorität liegt nicht mehr die Aufrichtigkeit und das existentielle Engagement des Apostels zugrunde, sondern sein Tod. Auch wenn Paulus seine apostolischen Briefe nicht als bloße Gelegenheitsschreiben betrachtet hat, wie es das Präskript des 1. Korintherbriefes (1 Kor 1,2b) und der Umfang des Römerbriefes (Röm 1,18–15,13) belegen, setzte er die persönliche, gegenseitige Anerkennung seines Apostelamtes und der Erwählung seiner Adressaten voraus. Ein solcher Kommunikationszusammenhang ist durch das Faktum der Pseudepigraphie ausgeschlossen. Die Apostel sind Gründungsfiguren geworden, deren Autorität sich auf die unter ihrem Namen verbreiteten Schriften überträgt. Dabei spielt ihre Abwesenheit eine entscheidende Rolle. An sich setzt schon die briefliche Kommunikation die Abwesenheit des Absenders voraus. Die Verschriftlichung der apostolischen Lehre als pseudepigraphische Literatur wird erst möglich, als die Zeit der Apostel zu Ende ist. Anders formuliert: Ihre apostolische Autorität hat sich in der Form und in der Schriftlichkeit der nach-paulinischen 'Apostelbriefe' reinkarniert.

1.2   Die Epoche der apostolischen Literatur

Die Verschriftlichung der Jesus-Tradition in den kanonischen Evangelien und der apostolischen Überlieferungen in Gattungen, die sich als apostolisch vorstellen, gehört zu einer bestimmten Epoche der Geschichte des Christentums. Zwar wird der Tod der Apostel vorausgesetzt, aber auch ihre zeitliche Nähe. Die Abfassung der vier kanonischen Evangelien, das heißt die Komposition narrativer und in sich geschlossener Darstellungen der Worte und Taten Jesu, erstreckt sich etwa über dreißig bis vierzig Jahre nach dem Tod des Jakobus und der

Apostel Petrus und Paulus (zwischen dem Markusevangelium kurz vor
oder nach 70 und dem Johannesevangelium in der Mitte oder am Ende
der neunziger Jahre). Apostelbriefe sind bis zum ersten Viertel des
2. Jahrhunderts geschrieben worden. Zu dieser Zeit haben sich aber
schon andere Formen durchgesetzt, die die nach-apostolische Literatur
der sogenannten 'apostolischen Väter' kennzeichnet: Apostolische
Schriften und Taten werden zwar als Autoritäten zitiert, aber das
literarische Verfahren des Zitates drückt an sich das Bewußtsein von
Distanz aus. Bereits in der Mitte der 90er Jahre verzichtet der
1. Clemensbrief (der römischen Kirche an die Kirche in Korinth) auf
jeden apostolischen Anspruch, obwohl – oder vielleicht gerade weil –
die Autorität der Apostel eine wichtige Rolle in seiner Argumentation
spielen. Ignatius von Antiochien schreibt auch in seinem eigenen
Namen und aufgrund seiner eigenen Autorität, obwohl die Verweise
auf die paulinische und johanneische Tradition offensichtlich sind.

Der Begriff einer *Zeit der apostolischen Literatur* ist zwar vom
Standpunkt einer Geschichte der frühchristlichen Literatur aus relevant.
Aus der Perspektive einer Geschichte des Frühchristentums und seiner
Entwicklungslinien aber muß er in doppelter Hinsicht problematisiert
werden. Erstens ist die Vorstellung einer einheitlichen apostolischen
Tradition historisch unsachgemäß, und das Mißverständnis, daß die
Vielfalt der Anfänge durch die Einheit einer apostolischen Tradition
verdrängt worden wäre, sollte vermieden werden. Die Vorstellung von
F.C. Baur, daß eine Synthese zwischen der paulinischen Theologie und
dem petrinischen Judenchristentum als Grundlage für eine kirchlich
normative Lehre fungiert hätte, trifft ebenso wie der Begriff des Alt-
(A. Ritschl) bzw. des Frühkatholizismus (E. Troeltsch), der daraus
abgeleitet wurde, den historischen Sachverhalt nur annähernd. Paulus
und Petrus sind zwar wahrscheinlich zur gleichen Zeit in Rom gestorben. Die 'johanneische' Tradition grenzt sich aber gegen die petrinische ab (Joh 13,1–30), die Apostelgeschichte ignoriert die johanneische und reduziert die Figur des Johannes auf die eines Akolythen,
und Paulus bleibt für das Judenchristentum der 'Feind', und dies trotz
– oder gerade wegen – seiner Bekehrung (PsCl R I 70,2.8; 71,3).

Vielfalt und Konflikte der Interpretationen gibt es allerdings nicht
nur zwischen den verschiedenen apostolischen Traditionen, sondern
auch innerhalb des literarischen Korpus, der sich auf die Autorität der
jeweiligen Apostel beruft. Unter dem Namen des Paulus werden

sowohl die Apokalyptik des 2. Thessalonicherbriefes und die beiden
weisheitlichen bzw. gnostizierenden Entwürfe des Kolosser- und des
Epheserbriefes, als auch die Pastoralbriefe an Timotheus und Titus
verfaßt. Mit Paulus ist allerdings auch das lukanische Doppelwerk
durch die Wir-Berichte der Apostelgeschichte indirekt verbunden. Auf
einen gemeinsamen theologiegeschichtlichen Nenner läßt sich diese
posthume paulinische Literatur nicht bringen. Nicht anders verhält es
sich mit Petrus. Zum einen wird er als Verfasser des 1. Petrusbriefes
genannt, den Silvanus nach 1 Petr 5,12 geschrieben hat. Zum anderen
erscheint sein Name als Autorität sowohl für die gnostische Lehre des
Briefes von Petrus an Philippus (NHC VIII,2) und des Apokryphon
des Jakobus (NHC I,2) als auch für die massive antignostische Polemik des sogenannten 2. Petrusbriefes. Darüber hinaus verweist das
Matthäusevangelium auf seine maßgebende Stellung für die Kirchengeschichte (Mt 16,13–20), wodurch es sich indirekt auf seine Autorität
beruft. Zwei weitere Briefe beanspruchen die Autorität des Jakobus:
Das bereits erwähnte Apokryphon und der kanonische Jakobusbrief,
der sich als ein weisheitlicher Vortrag an die zwölf Stämme Israels
versteht. Nach dem Thomasevangelium ist übrigens Jakobus derjenige,
für den Himmel und Erde geschaffen worden sind, und bei dem die
Jünger die Weisheit lernen sollen (EvTh 12). Sowohl Jakobus als auch
Judas erscheinen nicht nur im Thomasevangelium, sondern auch im
sogenannten Judasbrief, wo sich der Verfasser als Judas, Bruder des
Jakobus (gleichsam Bruder des Herrn), vorstellt. Der Lieblingsjünger
ist die Gründungsfigur der johanneischen Tradition und des Johannesevangeliums (Joh 21,24f); bereits in der zweiten Hälfte des 2. Jahrhunderts ist sie mit der Person des Apostels Johannes identifiziert worden
(P[66], Clemens von Alexandrien, zitiert in: Euseb, HE VI,14,7) und
dadurch auch mit dem Seher der Offenbarung des Johannes (Justin,
Dial. 81).

Kurzum: Unter dem Namen der Apostel wird jeweils eine Vielfalt
von theologischen Entwürfen verfaßt und in Umlauf gebracht (Kol
4,16; vgl. ApkBar(syr) 86,1). Ihr Verhältnis zueinander kann zwar
Abhängigkeiten aufweisen, aber meistens im Sinne einer direkten oder
indirekten Auseinandersetzung um die Legitimität des apostolischen
Erbes. Die Behauptung einer apostolischen Tradition hat wohl die
Funktion, Kontinuität zu betonen. Diese Perspektive ist aber nicht so
sehr die einer Bezugnahme auf die Anfänge der Überlieferung, son-

dern das Bekenntnis der Zugehörigkeit zu einer bestimmten Entwicklungslinie des Frühchristentums und die Vereinnahmung der apostolischen Autorität für das eigene Verständnis des christlichen Glaubens.
Die Idee, die apostolischen Schriften würden die Tradition der Apostel
als Autoritätsargument gegen abweichende, das heißt ketzerische,
Lehren verwenden, ist anachronistisch. Sowohl in der Verschriftlichung der Jesus-Tradition in den Evangelien als auch in der pseudepigraphischen Literatur der Apostel geht es vielmehr um die kontroverse
Definition und Festlegung der jeweiligen apostolischen Traditionen.
Umstritten ist nicht die Autorität der Apostel, sondern ihre Interpretation. In Konflikt stehen konkurrierende Interpretationen des paulinischen, des petrinischen usw. Christentums, die sich unabhängig voneinander oder gegeneinander formulieren und profilieren.

Der Begriff einer Zeit der apostolischen Literatur ist zum anderen
deswegen problematisch, weil er eine klar abgegrenzte Epoche zu
definieren scheint. Die Vorstellung einer Generation von apostolischen
Schriften, die der Zeit der Apostel folgen würde, und der sich die
sogenannten 'apostolischen Väter' anschließen würden, ist aber unsachgemäß, obwohl die 'apostolischen Väter' ein neues Bewußtsein
ihres Verhältnisses zu den Anfängen des Christentums und den apostolischen Traditionen zum Ausdruck bringen. Der Grund ist der, daß die
Zeiten sich überlappen. In einem bestimmten Christentum schreibt
man noch in der Mitte des 2. Jahrhunderts einen Petrusbrief, während
die Kirche in Rom und Ignatius von Antiochien Briefe unter ihrem
eigenen Namen mit einem vergleichbaren Anspruch auf Autorität kurz
vor und kurz nach der Jahrhundertwende nach Korinth bzw. an die
asiatischen Kirchen und nach Rom schicken konnten.

Kurzum: Der Begriff einer Zeit der apostolischen Literatur verweist auf einen Gattungswechsel, der das Ende einer Epoche markiert.
Die Erscheinung der apostolischen Schriften setzt zwar den Tod der
Apostel voraus, aber auch das Bewußtsein einer zeitlichen und geistigen Kontinuität, die die Selbstdefinition frühchristlicher Entwicklungslinien bestimmt hat. Anders formuliert: Die Zeit der apostolischen
Literatur zeichnet eine Etappe in der Entwicklungsgeschichte des
christlichen Selbstverständnisses aus, die durch die Erscheinung der
nach-apostolischen Literatur, der sogenannten 'apostolischen Väter',
abgeschlossen wird. Die Grenze zwischen den Epochen läßt sich nicht
zeitlich-linearisch ziehen. Bestimmte Entwicklungslinien des Christen

tums gehören noch zur apostolischen Zeit, während andere neue Formen finden, die einem neuen Zeitverständnis entsprechen, und wieder andere noch in der direkten Kontinuität der Anfänge geblieben sind.

2. Ausbau und Abgrenzung der apostolischen und der nach-apostolischen Kirchen

BAUER, W.: Rechtgläubigkeit und Ketzerei im ältesten Christentum, BHTh 10, Tübingen 1964[2]. – CAMPENHAUSEN, H.v.: Kirchliches Amt und geistliche Vollmacht in den ersten drei Jahrhunderten, BTHh 14, Tübingen 1963[2].

Die Rekonstruktion einer Gesamtdarstellung bleibt weiterhin unmöglich. Partiell nachvollziehbar sind Entwicklungen, die die Rezeption und die Verarbeitung der apostolischen Tradition bestimmt haben. Als Haupttendenzen lassen sich festmachen: Die Evolution in Ägypten und Syrien von Gemeinden und Kreisen, die durch eine stark hellenisierte jüdische Theologie geprägt sind und Formen der weisheitlichen Tradition entfalten, die den Boden für die ersten christlichen, gnostischen Schulen (Basilides, Valentin) vorbereiten; die Radikalisierung des 'Judenchristentums', das am Rande des Judentums überlebt und keinen Einfluß mehr auf andere Bewegungen hat; die Neuentfaltung der 'judenchristlichen' Traditionen in griechisch-sprechenden Kirchen in Syrien (Antiochien); die Krise des johanneischen Christentums, das sein Zentrum von Syrien nach Asien verlegt hat und sich in der ersten Hälfte des 2. Jahrhunderts auflöst, obwohl sein theologisches Gedankengut sowohl in den gnostischen Schulen als auch von den sogenannten apostolischen Vätern und durch die anti-ketzerische Polemik der Kirchenväter aufgenommen wird; die weitere Verbreitung eines westlichen, hellenistischen Christentums, das sowohl aus der Predigt der Hellenisten als auch aus der paulinischen Mission, aus den Wanderungen des Petrus und aus den gegründeten Gemeinden entstanden war. Eine geographische Verteilung darf nicht zu eng gedacht werden. Personen und Ideen reisen, wodurch neue Mutationen entstehen und sich verbreiten. Schulen bilden aber Ausstrahlungszentren, die die Geographie des apostolischen Christentums bestimmen: Alexandrien, Antiochien, Ephesus und Rom.

2.1   Palästina – Ägypten – Syrien

CONZELMANN, H.: Geschichte des Urchristentums, GNT 5, Göttingen 1989[6], 115–119. – DANIÉLOU, J.: Théologie du Judéo-Christianisme, Histoire des doctrines chrétiennes avant Nicée I, Tournai 1958. – EMMEL, S./KÖSTER, H./ PAGELS, E.: Nag Hammadi Codex III,5: The Dialogue of the Savior, NHS 26, Leiden 1984. – KUNTZMANN, R.: Le livre de Thomas (NH II,7), BCNH 16, Québec 1986. – LÜDEMANN, G.: Paulus der Heidenapostel II. Antipaulinismus im frühen Christentum, FRLANT 130, Göttingen 1983, 228–286. – MEEKS, W.A./WILKEN, R.L.: Jews and Christians in Antioch In the First Four Centuries of the Common Era, SBL Sources for Biblical Study 13, 1978. – SCHOEDEL, W.R.: Ignatius of Antioch. Hermeneia, Philadelphia 1985. – VOORST, R.E. VAN: The Ascents of James. History and Theology of a Jewish-Christian Community, SBLDS 112, Atlanta 1989.

Auffällig ist, daß Jerusalem nach dem Tod des Jakobus und der Apostel Paulus und Petrus nur noch eine symbolische Bedeutung für das Christentum hat. Euseb versucht wohl, eine Kette der Nachfolger des Jakobus zu rekonstruieren (HE IV,5,1–4): Die Leitung der Gemeinde in Jerusalem hätte Symeon, Sohn des Klopas und Vetter des Herrn, übernommen (HE III,11). Die Kontinuität wäre durch die Familie Jesu gesichert gewesen, die noch unter Domitian und Trajan eine führende Funktion gehabt hätte (vgl. Hegesippus in: Euseb, HE III,20,1–6; III,32,4–6). Keiner der Verwandten Jesu spielt aber mehr eine Rolle außerhalb Palästinas. Das bedeutet indes nicht, daß die theologischen Traditionen des 'Judenchristentums' marginalisiert werden. Zum einen zitieren die Kirchenväter einige Zentren außerhalb Jerusalems, in denen sich eine 'judenchristliche' Theologie weiterentwickelt (Pella, Kochaba im Hauran und Beröa bei Antiochien = Aleppo). Zum anderen spielt Antiochien am Orontes eine neue und paradoxe Rolle. In den Anfängen des Christentums war die Stadt eines der ersten Zentren der Hellenisten. Sie bildete dabei den liberalen Gegenpol zu den Jerusalemer 'Judenchristen'. Nach dem jüdischen Krieg wird sie zum repräsentativen Ort hellenistisch-judenchristlicher theologischer Schulen, die die Relevanz des moralischen Gesetzes (wie der Jakobusbrief), aber auch die Gültigkeit der jüdischen Abgrenzungsgebote, das heißt vorwiegend des Sabbatgebotes (wie das Matthäusevangelium, das am ganzen Gesetz festhalten will), vertreten. Die Zentren haben sich verschoben, aber dadurch auch die Akzente. Das Anliegen ist nicht mehr das einer Definition des Christentums innerhalb des Judentums, wie bei Jakobus, dem Bruder des Herrn, und seiner konservativen Umgebung, sondern das des Bewußtseins der jüdischen Kontinuität des Christentums und der Betonung des (sozial-)ethischen Ernstes des christlichen Glaubens.

Nach dem jüdischen Krieg hat die apokalyptische Radikalisierung der Heilsgeschichte durch die Logienquelle und ihre Propheten ihre Aktualität verloren. Die Geschichte ihrer Trägergruppe läßt sich nicht mehr rekonstruieren, obwohl die Rezeption der Spruchsammlungen und die Weiterentfaltung ihrer literarischen und theologischen Formen ein wichtiges Moment der Entstehung der apostolischen Literatur bilden. Zum einen setzen das Matthäusevangelium und das Lukasevangelium, die ihre Stoffe aufgenommen und erarbeitet haben, voraus, daß sich die sogenannte Logienquelle im Frühchristentum verbreitet hatte. Zum anderen überschneiden sich die Entwicklung der weisheitlichen und apokalyptischen Traditionen mit der Erscheinung der (juden-) christlichen Gnosis, wie es die Thomas-Schule (Thomasevangelium; Das Buch des Thomas, NHC II,7; Das Perlenlied, Thomasakten 108– 113), aber auch die Sophia Jesu Christi (BG 8502,3 77,8–127,12 // NHC III,4 // Eugnostos, NHC III,3 und V,1) belegen. Letzteres führt nach Ägypten, ersteres wahrscheinlich zunächst nach Nord-Syrien und Mesopotamien (Edessa, wo die Thomas-Tradition traditionell angesiedelt wird). Was die ursprünglich galiläischen Kreise betrifft, so lassen Kontakte und Wechselwirkungen zwischen der Logienquelle und den 'judenchristlichen' Überlieferungen des Matthäusevangeliums Rückschlüsse darauf zu, daß diese Leute weiterhin Gruppen in den syropalästinischen Gebieten gebildet haben. Ihre Spuren lassen sich nicht mehr klar von dem trennen, was vom 'Judenchristentum' übrigbleibt.

Kurzum: Die Entwicklungslinien, die das palästinische Frühchristentum bis zum jüdischen Krieg ausgezeichnet haben, werden marginalisiert und spielen kaum noch eine Rolle für die Weiterentwicklungen des (asiatischen und westlichen) Christentums. Gleichzeitig aber nehmen andere Zentren an Bedeutung zu, die sowohl eine Renaissance des Judenchristentums als auch die Entfaltung von neuen Mutationen vertreten.

a) *Palästina und die Entwicklung des 'Judenchristentums'*
Um apostolische Kirchen geht es in Palästina nicht. Die Gemeinden sind nicht von der Predigt der Apostel abhängig, sondern bilden die Kontinuität der galiläischen Zuhörerschaft Jesu und der Jerusalemer

'Urgemeinde', die sich auf die Autorität seiner Familie und seiner Genossen beruft. Anders formuliert: Der Generationswechsel, der die westlichen Kirchen und ihr Selbstverständnis bestimmt, das heißt das Bewußtsein eines Überganges zwischen der Gründungszeit der Apostel und einer Zeit der nach-apostolischen Selbstdefinition, betrifft sie nicht. Das bedeutet aber auch: Von ihrer Geschichtsvorstellung her sind sie mit der Entwicklung des Christentums in Asien, in Griechenland und in Italien nicht mehr zeitgleich.

Inwiefern der jüdische Krieg einen Bruch in ihrer Geschichte bewirkt hat, läßt sich nicht richtig einschätzen. Nach einem Bericht von Euseb, der von Epiphanius von Salamis übernommen wird (Haer. 29,7f; 30,2,7; De Mens. 15), wären die Christen von Jerusalem kurz vor dem Krieg bzw. kurz vor der Eroberung der Stadt nach Pella geflüchtet:

> ... als endlich die Kirchengemeinde in Jerusalem in einer Offenbarung, die ihren Führern geworden war, die Weissagung erhalten hatte, noch vor dem Krieg die Stadt zu verlassen und sich in einer Stadt Peräas, namens Pella, niederzulassen, und als sodann die Christgläubigen von Jerusalem weggezogen waren, und weil damit gleichsam die heiligen Männer die königliche Hauptstadt der Juden und ganz Judäa völlig geräumt hatten, da brach zuletzt das Strafgericht über die Juden ... (Euseb, HE III,5,3).

Ob der Exodus nach Pella historisch ist oder nicht, ist umstritten. Auffällig ist, daß Euseb seine Quellen nicht angibt, obwohl er auf Hegesipp für seine Rekonstruktion des palästinischen Christentums oft verweist (HE II,23,4–18: Der Märtyrertod des Jakobus; HE II,23,18: Die Belagerung Jerusalems durch Vespasian; HE I,22,4: Die Wahl des Symeon als Nachfolger des Jakobus), daß Hegesipp, wo Euseb ihn ausführlich zitiert, Pella nicht erwähnt, und daß Euseb selbst die Flucht vergessen zu haben scheint, als er nochmals von der Wahl des Symeon, Sohn des Klopas, berichtet (HE III,11). Zwei Traditionen konkurrieren hier miteinander: Die Vorstellung einer Kontinuität der Jerusalemer Gemeinde, die durch die Liste der 15 judenchristlichen ("beschnittenen") Bischöfe bis zum zweiten jüdischen Krieg (135 n.Chr.) vorausgesetzt ist, die bei Euseb, HE IV,5,1–4, erscheint, und die Legende einer wundersamen Rettung der Jerusalemer Christen, die mit der Entstehung einer christlichen Gemeinde in Pella in Verbindung gebracht wird. Die erste Tradition betont die Orthodoxie der Kontinuität gegenüber den Ansprüchen vermeintlicher 'häretischer' Gruppen (nach Hegesipp, den Euseb in HE IV,22,4–6 zitiert, wäre Symeon gegen den ersten Ketzer, Thebutis, gewählt worden). Die zweite Tradition, die Euseb möglicherweise von Ariston von Pella erhalten hatte (vgl. HE IV,6,1–4, wo er sich für seinen Bericht des Barkochbakrieges auf ihn beruft), versucht umgekehrt, das Christentum von Pella als Nachfolger der 'Urgemeinde' vorzustellen.

Was sich daraus mit einiger Plausibilität rekonstruieren läßt, ist zum einen, daß bis zum zweiten jüdischen Krieg eine christliche Gemeinde in Jerusalem bestanden hat, daß sich diese Kirche weiterhin als 'judenchristliche' auszeichnet (sie setzt sich aus Juden zusammen, die Jesus bekennen), und daß die Verwandten Jesu eine – zumindest symbolische – Rolle in ihrer Geschichte gespielt haben. Zum anderen bilden offensichtlich die Jerusalemer Christen keine unproblematische Einheit, und sie stellen weiterhin nur einen Teil des palästinischen Christentums dar. Sowohl die Pella-Tradition als auch die anti-ketzerische Polemik des Hegesipp als auch die Überlieferung außerkanonischer judenchristlicher Texte lassen auf die Vielfalt der (Juden-)Christentümer in Palästina nach dem jüdischen Krieg zurückschließen.

Die Vorstellung einer 'heterodoxen' judenchristlichen Theologie liefert der spätere Text einer pseudonymischen Verkündigung des Petrus (Rekognitionen R I 33–71), der in den Pseudo-Clementinen überliefert und manchmal mit den *Anabathmoi Jakobou* identifiziert wird, die Epiphanius, Haer. 30,16,6–9, als häretisch erwähnt, und der wegen seiner Offenheit gegenüber der Heidenmission (Heiden sollen die ungläubigen Söhne Abrahams ersetzen, I 42,1) und wegen einer Anspielung auf die Bewahrung der Jerusalemer Gemeinde vor dem jüdischen Krieg (I 39,3) mit Pella in Verbindung gebracht wird. Der Verfasser stellt zwar die Kirche als selbständige Größe vor (I 43,2f), setzt sich aber konsequent mit dem Judentum auseinander, das er – zumindest in seiner literarischen Fiktion – von seinem Glauben überzeugen möchte (I 44,2). Das Thema der Argumentation ist der Opferkult bzw. die Taufe als Vermittlung der Vergebung der Sünden (I 55,3) und die Anerkennung der Messianität Jesu (I 43f). Was die Christologie betrifft, so ist Jesus der Menschensohn (I 60,3), der Prophet, der nach Mose kommen sollte (I 39,1), und der ewige Messias (I 43,1; 44,2), der bei den Christen als normativer Ausleger des

Gesetzes bekannt wird (I 62,3). Das Passah wird gefeiert (I 44,1), die Reinheitsvorschriften des Gesetzes werden beachtet (I 71,5f) und die Beschneidung wird vorausgesetzt (I 33,5). Was das Verhältnis zum Judentum betrifft, so wurde der Opferkult als Zugeständnis bis zur Gabe der Taufe gehandhabt (I 36,1; 39,2; 64,1), die das ewige Leben bzw. die Unsterblichkeit verleiht (I 39,2; 55,3f). Abgesehen vom Jesusglauben und von der Taufe, besteht ansonsten kein Unterschied zwischen Judentum und Christentum (I 43,2; 44,1). Entsprechend lauten die Stellungnahmen zur Geschichte des frühen Christentums: Jakobus wird als Bischof der Kirche Gottes in Jerusalem, und als solcher als erster unter den Bischöfen, anerkannt, was einen Anachronismus innerhalb der literarischen Fiktion impliziert (I 42,3; 68,2), während Paulus nur als jüdischer Verfolger erwähnt wird, und zwar unter der anonymen, aber unmißverständlichen Bezeichnung *homo quidam inimicus* (I 70,2.8; 71,3).

b) *Ägypten: Das Christentum zwischen dem alexandrinischen Judentum und der Entfaltung der gnostischen Schulen*
Sowohl alte Papyri, die unter anderem die Verbreitung des Johannesevangeliums (P[52]; P[66]; P[75]) und eines unbekannten Evangeliums (P. Egerton 2) in Ägypten von der ersten Hälfte des 2. Jahrhunderts an belegen, als auch Schriften wie der Hebräerbrief, der sehr wahrscheinlich in Ägypten nach dem Tod des Paulus (die Erwähnung des Timotheus in Hebr 13,23 setzt den Brief in Verbindung mit der Tradition der paulinischen Schriften) und nach der Zerstörung des Tempels verfaßt worden ist, lassen auf die Bedeutung des Christentums in Ägypten am Ende des 1. Jahrhunderts schließen. Verblüffend ist der religionsgeschichtliche Hintergrund des Hebräerbriefes. Die Entfaltung der christologischen Darstellung mit Hilfe der Figur von Melchisedek im λόγος τέλειος von Hebr 7,1–10,18 (in Hebr 5,6–10 angekündigt) verweist auf Verwandtschaften mit Qumran (11 QMelch), mit dem esoterischen Judentum (slavHen 71f), mit Philo von Alexandrien (all. III,79–83) und mit der Gnosis (Melch, NHC IX,1). Die Beschreibung der Erlösung setzt die platonische Erkenntnistheorie, wie sie zum Beispiel bei Philo rezipiert wird (Platon, Res Publ. VII,514a–517a, vgl. Philo, all. III,96; conf. 97; det. 83; her. 231; fug. 101; op. 146) voraus: Das Gesetz ist der Schatten des Wortes, der Sohn aber die Gestalt der himmlischen Realitäten (Hebr 10,1). In einer vergleich-

baren hermeneutischen Perspektive ist der Tempelkult Abbild der himmlischen Ordnung (Philo, Mos. II,74), wobei der Verfasser die Metaphorik der Welt als Tempel übernimmt (vgl. Seneca, Benef. VII,7,3; Philo, leg. I,66): Als Erlöser hat Jesus den Weg vorbereitet, der durch den Vorhang des Allerheiligsten (Hebr 6,19; 9,3; 10,20) die Erlösten in die himmlische Welt bzw. in die eschatologische Ruhe führt. Kurzum: Die Mythologie ist die eines stark hellenisierten Judentums, aber das Verständnis des Jesusereignisses und der Erlösung ist das der gnostischen Eschatologie.

Die Präsenz eines nicht-kanonischen Evangeliums, das in einem ungeklärten literarischen Verhältnis zu den Synoptikern und zum Johannesevangelium steht (P. Egerton 2), und die geistigen Verwandtschaften zwischen der Theologie des Hebräerbriefes und den späteren gnostischen Schulen von Basilides und Valentin, die auch in Alexandrien beheimatet sind (Basilides gründete am Anfang des 2. Jahrhunderts eine gnostische Schule in Alexandrien, wo auch Valentin sein gnostisches System entwickelte, bevor er sich zwischen 136 und 140 n.Chr. nach Rom begab), gibt – zumindest was Ägypten betrifft – der These von W. Bauer recht, nach welcher das Christentum zunächst Formen angenommen hat, die erst später für 'häretisch' gehalten und von einer 'Orthodoxie' verurteilt, verdrängt oder normalisiert wurden.

c) *Syrien: Die Renaissance des Judenchristentums*

Weder das Matthäusevangelium noch der Jakobusbrief setzen eine einfache Kontinuität mit dem 'Judenchristentum' voraus, obwohl beide archaische Elemente weiterüberliefern. Das Matthäusevangelium überliefert einerseits die Kasuistik, die in der Umgebung des Jakobus, Bruder des Herrn, entwickelt worden war (die traditionellen Antithesen der Bergpredigt, Mt 5,21–48; die Warnung vor der Mission in Samarien und zu den Heiden, Mt 10,5bf), seine Gesetzesauslegung bleibt ihrer Perspektive nahe (wie es das hermeneutische Programm der matthäischen *Halacha* in Mt 5,17–20 bzw. 23,2f deutlich zeigt), obwohl es andererseits die hellenistische und heidenchristliche Dramaturgie des Markusevangeliums als Grundlage seiner eigenen Darstellung rezipiert und die Heidenmission christologisch unterstützt und begründet. Der Jakobusbrief beruft sich auf die Autorität des Bruders des Herrn, um die Relevanz des Gesetzes und seiner ethischen Forderungen zu betonen und um vor einer Unterschätzung der Bedeutung der

Werke für den Glauben zu warnen (wodurch eine einseitige Rezeption des paulinischen Christentums abgelehnt wird, Jak 2,14–26). Die ästhetische Form der Paränese ist archaisch, die Sprache verblüffend kultiviert und gebildet, und die angesprochenen Themen zeigen, daß der Verfasser nicht nur die hellenistisch-römische Rhetorik, sondern auch das soziale Leben der ländlichen Gegend und die wirtschaftliche Welt der größeren Städte des römischen Reiches genau kennt (Jak 4,13–5,6). Beide Schriften weisen Verwandtschaften auf. Diese Gemeinsamkeiten betreffen aber nicht so sehr ihre Interpretation des christlichen Glaubens und ihre theologische Denkweise, als bestimmte Traditionen (Jak 4,11f // Mt 7,1–5; Jak 5,12 // Mt 5,34–37) und semantische Felder (die Aufforderung zur 'Vollkommenheit'), die ihnen gemeinsam sind. Kurzum: Die Traditionsgeschichte weist auf Zusammenhänge hin, die sich nicht durch eine literarische Abhängigkeit, sondern durch einen gemeinsamen Hintergrund erklären lassen. Zu diesem Hintergrund gehören gleichzeitig die griechische Sprache, die hellenistische Kultur, die Offenheit des Heidenchristentums und die Betonung judenchristlicher bzw. jüdischer Anliegen, die die Form der weisheitlichen Unterweisung (im Jakobusbrief) und der rabbinischen Diskussion (im Matthäusevangelium) annehmen. Beide setzen die Existenz eines Christentums voraus, das zum einen von den Traditionen der Hellenisten geprägt ist, zum anderen sich mit den Auseinandersetzungen zwischen Paulus und dem Jerusalemer 'Judenchristentum' befaßt (Mt 5,19 // 1 Kor 15,9: ἐλάχιστος), und, was das Matthäusevangelium betrifft, durch den jüdischen Krieg und die Ereignisse in Palästina betroffen ist (Mt 21,28–22,14; 23,34–39). Beide kennen auch Gemeindestrukturen, die durch die Organisation der Synagoge bestimmt sind: Der Jakobusbrief nennt Lehrer (διδάσκαλος, Jak 3,1) und Älteste (Jak 5,14), das Matthäusevangelium Propheten, Weise und Schriftgelehrte (Mt 23,34, vgl. 13,52, wo jüdische bzw. pharisäische und christliche γραμματεῖς gegenübergestellt werden).

Diese parallele Wiederaufnahme der judenchristlichen Themen und Traditionen durch ein hellenistisches Christentum, das breite Beobachtungsfeld des Jakobusbriefes und die Existenz einer Schule, die durch die Entstehung des Matthäusevangeliums und seiner *Halacha* impliziert ist, setzten ein größeres Zentrum voraus und werden mit der Stadt Antiochien in Verbindung gebracht. Die Bedingungen für eine derartige theologische Entwicklung sind unter anderem – wie in Alexandrien – durch die Bedeutung der Stadt, durch ihre Straßenverbindungen mit Ägypten, Palästina, Mesopotamien und Asien, durch ihre gemischte Bevölkerung und durch die Größe ihrer jüdischen Kolonie, die man auf 20000 bis 40000 schätzt, gegeben.

d) *Syrien: Die Thomas-Schule und die Gemeinden des Erlösers*
Mit Syrien bzw. Mesopotamien ist nicht nur die Renaissance des Judenchristentums, sondern auch die gnostische Weiterentwicklung der weisheitlichen Tradition der Sprüche und Dialoge Jesu verbunden. Der Übergang von den frühchristlichen, weisheitlichen Spruchsammlungen (Logienquelle, Thomasevangelium) zu der gnostischen Rezeption der Aphorismen als Initiationsrede des Erlösers, läßt sich in der Evolution der literarischen Formen festmachen. Strukturbildend ist sowohl im Buch des Thomas (NHC II,7) als auch im Dialog des Erlösers (NHC III,5) der Stil des Dialogs. Zum einen wird die Unterweisung durch das Wechselspiel der Fragen der Jünger und der Antworten des Erlösers bzw. des Herrn gestaltet. Das Schema stammt an sich aus der griechisch-hellenistischen Philosophie. Der Dialog gibt den literarischen und thematischen Rahmen für monologische Reden und Erläuterungen (des Schöpfungsmythos und einer apokalyptischen Vision im Dialog des Erlösers, NHC III,5 127,19–128,23 und 129,16–131,18 bzw. 134,24–137,3, Weherufe und Seligpreisungen im Buch des Thomas, NHC II,7 143,8–145,7). Auffällig ist die Auswahl der Gesprächspartner des Erlösers: Als Vertreter der Jünger werden im Dialog des Erlösers Judas, Matthäus und Maria (Magdalena) genannt, im Buch des Thomas, Judas Thomas und Matthäus. Sie stehen für die Auserwählten und Einsamen, denen der Weg der Erlösung offenbart wird (NHC III,5 120,2–124,22) und denen die geheimen Worte vermittelt wurden (NHC II,7 138,1–4). Kurzum: Die Form des Dialogs ist übernommen – besser gesagt: rekonstruiert, aber dabei umfunktioniert worden. Sie ergibt sich weder aus einer erkenntnistheoretischen Notwendigkeit, wie es bei Platon der Fall ist, noch aus pädagogischen oder bloß rezeptionsorientierten Überlegungen. Die Enthüllung der Wahrheit und die Vermittlung ihrer Erkenntnis an bestimmte Figuren der apostolischen Zeit begründet die Autorität einer als esoterisch erklärten Unterweisung, auf welche sich die gnostische Offenbarungstradition beruft. Ein Christentum entwickelt sich weiter, das seine

bessere Weisheit unter der apostolischen Autorität, die sie durch die ästhetische Fiktion des Dialogs konstituiert hat, überliefert.

Zum anderen – und im Unterschied zu anderen gnostischen Dialogen – bilden die Dialoge des Dialogs des Erlösers und des Buches des Thomas weder den sekundären Rahmen einer bevorstehenden Darstellung noch die liturgische Form einer Initiation. Genauso wie im Thomas- und im Johannesevangelium wächst der Dialog als Kommentar der Sprüche und Aphorismen Jesu: Seinen Kern hat er in überwiegend alten (meist weisheitlichen) Logien, die zusammengestellt, paraphrasiert und erläutert werden, und die den Anlaß zu breiteren Monologen bieten.

Literaturgeschichtlich betrachtet stellen sich Reden und dialogische Form als die Erweiterung der alten Spruchsammlungen dar. Historisch betrachtet verstehen sich das Christentum der Thomas-Schule und die gnostischen Gemeinden des Erlösers als die Kontinuität des weisheitlichen Frühchristentums. Das Bewußtsein der Kontinuität findet seinen Ausdruck nicht nur in der Inanspruchnahme der apostolischen Autorität des Judas Thomas, des Matthäus oder der Maria (Magdalena), sondern auch in den literarischen Formen der Sammlung und des Kommentares. Nach der ästhetischen Fiktion des Dialogs wird keine neue Rede gehalten: Es werden vielmehr die alten Worte und Paradoxien ausgeführt und kommentiert, die von Anfang an überliefert worden sind. Lokalisieren läßt sich diese Entwicklungslinie des Christentums wegen der Kontinuität, die durch den Namen des Thomas betont wird, wegen der Verwandtschaften mit der Offenbarungstradition des Lieblingsjüngers und dem Johannesevangelium, das aus einem vergleichbaren hermeneutischen und literarischen Prozeß resultiert, und wegen der Teilnahme an der Weiterüberlieferung der Logien-Traditionen. Von seinem Selbstverständnis aus hat dieses Christentum seine Heimat aber weder in Syrien noch in Mesopotamien. Die Jünger des Herrn warten vielmehr auf die Auflösung der sozialen und geographischen Verhältnisse ihrer irdischen Existenz und auf ihren Übergang zum himmlischen Vater.

e) *Syrien: Ignatius und die Vorstellung eines monarchistischen Christentums*

Nach seinen eigenen Äußerungen ist Ignatius Bischof der Kirche in Antiochien gewesen (IgnRm 2,2: "Bischof Syriens"; vgl. IgnRm 9,1f) und in der Regierungszeit des Kaisers Trajan nach Rom zum Martyrium geschickt worden. Auf dem Wege schreibt er sieben Briefe, vier von Smyrna aus (an die Gemeinden in Ephesus, Magnesia, Tralles und Rom) und wenig später drei von Troas aus an die Gemeinden in Philadelphia und Smyrna, und an Polykarp, den Bischof der Kirche in Smyrna. Der Grund seiner Verhaftung ist in den Briefen nicht angegeben. Am besten läßt sich ein Verfahren aus dem Bericht von Plinius (ep. X,96) ableiten (s.u. II.2.3): Ignatius ist wegen seines Verhaltens angezeigt worden. Sowohl in IgnPhld 10,1 als auch in IgnSm 11,2 berichtet er, daß die Kirche in Syrien wiederum Frieden genießen würde. Man kann darunter entweder verstehen, daß eine Verfolgungswelle zu Ende gekommen ist, was wegen des hohen Stellenwertes, den Ignatius dem Martyrium beimißt (IgnRm 1,2–8,3), unwahrscheinlich ist, oder daß sein Verschwinden aus der Antiochier Szene eine Beruhigung der innerchristlichen Verhältnisse bewirkt hat. Letzteres läßt sich am besten einerseits mit seiner ständigen Sorge um die Einheit der Kirche(n), andererseits mit der wiederholten Bitte an seine Adressaten (und Parteigenossen), eine Delegation nach Antiochien zu schicken (IgnPhld 10,1; IgnSm 11,3) – und zwar offensichtlich, um seiner Heimatkirche dadurch einen Anstoß in der von ihm gewünschten Richtung zu geben (IgnPol 7,1–8,1) –, vereinbaren.

Ignatius setzt in seinen Briefen stillschweigend voraus, daß sich ein einheitliches Organisationsmodell der Kirchen in Asien und in Rom durchgesetzt hätte: Die Gemeindeglieder sollen sich einverständlich mit dem Bischof, der ihnen vorsteht, und mit dem Presbyterium, das ihn umgibt, verhalten. Daß dieses Modell mehr den Wunschvorstellungen des Verfassers als der historischen Wirklichkeit entspricht, ist aus mehreren Gründen zu vermuten. Erstens wird die Einheit nie festgestellt, sondern kommt immer wieder als Aufforderung in der Paränese vor. Zweitens läßt sich die Existenz einer monarchistischen Organisation der christlichen Gemeinden weder durch das Matthäusevangelium und den Jakobusbrief für Antiochien, noch durch die Offenbarung des Johannes für Ephesus, Smyrna und Philadelphia (Apk 2,1–3,22), noch durch den 1. Clemensbrief für Rom bestätigen. Die Fiktion der Ignatiusbriefe impliziert, daß die kollektive Führung der Gemeinden durch ein Presbyterium in etwa zehn Jahren überall durch das monarchistische Episkopat ersetzt oder verdrängt worden ist. Drittens ergibt sich das kirchenpolitische Modell des Ignatius aus seiner theologischen Ideologie. Sein Hauptbegriff ist der der Einheit (ἑνότης, ἑνοῦν, ἕνωσις, s. z.B. IgnPhld 7,2). Die Argumentation beruht auf der Herstellung einer Reihe von Gleichsetzungen, die sich durch Analogien ableiten lassen: Es gibt einen Vater und deshalb nur einen Christus, nur einen Christus und deshalb nur eine Kirche, nur einen Bischof um welchen die Gläubigen eine Einheit bilden sollen (IgnTrall 3,1; IgnPhld 4,usw.). Die Konsequenz der analogen Notwendigkeit der Einheit ist die negative Beurteilung jeder Auseinandersetzung in den Gemeinden bzw. jeder Meinungsverschiedenheit. Die Aufforderung zur Einheit und zur Einmütigkeit hat die Konstruktion von Häresien zur direkten Folge (so explizit IgnTrall 6,1–7,2; IgnPhld 2,1–3,3). Die Schwierigkeit, konsistente 'Gegner' durch die Polemik der Ignatiusbriefe zu identifizieren, ergibt sich daraus, daß die 'Ketzer' gegebenenfalls nur deswegen Ketzer sind, weil sie die Gesichtspunkte des Bischofs nicht unterstützen. Die Orthodoxie setzt auch Abgrenzungen voraus, die sich aus der Perspektive der vermeintlichen Gegner nicht nachvollziehen lassen. Selbst die Bereitschaft zum Martyrium läßt sich vom gnostischen Standpunkt des Apokryphon des Jakobus aus (wer nicht bereit ist, zu sterben, kann zum ewigen Leben nicht gelangen, NHC I,2 6,1–20) viel besser begründen als durch den Heroismus des Ignatius.

Kurzum: Die Bedeutung des Ignatius liegt nicht darin, daß er über die Situation der syrischen, asiatischen und römischen Kirchen des Anfangs des 2. Jahrhunderts Auskunft geben würde, sondern vielmehr darin, daß er eine ideologische Vorstellung des Christentums vertritt, die er zunächst in Antiochien und dann durch seine Briefe durchzusetzen versuchte. Die Voraussetzungen seiner Kirchenpolitik und der theologischen Argumentation, durch welche er sie untermauert, geben ein differenzierteres Bild des syrischen Christentums um die Jahrhundertwende wieder.

Was das Verständnis des christlichen Glaubens betrifft, ist sein Horizont ein stark hellenistisch geprägtes Heidenchristentum. Dieses liefert den Rahmen sowohl für den metaphysischen Charakter der vermeintlich antidoketischen Christologie ("Einer nur ist Arzt, fleischlich zugleich und geistlich, gezeugt und ungezeugt, im Fleisch geboren ein Gott, im Tode wahres Leben, aus Maria wie aus Gott, erst dem Leiden unterworfen und dann unfähig zu leiden, Jesus Christus unser Herr", IgnEph 7,2; vgl. IgnEph 19,1) als auch für den Realismus der

Sakramentenlehre. Die Interpretation der Eucharistie als φάρμακον ἀθανασίας (IgnEph 20,2) sichert gleichzeitig die Bedeutung der Kirche als Heilsanstalt und ihre Einheit: "Wenn jemand einem 'Schismatiker' folgt, erbt er das Reich Gottes nicht. Wenn jemand in fremdartigem Sinn wandelt, der stimmt mit dem Leiden nicht überein. Deshalb seid bedacht, eine Eucharistie zu gebrauchen – denn ein Fleisch unseres Herrn Jesus Christus gibt es nur und einen Kelch zur Einigung seines Blutes, einen Altar, wie einen Bischof zusammen mit dem Presbyterium und den Diakonen, meinen Mitsklaven –, damit ihr, was immer ihr tut, nach Gottes Weise tut" (IgnPhld 3,3–4[,1]; vgl. IgnEph 5,2; IgnMagn 7,2).

Was die Geschichte des syrischen Christentums betrifft, so vertritt Ignatius in Antiochien die Minderheit eines Heidenchristentums, das seine eigene Identität sowohl gegen das Judenchristentum (IgnMagn 10,3; IgnPhld 6,1) als auch gegen weisheitlich-gnostische Kreise (IgnEph 7,1; IgnSm 2) behauptet. In seinem Kampf steht er nicht isoliert: Freunde und Parteigenossen hat er sowohl in Syrien (Philo und Rheus Agathopus, IgnPhld 11,1; IgnSm 10,1) als auch in Asien (Polykarp, 'Bischof' der Smyrnäer, IgnMagn 15; vgl. IgnEph 21,1, in IgnSm nur anonym gegrüßt, IgnSm 12,2; Polybius, 'Bischof' in Tralles, IgnTrall 1,1). Daß sein Verständnis der Einheit Ursache für Krisen und Spaltungen ist, ist ihm bewußt und klar (IgnPhld 7,1f). Das Ideal der Einheit ist aber durch eine monarchistische Vorstellung Gottes so begründet, daß es keinen Platz für eine Pluralität bzw. eine offene christliche Gesellschaft lassen kann.

2.2   Das Christentum in Asien

CULPEPPER, R.A.: The Johannine School, SBLDS 26, Missoula 1975. – KAESTLI, J.-D./POFFET, J.-M./ZUMSTEIN, J. (Hrsg.): La communauté johannique et son histoire. La trajectoire de l'évangile de Jean aux deux premiers siècles, Le Monde de la Bible, Genève 1990. – MÜLLER, U.B.: Apokalyptische Strömungen, in: J. Becker u. alii, Die Anfänge des Christentums. Alte Welt und Neue Hoffnung, Stuttgart 1987, 217–254. – VOUGA, F.: Die Johannesbriefe, HNT 15/III, Tübingen 1990.

Daß das episkopale Christentum, wie es Ignatius in Antiochien durchsetzen wollte, um die Jahrhundertwende in Asien und im Westen einen größeren Einfluß auf die Entwicklung der heidenchristlichen Kirchen hatte als in Syrien, läßt sich zum Teil aufgrund der Voraussetzungen der Argumentation der Ignatiusbriefe selbst, aber auch aufgrund anderer, aber vergleichbarer Modelle, vermuten, die unter anderem unter dem Namen des Paulus in den Pastoralbriefen entfaltet werden. Zwar erscheint in den Pastoralbriefen weder der explizite Gedanke einer monarchistischen Autorität des 'Bischofs' noch die politische Ideologie, die sie begründet. Eine Rolle spielt aber die explizite Idee einer Tradition (παραϑήκη, 1 Tim 6,20; 2 Tim 1,12.14), die durch die Kontinuität der – zum Teil bezahlten, 1 Tim 5,17f – kirchlichen Minister treu überliefert werden soll. Das christliche Überzeugungssystem ist eine rechte Lehre (ὑγιαινούσῃ διδασκαλίᾳ, 1 Tim 1,10; 2 Tim 4,3; Tit 2,1, vgl. 1 Tim 6,3) geworden, die gegen abweichende Reden bewahrt werden soll.

Der historische Erfolg dieser neuen Mutation rechtfertigt nicht eine Vereinfachung der geschichtlichen Verhältnisse. Die apostolische Tradition, die unter dem Namen des Paulus weiterentwickelt wird, beschränkt sich nicht auf das Christentum der Pastoralbriefe, und mit Asien und Ephesus sind sowohl die Renaissance einer apokalyptischen Interpretation des Christentums (die Offenbarung des Johannes und der Millenarismus des Papias von Hierapolis) als auch die Blüte und der Niedergang der Kreise des Lieblingsjüngers verbunden.

a) *Das johanneische Christentum*

Die Zuschreibung der Redaktion des Johannesevangeliums zum Apostel Johannes ist erst in der zweiten Hälfte des 2. Jahrhunderts belegt (einerseits durch die *inscriptio* in P^{66}, andererseits durch die Hypotyposen von Clemens von Alexandrien, die Euseb in HE VI,14,7 referiert, und durch Irenäus, Adv.Haer. III,1,1f). Dadurch wird der johanneischen Offenbarungstradition von außen her eine apostolische Autorität verliehen, die sie textimmanent durch den Verweis auf den Lieblingsjünger (Joh 21,24f) beansprucht. Wichtig bei der historischen Rekonstruktion ist, daß das johanneische Christentum mit den Legenden des Apostels Johannes in Ephesus in Verbindung gebracht wird (als erster idenfiziert explizit Irenäus den Lieblingsjünger von Joh 13,23 mit Johannes), und daß Clemens von Alexandrien einerseits, aber auch Euseb andererseits, der seinen Kommentar übernimmt, die Vielfalt des asiatischen Christentums dadurch unterstreicht: "Zuletzt habe Johannes in der Erkenntnis, daß die menschliche Natur in den

Evangelien (bereits) behandelt sei, auf Veranlassung seiner Schüler und vom Geiste inspiriert, ein geistiges Evangelium verfaßt" (HE VI,14,7).

Die Entwicklungsgeschichte der johanneischen Kreise, deren Trägergruppe aller Wahrscheinlichkeit nach von Syrien nach Asien gewandert war, läßt sich durch die Abfolge des Evangeliums und der drei Briefe verfolgen (das Evangelium ist wahrscheinlich im Laufe des letzten Jahrzehnts des 1. Jahrhunderts entstanden, und die Briefe sind zwischen 100 und 125–130 n.Chr. verfaßt worden). Durch die Erzählung der Sendung bzw. des Abstieges (Joh 1–12) und des Aufstiegs des Sohnes (Joh 13–21) liefert das Evangelium den ätiologischen Bericht des mythischen Ursprunges und des Selbstverständnisses der johanneischen Gruppe. Der Abstieg wird als κρίσις der Welt dargestellt, wodurch die kleine Gruppe der Gläubigen von den Menschen ‘dieser Welt’ getrennt wird (wobei allerdings die ‘Juden’ sich genauso spalten wie die ‘Welt’, Joh 8,30; 11,45 usw.), und der Aufstieg wird als Scheiden Jesu von der Welt für die erwählte Gemeinde (Joh 16,7) verstanden, die noch in der Welt ist, zur Welt jedoch nicht mehr gehört (Joh 17): Verheißen wird der zukünftige Aufstieg der Jünger (Joh 13,31–38), und Jesus bereitet ihnen einen Platz beim Vater vor (Joh 14,1–5). Auffällig ist die wiederholte Aufforderung zur gegenseitigen Liebe, die mit dem Abschied Jesu in Verbindung gebracht wird (Joh 13,34), und die die eschatologische Einheit der Brüder mit dem Sohn, und durch ihn mit dem Vater, zum Ausdruck bringen soll (Joh 15,9–17). Einerseits entspricht sie dem Selbstbewußtsein der johanneischen Gemeinde, als die Gruppe der Gläubigen der ‘Welt’ isoliert gegenüberzustehen: ihren Ursprung hat sie nicht in der Welt, sondern – von oben her – beim Vater. Andererseits hat sie die Funktion, die Kohäsion und die eschatologische Isolierung der Gruppe zu verstärken.

Die ideologische Begründung des johanneischen Bruder- bzw. gegenseitigen Liebesgebotes ist durch das Selbstbewußtsein der eschatologischen Gemeinden des Lieblingsjüngers gegeben. Der Anlaß für seine mehrfache Thematisierung in den Abschiedsreden und im 1. Johannesbrief ist die ständige Gefahr, in der sich das johanneische Christentum sah, nämlich einer Auflösung seiner Gemeinden in der ‘Welt’ (Joh 6,66; 1 Joh 2,18f). Präziser formuliert: Der Abfall von Brüdern aus der eschatologischen Gemeinde in die ‘Welt’ gehört

sowohl zum Gründungsmythos der 'Sekte', wie er im Evangelium
entfaltet wird, als auch zu ihrer historischen Erfahrung. Vom theologischen Selbstverständnis des johanneischen Glaubens her betrachtet
heißt dies, daß Austritte und Spaltungen durch den Prädestinations-
gedanken erklärt und verarbeitet werden; die Tatsache, daß einige die
eschatologische Gemeinschaft verlassen, bringt zum Ausdruck, daß sie
von Anfang an nicht zu den Erwählten gehören, die der Vater dem
Sohn gegeben hat (Joh 6,60–65; 1 Joh 2,18f). Von der Geschichte des
johanneischen Christentums her betrachtet bedeutet es, daß sowohl die
zweiten Abschiedsreden des Johannesevangeliums (Joh 15–17) als
auch die drei Briefe das gleiche Ziel verfolgen: die Solidarität der
Kreise, die der Offenbarungstradition treu geblieben sind, zu begründen und zu verstärken. Der 1. Johannesbrief ist das Zeugnis dafür, daß
die Argumente von Joh 15,9–17 und 17,14–23 nicht ausreichten, um
eine erste Zersplittung zu vermeiden. Der 2. Brief setzt eine Situation
voraus, in der mehrere johanneische Kirchen noch existieren, ihre
Mitglieder aber offensichtlich versucht sind, auf die johanneische
Bruderschaft zu verzichten (2 Joh 5–6), um Dissidenten zu folgen oder
um sich an andere christliche Kirchen anzuschließen. Nach dem
3. Johannesbrief hat sich diese Entwicklung fortgesetzt: Der johanneische Presbyter bemüht sich, die johanneische Tradition in ehemals
johanneischen Gemeinden zu bewahren. Dafür schickt er noch Boten,
die die Kontakte zwischen den 'Freunden' aufrechterhalten sollen
(3 Joh 5–8). Die lokale Kirche als solche, die Diotrephes mittlerweile
leitet, erklärt sich nicht mehr bereit, die johanneischen Vertreter zu
empfangen. Kurzum: Die johanneischen Brüder, die um die Jahrhundertwende ein eigenes und selbstbewußtes Christentum in Asien ver-
traten, haben sich in den ersten Jahrzehnten des 2. Jahrhunderts aufge-
splittert. Sie bilden nur noch isolierte Gruppen von 'Freunden' (3 Joh
13–15) bzw. eine Minderheit in ihren ehemaligen Kirchen.

Aufschlußreich für die Einschätzung der kirchengeschichtlichen
Stellung der johanneischen Entwicklungslinie innerhalb des asiatischen
Christentums ist die Rezeptionsgeschichte des Evangeliums und der
Briefe. Den ersten Kommentar des Johannesevangeliums schrieb der
Gnostiker und Valentin-Schüler Herakleon um 150–170 n.Chr. In der
gleichen Zeit wurden die bekenntnisartigen Formulierungen des 1. Jo-
hannesbriefes sowohl von den Gnostikern als auch in der antignosti-
schen Polemik der Kirchenväter verwendet (s. 1 Joh 4,2 bzw. 2 Joh 7

und das Wahrheitsevangelium, NHC I,3 31,4–6 bzw. Irenäus, Adv.Haer. III,16.8; Tertullian, Adv.Marc. V,16,4; 1 Joh 5,5f und das Philippusevangelium, NHC II,3 75,14–16 bzw. Cyprian, De catholicae ecclesiae unitate 6; ep. 73,12), während sich der Montanismus auf die johanneische Pneumatologie des Parakleten berief (Joh 14,16f.25f; 15,26f; 16,7). Diese 'ökumenische' Nachgeschichte des Johanneismus verweist auf die Ambivalenzen der johanneischen Theologie, die sich weder der 'Ketzerei' noch der 'Orthodoxie' ganz einfach zuordnen läßt, aber auch auf das wahrscheinliche Ende des johanneischen Christentums: Der 3. Johannesbrief dokumentiert den vorletzten Akt des Aufgehens der johanneischen Kreise in der Gnosis einerseits (wahrscheinlich des Presbyters und seiner 'Freunde') und in den Kirchen des nach-paulinischen Christentums (wahrscheinlich Diotrephes und seiner Kirche, 3 Joh 9f) andererseits.

b) *Die Renaissance der Apokalyptik*

Bestandteil der Vielfalt des asiatischen Christentums am Ende des 1. Jahrhunderts und in der ersten Hälfte des 2. Jahrhunderts ist die Erscheinung von theologischen Werken, die sich in Form (die Ἀποκάλυψις, die unter dem gleichen Namen des Johannes geschrieben und rezipiert worden ist) und Inhalt (der Millenarismus der 'Erklärungen der Herrenworte' von Papias von Hierapolis, vgl. Irenäus, Adv.Haer. V,33,3f; Euseb, HE III,39,1–17) an die judenchristliche Apokalyptik anschließen. Obwohl Irenäus Papias als 'Hörer' des Johannes vorstellt, bilden sie eigentlich keine Entwicklungslinie des apostolischen bzw. nach-apostolischen Christentums. Sie sind vielmehr Einzelgestalten, die auf die asiatischen Gemeinden ihrer Zeit ein eigenes Licht werfen.

Was die Rekonstruktion der Geschichte des frühen Christentums betrifft, muß zunächst folgendes angemerkt werden: Von ihrer Gattung her setzen Apostelbriefe eine Gemeinschaft von Gemeinden voraus, die durch eine gewisse Anerkennung der apostolischen Autorität miteinander verbunden sind. Ohne Kirchen oder Kreise, die sich auf die Person und das Werk einer gemeinsamen Gründungsfigur berufen, lassen sich weder die Sammlung der paulinischen Briefe noch die Entstehung von Petrus- oder 'Johannes'briefen oder einer 'deuteropaulinischen' Briefliteratur erklären. Die Existenz eines solchen Trägerkreises gehört aber nicht zu den notwendigen Bedingungen für die

Erscheinung von apokalyptischen Schriften. Dem Seher von Patmos ist nach Apok 1,1 u. 9 eine Offenbarung zuteil geworden, und nach seinen eigenen Aussagen hat er den doppelten Auftrag bekommen, in das Buch zu schreiben, was er gesehen hat, und dieses Buch an die Christenheit (durch die Sieben-Zahl der asiatischen Gemeinden in Ephesus, Smyrna, Pergamon, Thyatira, Sardes, Philadelphia und Laodicea symbolisiert) zu senden (Apok 1,11). Den Auftrag erfüllt er in seinem eigenen Namen (Ἐγὼ Ἰωάννης, Apok 1,9). Dabei wird die Anerkennung keiner anderen Autorität vorausgesetzt, als die, die ihm die Überzeugungskraft seines visionarischen Werkes und die Vermittlung seiner Offenbarungen verleihen kann. Das Buch enthält zwar briefliche Elemente, aber das 'Briefpräskript' folgt dem Titel des Buches und seinem Kommentar, das heißt, er gehört zum Inhalt der Offenbarung (Apok 1,4–6); die sieben Briefe (Apok 2,1–3,22) sind eigentlich gar keine, sondern sie gehören zur ersten, christologischen Vision (Apok 1,9–3,22): Der Menschensohn sitzt in seiner Herrlichkeit, umgeben von sieben Leuchtern, die die sieben Gemeinden darstellen, und mit sieben Sternen in der Hand, die die Engel der sieben Gemeinden sind, an die der Seher schreiben soll. Die sogenannten Sendschreiben (an die Engel) sind Bestandteil der Fiktion eines visionarischen Textes. Sie implizieren keine Rezipienten, die direkt angesprochen werden und die Gedankengänge dadurch mitbestimmen würden, und enthalten nur die theologischen Vorstellungen eines einzelnen. Kurzum: Das Johannesevangelium und die Johannesbriefe setzen die Existenz von johanneischen Kirchen oder von johanneischen Kreisen innerhalb der asiatischen Gemeinden voraus; die Offenbarung des Johannes existiert als Werk eines Sehers und gehört zu den Ausdrucksmöglichkeiten in den asiatischen Kirchen der nach-apostolischen Zeit, läßt aber nicht auf die Erscheinung eines apokalyptischen Christentums oder auf die apokalyptische Entwicklung christlicher Kreise schließen.

Die erste Vision und die sieben sogenannten Sendschreiben liefern den Rahmen für die historische Verortung und für die Gesamtinterpretation der Schrift. Die sieben Briefe sind parallel und mit stereotypen Elementen aufgebaut: Der Adresse an den Engel folgen eine Selbstdarstellung des Menschensohnes, die auf die Schilderung von Apok 1,12–20 verweist, seine Diagnose der Situation der Kirchen (οἶδα κτλ.), ein Ruf zur Umkehr, eine Verheißung und eine Aufforderung ("Wer Ohr hat, höre, was der Geist zu den Gemeinden spricht", Apok 2,29). Sie haben weder den Anspruch, ein umfassendes Bild der genannten Gemeinden zu geben, noch die Funktion, die verschiedenen historischen Situationen im einzelnen zu differenzieren. Sie geben das Urteil wider, das der apokalyptische Seher über das Christentum seiner Zeit fällt, und erklären die Gründe, die seine Dramatisierung der Geschichte verursachen. Auffällig ist, daß jeder Verweis auf eine allgemeine Verfolgungssituation fehlt: Einige in Smyrna sind ins Gefängnis geworfen worden (Apok 2,10), und Antipas ist zum Tode in Pergamon verurteilt worden und als Märtyrer gestorben (Apok 2,13). Darüber hinaus werden schwierige Beziehungen mit den Synagogen in Smyrna (Apok 2,9f) und in Philadelphia (Apok 3,9) erwähnt: Juden verleumden die Kirchen und hetzen die Bevölkerung und die Behörde gegen die Christen auf. Apok 3,10 kündigt zwar eschatologische Prüfungen an, die für die ganze Welt kommen werden. Diese 'Stunde' ist aber zum einen ein apokalyptischer Topos, und zum anderen kontrastiert er mit den Problemen, die angezeigt werden.

Der Vorwurf, den der Menschensohn – laut des Sehers – zu wiederholen hat, gehört nämlich zu einem anderen Themenkreis: Die Kirchen haben die erste Liebe verloren. Einerseits sind sie Häretikern gegenüber tolerant geworden, die sie verunreinigen: Gewarnt wird vor den sogenannten Nikolaiten, die sowohl in Ephesus (Apok 2,6) als auch in Pergamon (2,15) präsent sind. Wen der Seher mit dieser Bezeichnung meint bzw. wer die 'Nikolaiten' waren, läßt sich nicht rekonstruieren: Die Darstellung von Irenäus, Adv.Haer. I,23,3, ist offensichtlich von Apok 2 abhängig. Andererseits haben sie sich an die Welt angepaßt (so Ephesus, Apok 2,4f; Sardes, Apok 3,2; Laodicea, Apok 3,15–18): Sie sind reich geworden (vgl. 1 Tim 6,6–10.17–19), haben ihr Bekenntnisbewußtsein aufgegeben, nehmen möglicherweise an heidnischen Opferkulten oder an politisch-patriotischen Festen teil (Thyatira, Apok 2,20f) und sind durch 'Satan' bedroht (Pergamon, Apok 2,13). Die historische Bedeutung der Stelle ist unklar: Einerseits hatte Augustus 29 v.Chr. bereits genehmigt, daß die Asiaten in Pergamon einen der Göttin Roms und ihm persönlich gewidmeten Tempel bauen. Andererseits hatte Domitian im Laufe seiner Regierungszeit verlangt, als Herr und Gott angesprochen zu werden: "... Von gleicher Anmaßung zeugt, wenn er im Namen seiner Prokuratoren ein amtliches Rundschreiben diktierte und sich dabei der

Eingangsformel bediente: 'Unser Herr und Gott befiehlt, daß folgendes geschieht.' Daher wurde es Brauch, ihn mündlich wie schriftlich nur so anzureden" (Sueton, Domitian 13. Übersetzung: Sueton, Cäsarenleben, Kröners Taschenbuchausgabe 130, Stuttgart 1986[7]). Neu war nicht die hellenistische Vorstellung des Herrscherkultes, die unter Alexander dem Großen entstanden war und mit dem Anfang des römischen Reiches wieder aufblühte. Neu war der gesamte Zusammenhang: daß ein Kaiser verlangte, zu seinen Lebzeiten als Gott verehrt zu werden.

Kurzum: Was den Seher veranlaßt, die Geschichte apokalyptisch zu deuten, ist entweder eine Gesamtbeurteilung der Entwicklung der christlichen Gemeinden, die lauwarm geworden waren, oder die theologische Krise, die nach seiner Vision durch die offizielle Forderung des Kaiserkultes ausgelöst wird. Wenn der Kaiser verlangt, als Gott angesehen zu werden, dann ist jedes friedliche Verhältnis der Christen mit dem römischen Reich unmöglich (gegen Röm 13,1–7; Apg 18,12–17; 24,10–21; 25,8; 1 Petr 2,13–17; 1 Tim 2,1–6), und das christliche Bekenntnis stellt jeden einzelnen vor ein Entweder-Oder. Aus dieser Grundüberzeugung ergibt sich die Inszenierung von Apok 4,1–22,5. Das Paradox des Buches ist dabei ein doppeltes: Zum einen sind die apokalyptischen Bilder dessen, was geschehen muß (Apok 1,1.19; 22,6), nichts anderes als eine Analyse und eine radikale Wertung der religiösen, politischen und sozialen Verhältnisse der unmittelbaren Gegenwart des Sehers. Zum anderen werden Ereignisse und historische Situationen durch Bilder und Visionen so transzendiert, daß die symbolische Welt des Werkes eine immer wieder aktualisierte Bedeutung in seiner Rezeptionsgeschichte bekommen konnte.

Für die Rekonstruktion der Geschichte des asiatischen Christentums besteht die Relevanz der Offenbarung des Johannes in ihrer kritischen Darstellung und Beurteilung der Beziehungen der christlichen Gemeinden zu ihrer gesellschaftlichen und politischen Umwelt. Die historische Relevanz der Fragmente, die von Papias von Hierapolis erhalten sind, betrifft zunächst einen anderen Problemkreis, nämlich den Prozeß der apostolischen Überlieferungen in der nachapostolischen Zeit:

> Wenn aber irgendwo jemand, der den Presbytern nachgefolgt war, kam, erkundigte ich mich nach den Berichten der Presbyter: Was hat Andreas oder was hat Petrus gesagt, oder was Philippus oder

was Thomas oder Jakobus oder was Johannes oder was Matthäus oder irgendein anderer der Jünger des Herrn, was auch Aristion und der Presbyter Johannes, beide Jünger des Herrn, sagen. Denn ich war der Ansicht, daß die aus Büchern stammenden Berichte mir nicht so viel nützen würden wie die Berichte von der lebendigen und bleibenden Stimme (Euseb, HE III,39,4).

Am Anfang des 2. Jahrhunderts hat Papias das klare Bewußtsein, zur dritten Generation der apostolischen Überlieferung zu gehören: Er beruft sich nämlich auf Berichte von Leuten, die den Älteren (πρεσβύτεροι) nachgefolgt waren (παρηκολουθηκώς τις τοῖς πρεσβυτέροις), und die von diesen Älteren bzw. Presbytern gehört hatten, was die Jünger berichteten. Sein Interesse für diese mündliche Tradition begründet er damit, daß es auf die Wahrheit ankommt, und daß diese nicht durch eine breite Rezeption, sondern durch das genaue Gedächtnis der unmittelbaren Zeugen gesichert ist (Euseb, HE III,39,3). Gleichzeitig tradiert er unbekannte, apokalyptische Logia und Gleichnisse Jesu weiter, die er mit seinen Erklärungen verbindet (vgl. Irenäus, Adv.Haer. V,33,3f; Euseb, HE III,39,11–13).

Auffällig ist die Thematisierung der Akzeptanz einer mündlichen Überlieferung der Jesus-Tradition, die im 2. Jahrhundert parallel zur Verbreitung der Evangelien eine gewisse Bedeutung erlangt. Laut Papias ist diese mündliche Überlieferung nützlicher als die schriftlichen Berichte. Die Überlegenheit des Mündlichen gegenüber dem Schriftlichen ist zum einen ein Topos, den man sowohl im Prolog des Lukasevangeliums (Lk 1,1–4) als auch im Prolog der Vita Mosis von Philo finden kann:

... Ich will nun die Schicksale des Mannes mitteilen, wie ich sie teils aus den heiligen Schriften kenne, die er als wunderbares Denkmal seiner Weisheit hinterlassen hat, teils aus den Mitteilungen älterer Leute seines Volkes; was diese erzählten, pflegte ich nämlich jedesmal mit dem, was ich las, eng zu verflechten, und glaube daher genauer als andere über sein Leben berichten zu können (Philo, Mos 1,4).

Zum anderen dient die Aufwertung der mündlichen Überlieferung dazu, die Autorität von unbekannten Jesusworten zu rechtfertigen, die ihrerseits die Grundlage für eine apokalyptisch-millenaristische Theologie bilden.

Als Fazit läßt sich zusammenfassen: Die Offenbarung des Johannes und die Papiasfragmente belegen eine (heidenchristliche?) Renaissance der Apokalyptik, die Themen und Bilder der jüdisch-apokalyptischen Literatur unter der Autorität des himmlischen Menschensohnes bzw. der mündlichen Überlieferung der Worte Jesu verwendet, um radikale Vorstellungen der christlichen Sozialethik bzw. der Eschatologie zu entwickeln. Neu in der Geschichte der juden-christlichen Apokalyptik ist dabei, daß die jeweiligen Geschichtsvorstellungen nicht mehr mit der Problematik des Geschicks Israels verbunden sind, sondern ein christliches Selbst- und Weltverständnis in seinen kosmisch-räumlichen (was die Offenbarung des Johannes betrifft) und historischen (was die Papiasfragmente betrifft) Dimensionen entfalten. Vom eigenen Standpunkt her stellt sich Johannes in die Kontinuität der alttestamentlichen und jüdischen Schriftprophetie. Die 'Apokalypse' ist nichts anderes als Schrift gewordenes prophetisches Wort (Apok 1,3; 22,7.10.18f), das das Verständnis und die Wachsamkeit seiner Zeitgenossen zu erwecken versucht. Als solches steht es als isolierte, respektierte und umstrittene Größe des asiatischen Christentums der nach-apostolischen Zeit.

c) *Die nach-paulinischen Kirchen*

Mit Asien ist nicht nur die doppelte johanneische Tradition verbunden, sondern auch, in mehrerlei Hinsicht, die pseudepigraphische Fortsetzung des paulinischen Werkes. Mit Ausnahme des 2. Thessalonicherbriefes, der als Abfassungsort Korinth implizit angibt (vgl. 2 Thess 1,1 mit 1 Thess 1,1), und des Titusbriefes, nach welchem sich Paulus und Titus in Kreta getrennt haben (Tit 1,5) und in einer Stadt namens Nikopolis wiedertreffen sollen (Tit 3,12), ist die gesamte nach-paulinische Briefliteratur durch ihre jeweiligen Situationsangaben mit Asien in Beziehung gesetzt. Nach der fiktionalen Selbstdarstellung des 1. Timotheusbriefes hat Paulus Timotheus in Ephesus zurückgelassen, während er selbst nach Makedonien gereist ist (1 Tim 1,3). Dadurch wird zum einen die (nach-apostolische) Situation der Abwesenheit des Apostels thematisiert, und zum anderen werden die Vorschriften des Briefes indirekt an die Gemeinde in Ephesus gerichtet. Im 2. Timotheusbrief wird Ephesus ausdrücklich in 1,18 und 4,12 genannt; die Grußliste (s. 2 Tim 4,19) hat aber wohl die Funktion, die Präsenz und den Auftrag des Timotheus in Ephesus zu bestätigen. Der Kolosserbrief setzt kompliziertere Verhältnisse voraus. Die expliziten Adressaten sind die Christen in Kolossä. Mit ihnen wird aber die Gemeinde in Laodicea eng assoziiert (Kol 2,1: 4,13). Die Brüder in Laodicea sollen sie allerdings nicht nur grüßen (Kol 4,15), sondern mit ihnen einen Briefaustausch vornehmen: Der Kolosserbrief soll nach Laodicea weitergeschickt werden, sobald die Adressaten ihn gelesen haben, und anschließend sollen sie von einem Brief, den 'Paulus' zur gleichen Zeit nach Laodicea gesandt hat, Kenntnis nehmen (Kol 4,16). Zum einen implizieren diese Anweisungen, daß Paulusbriefe bereits in Umlauf gebracht worden waren, so daß der Pseudepigraph auf eine bekannte Praxis verweisen kann. Zum anderen ist die Stadt Kolossä im Jahre 61 n.Chr. durch ein Erdbeben vernichtet worden, so daß es dort zur Abfassungszeit des Briefes keine Gemeinde mehr gab, daß ihn die realen Adressaten nur durch einen in Kol 4,16 erwähnten ähnlichen Umlauf erhalten konnten, und daß das Problem der (nach-apostolischen) Abwesenheit des Apostels zum Teil durch die Fiktionalität der Adressaten gelöst wird. Andererseits ist die Gemeinde in Kolossä nicht von Paulus, sondern von Epaphras gegründet worden (Kol 1,7; 4,12f), und der Brief setzt keine direkte Beziehung zwischen dem Apostel und den Christen in Kolossä voraus. Paulus schreibt an eine Gemeinde, die er nicht kennt und die nicht mehr existiert, und durch diese Fiktion schafft der Verfasser den literarischen Rahmen einer Unterweisung für die paulinischen Gemeinden der nach-apostolischen Zeit. Der Epheserbrief stellt sich als eine erweiterte Fassung des Kolosserbriefes dar, wobei Ephesus ein Symbol für die paulinische Tradition geworden ist. Kurzum: Der Korpus der Apostelbriefe, die unter dem Namen des Paulus verfaßt worden sind, setzt ein Netz von Gemeinden voraus, die sich auf seine Autorität berufen und ihre Zentren in Kleinasien (unter anderem in Ephesus) haben.

Diese nach-paulinischen Kirchen bilden kein einheitliches Christentum. Zum einen ist das theologische Gedankengut der paulinischen Briefe in verschiedenen Richtungen weiterentwickelt worden. Im Kolosserbrief wird die paulinische Theologie als die Weisheit dargestellt, die sowohl mit der Philosophie und den Religionen des Hellenismus als auch mit der jüdischen Verheißung konkurrenzfähig ist. Im Epheserbrief wurde sie als die zeitlose Erkenntnis einer kosmischen Gnosis zusammengefaßt. In den Pastoralbriefen dagegen wurde sie der Ausgangspunkt für eine Frömmigkeit der guten Werke, die auf jede

Spekulation mißtrauisch reagiert. Zum anderen ist die Organisation dieser Kirchen nicht einheitlich. Aus der großen Flexibilität der paulinischen Gemeindeformen (Röm 12,6–8; 1 Kor 12,28–31; Phil 1,1) ist eine Pluralität von Modellen entstanden. Ihr gemeinsamer Nenner ist, daß sie den paulinischen Gedanken der allgemeinen Geistbegabung aller Christen in neuere Kirchengedanken transponieren: Die 'Gaben' sind die Verleihung der kirchlichen Ämter, durch welche die Heilsgaben allen Christen vermittelt werden, sei es, daß ihre besondere Aufgabe der Aufbau des Christusleibes sei (Eph 4,11), sei es, daß ihnen die sichere Vermittlung der 'gesunden Lehre' anvertraut sei (1 Tim 6,20; 2 Tim 1,12.14; 1 Tim 1,10; 2 Tim 4,3; Tit 2,1). Der Epheserbrief kennt als 'Ämter' die Apostel, die Propheten (s. Eph 2,20; 3,5), aber auch die Evangelisten und die Hirten und Lehrer (Eph 4,11), die Pastoralbriefe geben dagegen Anweisungen für Bischöfe (1 Tim 3,1–7; Tit 1,7), Diakonen (1 Tim 3,8–13), Presbyter (1 Tim 5,17–19; Tit 1,5) und Witwen (1 Tim 5,3–16, vgl. IgnSm 13,1), wobei weder impliziert ist, daß die Struktur *ein* Bischof – *mehrere* 'Älteste' bereits vorausgesetzt sei, noch geklärt ist, wie verschiedene Ämter sich zueinander verhalten sollen. Kurzum: Im asiatischen Gebiet läßt sich die Weiterentwicklung von Gemeinden rekonstruieren, die sich auf verschiedene Art und Weise auf die paulinische Tradition berufen, und die die Voraussetzungen für die Vorstellung einer Kirchenordnung, wie sie Ignatius von Antiochien und seine Freunde Polykarp in Smyrna und Polybius in Tralles vertreten, zum Teil vorbereiten oder implizieren.

Diese nach-paulinischen Gemeinden sind überwiegend heidenchristlich. Zur Fiktion des Kolosserbriefes gehört, daß die Adressaten Heiden waren, die sich zur apostolischen Predigt bekehrt haben (Kol 1,21.27; 2,13); der Verfasser des Epheserbriefes denkt sich Heidenchristen als Leser seiner Schrift (Eph 2,11; 3,1; vgl. 4,17), und die einfältigen Ausführungen des 1. Timotheusbriefes über das Gesetz (1 Tim 1,8–11) schließen eine Hörerschaft aus Judenchristen aus. Die neuen, das heißt nicht-paulinischen Formen der Paränese sind hellenistisch (die Haustafeln in Kol 3,18–4,1; Eph 5,21–6,9; vgl. 1 Tim 2,8–15; 6,1f; Tit 1,9f) und befassen sich hauptsächlich mit der Ethik eines christlichen Hauses in der hellenistisch-römischen Gesellschaft. Daraus darf nicht geschlußfolgert werden, daß das asiatische Christentum der nach-apostolischen Zeit nur noch aus Heidenchristen bestünde, sondern nur, daß ein Heidenchristentum sich dort unter der Autorität des Pau-

lus bis zum Ende des 1. Jahrhunderts oder bis zum Anfang des
2. Jahrhunderts weiterentwickelt.

2.3   Das Christentum in Griechenland, Italien und Rom

LAMPE, P.: Die stadtrömischen Christen in den ersten beiden Jahrhunderten,
WUNT II/18, Tübingen 1987. – LINDEMANN, A.: Die Apostolischen Väter I:
Die Clemensbriefe, HNT 17, Tübingen 1992. – SELWYN, E.G.: The First
Epistle of St. Peter, London 1947[2].

Sowohl in Korinth als auch in Rom bestehen die christlichen Gemeinden gegen Ende des 1. Jahrhunderts überwiegend aus Heidenchristen.
Diese Situation ergibt sich aus einer sehr unterschiedlichen Entwicklung. Das Christentum ist in Korinth durch die paulinische Mission
entstanden. Die ersten Christen waren Heiden, denen sich Juden angeschlossen haben (Röm 16,21). Die Gemeinde in Rom ergab sich aus
der Predigt der Hellenisten und hat insofern ihre Wurzeln in der
Synagoge. Die Grußliste in Röm 16,1–16 hebt nicht nur Mitarbeiter
des Paulus, sondern auch judenchristliche Apostel hervor (Andronicus
und Junias bzw. Junia, Röm 16,7, aber vielleicht auch Maria, Röm
16,6), die bereits vor ihm Christen geworden waren (Röm 16,7), und
die entweder mit der ersten Gründung der römischen Gemeinde in den
40er Jahren oder mit ihrem Wiederaufbau nach dem Claudiusedikt
verbunden waren. Die Tatsache aber, daß Paulus die jüdische Herkunft
einiger der Gegrüßten ausdrücklich betont (vgl. auch Herodion, Röm
16,11), legt den Schluß nahe, daß die übrigen Heidenchristen sind. Die
Bezeichnung der Judenchristen als 'Schwache' und der Heidenchristen
als 'Starke' in Röm 14,1–15,13 ist, zumal sich Paulus den 'Starken'
zurechnet (Röm 15,1), keine Bestätigung dafür, wohl aber das Faktum,
daß der sogenannte 1. Clemensbrief der Kirche in Rom an die Korinther offensichtlich von einem Heidenchristen verfaßt wurde. Kurzum:
Die zwei großen Zentren des westlichen nach-apostolischen Christentums sind städtische und griechisch-sprechende Gemeinden, die indirekt oder wegen ihrer Anfänge durch judenchristliche Traditionen
geprägt sind, die aber mehrheitlich aus Heiden bestehen. Daß beide
sich einander verbunden fühlen, zeigt der 1. Clemensbrief, der die
gegenseitige Anerkennung der beiden impliziert bzw. klar zum Ausdruck bringt (1 Clem 1,2–2,8).

a) *Korinth*

Die Geschichte der von Paulus gegründeten Gemeinde (1 Kor 3,6 usw.) läßt sich zunächst partiell mit Hilfe der beiden Apostelbriefe rekonstruieren. Zur Zeit des 1. Korintherbriefes waren Spaltungen aufgetreten, die einerseits durch verschiedene Interpretationen der paulinischen Freiheit entstanden waren (1 Kor 5,1–11,1), andererseits auf die theologische Vielfalt und den indirekten Einfluß anderer Apostel, die die Gemeinde inzwischen besucht hatten (Apollos, 1 Kor 1,12; 3,4f.22; 16,12; Petrus, 1 Kor 1,12; 3,22, obwohl unklar ist, ob Petrus selber in Korinth war, oder ob Missionare sich auf seine Autorität berufen hatten), zurückgeführt wurden und chaotische Zustände in den Gemeindeversammlungen verursachten (1 Kor 11,2–14,40). Zum einen hatten die Korinther einen Brief geschrieben (1 Kor 7,1), um den Apostel um präzise Anweisungen zu bitten (1 Kor 7,1.25; 8,1; 12,1 zu den drei Problemkreisen Ehe, Götzenopferfleisch und ekstatische Gaben), zum anderen setzt Paulus voraus, daß die Leute von Chloe von der Existenz von Parteien, die miteinander streiten, berichtet haben (1 Kor 1,11). Inwiefern sich die Konflikte mit der Konkurrenz zwischen verschiedenen Hausgemeinden oder zwischen Christen aus verschiedenen sozialen Schichten (die korinthische Kirche besteht aus einer Mehrheit von einfachen Leuten und einer kleinen Gruppe von Reichen bzw. Prominenten, vgl. 1 Kor 1,27–31; Röm 16,23) decken, läßt sich nicht festmachen. Der 2. Korintherbrief gibt weniger Informationen über die Gemeinde selbst als über die Entwicklung ihres Verhältnisses zu Paulus. Der Apostel hatte einen neuen Besuch versprochen (1 Kor 16,5–9), den er vertagt hat (2 Kor 1,15–2,13). In der Zwischenzeit hat sich eine anti-paulinische Partei gebildet (τινες, 2 Kor 10,2; vgl. 10,10), die dadurch verstärkt wurde, daß andere Apostel, Hellenisten, über Korinth gereist sind, die Korinther beeindruckt haben und von ihnen finanziell unterstützt worden sind (2 Kor 10,12–11,15; 12,11–18). Das Ergebnis des mehrfach angekündigten Besuchs (2 Kor 9,4; 10,2; 12,14; 13,1.10) kann aus Röm 15,26 geschlossen werden: Die Korinther haben – mindestens zum Teil – an der paulinischen Kollekte teilgenommen und sich insofern mit Paulus versöhnt. Jedenfalls setzt 1 Clem 47,1 voraus, daß der Heidenapostel sowohl in Rom als auch in Korinth am Ende des 1. Jahrhunderts als maßgebende Autorität anerkannt ist.

Die Situation, die aus dem 1. Clemensbrief an die Korinther abzuleiten ist, ist übrigens eine ganz andere. Eine Kirchenordnung nach
dem presbyterianischen Modell der jüdischen und judenchristlichen
Gemeinden hat sich in der Zwischenzeit anstelle der paulinischen,
'charismatischen' Vorstellungen der Geistesgaben (1 Kor 12,28–31)
durchgesetzt, und der Anlaß für die Abfassung des Briefes war, daß
die 'Kirche' sich wegen einer oder zwei Personen (1 Clem 47,6)
gegen seine Presbyter aufgelehnt (1 Clem 46,9) und sie ihres Amtes
enthoben hat (1 Clem 44,3f). Als Grund dafür sieht der 1. Clemensbrief (= die römische Gemeinde) nur Eifersucht und Neid, was die
Motive der 'Gegner' nicht erkennen läßt. Die Argumentation des
Briefes versucht aber nicht, die Personen der Presbyter zu verteidigen,
sondern sie plädiert für die Einhaltung und die Wiederherstellung des
Presbyteramtes als solches: Die Presbyter sind von den Aposteln als
ihre Nachfolger eingesetzt worden, und ihre Ordnung entspricht den
alttestamentlichen Anweisungen (1 Clem 40,1–45,8). Die nächstliegende, historische Interpretation ist die folgende: Einer kleinen Gruppe
in Korinth ist es gelungen, monarchistische Vorstellungen des Episkopats durchzusetzen, wie sie Ignatius von Antiochien ein Jahrzehnt
später in Syrien und Asien durchzusetzen versucht. Die römische
Kirche vertritt, begründet und verteidigt gegen die Korinther eine
traditionelle, von der Synagoge und vom Judenchristentum geerbte
kollegiale Gemeindeordnung, die auf die Apostel zurückgeführt wird
(vgl. auch Apg 20,17–38).

b) *Rom*

Von der Struktur der römischen Kirche vor der Neroverfolgung gibt
überwiegend der Römerbrief des Paulus Auskunft. Die Grußliste von
Röm 16,1–16 verweist zunächst auf die Größe der Gemeinde: Christen
versammeln sich nicht nur in dem Haus von Priska und Aquila, sondern Paulus kennt die Existenz von mindestens zwei anderen Hausgemeinden (Röm 16,14f). Daß sie bereits eine 'Menge' waren, wird
sowohl von Tacitus in seinem Bericht der Neroverfolgung (Ann.
15,44,4: die hingerichteten Christen stellen eine *multitudo ingens* dar)
als auch durch den 1. Clemensbrief (1 Clem 6,1) bestätigt. Darauf, daß
sie sich zum großen Teil aus den unteren Schichten rekrutieren, verweist nicht nur die pejorative Schilderung von Tacitus, sondern auch
die Bemerkung von 1 Clem 55,2, nach welcher sich mehrere Christen

freiwillig in die Sklaverei verkauft hatten, um mit dem Kaufpreis arme Brüder zu unterhalten. Die stadtrömischen Christen stammen nicht nur aus Rom: Alles Scheußliche und Schandbare strömt von überallher nach Rom zusammen und findet Anhang (Tacitus, Ann. 15,44,3). Phoebe kommt aus Kenchreae (Röm 16,1), Epaenetus aus Asien (Röm 16,5) und Rufus aus Achaia, Makedonien oder Asien (Röm 16,13). Priska und Aquila hatten früher ein Haus in Ephesus (1 Kor 16,19). Nach Apg 18,2 wohnten sie ursprünglich in Rom; sie seien aber aufgrund des Claudiusediktes aus Rom nach Korinth geflohen. Dort hätten sie Paulus getroffen und seien dann mit ihm nach Ephesus gefahren (Apg 18,18f.26). Kurzum: Die Christen bilden in Rom eine ansehnliche Gemeinde, die die geographische Mobilität der Personen und der religiösen Strömungen im *imperium* belegt.

Paulus kennt in Rom Häuser, in denen sich Christengemeinden versammeln (Röm 16,5), christliche Häuser (Röm 16,10?), die sich en bloc bekehrt haben, aber auch Christen, die zu nicht-christlichen Häusern gehören (Röm 16,11). Durch die Situation dieser Christen wird das Problem des Verhältnisses des Christentums zur römischen Gesellschaft und heidnischen Bevölkerung akut. Auf dieses Problem verweist sowohl der Bericht der Neroverfolgungen, der den Haß der Bevölkerung gegen die Christen erwähnt, weswegen sie sich zu Sündenböcken eigneten (Tacitus, Ann. 15,44,2) als auch die theologische und ethische Reflexion des 1. Petrusbriefes, das heißt des in Rom (1 Petr 5,13) von Silvanus (1 Petr 5,12) unter dem Namen des Petrus (1 Petr 1,1) geschriebenen Apostelbriefes. Das Problem ist die Diskordanz des sozialen Status. Christliche Männer und Frauen haben ihre eigentliche Heimat in Gemeinden, wo es weder Jude noch Grieche, weder Sklave noch Freie, weder Mann noch Frau geben soll (vgl. Gal 3,28), und in denen jede Person als geliebte Schwester bzw. geliebter Bruder empfangen werden soll (vgl. Phlm 16). Gleichzeitig sind aber Frauen mit Männern verheiratet, die keine Christen sind (1 Petr 3,1–6), und Brüder dienen als Sklaven in nicht-christlichen Häusern, wo sie heidnischen Herren gehorchen müssen (1 Petr 2,18ff). Das Problem war bereits von Paulus reflektiert worden, und zwar vom Standpunkt der Christen und ihres Verständnisses der christlichen Freiheit aus (1 Kor 7,1–24). Die Situation wird im 1. Petrusbrief neu thematisiert, diesmal ausgehend von der Frage der sozialen Akzeptanz des Christentums. Im Bereich der christlichen Gemeinde sind zwar gesellschaftliche Ordnungen und Machtverhältnisse, die in der Welt gelten (vgl. Mk 10,42f), aufgehoben, und die Christen sollen sich als Fremdlinge auf Erden, das heißt als Dissidenten verstehen (1 Petr 2,11). Deswegen sollen sie sich auch nach außen als vorbildliche Bürger verhalten. Der Konservatismus ist aber taktisch. Die Argumentation ist: Die Christen sollen sich tadellos verhalten, damit klar sei, daß sie für ihre Überzeugungen, nicht für ihre Verfehlungen mißhandelt werden (1 Petr 2,13–4,6). Begründet wird diese Argumentation durch die Vorstellung, daß das ethische Verhalten auf die Motive verweist und daß der Lebenswandel der Christen Zeugnis für ihren Glauben ablegt. Kurzum: Die Problematik der ἀναστροφή (1 Petr 1,15.18; 2,12; 3,1f.16) gehört zur Definition einer apologetischen bzw. missonarischen Strategie: Der Umgang der Christen mit den menschlichen Ordnungen, das heißt mit den sozialen Institutionen der römischen Gesellschaft, soll einerseits die Widerlegung der Verleumdungen des Christentums sein (1 Petr 2,11f), andererseits Ungläubige zum Glauben führen (1 Petr 3,1).

Ein ähnliches Bewußtsein der ökumenischen Bedeutung des Christentums spiegelt das große Gebet, das der Verfasser des 1. Clemensbriefes wahrscheinlich aus der Liturgie der römischen Gemeinden übernommen und am Schluß seiner Paränese eingearbeitet hat (1 Clem 59,2–61,3), wider:

(59,2) ... Wir werden beten, darbringend inständiges Gebet und Flehen, daß der Schöpfer des Alls die abgezählte Zahl seiner Auserwählten in der ganzen Welt vollständig bewahren möchte durch seinen geliebten Sohn Jesus Christus, unseren Herrn, durch welchen er uns berufen hat von der Finsternis zum Licht, von der Unkenntnis zur Kenntnis der Herrlichkeit seines Namens,
(3) zu hoffen auf den Urgrund aller Schöpfung, deinen Namen, der du geöffnet hast die Augen unseres Herzens, um dich zu erkennen, den allein Höchsten im Höchsten, den Heiligen, ruhend im Heiligen. Der du demütigst den Stolz der Prahler, der du vereitelst die Pläne der Heiden, der du Demütige erhebst und die Hohen demütigst, der du reich machst und arm, der du tötest und lebendig machst, du allein Wohltäter der Geister und Gott allen Fleisches. Der du hinsiehst in die Abgründe, der du Beobachter bist der menschlichen Taten, der du Helfer bist derer, die in Gefahr sind, der du Retter bist der Hoffnungslosen, der du Schöpfer

bist und Aufseher jeglichen Geistes. Der du zahlreich machst die
Völker auf Erden, und hast dir aus allen erwählt, die dich lieben,
durch Jesus Christus, deinen geliebten Sohn, durch welchen du
uns erzogen hast, geheiligt, geehrt.

(4) Wir bitten dich, Herr, unser Helfer zu sein und unser Beschützer. Die unter uns in Bedrängnis sind rette, die Gestrauchelten
richte auf, den Betenden zeige dich, die Kranken heile, die Irren-
den deines Volkes bring auf den rechten Weg. Sättige die Hun-
gernden, erlöse unsere Gefangenen, richte auf die Schwachen,
tröste die Kleinmütigen. Es sollen dich erkennen alle Völker, daß
du allein Gott bist, und Jesus Christus dein Sohn, und wir dein
Volk und Schafe deiner Weide.

(60,1) Du hast ja die Ewige Ordnung der Welt durch die walten-
den Kräfte geoffenbart, du, Herr, hast den Erdenkreis geschaffen;
der Treue in allen Geschlechtern, gerecht in allen Urteilen, wun-
derbar in Stärke und Erhabenheit, der Weise bei der Schöpfung
und klug im Bewahren des Geschaffenen, der Gütige im Sicht-
baren, und liebenvoll für die, die auf dich vertrauen.

Barmherziger und Mitleidiger, vergib uns unsere Frevel und
unsere Ungerechtigkeiten und Verfehlungen und Vergehen, (2)
rechne nicht an alle Sünde deiner Knechte und Mägde, sondern
reinige uns mit der Reinigung deiner Wahrheit, und lenke unsere
Schritte, in Heiligkeit des Herzens zu wandeln, und zu tun das
Gute und Wohlgefällige vor dir und vor unseren Herrschern.

(3) Ja, Herr, laß leuchten dein Angesicht über uns zum Guten in
Frieden, auf daß wir beschützt seien durch deine starke Hand und
gerettet würden vor jeglicher Sünde durch deinen erhobenen Arm
und rette uns vor denen, die uns unverdientermaßen hassen. Gib
Eintracht und Frieden uns und allen, die die Erde bewohnen, wie
du sie gegeben hast unseren Vätern, als sie dich fromm anriefen
in Glaube und Wahrheit, daß wir gehorsam werden deinem all-
mächtigen und herrlichen Namen, sowie unseren Herrschern und
Regierenden auf Erden.

(61,1) Du, Herr, hast ihnen die Macht der Königsherrschaft gegeben durch deine erhabene und unaussprechliche Macht, damit wir
erkennen die von dir ihnen gegebene Herrlichkeit und Ehre, uns
ihren unterzuordnen, keineswegs im Widerspruch zu deinem Willen. Ihnen gib, Herr, Gesundheit, Frieden, Eintracht, Beständigkeit,
damit sie ausüben die ihnen von dir gegebene Regierungsgewalt
untadelig. (2) Denn du, Herr, himmlischer König der Äonen, gibst

den Menschen Herrlichkeit und Ehre und Macht über das, was auf
Erden ist. Du, Herr, lenke ihren Willen entsprechend dem, was gut
ist und wohlgefällig vor dir, damit sie, in Frieden und Milde
fromm die ihnen von dir gegebene Macht ausübend, Gnade bei dir
finden.

(61,3) Der du allein vermagst, dies und noch größere Wohltaten
unter uns zu tun: Dich preisen wir durch den Hohepriester und
Beschützer unserer Seelen, Jesus Christus, durch welchen dir
gebührt die Herrlichkeit und die Majestät jetzt und von Geschlecht
zu Geschlecht und von Ewigkeit zu Ewigkeit. Amen.

Die dem Gebet und dem Brief zugrundeliegende Vorstellung ist die
einer göttlichen *ordo* (τάγμα, 1 Clem 37,3; 41,1; διατάσσω,
1 Clem 20,6; 37,2; 43,1; ὑποταγή, 1 Clem 1,3; 37,5; usw.), die
sowohl die Schöpfung als auch die sozial-politische Ordnung und die
Kirche strukturiert bzw. strukturieren soll. Der Gedanke einer legitimen Sukzession des Gemeindeamtes erscheint in diesem Rahmen in
Form einer Autorisierung des Kollegiums der Episkopen und Diakone
(immer zusammen und Plur.: 1 Clem 42,4f; ἐπίσκοπος Sing. in
1 Clem 59,3 bezeichnet Gott) bzw. der πρεσβύτεροι (1 Clem
1,3; 44,5; 47,6; 54,2; 57,1) durch den Auftrag der Apostel. Die Amts-
bezeichnungen bleiben unklar. Entweder sind die 'Ältesten' die Nachfolger der 'Episkopen und Diakone' oder, was wahrscheinlicher ist, es
gibt (noch) keine festgelegte Terminologie (ein Kollegium von 'Episkopen und Diakonen' wird zum erstenmal in Phil 1,1 genannt, und
die 'Presbyter' werden zuerst im Zusammenhang mit Gemeinden
[hellenistisch-]judenchristlicher Herkunft erwähnt, die die Gemeinde-
struktur der Synagoge übernommen hatten). Möglich ist auch, daß die
Argumentation die faktische Vielfalt der Kirchenordnungen berücksichtigt, und dies wegen ihrer eigenen Prinzipien: Der Tenor liegt in
der Betonung der Legitimität der existierenden, das heißt der von Gott
gewollten (kollegialen) Ordnungen.

II. Auseinandersetzungen und Trends

1. Das Problem des sogenannten Frühkatholizismus

BAUR, F.C.: Vorlesungen über Neutestamentliche Theologie, Leipzig 1864. – BAUR, F.C.: Lehrbuch der christlichen Dogmengeschichte, Leipzig 1867³. – BAUR, F.C.: Die Epochen der kirchlichen Geschichtsschreibung, Tübingen 1852. – BULTMANN, R.: Theologie des Neuen Testaments, UTB 630, Tübingen 1984⁹, § 51–61. – CONZELMANN, H.: Heidenchristentum, RGG³ III, 128–141. – CONZELMANN, H.: Grundriß der Theologie des Neuen Testaments, München 1967¹, UTB 1446, Tübingen 1992⁵, § 36–40. – HARNACK, A. VON: Lehrbuch der Dogmengeschichte I, Tübingen 1909⁴, 148–155. – HARNACK, A. VON: Entstehung und Entwicklung der Kirchenverfassung und des Kirchenrechts in den zwei ersten Jahrhunderten. Urchristentum und Katholizismus, Leipzig 1910. – HOLTZMANN, H.J.: Lehrbuch der neutestamentlichen Theologie I, Freiburg/Leipzig 1897, 486–503. – KÄSEMANN, E.: Paulus und der Frühkatholizismus, ZThK 60 (1963) 75–89 (= Exegetische Versuche und Besinnungen II, Göttingen 1964, 239–252). – LUZ, U.: Erwägungen zur Entstehung des "Frühkatholizismus". Eine Skizze, ZNW 65 (1974) 88–111. – MARXSEN, W.: Der 'Frühkatholizismus' im Neuen Testament, BSt 21, Neukirchen 1958. – RITSCHL, A.: Die Entstehung der altkatholischen Kirche. Eine kirchen- und dogmengeschichtliche Monographie, Bonn 1857². – ROGGE, J./SCHILLE G. (Hrsg.): Frühkatholizismus im ökumenischen Gespräch. Aus der Arbeit des Ökumenisch-Theologischen Arbeitskreises in der DDR, Berlin 1983. – SCHULZ, S.: Die Mitte der Schrift. Der Frühkatholizismus im Neuen Testament als Herausforderung an den Protestantismus, Stuttgart 1976. – TROELTSCH, E.: Die Soziallehren der christlichen Kirchen und Gruppen, in: Gesammelte Schriften I, Tübingen 1912, 83–178.

Genausowenig wie der 'Wanderradikalismus' gehört der 'Frühkatholizismus' zu den Begriffen des frühen Christentums. In beiden Fällen wird eine systematische Entwicklungsgeschichte der Frühchristentümer vorausgesetzt, die sowohl geschichtsphilosophisch als auch sozialgeschichtlich geprägt ist. Der Begriff 'Frühkatholizismus' wurde von Ernst Troeltsch (1865–1923) in einem 1912 veröffentlichten Essay über die Soziallehren der christlichen Kirchen und Gruppen eingeführt. Sein Ansatz war soziologisch und orientierte sich an den Arbeiten von Max Weber (1864–1920). Drei sukzessive Epochen des Frühchristentums werden unterschieden. Die erste wird durch die paulinische Paränese abgelöst: Dem idealistischen Anarchismus und dem Liebeskommunismus der ersten christlichen Gemeinden hat sie konservative

Verhaltensnormen gegeben, die die Entwicklung des Christentums bis zur Reformationszeit bestimmt haben. Die zweite Diskontinuität ergibt sich später aus sozialen Notwendigkeiten: Wegen der Bedrohung des Synkretismus und des Enthusiasmus, die unter anderem durch die Gnosis vertreten waren, wurde das Christentum gezwungen, seinem religiösen Inhalt eine feste Form zu geben. In diesem Zusammenhang erklären sich die Erscheinung des christlichen Priestertums (= des Episkopats), die Definition einer authentischen, durch die Bischöfe garantierten Tradition, die Festlegung einer Sakramentenlehre, die das Wunderbare mit kultischen Handlungen eng verband und die Heils-wirkung der Sakramente auf die legitime Kirche und auf den regelmä-ßigen Klerus begrenzte, und die Entstehung des neutestamentlichen Kanons, das heißt einer christlichen Bibel. Damit sind vier Elemente miteinander in Verbindung gesetzt, die den 'Frühkatholizismus' kenn-zeichnen: Die Festlegung einer christlichen Lehre, einer Sakramenten-lehre, einer Amtslehre und eines schriftlichen Kanons.

1.1   Vorgeschichte und Voraussetzungen des Begriffes

Der soziologischen Definition des 'Frühkatholizismus' geht eine Vorstellung der Geschichte des Frühchristentums voraus, die der protestantische, deutsche Liberalismus des 19. Jahrhunderts von der sogenannten Tübinger Schule und besonders von Ferdinand Christian Baur (1792–1860) übernommen hatte. Bereits bei F.C. Baur werden drei Epochen der frühchristlichen Theologie unterschieden, die sich nach dem Modell der Hegelschen Dialektik aneinander anschließen: Die erste Epoche wird durch das Heidenchristentum der authentischen Paulusbriefe (Röm, 1 und 2 Kor, Gal) und durch das (petrinische) Judenchristentum der Offenbarung des Johannes vertreten. Die zweite Epoche erstreckt sich von der Zerstörung Jerusalems bis zum Anfang des 2. Jahrhunderts. Sie stellt sich als der Versuch dar, eine Synthese zwischen dem Paulinismus der großen Briefe und dem petrinischen Judenchristentum vorzulegen. Ihre theologische Produktion besteht aus den übrigen (= nicht authentischen) 'Paulus'briefen, aus dem Hebräer-, dem Jakobus- und den Petrusbriefen, aus den synoptischen Evangelien und der Apostelgeschichte. Sie bereitet insofern den Katholizismus vor, als "der Grund der katholischen Kirche dadurch gelegt war, daß neben und nach Petrus auch Paulus als der glorreichste Apostel und gleichberechtigte Stifter der römischen Kirche galt" (Dogmengeschichte, 67). Damit erst war der ursprüngliche Gegensatz des 'Judaismus' und des Paulinismus aufgehoben. Die johanneischen Schriften und die Pastoralbriefe gehören zu einer dritten Epoche, die sich im 2. Jahrhundert in unterschiedlicher Art und Weise mit den verschiedenen gnostischen Versuchen einer Synthese zwischen Christentum, Judentum und Heidentum befaßt. Sie bildet den Übergang zu der katholischen Kirche im eigentlichen Sinne.

Die Rezeption und die Diskussion der Geschichtsvorstellungen von F.C. Baur bestimmen die Geschichtsschreibung des Protestantismus und des römisch-katholischen Modernismus des 19. und frühen 20. Jahrhunderts. Aufgegeben wird zum einen der philosophische Unterbau der Hegelschen Dialektik, zum anderen die historische Rekonstruktion einer Synthese zwischen einem Judenchristentum und einem Heidenchristentum, die mit Petrus und Paulus identifiziert werden. Der hier geprägte Begriff des 'alten Katholizismus' bezeichnet eine sich bildende Rechtgläubigkeit, die aus der Entwicklung des Heidenchristentums neben und nach Paulus bzw. aus der Herabsetzung der paulinischen Dogmatik zu einer "abgeblaßten Form" bzw. zu einem "mittleren Durchschnitt apostolischer Lehre" unter die Gesamtautorität der Apostel, das heißt des Paulus und der Zwölf, entstanden ist (Albrecht Ritschl, 1822–1889; Heinrich Julius Holtzmann [1832–1910], Neutestamentliche Theologie I, 498). Gleichgültig, ob vom 'alten Katholizismus', vom 'Frühkatholizismus', vom 'embryonalem Katholizismus' oder von den 'Prämissen des Katholizismus' (Adolf von Harnack, 1851–1930) die Rede ist, bleibt der Grundgedanke einer Übergangsperiode, die sich durch die Entwicklungen, die sie voraussetzt, und durch einen Endzustand, den sie vorbereitet, definiert. Die These von A. von Harnack ist die folgende: Die Prämissen für die Entstehung des Katholizismus waren schon vor der Mitte des 2. Jahrhunderts und vor dem heftigen Kampf mit dem Gnostizismus vorhanden und stark ausgeprägt: Fast alle Elemente, deren Zusammenwirken den Katholizismus kennzeichnet, waren beim Übergang in das apostolische Zeitalter schon präsent. Hauptfaktor für diese Entwicklung ist weder das Judenchristentum noch der Paulinismus, sondern das christologische Bekenntnis des Heidenchristentums, welches das als persönliche Verbindung zur Person Jesu verstandene Evangelium in ein System von Lehren verwandelt hat. Kurzum: Der 'Frühkatholizismus' beginnt mit den Anfängen der hellenistischen Theologie. Er ist dabei insofern in allen seinen Hauptstücken vorhanden, als das christliche Bekenntnis fixiert wird und die kirchengesetzliche Ausprägung der Religion dadurch vorprogrammiert ist. Noch fehlt allerdings die feste Struktur in der Lehre, in der Kultuspraxis, in der Ordnung des Ganzen und in der Disziplin.

Nach A. von Harnack ist die katholische Kirche die Kirche der als Gesetz fixierten apostolischen Tradition und der Katholizismus "die alttestamentlich-christliche Verkündigung, übergeführt und eingetaucht in die hellenistische Denkweise, das heißt in den Synkretismus des Zeitalters und in die idealistische Philosophie" bzw. "die Verkündigung des einen Gottes und des gekreuzigten und auferstandenen Herrn und Heilands Jesus Christus, übergeführt in die hellenistische Denkweise und ausgeführt als ein philosohisches Lehrganzes" (Entstehung und Entwicklung der Kirchenverfassung und des Kirchenrechts, 182f). "Dieses Lehrganze unterscheidet sich aber von den idealistischen Systemen dadurch, daß es auch dort, wo es als rational erscheint, auf Offenbarung zu ruhen behauptet, ferner dadurch, daß es den geschichtlichen (christologischen) Stoff größtenteils konserviert, in die religions-philosophischen Lehrsätze einbettet und unbedingten Glauben für ihn verlangt. Auch diese eigentümliche Mischung philosophischer und offenbarungsgeschichtlicher Elemente, des Mythos und des Logos, entspricht dem synkretistisch-religiösen Geist des Zeitalters, und nicht weniger entspricht es ihm, wie der Katholizismus die Sakramente als Vehikel des Göttlichen handhabt und was er über sie lehrt. Endlich entspricht ihm auch die Anweisung zur Askese, in welcher die ganze Moral gipfelt und in welche auch die Sprüche Jesu sich einordnen müssen" (ibid. 183f).

Vom Katholizismus selbst unterscheidet sich der 'embryonale Katholizismus' durch die dogmengeschichtliche Vielfalt, die noch bei den 'apostolischen Vätern' feststellbar ist. Die Konsequenz dieser Sichtweise ist zum einen, daß man den 'Frühkatholizismus' nicht am Inhalt seiner Lehre erkennt, sondern an der formalen Fixierung einer 'apostolischen Tradition', die "die Gesetzeskirche mit der Kirche der lebendigen und wirklichen Gläubigen identifiziert" (ibid. 177); zum anderen die, daß der Protestantismus keine Alternative zum 'Frühkatholizismus' bzw. zum Katholizismus darstellt, weil auch er die Form einer Orthodoxie annehmen kann und dadurch eine formale Definition, das heißt eine Wesensbestimmung der Religion und der Kirche festlegt. Allein "läßt der freie Protestantismus eine Vergleichung mit dem Kern der Verkündigung Jesu und mit dem Paulinismus als religiöse Ethik zu" (Dogmengeschichte I,152).

1.2   Die Definition des 'Frühkatholizismus'

Die Entstehungsgeschichte und die Rezeption des Begriffes verweisen rückwirkend auf die kritische Betrachtung von F.C. Baur, nach welcher die Epochen der kirchlichen Geschichtsschreibung eher die Anschauungsweise der Gegenwart und ihrer Historiker als den Gegenstand ihrer Darstellung offenbaren. Die genaue Definition des 'Frühkatholizismus' erweist sich deswegen als schwierig, weil der Begriff die Form eines Protestes hat und als eine Konstellation polemischer Abgrenzungen erscheint, und weil die verschiedenen, historischen Definitionen des 'Frühkatholizismus' auf eine Vielfalt von philosophischen, hermeneutischen und theologischen Positionen verweist, die ihresgleichen in der Vielfalt der Phänomene, die der Begriff interpretieren sollte, findet. Es lassen sich allenfalls gemeinsame Voraussetzungen nennen:

Die erste Voraussetzung besteht paradoxerweise in der 'katholischen' Vorstellung, nach welcher die Geschichte des Frühchristentums zu der Entstehung einer einförmigen, einheitlichen und 'orthodoxen' Kirche geführt hätte. Durch diese Sichtweise wird das Postulat aufgestellt, nach welchem die Geschichte der Häresien nur *via negationis*, das heißt wegen der daraus resultierenden Notwendigkeit einer Definition der 'Rechtgläubigkeit', zur Geschichte des Christentums und der Kirche gehören würde. Die Implikation dieser Darstellungsweise ist die historische Wertung, nach welcher sich das Christentum auf seine mehrheitlichen und erfolgreichen Mutationen reduzieren läßt.

Die zweite Voraussetzung besteht in der impliziten Aufnahme der Geschichtsvorstellung, die F.C. Baur in Anlehnung an G.F.W. Hegel entwickelt hatte, und die die Geschichte des (Früh-)Christentums als eine Evolution des Christentums im Sinne einer Abfolge von kausal verursachten Veränderungen auffaßt. Eine 'ursprüngliche' Vielfalt, die ihren Höhepunkt in der theologischen Anthropologie der Paulusbriefe (R. Bultmann) und in der Synthese (F.C. Baur) bzw. in der existentialen Interpretation der christlichen Paradoxie (R. Bultmann) des Johannesevangeliums findet, und das 'Urchristentum', das als Wahrheitskriterium gleichsam fungiert, formt sich um und richtet sich auf längere Sicht in der Welt ein. Die Einstellung des Glaubens auf die eschatologische Zukunft tritt hinter die Übermittlung von Heilskräften zurück, die in kirchlichen Institutionen verwaltet und erfahren werden. Das Predigtamt, das die Bedingungslosigkeit und die Unmittelbarkeit des Heils verkündigen sollte, wird zu einem Priesteramt, das eine konstitutive Bedeutung an sich gewinnt und zur neuen Mittelinstanz zwischen Gott und dem Menschen wird. Die Botschaft der voraussetzungslosen Rechtfertigung verwandelt sich in Anweisungen zum Beschreiten eines Heilsweges, wodurch die Kirche zur Heilsanstalt wird, und in der Sakramentalismus und Moralismus zum erstenmal in der Kirchengeschichte Brüder geworden sind. Der Glaube definiert sich als *regula fidei* gegen das Phänomen der Häresie (H. Conzelmann).

Die dritte Voraussetzung besteht in einer Reihe von theologischen Werturteilen über die historischen Überzeugungssysteme, über die entstandenen Gemeindeformen und über ihre sozialen Konsequenzen. Die Definition eines Kanons im Kanon lehnt den 'Frühkatholizismus' als nicht-evangelisch im Namen der paulinischen *justificatio impii* ab. Aus einer anderen Perspektive formuliert: Der Bindung des Geistes an das kirchliche Amt, der apostolischen Tradition an eine kirchliche Ordnung und der Sakramente an die Ordination eines Klerus widerspricht die These, nach welcher der Geist selbst die Charismen hervorruft (E. Käsemann). Ebenso zeichnet sich die Tendenz des maßgebend gewordenen Heidenchristentums ab, sich der hellenistischen Umwelt ideologisch und sozial anzupassen, was das Christentum zu einem Ideal des moralischen und sozialen Konformismus geführt hat (S. Schulz).

1.3 Zur historischen Relevanz des Begriffes 'Frühkatholizismus'

Der problematische Charakter des Begriffes läßt sich an seinen impliziten und expliziten Voraussetzungen festmachen.

Zum einen dokumentieren die apostolischen und nach-apostolischen Schriften in der Tat Versuche, ein christliches Selbstverständnis und Überzeugungssystem zu formulieren, und dies im Hinblick auf die doppelte Zeitproblematik der wachsenden Distanz zu den Gründungsereignissen (die Zeugen des Jesusereignisses und die Apostel sind tot) und der Ausrüstung des Glaubens für seine weltliche Zukunft: Sowohl die Vorstellung des Beisitzes des Parakleten bei den Jüngern im Johannesevangelium als auch die Idee der Bewahrung eines anvertrauten Gutes in den Pastoralbriefen und der Gedanke der Apostelgeschichte, eine Geschichte der westlichen Mission der Apostel zu schreiben, setzen ein Verständnis des Christentums voraus, das als dauerhafte Größe gedacht werden muß. Auffällig ist aber dabei, daß die Fragen, nicht die Antworten, den verschiedenen Christentümern gemein sind. Die Probleme bestehen in der übernommenen Aufgabe, die Wahrheit des Evangeliums als Befreiungsmöglichkeit zu vermitteln, und in der daraus resultierenden Notwendigkeit, die apostolischen Traditionen weiterzugeben. Es werden Lösungen gefunden, die sich einerseits aus den verschiedenen christlichen Überzeugungssystemen und andererseits aus den historischen und sozialen Situationen ergeben. Kontinuitäten werden in der Diskontinuität der geschichtlichen Entwicklungen gezeichnet. Sie lassen sich aber weder harmonisieren, noch voneinander ableiten. Durch verschiedene literarische Fiktionen wird versucht, das römische und westliche Heidenchristentum in der 'Urgemeinde' zu verwurzeln (die Apostelgeschichte) oder eine Kirchenordnung als Testament des Paulus zu fixieren (die Pastoralbriefe), während der 1. Clemensbrief die traditionelle, kollegiale Struktur des Presbyteriums durch das neue Argument der apostolischen Sukzession konservativ verteidigt, und Ignatius die moderne und zukunftsweisende Einrichtung des monarchistischen Episkopats mit der alten, griechischen Metaphysik der Analogie begründet. Kurzum: Die Modelle konkurrieren, lassen sich auf keinen gemeinsamen theologischen, ekklesiologischen bzw. kirchenpolitischen Nenner reduzieren, obwohl jedes einzelne Elemente enthält, die zu den Voraussetzungen späterer Formen und Mutationen des Christentums gehören.

Zum anderen lassen sich theologische Begriffe und Vorstellungen zwischen 'Orthodoxie' und 'Ketzerei' bzw. 'Frühkatholizismus' und 'Gnosis' nicht klar zuordnen. Das Argument der apostolischen Autorität, die die Offenbarungstradition garantiert und sie gegen abweichende Interpretationen qualifiziert, ist kein Spezifikum 'frühkatholischer' Schriften. Es findet sich sowohl – und wahrscheinlich schon früher – in der weisheitlichen und dann gnostischen Überlieferung des Thomasevangeliums (NHC II,2) als auch in christlich-gnostischen Schriften wie dem Brief des Petrus an Philippus (NHC VIII,2), im apokryphen

Brief des Jakobus (NHC I,2), oder im Johannesevangelium (Joh 21,24f). Aufschlußreich ist die 'apostolische' Argumentation des 2. Petrusbriefes, das heißt des ersten 'orthodoxen' Textes, der sich auf die Autorität des Petrus beruft. Im ganzen Frühchristentum ist hier die anti-gnostische Polemik die schärfste. 'Petrus' verweist merkwürdigerweise auf seine unmittelbare Präsenz bei Jesus in der Verklärungsgeschichte (2 Petr 1,17, vgl. Mk 9,2–9), um die Christenheit vor den mythologischen Spekulationen falscher Propheten zu warnen und auf den rechten Weg der prophetischen und apostolischen Tradition zurückzuführen. Den Hintergrund dieser Bezugnahme auf den historischen Jesus bilden die gnostischen Dialoge, die die nachösterlichen Erscheinungen als Rahmen für geheime Offenbarungen verwendet haben. Der Gedankengang zeigt: Die anti-gnostische Polemik versucht ohne große Eleganz, die apostolische Autorität, auf welche sich die Gnostiker berufen haben, für sich zu beanspruchen. Gegenübergestellt sind nicht apostolische Tradition und Gnosis, sondern zwei Interpretationen der apostolischen Tradition. Das 'frühkatholische' Argument stammt in diesem Falle aus den 'häretischen' Kreisen und wird von den 'Orthodoxen' wiederverwertet. Kurzum: Der Begriff des 'Frühkatholizismus' erweist sich deswegen als problematisch, weil er spätere Entwicklungen auf frühere, gegensätzliche Positionen zurückprojiziert, die anachronistisch sind, und damit die historischen Wechselwirkungen übersieht.

Die historischen Interpretationen, die durch die theologischen Beurteilungen des 'Frühkatholizismus' vorausgesetzt sind, bedürfen einer genauen Überprüfung. Erstens: Die Festlegung von verschiedenen kirchlichen Ämtern und die zum erstenmal in 1 Tim 5,17 belegte Vorstellung, nach welcher christliche Gemeindeleiter ein regelmäßiges Gehalt bekommen sollten, läßt sich zwar nicht mit dem charismatischen Gemeindeverständnis vereinbaren, das Paulus aus seiner Theologie der Gerechtigkeit Gottes ableitet. Sozialethisch betrachtet stellt sie aber – genauso wie die in 1 Tim 5,16 vorausgesetzte Institutionalisierung der diakonisch-karitativen Werke – einen Paradigmenwechsel dar, nach welchem die Führung der christlichen Hausgemeinden vom Mäzenat und von der Gastfreundschaft der Hausherrschaften getrennt werden, und nach welchem die ekkesiologische Metapher des Leibes von 1 Kor 12 demokratisch verwirklicht werden kann.

Zweitens: Die Haustafeln von Kol 3,18–4,1; Eph 5,21–6,9; 1 Petr 2,(13–)18–3,7; 1 Tim 2,8–15; 6,1f; Tit 2,9f sind in ihrer Form und in ihrem Inhalt immer konservativer angelegt und tendieren – zumindest vordergründig – zu einem sozialen Konformismus. Sie dokumentieren eine der beiden Tendenzen der christlichen Theologie des Endes der apostolischen Zeit: einerseits die Entwicklung metaphysisch-spekulativer Systeme, andererseits die Betonung der Ethik und die Verselbständigung der Paränese. Ersteres findet sich unter anderem, aber nicht nur, in der Gnosis, letzteres unter anderem, aber nicht nur, in den 'frühkatholischen' Schriften. Die Formulierung einer doppelten Ethik, das heißt differenzierter Verhaltensregeln für die Christen innerhalb und außerhalb der Gemeinde im Epheserbrief (Eph 5,15–21) und die Verbindung der Sozialethik mit der Problematik der sozialen Akzeptanz des Christentums in der hellenistisch-römischen Gesellschaft im 1. Petrusbrief, zeigen, daß konformistische Züge funktionalisiert werden können, und daß sie Mittel geworden sind, um das Selbstbewußtsein der christlichen Gemeinde als Ort der himmlischen Dissidenz und die Freiheit des gemeinschaftlichen Lebens zu bewahren.

Drittens: Die paulinische Interpretation des Jesusereignisses als Offenbarung der Gerechtigkeit Gottes und die daraus resultierende These der *justificatio impii* begründet nicht eine 'Gegen-Orthodoxie', sondern die Vorstellung des Christentums als offene Gesellschaft (vgl. Teil II, I.3.1). Ihr Korollarium ist die Aufforderung zu einer gegenseitigen Anerkennung der vielfältigen Formen und Mutationen der christlichen Geschichte als Ausdruck der christlichen Freiheit. Die Konstruktion eines 'Frühkatholizismus' als fiktive Größe eines einheitlichen Christentums der nachapostolischen Zeit und seine negative Bewertung lassen sich weder daraus ableiten noch dadurch rechtfertigen.

Fazit: Die Relevanz des Begriffs des 'Frühkatholizismus' ist dadurch begrenzt, daß er den gemeinsamen Nenner apostolischer und nach-apostolischer Christentümer in der ekklesiologischen und – nach der Fiktion der zugrundeliegenden Vorstellung – in einer einheitlichen Lösung des doppelten Problems der Dauer lokalisiert, und daß er die Vielfalt der Antworten auf die Fragen der Distanz zu den Gründungsereignissen des Christentums und der Notwendigkeit einer Ausrüstung der Kirche für ihre zukünftige Geschichte übersieht. Dabei wiederholt die moderne Geschichtsschreibung einen Fehler, den die anti-gnostische Polemik der nach-apostolischen Zeit auch nicht immer zu vermeiden wußte: Die Verwechslung des Begriffes der 'Katholizität' im Sinne der Universalität mit dem Begriff der 'Katholizität' im konfessionellen Sinne der Verteidigung der 'Orthodoxie' gegen die Gefahr der 'Häresie'. Am klarsten erscheint diese Paradoxie der Katholizität im 2. Petrusbrief und in den Ignatiusbriefen. Der erste beansprucht durch seine Form einer Enzyklika eine allgemeine Anerkennung, die er durch seine Polemik gefährdet. Dem Ignatius ist bewußt, daß sein Verständnis der Einheit Ursache für Krisen und Spaltungen war und bleibt.

2. Die Verfolgungen

BLEICKEN, J.: Verfassungs- und Sozialgeschichte des Römischen Kaiserreiches II, UTB 839, Paderborn 1981[2], 156–178. – CHADWICK, H.: Die Kirche in der antiken Welt, Sammlung Göschen 7002, Berlin 1972, 18–29. – CONZELMANN, H.: Heiden – Juden – Christen. Auseinandersetzungen in der Literatur der hellenistisch-römischen Zeit, BHTh 62, Tübingen 1981. – ELLIOTT, J.H.: A Home for the Homeless. A Sociological Exegesis of 1. Peter, Its Situation and Strategy, Philadelphia 1981. – FISCHER, K.M.: Das Urchristentum, Kirchengeschichte in Einzeldarstellungen I/1, Berlin 1985, 163–175. – FREND, W.H.C.: Martyrdom and Persecution in the Early Church, Oxford 1965. – PAGELS, E.H.: Gnostic and Orthodox Views of Christ's Passions: Paradigms for the Christian Response to Persecution?, in: B. Layton (Hrsg.), The Rediscovery of Gnosticism I: The School of Valentinus, Suppl. to Numen 41, Leiden 1980, 262–288. – PRIGENT, P.: Au temps de l'Apocalypse II: Le culte impérial au 1er siècle en Asie Mineure, RHPR 55 (1975) 215–235. – PRIGENT, P.: Au temps de l'Apocalypse III: Pourquoi les persécutions? Brève histoire explicative de l'hostilité suscitée par le christianisme ancien, RHPR 55 (1975) 341–363. – WILKEN, R.L.: Die frühen Christen. Wie die Römer sie sahen, Graz 1986.

Von Anfang an befassen sich die frühchristlichen Quellen mit der sozialen Unsicherheit der Christen und der christlichen Gemeinden. Auch wenn man in Kauf nimmt, daß die Betonung einer Verfolgungssituation zum Topos der Selbstdefinition mit der Funktion der Verstärkung des Identitätsbewußtseins und der Kohäsion werden kann, verweisen die Texte eindeutig auf historische Situationen und Fakten. Eine Gesamtdarstellung läßt sich wiederum nicht rekonstruieren. Zum einen fehlen die Quellen, zum anderen haben die einzelnen Informationen keinen allgemeinen Wert: Die Beziehungen zwischen Kirchen, Synagogen, heidnischer Bevölkerung und Behörde haben sehr stark in der Zeit variiert, aber auch von einer Provinz, einer Region oder einer

Stadt zur anderen. Allgemein kann nur festgestellt werden, daß 'Verfolgungen' ständig erwähnt sind und verarbeitet werden müssen. Sie bezeichnen sowohl Spannungen, Konflikte und disziplinäre Verfahren in bzw. mit den Synagogen als auch Schwierigkeiten mit der Antipathie, dem Unverständnis und dem Haß der Bevölkerung der hellenistischen Städte. Einzelne Märtyrer sind bekannt: Es handelt sich um Stephanus, falls die Figur historisch ist, um die Apostel Jakobus (Apg 12,2), Paulus und Petrus (1 Clem 5,1–7), um Jakobus, Bruder des Herrn (Josephus, JA 20,200), um Antipas in Pergamon (Apok 2,13) und um die 'Bischöfe' Ignatius und Polykarp, das heißt um führende und exponierte Persönlichkeiten, oder um Einzelpersonen, die eine nachhaltige Wirkung ausgeübt hatten. Allgemeine, systematische Verfolgungen gab es eigentlich nicht vor dem 3. Jahrhundert. Eine Ausnahme war zwar die Neroverfolgung (s.o. Teil I, I.1.5); sie betraf aber nur die Gemeinde in Rom und blieb ohne Folgen. Die erste grundsätzliche Auseinandersetzung des römischen Staates fing mit Septimius Severus (193–211) an, der in einem Edikt im Jahr 202 n.Chr. verbot, Jude oder Christ zu werden, und die Missionstätigkeit dadurch untersagte; die Verfolgungen wurden von Decius, der 249 n.Chr. das Kaiseropfer von allen Reichsbewohnern forderte, und dann von Valerian und Diocletian, fortgesetzt.

Festzustellen ist: Die Mißstimmung gegen die Christen kam nicht von den offiziellen Behörden, sondern von unten, das heißt aus den Massen der Reichsbevölkerung. Zum einen hatten die Römer bis dahin insofern keine Religionskriege geführt, als die traditionelle Religion keinen exklusivistischen Charakter hatte und sich mit der ethnischen, gesellschaftlichen und religiösen Pluralität des Imperiums vereinbaren ließ. Der Kaiser unterstützte keine Religion, die für alle zu gelten hätte, und wandte sich erst gegen religiöse Praktiken, wenn sie gesetzwidrige Formen wie Menschenopfer und Kannibalismus annahmen. Zum anderen standen die Beamten unter dem Druck der Massen. Zur Beruhigung der Bevölkerung sahen sie sich gezwungen, gegen Christen vorzugehen. In welcher Form dies geschehen sollte, in welchen Grenzen und wie juristisch verfahren werden konnte, blieb lange offen, wie es der Briefwechsel zwischen Plinius und Trajan (ep. X,96 u. 97, s.u. II.2.3) belegt.

2.1 Die 'Verfolgungen' im Selbstverständnis des Frühchristentums

Mit einigen auffälligen Ausnahmen sind die 'Verfolgungen' ein konstantes Thema der theologischen und ethischen Reflexion des Frühchristentums. Sie sind sowohl ein Grund für die Aussendung der Apostel und ein konstitutives Element der Befindlichkeit der christlichen Jünger bzw. Missionare (Mk 13,9.11–13; Lk 12,2–12Q; Joh 15,18–16,4) als auch eine Erfahrung, die in der Paränese bearbeitet werden muß (Lk 6,22fQ; Joh 15,18–16,4; 1 Petr 4,12–19; Apok 2,10; 7,14; 1 Clem 1,1 usw.).

Eine gewisse Ausnahme bilden die Paulusbriefe. Wenn man von der Notiz in 1 Thess 2,13–16 absieht, nach welcher die Christen in Thessalonich dasselbe von ihren Landsleuten erlitten haben wie die Gemeinden in Judäa von den Juden (s.u. II.2.2), und von den allgemeinen Anweisungen in Röm 12,14.18–21, nach welchen die Adressaten ihre Verfolger segnen und nicht verfluchen sollen, und soweit es möglich ist und ihnen anlangt, mit allen Menschen Frieden halten sollen, scheinen die paulinischen Kirchen mit dem Problem der Verfolgung nicht beschäftigt gewesen zu sein. Die Existenz des Apostels ist gefährdet, und dies sowohl durch die Synagogen (2 Kor 11,24f) als auch durch die römischen Behörden (Phil 1,12–26), nicht jedoch seine Gemeinden, die gewissermaßen gut akzeptiert sind (Röm 16,23b). Wert- und Verhaltenskonflikte zwischen der Ethik der christlichen Kirchen und ihrer heidnischen Umwelt haben ihren Ort in den Gemeinden (1 Kor 5,1–11,1) und nicht zwischen ihnen bzw. ihren Mitgliedern und der heidnischen Bevölkerung. Die Frage ist, wie sich Christen gegenüber Nicht-Christen bzw. heidnischen Institutionen verhalten sollen, und nicht, wie das Christentum in der hellenistischen Stadt akzeptiert wird.

Mit der 'Verfolgung der Kirche' befassen sich aber die Paulusbriefe in einem anderen Kontext, und zwar im Rückblick auf die Verfolgungstätigkeit des Apostels vor seiner Bekehrung bzw. Berufung (Gal 1,13.23; Phil 3,6). Die Formulierung im direkten Stil (ὁ διώκων ἡμᾶς, der *uns* verfolgt) verweist auf christliche Erinnerungen, die den Heidenapostel als eine herausragende Figur der ersten Verfolgung durch die Synagoge betrachten: Entweder hatte Paulus eine führende Rolle dabei gespielt bzw. als Einzelgänger gehandelt, oder sein feindliches Verhalten ist wegen seiner späteren Missionstätigkeit besonders aufgefallen (so auch, aber aus einer 'judenchristlichen' und antipaulinischen Perspektive, R I 70,2.8; 71,3 in den Pseudo-Clementinen, s.o. I.2.1a). Worin die paulinische Verfolgung der Kirche bestand, läßt sich am besten von seinen eigenen späteren Erfahrungen her rekonstruieren (2 Kor 11,24f, s.o. Teil I, II.3.2).

Die Bereitschaft, in den Synagogen gerichtet, verurteilt und gestraft zu werden, gehört jedenfalls zur Ausrüstung der Apostel, die durch die Jesus-Tradition beauftragt sind, das Evangelium allen Völkern zu verkündigen (Mk 13,8–13). Sie werden nicht nur den Synhedrien ausgeliefert und in den Synagogen ausgepeitscht (Dt 25,3), sondern auch vor die politischen Behörden geführt, wo sie sich vor den Statthaltern und den Königen wegen ihres Glaubens verantworten müssen. Bemerkenswert ist, daß die Doppelüberlieferung der Jesus-Tradition (Lk 12,2–12Q // Mk 13,8–13) nicht das Martyrium in Blick hat, sondern das Vorgeführtwerden vor die kaiserlichen Beamten und die Verhöre, in denen die Missionare wissen sollen, was sie reden werden. Zum einen wird ihnen der Beistand des heiligen Geistes versprochen, zum anderen werden sie aufgefordert, ihren Herrn zu bekennen und ihren Glauben nicht zu verleugnen (Lk 12,8fQ // Mk 8,38). Daß sie das Risiko eingehen müssen, zum Tode verurteilt zu werden, setzt die Warnung voraus, nach welcher derjenige, der seine Seele retten will, sie verlieren wird (Mk 8,35), und nach welcher nicht die Menschen zu fürchten sind, die ihre Macht über den Körper ausüben können, sondern Gott (Lk 12,4fQ). Märtyrer sind aber Einzelfälle geblieben.

Dies ist in den Schilderungen der Offenbarung des Johannes ersichtlich, die einerseits die Angst bestimmter christlicher Milieus widerspiegelt, andererseits aber das Martyrium von Antipas in Pergamon als isolierten Fall erwähnt (Apok 2,13), und wird durch den 'Sitz im Leben' der frühchristlichen Paränese bestätigt: Zur alltäglichen Unsicherheit der Christen gehörten Konflikte in den Familien, in den Häusern und in den Städten, Mißtrauen gegen die christlichen Gemeinden, die die traditionellen Religiosität nicht mittrugen, Ärger über die Abgeschlossenheit (*odium humani generis*), die sowohl die Kirche als auch die Synagoge – auch gegenüber den radikaleren nicht-christlichen Mysterienreligionen – auszeichnete, Vorwürfe der Unsittlichkeit und der Gottlosigkeit an die Gläubigen, die sich in heimlichen Versammlungen trafen und den traditionellen Göttern nicht opferten. Diese soziale Unsicherheit konnte von der jüdischen (Apok 2,9; 3,9; Apg 17,5–9.13; 18,12–17) und der heidnischen Bevölkerung (Jak 2,6) ausgenutzt werden, was für die Christen zu Prozessen führte (Apg 18,12–17; 21,27–26,32; Jak 2,6; 1 Petr 3,13–17; 4,12–19). Die Reaktionen der Gesellschaft, unter welchen die Christen leiden, werden auf unterschiedliche Art und Weise verarbeitet. Eschatologisch betrachtet so, daß der Haß der Welt das Bewußtsein bestätigt und verstärkt, die eschatologische Gemeinde bzw. das 'Haus Gottes' zu sein (Joh 15,18–16,4; 1 Petr 4,17–19). Christologisch betrachtet so, daß die leidenden Christen sich in der Gemeinschaft ihres Herrn befinden, der nicht empfangen werden konnte, weil er nicht zu dieser 'Welt' gehörte (Joh 15,18–25), und der als erster leiden mußte (1 Petr 2,21–25; 4,12f). Apologetisch betrachtet so, daß das vorbildliche Verhalten und die Tadellosigkeit der angeklagten Christen klarmachen soll, daß sie wegen ihres Glaubens geschmäht werden, wodurch die Vorwürfe, die man gegen sie erhebt, widerlegt werden, und die Ungerechtigkeiten, die sie zu ertragen haben, als Zeugnis der Ehre Gottes wahrgenommen werden können (1 Petr 2,11f; 3,13–17; 4,14–16). Deswegen sollen die Christen auch jederzeit bereit sein, vor jedem Rechenschaft für die ihnen innewohnende Hoffnung abzulegen, der sie von ihnen fordert (1 Petr 3,15).

Erst mit Ignatius von Antiochien und dem apokryphen Brief des Jakobus (Ap.Jas., NHC I,2) wechselt insofern das Thema, als das Martyrium als solches an theologischer Relevanz gewinnt. Nach dem gnostischen Selbstverständnis des christlichen Glaubens, wie es im Apokryphon des Jakobus vorgetragen wird, sollen die Christen deswegen keine Angst davor haben, als Märtyrer zu sterben, weil die Erlösung im Hinaufgang der Heiligen in das Himmelreich, das heißt zum Vater, besteht, so daß das Leben den Tod sozusagen voraussetzt:

> (4,31) Der Herr antwortete und sagte: 'Was ist euer Verdienst, wenn ihr den Willen des Vaters erfüllt, ohne daß euch von ihm als Zugabe zuteil wird, daß ihr vom Satan versucht werdet? Wenn ihr aber vom Satan (4,40) bedrängt und verfolgt werdet und erfüllt seinen (5,1) Willen, ich sage euch: er wird euch lieben, er wird euch mir gleich machen und er wird denken, daß ihr (5,5) in seiner Vorsehung gemäß eurer Entscheidung geliebt wurdet. Wollt ihr denn nicht aufhören, das Fleisch zu lieben und euch vor dem

Leiden zu fürchten? Oder (5,10) wißt ihr nicht, daß ihr noch nicht
mißhandelt, in Ungerechtigkeit angeklagt, ins Gefängnis einge-
sperrt, in Ungesetzlichkeit (5,15) verurteilt, in Grundlosigkeit
gekreuzigt und <in Schande> begraben worden seid, wie ich selbst
durch den Bösen? Ihr wagt es, das Fleisch zu schonen, ihr, die der
Geist wie eine Mauer umgibt! Wenn ihr die Welt betrachtet, wie
lange sie <vor> euch bestand (5,25) und wie lange sie noch nach
euch bestehen wird, werdet ihr finden, daß euer Leben ein einziger
Tag und euer Leiden eine einzige Stunde ist. Fürwahr, die Guten
(5,30) werden nicht in die Welt kommen. Verachtet also den Tod
und sorgt euch um das Leben! Erinnert euch an mein Kreuz und
an meinen Tod, und ihr werdet leben!" (5,35) Ich antwortete aber
und sagte zu ihm: "Herr, verkündige uns nicht das Kreuz und den
Tod! denn sie sind entfernt (6,1) von dir". Der Herr antwortete
und sagte: "Wahrlich, ich sage euch: Niemand wird erlöst werden,
wenn er nicht an mein Kreuz glaubt. (6,5) Denn die an mein
Kreuz geglaubt haben, denen gehört das Reich Gottes. Trachtet
also nach dem Tode wie die nach dem Leben suchenden Toten!
(6,10) Denn das, was sie suchen, wird sich ihnen offenbaren. Was
kann ihnen nun Sorge bereiten? Wenn ihr euch dem Tode zuwen-
det, wird er euch die Erwähltheit wissen lassen. Wahrlich, (6,15),
ich sage euch: Niemand wird erlöst werden von denen, die sich
vor dem Tode fürchten. Denn das Reich Gottes gehört denen, die
getötet werden ..." (Ap.Jas., NHC I,2 4,31–6,18).

Ignatius vertritt ähnliche Vorstellungen, aber unter anderen anthropologischen und soteriologischen Vorzeichen. Die Argumentation ist
diesmal keine gnostische, sondern – so meint es jedenfalls Ignatius –
eine anti-doketische: Die Gläubigen haben das Leben des Vaters durch
den Sohn nicht in sich, wenn sie nicht freiwillig das Sterben auf sein
Leiden hin haben (IgnMagn 5,2). Auf diesem Hintergrund sind die
Aussagen des Ignatius verständlich, nach denen er erst dann beginnt,
Jünger zu sein, wenn er gefesselt nach Rom zum Martyrium geführt
wird (IgnRöm 5,3):

(4,1) Ich schreibe an alle Kirchen und schärfe allen ein, daß ich
freiwillig für Gott sterbe, wenn anders ihr mich nicht hindert. Ich
ermahne euch, mir kein unzeitiges Wohlwollen zu werden. Laßt
mich der wilden Tiere Fraß sein, durch die es möglich ist, zu Gott
zu gelangen. Gottes Weizen bin ich und durch der wilden Tiere
Zähne werde ich gemahlen, damit ich als reines Brot des Christus

erfunden werde. (4,2) Schmeichelt lieber den wilden Tieren, damit sie mir zum Grab werden und nichts von den Bestandteilen meines Körpers übriglassen, damit ich nach meinem Tode niemandem zur Last falle. Dann werde ich wirklich Jünger Jesu Christi sein, wenn nicht einmal meinen Leib die Welt sehen wird. Flehet Christus für mich an, damit ich durch diese Werkzeuge als ein Opfer für Gott erfunden werde (IgnRöm 4,1f).

Weder Ignatius noch das Apokryphon des Jakobus setzen allgemeine Verfolgungen voraus. Die sozialen und politischen Hintergründe, auf welche das Apokryphon verweist, sind die gleichen, die in 1 Petr 2,21–25; 3,13–17; 4,12–19 impliziert sind: Die Christen werden mißhandelt, zu Unrecht angeklagt und ins Gefängnis geworfen. Die bloße Erwähnung der Anklage, aufgrund derer sie vor Gericht geführt werden, und die Tatsache, daß diese Anklage unrecht sei, ermöglicht die Rekonstruktion einer juristischen Situation, nach welcher die Christen erst angeklagt werden müssen, um anschließend überführt und gegebenenfalls verurteilt und bestraft zu werden (vgl. den Briefwechsel zwischen Plinius und Trajan, ep. X,96f, s.u. II.2.3). Das Verfahren, das damit geschildert wird, schließt offizielle Verfolgungen aus. Andererseits ist nicht auszuschließen, daß Ignatius ein Einzelfall ist. Genauso wie im Falle seines Freundes Polykarp, Bischof von Smyrna, ist der Bischof der Kirche – oder die Figur, die sich als Bischof verstand und vorstellte, verhaftet worden. Zweimal freut er sich zwar darüber, daß die Kirchen in Syrien wiederum Frieden genießen würden (IgnPhld 10,1; IgnSm 11,2). Das besagt aber nicht, daß eine Verfolgungswelle zu Ende gegangen ist, sondern vielmehr, daß sich innerchristliche Konflikte, die er wahrscheinlich selber ausgelöst hatte, mit seiner Reise nach Rom erledigt haben (s.o. I.2.1e).

2.2   Christen – Juden – Heiden

Am besten sind die Verhältnisse zwischen Christen und Juden einerseits und zwischen Christen und Heiden andererseits in den beiden Briefen, die mit dem Namen des Silvanus verbunden sind, dargestellt. Nach dem 1. Thessalonicherbrief haben die Bekehrten dasselbe von ihren Landsleuten erlitten, wie die Gemeinden in Judäa von den Juden (1 Thess 2,13–16). Die Formulierung weist zunächst darauf hin, daß das Christentum sowohl in Judäa und im Judentum als auch in Makedonien und bei den Heiden Anhänger findet, daß aber die Gemeinden, die sich bilden, hier wie dort gesellschaftlich gleichermaßen schlecht akzeptiert sind. Der Mißerfolg des Evangeliums bei den Juden wird mit Hilfe des sogenannten deuteronomistischen Geschichtsbildes kommentiert (1 Thess 2,15, vgl. Neh 9,26; Klgl 2,20; Lk 6,23Q; 11,19Q; 13,34Q; Apg 7,52): Israel, das sowohl die Propheten als auch Jesus getötet hat, ist Gott ungehorsam und verfolgt die Apostel und die Christen. Dieses Motiv wird mit dem heidnisch-antijüdischen Topos kombiniert, nach welchem die Juden allen Menschen feindlich sind (vgl. z.B. Tacitus, Hist. V,5). Die merkwürdige Verbindung beider Argumente erklärt sich durch den darauf bezogenen Vorwurf, daß die Juden verhindern wollen, daß den Heiden ihre Rettung gepredigt werde (1 Thess 2,16). Anstoß für die Juden ist die Offenheit der meisten christlichen Bewegungen gegenüber den Heiden.

Die Verfolgung der Judenchristen in Judäa wird nicht näher geschildert; die Adressaten des 1. Thessalonicherbriefes haben dies deswegen nicht nötig, weil sie ihre eigenen Erfahrungen haben. Die Situation, die im 1. Petrusbrief vorausgesetzt ist, verweist auf die alltägliche Befindlichkeit der christlichen Gemeinden im heidnischen Kontext. Einerseits erscheint das Christentum als eine neue *superstitio* (Aberglaube), das heißt als eine irrationale Form des religiösen Lebens, die darüber hinaus die Ehrwürdigkeit einer alten Tradition vermissen läßt und deswegen doppelt verächtlich ist. Andererseits erscheint die Abgeschlossenheit der Christen als Geheimnistuerei von Menschen, so daß ihre Versammlungen als moralisch verdächtig und sozial bedrohlich angesehen werden. Darüber hinaus gibt es Ärger wegen der Kirchen, weil Frauen und Sklaven dort ein neues Bewußtsein gewinnen, das Unruhe und Spannungen in die heidnischen Häuser trägt. Die Konsequenzen sind entweder, daß die Christen von der Bevölkerung gehaßt werden, weil sie Christen sind und eine Gefahr für die gesellschaftlichen Werte und für das soziale System darstellen, oder daß ihre Zugehörigkeit zum Christentum wegen anderer Interessen als Vorwand ausgenutzt werden kann. 1 Petr 4,15f dokumentiert die Mischung bzw. die Verwechslung der Vorwürfe: Als Dissidenten, die ihre Heimat (1 Petr 2,11f) und ihr Haus (1 Petr 4,17) im Himmel haben, werden die Christen als Übeltäter betrachtet und, infolgedessen, behandelt. Ihre einzige Verteidigung gegen die Unterstellungen, sie seien Mörder, Diebe, Verbrecher oder Leute, die sich in fremde Angelegenheiten einmischen (1 Petr 4,15), besteht in ihrem Versuch, einen guten Lebenswandel unter den Heiden zu führen, damit diese, wenn sie jene als Übeltäter verleumden, es aus ihren guten Werken ersehen – und Gott am Tage der Heimsuchung preisen (1 Petr 2,11f).

Zu den zusätzlichen Erfahrungen der Judenchristen gehören nicht nur die Überführungen und die Prozesse in den Synagogen, sondern auch die Denunziationen von Christen bei der Behörde durch die jüdische Gemeinde (Apg 17,5–9.13; 18,12–17; Apok 2,9; 3,9) und Fälle von Lynchjustiz durch Steinigung. Steinigungen gehören offensichtlich zu den normalen Erfahrungen der Prediger und Missionare (Lk 13,34Q; Joh 8,59; 10,31; Apg 5,26; 7,58; 14,5; 2 Kor 11,25; 1 Clem 45,4). Nach den Berichten von Josephus (BJ 1,550; 2,11; 225; 406; 445; 492; 599 usw.) sind sie entweder Ausdruck des Ärgers der jüdischen Bevölkerung oder sie werden politisch gesteuert. Sie basieren auf keiner rechtlichen Grundlage und bleiben meistens unbestraft. Grundsätzlich ist für die historische Rekonstruktion zu beachten: Rechtslage und Wirklichkeit lassen sich nicht miteinander identifizieren.

2.3 Christenverfolgungen und römischer Staat

Nach einer Tradition, die von Euseb überliefert wird (HE III,17–20,7) und verschiedene Informationen und Legenden von Irenäus (Adv.Haer. V,30,3), Sueton (Domitian 15–17), Hegesipp und Tertullian (Apol 5) kombiniert, wäre Domitian der erste Kaiser gewesen (81–96 n.Chr.), der eine Christenverfolgung nach der Neroverfolgung angeordnet hätte:

> Nachdem Domitian an vielen seine Grausamkeit erprobt, eine nicht unbeträchtliche Zahl von edlen und angesehenen Männern in Rom ohne genügenden Grund getötet und grundlos unzählige andere vornehme Männer in die Verbannung geschickt und ihr Vermögen konfisziert hatte, machte er sich schließlich noch durch seinen Haß und Kampf gegen Gott zum Nachfolger des Nero. Er war also der zweite, welcher eine Verfolgung gegen uns angeordnet hat, während sein Vater Vespasian nichts Feindliches gegen uns ersonnen hatte (Euseb, HE III,17).

Diesen programmatischen Bericht verbindet Euseb mit der Offenbarung und der Verbannung des Johannes (HE III,18,1–3 und III,20,8f, wo sich Euseb auf alte christliche Überlieferung beruft), mit der Verbannung von Flavia Domitilla, der Nichte des Konsuls Flavius Clemens, die Sueton bloß erwähnt (Domitian 17) und die laut Euseb wegen ihres Bekenntnisses zu Christus auf die Insel Pontia verbannt worden sei (HE III,18,4), mit der Vorführung vor Domitian und mit der Freilassung der Enkel des Judas, des Bruders des Herrn (HE III,20,1–6, der Hegesipp zitiert). Zum einen ist der historische Wert der Information über Flavia Domitilla fraglich: Sueton, Domitian 15, erzählt nur von der Hinrichtung des Konsuls Flavius Clemens aus schlicht politischen Gründen. Nach Cassius, Dio, 67,14,1f, wären sowohl Flavius Clemens als auch Flavia Domitilla, diesmal als seine Frau vorgestellt, wegen Gottlosigkeit (ἀθεότης) verurteilt worden, und Euseb bezieht seine Notiz aus paganen Historiographen, und zwar wahrscheinlich aus Bruttius, einem heute verlorenen Autor, der im 2. oder im 3. Jahrhundert geschrieben hat (vgl. Euseb, Chronik, Domitian 16). Die drei Quellen sind literarisch unabhängig voneinander und lassen sich nicht harmonisieren. Zum anderen sind Verbannungen von einzelnen Persönlichkeiten und Freilassung von bekennenden Christen – und Verwandten des Herrn – keine Züge einer systematischen Christenverfolgung. Daß Domitian die Verfolgung der Kirche eingestellt habe, weil er die Familie Jesu für einfache Leute gehalten hatte (so Hegesipp nach Euseb, HE III,20,5f), ist nicht sehr glaubwürdig. Kurzum: Es ist wohl denkbar, daß die Zeit der Regierung von Domitian für die Christen besonders schwierig war, und die Unberechenbarkeit des Kaisers und sein finanzieller Druck auf die Bevölkerung – die Judensteuer wurde hart eingetrieben und auf die Proselyten erweitert – ihre soziale Unsicherheit verstärkt haben. Andererseits gibt es keinen Grund, alle Erwähnungen von 'Verfolgungen' in Joh 15,18–16,4; 1 Petr 4,12–19; Apok 2,13; 1 Clem 1,1 mit Domitian und seiner Zeit in Verbindung zu setzen und dies als Argument für die Datierung der Verfassung dieser Schriften zu verwenden.

Die Vermutung, daß es zu Domitians Zeiten keine von ihm angeordnete und einigermaßen systematische Christenverfolgung gab, wird durch den Briefwechsel zwischen Plinius dem Jüngeren, der zwischen 109 und 113 kaiserlicher Legat in Bithynien und Pontus war, und dem Kaiser Trajan bestätigt. Die beiden Briefe X,96 (von Plinius an Trajan) und X,97 (die Antwort des Kaisers) zeigen erstens, daß es Anfang des 2. Jahrhunderts keine klare Linie für die Behandlung des christlichen Problems gab, zweitens, daß Untersuchungen erst auf Anklage unternommen wurden, drittens, daß die Frage noch offen war, ob die Christen als solche oder nur wegen Verbrechen, die mit ihrer Religion zusammenhängen könnten, gestraft werden sollten, und viertens, daß das Anliegen der beiden Gesprächspartner in der Bestimmung eines aufgeklärten und fairen Verfahrens bestand:

(X,96) C. Plinius an Kaiser Trajan:

(1) Es ist meine Gewohnheit, Herrscher, alles, worüber ich im Zweifel bin, Dir vorzutragen. Denn wer könnte besser mein Zaudern lenken oder meinem Unwissen aufhelfen? An Verfahren (*cognitiones*) gegen Christen habe ich noch nie teilgenommen. Darum weiß ich auch nicht, was und wieweit man hier zu strafen und zu untersuchen pflegt. (2) Auch war ich mir einigermaßen unsicher, ob ein Unterschied [in der Bestrafung] aufgrund des Alters zu machen sei oder ob man ganz junge genau so behandeln solle wie ältere; ob ferner Reue (*paenitentia*) Straffreiheit (*venia*) bewirke oder ob es einem, der einmal Christ gewesen, gar nichts nütze, wenn er es nicht mehr ist; ob [schließlich] der bloße [Christen-]Name (*nomen ipsum*), auch wenn keine Verbrechen vorliegen, oder [nur] die mit dem Namen zusammenhängenden Verbrechen bestraft werden müssen. Einstweilen bin ich mit denen, die mir als Christen angezeigt wurden, folgendermaßen verfahren: (3) Ich habe sie gefragt, ob sie Christen seien. Gestanden sie, so habe ich ihnen unter Androhung der Todesstrafe ein zweites und ein drittes Mal dieselbe Frage gestellt; beharrten sie [bei ihrem Geständnis], so habe ich sie [zur Hinrichtung] abführen lassen. Denn ich zweifelte nicht: Was immer sie gestehen mochten, so verdienten allein schon ihre Hartnäckigkeit (*pertinacia*) und ihr unbeugsamer Starrsinn (*inflexibilis obstinatio*) Bestrafung. (4) Andere, die einem ähnlichen Wahnsinn verfallen waren, habe ich, weil sie das römische Bürgerrecht besaßen, zur Rückführung nach Rom vormerken lassen. Wie es aber zu gehen pflegt, nahmen auf das gerichtliche Einschreiten (*tractatus*) hin bald die Anschuldigungen zu und kamen weitere Fälle zur Anzeige. (5) Eine anonyme Anklageschrift wurde vorgelegt, die zahlreiche Namen enthielt. Die leugneten, Christen zu sein oder es je gewesen zu sein, habe ich entlassen zu können geglaubt, sobald sie, nach meinem Vorgang, die Götter anriefen und deinem Bild, das ich mit den Göt-

terstatuen zu diesem Zweck hatte herbeischaffen lassen, mit Weih-
rauch und Wein opferten, außerdem noch Christus lästerten – alles
Dinge, zu denen sich, wie es heißt, überzeugte Christen niemals
zwingen lassen. (6) Andere von dem Denunzianten Genannte
gaben erst zu, Christen zu sein, widerriefen aber gleich darauf: sie
seien es wohl [einmal] gewesen, hätten es aber [längst] wieder
aufgegeben, [und zwar] manche vor drei, manche vor [noch] mehr
Jahren, ein paar sogar schon vor 20 Jahren. Sie allen haben ebenfalls deinem Bild sowie den Götterstatuen gehuldigt und Christus
gelästert. (7) Sie beteuerten jedoch, ihre ganze Schuld oder auch
ihre Verirrung habe darin bestanden, daß sie gewöhnlich an einem
festgesetzten Tag vor Sonnenaufgang sich versammelt, Christus
als ihrem Gott im Wechsel Lob gesungen (*quod essent soliti stato
die ante lucem convenire carmenque Christo quasi deo dicere
secum invicem*) und sich mit einem Eid (*sacramentum*) verpflichtet
hätten – nicht etwa zu irgendeinem Verbrechen, sondern [gerade]
zur Unterlassung von Diebstahl, Raub, Ehebruch, Treulosigkeit
und Unterschlagung von anvertrautem Gut. Danach sei es bei
ihnen Brauch gewesen, auseinanderzugehen und [später] wieder
zusammenzukommen, um ein Mahl einzunehmen, allerdings ein
ganz gewöhnliches und unschuldiges; selbst das aber hätten sie
nach meinem Edikt eingestellt, mit dem ich entsprechend deinen
Verfügungen das Bestehen von Hetärien [Vereinen] verboten
hatte. (8) Um so mehr hielt ich es für angezeigt, aus zwei Sklavin-
nen, sog. 'Dienerinnen' (*ministrae* [= Diakonissen]), die Wahrheit
unter der Folter herauszubekommen. Ich fand aber nichts anderes
heraus als minderwertigen, maßlosen Aberglauben (*superstitio*).
(9) Daher setzte ich das Verfahren aus, um eiligst deinen Rat
einzuholen. Mir schien nämlich die Sache einer Konsultation wert,
vor allem um der großen Zahl derer willen, die hierbei auf dem
Spiele stehen [oder: die angeklagt sind]; sind doch zahlreiche
Angehörige jeglichen Alters und Standes, auch beiderlei Geschlechts, von diesen Untersuchungen betroffen und werden es
noch sein, da sich nicht allein in Städten, sondern auch über die
Dörfer und das flache Land hin die Seuche dieses Aberglaubens
ausgebreitet hat. Dennoch scheint es möglich, sie einzudämmen
und auszurotten. (10) Fest steht jedenfalls, daß man die schon fast
verödeten Tempel wieder zu besuchen beginnt, daß die regelmäßigen Opfer, die lange unterbrochen waren, wieder aufgenommen
werden und das Fleisch der Opfertiere, für das es eben noch kaum

mehr einen Käufer gab, überall wieder Absatz findet. Demnach ist es leicht vorzustellen, welch große Zahl von Menschen auf den rechten Weg zu bringen wäre, wenn man nur ihrer [tätigen] Reue stattgäbe.

(X,97) Trajan an Plinius:

(1) Du hast, mein Secundus, als du die Fälle derer untersuchtest, die bei dir als Christen angezeigt wurden, ein völlig korrektes Verfahren eingeschlagen. Denn es läßt sich [in der Tat] nichts allgemein Gültiges verfügen, das sozusagen als feste Norm gelten könnte. (2) Fahnden soll man nicht nach ihnen (*conquirendi non sunt*); wenn sie aber angezeigt und überführt werden, muß man sie bestrafen, so jedoch, daß einer, der leugnet, Christ zu sein, und dies durch die Tat, das heißt durch Vollzug eines Opfers für unsere Götter, unter Beweis stellt, aufgrund seiner Reue zu begnadigen ist, wie sehr er auch für die Vergangenheit verdächtig sein mag. Anonyme Anzeigen dürfen freilich bei keiner Anklage berücksichtigt werden. Denn das wäre ein äußerst schlechtes Beispiel und entspräche nicht dem Geist unserer Zeit (*nec nostri saeculi est*). (Plinius, ep. X,96f. Übersetzung: A.M. Ritter, Kirchen- und Theologiegeschichte in Quellen I: Alte Kirche, Neukirchen 1991[5], 14f).

Festzustellen ist: Das christliche Problem ist für die römische Verwaltung dadurch entstanden, daß Christen bei der Behörde angeklagt worden sind. Der Bericht des Plinius zeigt, daß es zunehmend Christenprozesse gab, weil die Bevölkerung in dieser Weise den römischen Staat gegen die Christen ausnutzen konnte. Ein eindeutiger Beleg dafür ist die Erscheinung von anonymen Anzeigen, gegenüber denen Trajan sehr zurückhaltend bleibt. Indem er verbietet, anonyme Anzeigen anzunehmen, versucht er auch, Christenprozesse zu begrenzen. Für den römischen Staat stellen die Christen kein religiöses, sondern ein politisches Problem dar. Die Christen, die sich von der traditionellen Religiosität und den offiziellen Festen ausschließen, um sich gleichzeitig in Hausgemeinden zu versammeln, wo Nicht-Christen keinen Zutritt haben, stellen die soziale und ideologische Grundlage der Gesellschaft in Frage. Sie wurden zur Wiederherstellung der Ordnung und zur Befriedigung der Massen verurteilt.

3. Die Christen und der römische Staat

ALAND, K.: Das Verhältnis von Kirche und Staat in der Frühzeit, ANRW II,
23, 1979, 60–246. – BULTMANN, R.: Das Evangelium des Johannes, KEK 2,
Göttingen 1941, 505–515. – CONZELMANN, H.: Die Mitte der Zeit. Studien zur
Theologie des Lukas, BHTh 17, Tübingen 1964[5], 128–135. – CONZEL-
MANN, H.: Die Apostelgeschichte, HNT 7, Tübingen 1972[2], 115. – CULL-
MANN, O.: Der Staat im Neuen Testament, Zollikon 1961[2]. – ELLUL, J.: Apo-
kalypse. Offenbarung des Johannes – Enthüllung der Wirklichkeit, Neukirchen
1981. – SCHNACKENBURG, R.: Die sittliche Botschaft des Neuen Testaments I:
Von Jesus zur Urkirche, HThK Supplementband, Freiburg 1986[2], 253–265.
– SCHRAGE, W.: Die Christen und der Staat nach dem Neuen Testament,
Gütersloh 1971. – WENGST, K.: Pax Romana. Anspruch und Wirklichkeit.
Erfahrungen und Wahrnehmungen des Friedens bei Jesus und im Urchristen-
tum, München 1986.

Das Verständnis, das die frühen Christentümer in ihrem Verhältnis
zum römischen Staat entwickelt haben, läßt sich ebenfalls auf keinen
gemeinsamen Nenner bringen. Grundsätzlich lassen sich drei Vor-
stellungstypen unterscheiden: Entweder wird die politische Autorität
der staatlichen Einrichtungen anerkannt, was einhergeht mit der Überzeugung, daß die soziale Ordnung und der innere Friede zu der von
Gott gewollten und geschaffenen *ordo* gehören (1 Clem 61,1f) und die
Verkündigung (und die Verbreitung) des Evangeliums favorisieren
(Apg 18,12–17) bzw. direkt (1 Tim 2,1–7) oder indirekt (1 Petr 2,13–
17) favorisieren können. Oder es werden zwei Welten gegenübergestellt: Die himmlische Welt des Vaters, zu der sowohl der Erlöser als
auch die Erwählten, die ihm der Vater gibt, gehören, und 'diese Welt',
über welche der Fürst dieser Welt (Joh 16,11) bzw. die zuständigen
Behörden Autorität haben (Joh 18,28–19,16). Die dritte Möglichkeit
schließlich ist, die politische Macht zu dämonisieren und als Vertreter
des Satans darzustellen (Apok 13,1–18). Diese verschiedenen Vorstellungen führen zu verschiedenen ethischen Wertungen und Verhal-
tensanweisungen. Entweder soll man sich auf die zuständige Behörde
verlassen und aus Gewissensgründen tun, was sie fordern, damit sie
die Gemeinden und ihre Mission schützen (Apostelgeschichte, Pastoralbriefe) bzw. ihnen die Gelegenheit geben, ihren Glauben zu bezeugen (1. Petrusbrief), oder Gleichgültigkeit gegenüber den politischen
Instanzen wird zur einzig angemessenen Haltung (Joh 19,36–38), oder,
drittens, die Gläubigen werden vor ein Entweder-Oder gestellt, nach
welchem sich zwei Loyalitäten ausschließen (Apok 13,7–10.17f). Daß

die Frage bereits in den frühchristlichen Gemeinden kontrovers war,
bezeugen indirekt die Wiederholungen der Paränese (Röm 13,1–7;
1 Petr 2,13–17; 1 Clem 61,1; 1 Tim 2,1–7), direkt aber die Vorwürfe
der sogenannten Sendschreiben in Apok 2,1–3,22 gegen die Kirchen,
die lauwarm geworden sind.

3.1   Die Legitimität des Staates und die Rechtmäßigkeit des Christentums

Beide Themen werden durch die Apostelgeschichte programmatisch
verbunden (Apg 18,12–17) und erklären, warum der Verfasser, der das
Lebensende des Paulus kannte (Apg 20,22–25.38), nichts darüber
erzählt. Die doppelte Frage wird in Apg 17,7 klar aufgeworfen: Die
Juden versuchen, die römische Behörde dazu zu überreden, daß die
Christen den Gesetzen des Kaisers zuwiderhandeln. Sie wird in der
Gallio-Szene, die als Bild des idealen Verhaltens des Staatsorgans
komponiert ist, behandelt. Die Anklage der Juden besteht darin, daß
die Christen gesetzwidrig (παρὰ τὸν νόμον) handeln (Apg
18,13). Gallio antwortet, daß sich der Staat für Kontroversen zwischen
Juden und Christen dann nicht interessiert, wenn *sein* Gesetz davon
nicht betroffen ist. Die Begründung ist, daß die römische Behörde für
Streitfragen über Begriffe, Personen und über das Gesetz der Juden
nicht zuständig ist. Gallio unterscheidet zwei Größen (vgl. Apg 25,8),
die die Juden miteinander verknüpft hatten: das jüdische und das
römische Gesetz. Ersteres betrifft das Verhältnis zu den Christen,
letzteres das Verhältnis zwischen Christen und Staat. Was, so heißt es
dort, Apg 18,2–13 betrifft, soll der römische Staat sich insofern auf
die Sache gar nicht einlassen, als kein juristisch zu erfassender Tatbestand vorliegt.

In ihrer Darstellung der Verhaftung und des Prozesses des Paulus
versucht die Apostelgeschichte auf beiden Ebenen zu argumentieren.
Dem Judentum gegenüber: Paulus ist dem jüdischen Gesetz treu und
ein guter Jude geblieben (Apg 22,2–21; 28,17–20). Der römischen
Behörde gegenüber: Festus stellt die Rechtslage fest, nach welcher
sich Paulus als Angeklagter regelmäßig verteidigen darf (Apg 25,16).
Die Verteidigung des Paulus (ἀπολογία: Apg 25,16; ἀπολο-
γεῖν: Apg 19,33; 24,10; 26,1f.24) findet während des regelmäßigen,
rechtlichen Verfahrens statt. Die Untersuchung schließt mit der Fest-

stellung der Unschuld des Apostels ab: Er hätte freigelassen werden können, wenn er nicht Berufung beim Kaiser eingelegt hätte (Apg 26,32). Dieses Ergebnis erklärt sich dadurch, daß die 'Schuld' des Paulus in der Verkündigung der Auferstehung besteht. Diese Verkündigung wird einerseits durch seine Berufung begründet, und sie verkörpert die Hoffnungen Israels. Andererseits kann sie keine Verletzung des römischen Gesetzes sein (Apg 24,10–21).

Kurzum: Die Darstellung verfolgt einen doppelten Zweck, nämlich die Juden zur Buße zu rufen und die Rechtmäßigkeit des heilsgeschichtlichen Anspruchs der Kirche zu erweisen. Durch letzteres soll zweierlei erreicht werden: Vom römischen Standpunkt aus die Anerkennung der Rechtmäßigkeit des Christentums; von der politischen Ethik des lukanischen Christentums her die positive Bewertung der römischen Autorität. Anders formuliert: Die Rechtmäßigkeit des Christentums wird durch die Rechtmäßigkeit der römischen Behörde festgestellt und juristisch anerkannt, und die Legitimität der römischen Behörde wird anhand der gerechten Behandlung der Rechtmäßigkeit des Christentums festgestellt und empirisch begründet.

Diese Vorstellung ist keine idealistische, sondern eine pragmatische. Der lukanische Verfasser weiß zum einen, daß es Pannen gibt: Felix hofft in Cesarea, Geld von Paulus zu bekommen (Apg 24,26), und Festus handelt aus Angst vor den Juden (Apg 25,9). Solche Fehler werden aber auf menschliches Versagen zurückgeführt und ändern nichts an der grundsätzlichen Zuverlässigkeit des Staates. Zum anderen geht es nicht darum, die Legitimität des Staates zu begründen und ideologisch zu unterstützen, wie es in 1 Clem 61,1f geschieht, sondern darum, daß der real existierende Staat anerkannt und als funktionsfähig wahrgenommen wird.

Dadurch hat die Apologetik eine doppelte Funktion: Einerseits bietet sie den Christen ein Denkmodell für das Verständnis ihres Verhältnisses zum Staat an, zum anderen liefert sie ihrem eventuell breiteren Publikum nicht-christlicher Leser eine Interpretation des Phänomens des Christentums in der hellenistisch-römischen Gesellschaft: Durch das Christentum ist die sozial-politische Ordnung nicht gefährdet.

3.2   Die eschatologische Gemeinde und die Mächte dieser Welt

Gattungsgemäß ist im Johannesevangelium nicht der Apostel, sondern der Erlöser die exemplarische Figur für die Konfrontation des Christentums mit der politischen Realität. Ihre Begegnung mit dem Staat findet in der Passionsgeschichte statt, und der Verfasser komponiert den Dialog zwischen Jesus und Pilatus als Thematisierung des Verhältnisses der johanneischen Christen mit dem römischen Reich. Vordergründig treten zwei Gedanken in Konkurrenz: Zum einen werden zwei Welten gegenübergestellt. Die römische Behörde hat Macht in dieser Welt, während der herabgestiegene Gottessohn sein Reich in einer anderen Welt hat, der Welt, aus der er gekommen ist und wohin er seine Erwählten bzw. die Erwählten des Vaters heranziehen wird bzw. herangezogen hat (Joh 17,6–26). Konsequenz: Pilatus und der Erlöser gehören zwei verschiedenen Welten an (Joh 18,36f), die sie in einer gewissen Weise vertreten, und dies erklärt, warum der Dialog aus Doppeldeutigkeiten und Mißverständnissen besteht, und daß Pilatus die Antworten Jesu nicht einordnen kann (Joh 18,38). Zum anderen sind die beiden Welten miteinander verbunden. Einerseits ist der Erlöser in diese Welt herabgestiegen, andererseits ist alles, was sich in dieser Welt befindet, durch das Wort entstanden (Joh 1,3), und Pilatus hätte keine Macht über Jesus, wenn sie ihm nicht von oben herab gegeben wäre (Joh 19,11). Damit wird noch einmal im Laufe des Evangeliums betont, daß Jesus in dieser Welt frei bleibt (Joh 10,18), aber gleichzeitig auch, daß Pilatus seine Autorität von oben her bekommt, und daß er dafür vor Gott verantwortlich ist (R. Bultmann). Die beiden Vorstellungen, nach denen Jesus und Pilatus zu zwei verschiedenen Welten gehören, nach denen aber in 'dieser Welt' nichts ohne das Wort entstanden ist, lassen sich durch die Beobachtung vereinbaren, daß die kosmischen Kategorien nicht kosmologisch, sondern existential gedacht sind. Die Welten sind zwar einerseits räumlich definiert (die Jünger sind 'in der Welt', Joh 17,6–26), aber sie bezeichnen andererseits mögliche Ursprünge der Existenz, die das Selbstverständnis des Glaubens bzw. des Unglaubens qualifizieren. In dieser Hinsicht sind die Jünger nicht mehr 'aus der Welt'.

Die Konsequenz dieser räumlich-eschatologischen Vorstellungen für die Problematik der Beziehungen zwischen den Christen und dem

Staat ist einerseits, daß der Pilatus der johanneischen Darstellung Jesus
für unschuldig erklärt und versucht, ihn freizulassen (Joh 18,38;
19,12): Dessen Reich ist nicht von dieser Welt (Joh 18,36). Die Konsequenz ist aber auch, daß der real existierende Staat ein *adiaphoron*
für die eschatologische Gemeinde darstellt. Die Fragen des Pilatus
werden nicht beantwortet und können es auch nicht (Joh 18,38; 19,9):
In der Geschichte des Prozesses Jesu wie in den Dialogen mit Nikode-
mus (Joh 3,1–21) und mit der Samariterin (Joh 4,5–30) verweist die
Ironie auf die Distanz, die den Menschen von der Offenbarung bzw.
die politische Ordnung von der himmlischen Gemeinde trennt.

3.3   Entweder Gott oder Satan

Am klarsten wird die politische Kritik der Offenbarung des Johannes
in Apok 12,1–13,18 thematisiert. Drei Figuren (der Drache, Apok
12,3f.7–18; 13,2.4.11; das erste Tier, Apok 13,1–8, das die vier Gestalten von Dan 7,4–6 zusammenfaßt; das zweite Tier, Apok 13,11–
17a) bilden eine Parodie der Trinität (der Drachen, das Lamm, Apok
13,3, vgl. 5,6, und der falsche Prophet, vgl. Apok 16,13, wo die drei
wiederum erscheinen). Das erste Tier stellt den Staat als totalitaristi-
sche Gewalt vor, die durch die Machtverhältnisse herrscht. Es hat
göttliche Ansprüche (Apok 13,6) und vernichtet diejenigen, die ihm
widerstehen (Apok 13,7). Es kommt aus dem Meer (Apok 13,1), das
das Reich des Bösen metaphorisiert (vgl. Apok 21,1). Das zweite Tier
kommt aus der Erde herauf (Apok 13,11) und personifiziert sowohl
die Propaganda als auch die Interiorisierung des ersten. Geschildert
wird das Unternehmen einer allgemeinen Verführung. Seine Macht
hängt vom ersten Tier ab (Apok 13,12), das es seinerseits durch seine
Beredsamkeit unterstützt.

Die Analyse des Staates erfolgt in der Darstellung des Zusammen-
wirkens der beiden Tiere: Das erste regiert durch das zweite. Das
zweite ist nicht nur für die Propaganda des ersten zuständig (Apok
13,13–14a), sondern stellt es als Symbol und als Ideologie dar (Apok
13,12.14b–15), übt die Kontrolle über das private und soziale Leben
aus (Apok 13,16f) und unterscheidet die guten von den schlechten
Bürgern (Apok 13,15). Die Wechselwirkungen der beiden hat ihre
Entsprechung im Umgang mit der Sprache: Wer sich nicht überreden

läßt, wird gezwungen. Durch die Ideologie und die Propaganda wird die Macht des Staates wirksam (ποιεῖν kommt 8mal in Apok 13,12–16 vor), ihr Bild bekommt Lebensgeist, die Erde und ihre Bewohner beten sie an, aber auch die Unterdrückung und die Repression wird organisiert (Apok 13,15). Kurzum: Entgegen der herrschenden Vorstellung frühchristlicher Kreise, die die Legitimität des Staates anerkennen bzw. eine friedliche Koexistenz zwischen den christlichen Gemeinden und der politischen Ordnung für möglich und wünschenswert halten, vertritt die Apokalypse eine radikale Kritik der als totalitaristisch gesehenen Macht des Reiches. Der Staat wird dämonisiert, indem er mit Zügen dargestellt wird, die absolute Ansprüche auf die Körper und die Herzen erheben.

Die Schilderung der beiden Tiere (Apok 13,1–8 und 13,11–17a) wird jeweils durch Warnungen unterbrochen, die die Heiligen zum Widerstand aufrufen (Apok 13,9f und 13,17bf). Gegen die Arroganz des Staates, der beansprucht, über die Überzeugungssysteme zu herrschen, gilt nur die Standhaftigkeit und die Dissidenz der bekennenden Glaubenden. Während alle das Malzeichen des Tieres auf ihrer Hand oder ihrer Stirne haben (Apok 13,16f), steht der Name der Heiligen im Lebensbuch des Lammes (Apok 13,8; vgl. Apok 14,11: Sie haben das Malzeichen des Tieres nicht angenommen, und Apok 14,1: An der Stelle haben sie den Namen des Lammes und des Vaters geschrieben). Der Seher von Patmos fordert sie auf, das, was sich in der Gegenwart und in Zukunft vor ihren Augen abspielt, richtig zu deuten (Apok 13,9.17bf).

Mit seiner Radikalität steht zwar der Verfasser der Apokalypse in den frühen Christentümern ziemlich isoliert da. Er beruft sich aber ausdrücklich und bewußt auf die theologisch-politische Tradition der jüdischen Apokalyptik. Der Unterschied liegt in der Christologie und in ihren Konsequenzen für die Interpretation der Geschichte. Thema der Offenbarung des Johannes ist nicht die Verteidigung der nationaljüdischen Identität gegen den doppelten Verlust der kulturellen und politischen Selbständigkeit Israels bzw. des Judentums in der hellenistischen Welt, sondern der Protest gegen einen Staat, der – so sieht es der Seher der Offenbarung – die Grenzen seiner legitimen Zuständigkeit überschritten hat, bzw. gegen ein Christentum, das deswegen für lauwarm gehalten wird, weil es den Ausschließlichkeitsanspruch seines Bekenntnisses zum erhöhten Menschensohn nicht mehr wahrnimmt.

III. Personen und Werke

1. Paulus als pseudepigraphischer Briefschreiber

LINDEMANN, A.: Paulus im ältesten Christentum. Das Bild des Apostels und die Rezeption der paulinischen Theologie in der frühchristlichen Literatur bis Marcion, BHTh 58, Tübingen 1979. – MACDONALD, D.R.: The Legend and the Apostle. The Battle for Paul in Story and Canon, Philadelphia 1983.

Kontinuitäten und Diskontinuitäten zwischen dem apostolischen Selbstverständnis und dem Apostelverständnis der nach-apostolischen Zeit lassen sich am besten am Übergang von den paulinischen Apostelbriefen zu den pseudepigraphischen Paulusbriefen festmachen. Die deutero-paulinische Literatur bildet zwar keine literarische und theologische Einheit: Der 2. Thessalonicherbrief ist direkt auf den 1. Thessalonicherbrief bezogen und sollte ihn wahrscheinlich ersetzen; der Kolosser- und der Epheserbrief sind selbständige Versuche, die paulinische Theologie in bezug auf neue Fragestellungen zu aktualisieren; sie sind miteinander verwandt, und der zweite ist eine Bearbeitung des ersten; die Pastoralbriefe sind von Anfang an als dreiteilige Briefsammlung konzipiert worden, die den paulinischen Briefkorpus abschließen und gleichzeitig deuten sollte. Es sind gemeinsame Tendenzen feststellbar, die die neue Zeit und ihr Verhältnis zur Autorität des Apostels kennzeichnen, aber auch ihr historisches Selbstbewußtsein zum Ausdruck bringen.

In den Aggiornamenti der paulinischen Theologie treten die größten Brüche gerade da auf, wo versucht wird, Kontinuitäten herzustellen oder zu bewahren. Diese Paradoxie zeichnet zunächst die pseudepigraphischen Selbstdarstellungen des Apostels aus, die die paulinische Autorität der neuen Briefe plausibel machen sollten. Neu ist zum einen das Anekdotische in den persönlichen Nachrichten (2 Tim 4,9–21; Tit 3,12f; vgl. 1 Tim 5,23). Solche Nachrichten findet man zwar auch in den Paulusbriefen (Phil 1,12–26), sie werden aber unmittelbar theologisch thematisiert und bilden den Ausgangspunkt allgemeingültiger, existenzieller Betrachtungen.

Neu ist zum anderen die Aufhebung der Unterscheidung zwischen Interiorität und Exteriorität bzw. zwischen dem inneren und dem äußeren 'Ich', die in den Paulusbriefen konsequent respektiert worden war (2 Kor 4,7–5,5; 11,30–12,10). Als Konsequenz daraus ist das apostolische 'Ich' kein Identifikationsangebot mehr für das Selbstverständnis des christlichen Glaubens, sondern es verweist unmittelbar auf die Persönlichkeit des Apostels, der als Vermittler der Weisheit (Kol 1,24–29) – nicht als Verkünder der Torheit des Wortes des Kreuzes, 1 Kor 1,18–3,4 – zum Gründungsmythos eines Christentums geworden ist. Der Apostel, der sich als beauftragt darstellt, die Menschen zur Vollkommenheit zu führen (Kol 1, 27–29), wird zum Helden des Evangeliums gemacht. Aus diesem Grund kann er auch als Bewahrer der rechten Lehre in den Gemeinden gelten, der den Kampf gegen die 'Häresie' legitimiert (Kol 2,1–23; 1 Tim 1,12–17).

Die gleiche Diskontinuität ist in der Wiederaufnahme der spezifisch paulinischen Themen feststellbar. Als Beispiel dafür sei die Gesetzesproblematik genannt, die sowohl im Epheserbrief als auch im 1. Timotheusbrief rezipiert wird. Das Thema, das eine zentrale Rolle für die paulinische Anthropologie spielt (Röm 7,7–8,4), wird einerseits in die Architektur eines kosmologisch-ekklesiologischen Mythos integriert (Eph 2,11–22), andererseits so plakativ wiedergegeben, daß es seine Relevanz offensichtlich völlig verloren hat (1 Tim 1,8–11). Kurzum: Paulus als Briefschreiber ist gerade da mit sich selbst nicht identisch, wo die Pseudepigraphie versucht, seine Identität mit dem Apostel zu betonen.

Die Kontinuität, die im Programm der Pseudepigraphie bereits enthalten ist, läßt sich weder in der Fiktion der autobiographischen Momente noch in der Rezeption der paulinischen Themen feststellen, sondern vielmehr in gewissen neuen theologischen Ansätzen, die sich mit neuen Fragestellungen befassen, das Gedankengut und die Metaphorik der Paulusbriefe umfunktionieren und trotzdem Lösungen in der logischen Kontinuität der paulinischen Theologie formulieren. Paradox ist in dieser doppelten Hinsicht wiederum die Argumentation des Kolosserbriefes, die viel weniger von einer paulinischen Tradition als von der Weltanschauung der ihm gegenüberstehenden 'Häresie' geleitet wird, die aber konsequent christozentrisch strukturiert wird: Christus wird zwar im Kontext der 'Mächte und Gewalten' gesehen, aber so, daß er diese Mächte endgültig besiegt hat, und daß die Chri-

sten von ihnen befreit worden sind (Kol 2,8–23). Die Metaphorik der
Taufe als Tod und Auferstehung mit Christus (Röm 6,1–15) wird in
diesem Zusammenhang wiederaufgenommen, aber in dem Sinne, daß
Gott im Kreuz Jesu die Schuld des Menschen bereits getilgt hat und
ihn mit sich versöhnt hat (Kol 2,11–15). Kurzum: Paulus als Briefschreiber wird erst dann mit sich selbst identisch, wenn die Pseudepigraphie kreativ und selbständig denkt und Äquivalente für das christologische Zentrum der paulinischen Theologie wiederfindet.

Versuchen der Kolosser- und der Epheserbrief, die paulinische
Brieftheologie zu aktualisieren, so liegt der Pseudepigraphie der Pastoralbriefe eine umgekehrte Absicht zugrunde: Gemeindeordnungen und
der Gedanke der getreuen Vermittlung einer christlichen Lehre als
apostolisches Traditionsgut werden durch den Rekurs auf die paulinische Autorität und auf die Freundschaft des Apostels mit seinen Mitarbeitern Timotheus und Titus begründet. Aktualisiert wird dabei nicht
die Theologie des Apostels, sondern seine Autorität, die als Argument
für die Legitimität neuer Gemeindeformen verwendet wird. Diese
neuen Gemeindeformen, die durch das vierfache Amt der Bischöfe,
Diakonen, Presbyter und Witwen strukturiert werden (s.o. I.2.2c),
weisen wieder Momente der diskontinuierlichen Kontinuität mit der
Gemeindetheologie des Paulus auf. Einerseits nehmen patriarchalische
Denk- und Verhaltensmodelle an Einfluß zu. Andererseits werden
diese neuen, an die hellenistische Gesellschaft angepaßten Strukturen
so gestaltet, daß sie die Erfüllung der Aufforderung zur gegenseitigen
Anerkennung der Gaben, die die paulinische Ekklesiologie auszeichnete (1 Kor 12,1–14,40; Röm 12,3ff), in der sozialen Wirklichkeit der
Gemeinden ermöglicht (1 Tim 5,17f). Die Kirchenordnungen, die sich
daraus ergeben, haben auch nicht nur mit der innerchristlichen, nach-
apostolischen Problematik zu tun. Zusammen mit einer konservati-
veren Moral sollen sie die Grundlagen für ein ruhiges Verhältnis
zwischen dem Christentum und seiner heidnischen Umgebung sicher-
stellen (1 Tim 2,1–7; s.u. 4.1).

2. Jakobus als Apostel und Briefschreiber

ADAMSON, J.B.: James. The Man and His Message, Grand Rapids 1989.
– PRATSCHER, W.: Der Herrenbruder Jakobus und die Jakobustradition,
FRLANT 139, Göttingen 1987.

Das Verhältnis zwischen der historischen Figur des Jakobus, des
Bruders des Herrn, und seinen verschiedenen pseudepigraphischen
Rollen, ist auch das einer diskontinuierlichen Kontinuität. Die Parado-
xie liegt hier zunächst im Kontrast zwischen der profilierten Position,
die Jakobus, der Bruder des Herrn, in der Geschichte des frühen
Christentums eingenommen hat (vgl. Gal 2,1–14, s.o. Teil I, II.2.3 und
III.2), und der verhältnismäßig großen Bandbreite der theologischen
Entwürfe, die sich nach seinem Tod auf seinen Namen berufen. Eine
gewisse unproblematische Kontinuität sollte in der rekonstruierbaren
Biographie des Jakobus und den 'judenchristlichen' Jakobusbildern
von Hegesipp und den pseudoclementinen Schriften (s.o. I.2.1a) zwar
bestehen. Tatsache ist aber, daß sowohl judenchristlich-weisheitliche
Traditionen (EvTh 12) als auch gnostische Entwicklungslinien (der
apokryphe Brief und die beiden Apokalypsen des Jakobus, NHC I,2;
NHC V,3; NHC V,4) und hellenistisch-judenchristliche Formen der
populären Moralphilosophie (der Jakobusbrief) unter seine Autorität
gestellt bzw. in ihr verfaßt worden sind. Voraussetzung dafür ist
einerseits eine geographische und historische Distanz der pseudepigraphischen Jakobusliteratur zu ihrer Gründungsfigur, andererseits die
daraus sich ergebende Möglichkeit, sich auf sie zu stützen, um sich
gegen andere apostolische Autoritäten abzugrenzen: Sowohl das Thomasevangelium als auch der apokryphe Brief des Jakobus berufen sich
auf Jakobus und Thomas bzw. auf Jakobus und Petrus, um 'nicht
geheime Worte Jesu' bzw. die Bücher, in denen die Jünger angeordnet
haben, was sie von der Lehre Jesu mitbekommen haben (NHC I,2
2,8–15), zu disqualifizieren, und der Name des Jakobus wird im Jakobusbrief offensichtlich benutzt, um von nach-paulinischen Formen des
nach-apostolischen Christentums Abstand zu nehmen. Kurzum: Apostolische Schriften berufen sich auf den Bruder des Herrn, entweder
weil sie sich der judenchristlichen Tradition anschließen möchten,
ohne daß judenchristlich hier im engen Sinne von 'judenchristlich' zu
verstehen sei, oder weil sie die Autorität der beiden christlichen
Hauptgestalten der Anfänge für sich in Anspruch nehmen wollen.

Auffälliger als die sogenannte 'paulinische' Perikope von Jak 2,14–26, die sich eher mit einer gewissen Paulusrezeption als mit der paulinischen Brieftheologie auseinandersetzt, ist die Form des kanonischen Jakobusbriefes. Von der Gattung her bildet der Briefkorpus keinen Brief, sondern vielmehr einen philosophischen Vortrag. Die Adressaten spielen keine Rolle in der Entfaltung der Argumentation, und diese beschränkt sich auf die thematische Zusammenstellung von Aphorismen, weisheitlichen Unterweisungen, Diatribefragmenten, Tugend- und Lasterkatalogen, die ihre Parallelen in der Jesusüberlieferung (unter anderem in den vormatthäischen Traditionen), in der hellenistisch-jüdischen Weisheit und in der hellenistischen Moralphilosophie (der sogenannten kynisch-stoischen Diatribe) haben. Thema des 'Briefes' ist die Weisheit als Garant richtigen Handelns. Diese Sammlung von Unterweisungen, die auf das 'vollkommene Gesetz der Freiheit' bzw. das 'königliche Gesetz' (Jak 1,25; 2,8) als normative Instanz verweist, wird in den Rahmen eines Briefes des Jakobus ϑεοῦ καὶ κυρίου Ἰησοῦ Χριστοῦ δοῦλος an die zwölf Stämme in der Diaspora eingebettet. Daß die 'zwölf Stämme in der Diaspora' die christliche Kirche wie das Israel Gottes in Gal 6,16, bezeichnet, ist klar und unproblematisch. Interessanter ist die Tatsache, daß der Verfasser, der Paulusbriefe kennt (Jak 2,14–26), die Form des paulinischen Apostelbriefes nicht übernimmt. Der Protest gegen nachpaulinische Formen des Christentums liegt nicht nur in der theologischen und in der sozialethischen Auseinandersetzung, sondern auch in der literarischen Gestaltung der Schrift. Der pseudepigraphische Briefschreiber Jakobus wird als Figur einer kirchenhistorischen Autorität eingesetzt, die der paulinischen Aposteltradition nicht verpflichtet ist.

Anders verhält es sich im apokryphen Brief des Jakobus (NHC I,2). Zum einen ist das Apokryphon auch kein Brief, sondern ein Traktat: Niedergeschrieben ist der Fiktion nach der Bericht, dem Inhalt nach der Vortrag der geheimen Offenbarungsreden und -dialoge des Erlösers. Zum anderen werden die gnostischen Offenbarungen in einem brieflichen Kommunikationszusammenhang dargestellt, der sich durch die Segensformel (statt des brieflichen Grußes) an die Tradition der paulinischen und nach-paulinischen Apostelbriefe anlehnt:

> [Jakobus] schreibt an [...]. Der Friede [sei mit dir aus] Frieden, [Liebe aus] Liebe, [Gnade aus] Gnade, [Glaube] aus Glauben, Leben aus heiligen Leben.

> Du hast mich gebeten, dir eine Geheimlehre zu übermitteln, die
> mir und Petrus vom Herrn offenbart wurde. Nun konnte ich es dir
> nicht abschlagen, jedoch auch nicht mit dir reden, so [schrieb ich]
> sie in hebräischer Schrift auf. Ich sende sie dir, zwar dir allein,
> aber weil du ein Diener an der Erlösung der Heiligen bist. Sei
> jedoch sorgsam und achte darauf, diese Schrift nicht vielen mit-
> zuteilen. Diese wollte der Erlöser nicht einmal allen von uns,
> seinen zwölf Jüngern, mitteilen. Heil aber denen, die erlöst werden
> durch den Glauben an diese Lehre! Ich habe dir aber vor zehn
> Monaten eine andere Geheimlehre gesandt, die mir der Erlöser
> offenbart hat. (Lies und) verstehe nun jene genau so, wie sie mir,
> Jakobus, offenbart worden ist. Diese aber [...] (Ap.Jas., NHC I,2
> 1,1–35).

Der Adressat bleibt unbekannt, da der Text an dieser Stelle nicht zu
rekonstruieren ist. Als Verfasser wird Jakobus angegeben. Als Argument für ihre Plausibilität verweist die Pseudepigraphie auf einen
hebräischen Ursprung. Andere Anhaltspunkte auf die historische Figur
bzw. auf die Biographie des Jakobus, des Bruders des Herrn, werden
nicht gesucht. Auffällig ist einerseits, daß er zu den Zwölf gerechnet
wird (NHC I,2 1,24f), andererseits, daß seine Rolle konsequent uminterpretiert wird. Jakobus hat mit dem Judenchristentum nichts mehr
zu tun, sondern ist der Empfänger und der Vermittler einer Sonder-
offenbarung geworden, die ihn und Petrus auszeichnet. Der Rückgriff
des Verfassers auf Jakobus und Petrus erklärt sich auf doppelte Weise.
Zum einen hat die Offenbarung ihren Ort in der Zeit zwischen der
Auferstehung und der Rückkehr des Erlösers zum himmlischen Vater
(NHC I,2 2,19f bzw. NHC I,2 2,24f): Ihr Ursprung wird in die Zeit
des Abschieds des Herrn zurückprojiziert, und sie wird unter der
fiktiven Autorität der ersten mit Namen genannten Zeugen der Ostererscheinungen vermittelt (vgl. 1 Kor 15,5.7). Zum anderen besteht ein
innerer Zusammenhang zwischen der Botschaft des apokryphen Briefes, der vor Versuchen warnt, dem Leiden auszuweichen, und sich auf
den Tod Jesu bezieht, um die Bereitschaft zum Leiden und zum Martyrium zu begründen und zu wecken, und der Tradition des Märtyrertodes des Jakobus und des Petrus. Jakobus wird durch die Pseudepigraphie nicht nur als Vertreter der gnostischen Theologie, sondern
auch als Vorbild der Glaubenden, die sich vor dem Tod nicht fürchten,
dargestellt.

3. Petrus als pseudepigraphischer Briefschreiber

THIEDE, C.P. (Hrsg.): Das Petrusbild in der neueren Forschung, Wuppertal
1987.

Auf die apostolische Autorität des Petrus berufen sich einerseits die
beiden kanonischen Petrusbriefe, andererseits gnostische Offenbarungs-
traditionen (der apokryphe Brief des Jakobus, NHC I,2: der Brief des
Petrus an Philippus, NHC VIII,2). Aber auch die Szene von Mt 16,16–
19 setzt Petrus als kirchliche Gründungsfigur ein, und zwar als Maß-
stab für die Offenheit der christlichen Mission, so daß sich die matthäische Schule auf eine syrische Petrus-Tradition berufen könnte, und
die patristische Überlieferung bringt ihn in Verbindung mit der Abfassung des Markusevangeliums: Markus, Begleiter und Dolmetscher
des Petrus (1 Petr 5,13: Markus, 'Sohn' des Petrus), habe das von ihm
gepredigte Evangelium mit Genehmigung des Apostels niedergeschrieben (Euseb, HE II,15,2 beruft sich auf Papias von Hierapolis und auf
Clemens von Alexandrien, Hypotyposen 6; HE III,39,15 auf Papias;
HE V,8,3 auf Irenäus, Adv.Haer. III,1,1). Kurzum: Dem Petrus und
seinen Mitarbeitern Silvanus (1. Petrusbrief) und Markus werden in
der nach-apostolischen Zeit sowohl ein – der Form nach – paulinischer
Apostelbrief, die Entstehung der Gattung der kanonischen Evangelien,
gnostische Offenbarungtraktate als auch eine anti-gnostische Enzyklika (der 2. Petrusbrief) zugeschrieben. Auffällig ist zum einen, daß die
historische Bedeutung des Petrus für die apostolische und für die
nach-apostolische Zeit unumstritten ist, und dies selbst, wenn von
seiner Auffassung des Christentums bzw. von den Christentümern, die
sich auf ihn berufen, Abstand genommen wird (so im Johannesevangelium, s.o. Teil II,III.2). Auffällig ist aber auch zum anderen, daß seine
apostolische Autorität durch sehr verschiedene Entwicklungslinien des
nach-apostolischen Christentums in Anspruch genommen wird: Petrus
ist sowohl der Sozialethiker des Hauses Gottes in der Diaspora (1. Petrusbrief), als auch der aufgeschlossene Judenchrist (Mt 16,16–19), als
auch der initiierte Gnostiker (der apokryphe Brief des Jakobus, NHC
I,2; der Brief des Petrus an Philippus, NHC VIII,2) als auch der legiti-
mierte Vertreter der Rechtgläubigkeit gegen die Ketzerei (der 2. Petrusbrief).

3.1   Das Haus Gottes und die Welt

Formale und inhaltliche Kontinuitäten gibt es sowohl zwischen dem
1. Petrusbrief und den paulinischen Apostelbriefen (unter anderem: die
Briefformalien und der dadurch hergestellte Kommunikationszusammenhang, s.o. Teil II, III.1.2) als auch zwischen dem 1. Petrusbrief
und dem 1. Thessalonicherbrief (unter anderem: die Argumentation,
die Topoi und die Begrifflichkeit der Paränese). Daraus entsteht der
Eindruck, daß der 1. Petrusbrief entweder als pseudepigraphisches
Werk der nach-paulinischen Tradition oder als Silvanusbrief (1 Petr
5,12) eingeordnet werden muß. Im ersten Fall bleibt allerdings die
Frage offen, warum sich der Brief auf die Autorität des Petrus, und
nicht die des Paulus beruft, im zweiten Fall, inwiefern sich ein petrini-
sches Evangelium als Hintergrund der Theologie des Silvanus rekonstruieren läßt.

Die Diskontinuitäten zwischen den wahrnehmbaren Themen der
Wanderpredigt und der Paränese des 1. Petrusbriefes sind offensichtlich. Sie liegen zum einen an der jeweils vorausgesetzten sozialen
Wirklichkeit: Die 'Fremdlinge' der Diaspora bilden ein seßhaftes Christentum, das mit dem für die Wanderpredigt kaum relevanten Problem
des alltäglichen Lebens in den Häusern konfrontiert ist. Zum anderen
haben sich die theologischen Themen verschoben: Der Gründungsmythos der christlichen Existenz besteht nicht im Ruf zur Nachfolge,
sondern in der Offenbarung des Gottes, der Jesus auferweckt und dadurch seine Barmherzigkeit gezeigt hat. Der Horizont der christlichen
Existenz ist nicht die βασιλεία, sondern die thematische Gegenüberstellung von Zeit und Ewigkeit bzw. von Vergänglichkeit und Unvergänglichkeit.

Kontinuitäten bzw. Analogien lassen sich allenfalls in der Denk-
struktur des·jeweiligen christlichen Selbstverständnisses aufweisen.
Genauso wie die Genossen der Wanderpredigt sind die 'Pilger' und
'Fremdlinge' zu einer neuen Existenz berufen worden, die ihnen Identität, Würde und Hoffnung gibt. Das gründende Moment der Berufung
und des Auftrags ist durch den Begriff der Erwählung interpretiert,
und das Bewußtsein, das Haus Gottes zu sein, aktualisiert das Zu-
sammensein mit Jesus in seßhaften Gemeinden. Hintergrund der Wanderpredigt war das hellenistisch-philosophische Modell der kynischen
Moral: Alles, was der Mensch hat, ist ein Hindernis für seine Freiheit.

In der gleichen kynisch-stoischen Tradition findet die Paränese ihren anthropologischen und ideologischen Rahmen (1 Petr 2,11f; vgl. 1 Thess 4,1–12). Dies alles zeigt, daß Petrus das Bild einer historischen Gründungsfigur, nicht das eines profilierten Theologen hinterlassen hat.

3.2   Die Offenbarungen des gnostischen Petrus

Die Gattung der gnostischen Offenbarungsreden und -dialoge ist keine, die eine differenzierte bzw. individualisierende Darstellung der Jünger fordert. Genauso wie Jakobus ist der Petrus des apokryphen Briefes des Jakobus (NHC I,2) bloßer Zuhörer der Darstellungen des Erlösers. Fragen werden zwar gestellt, sie haben aber nur die Funktion, den weiteren Verlauf des Vortrags zu veranlassen. Die Jünger sind die Vertreter des Lesers in der narrativen Fiktion, und ihre Miß- bzw. Unverständnisse sind nur dazu da, die neuen Kommentare und die Selbsterläuterungen der Offenbarung dramaturgisch zu rechtfertigen.

Die Auswahl der beiden Figuren des Petrus und des Jakobus als Empfänger der Sonderunterweisung im apokryphen Brief des Jakobus hängt einerseits mit ihrer historischen Bedeutung in den Anfängen der Geschichte der frühen Christentümer, andererseits mit ihrem Tod als Märtyrer zusammen. Auffälliger ist aber die Rolle des Petrus im Brief des Petrus an Philippus (NHC VIII,2). Die Schrift ist ein Palimpsest der Apostelgeschichte (Apg 1–2): Petrus, Apostel Jesu Christi, schreibt an Philippus, um ihn zu einem Zusammentreffen einzuladen, in dessen Verlauf sich die Mitapostel und Brüder die Gebiete der Mission aufteilen sollen (NHC VIII,2 132,12–133,8). Petrus und die Apostel gehen auf den Ölberg, wo ihnen der Erlöser erscheint, um sie auszusenden (NHC VIII,2 133,8–134,18). Auf Anfrage der Jünger findet zunächst ein Lehrgespräch des erhöhten Jesus Christus statt, in dem die christliche Mission ihre gnostische Interpretation bekommt: Aufgabe der Apostel ist es, die Erlösung von der Macht der Archonten in der Welt zu lehren (NHC VIII,2 134,18–138,7). Darauf machen sich die Apostel auf den Rückweg nach Jerusalem, wobei die Stimme des Erhöhten ihnen Verfolgungen in den Synagogen und vor den Statthaltern (vgl. Mk 13,9–13) ankündigt. Der Text schließt ab mit einer Predigt des Petrus, der das Kerygma des Todes und der Auferstehung

272   *Pseudepigraphischer Petrus*

Jesu zusammenfaßt und kommentiert (NHC VIII,2 139,13–140,1), mit
einem Gebet (NHC VIII,2 140,1–13), mit einer letzten Christophanie
(NHC VIII,2 140,15–23) und mit dem wiederholten Bericht, daß sich
die Apostel trennten, um den Herrn Jesus zu verkündigen (NHC VIII,2
140,12f; 23–27). Petrus ist wiederum die Figur des Missionars, als
solche die führende Gestalt unter den Jüngern und der Organisator der
frühchristlichen gnostischen Mission.

Kurzum: Es bleibt die Konstante, daß Petrus als Gründungsfigur
der christlichen Mission rezipiert wird, und dies sowohl in den hellenistischen Gebieten des Heidenchristentums (1 Kor 1,12; 3,22; 9,5; Mk
1,16–18) als auch in der hellenistisch-judenchristlichen (Mt 16,16–19)
und in der gnostischen Tradition. Die Auseinandersetzung um die
apostolische Tradition betrifft nicht seine Autorität, die allgemein
anerkannt ist, sondern vielmehr die Frage, welche Interpretation des
Christentums sie legitimiert.

3.3   Rechtgläubigkeit und Ketzerei unter dem Namen des Petrus

Daß sich die Gnostiker bereits vor der anti-gnostischen Polemik auf
die apostolische Autorität des Petrus berufen haben, macht die etwas
verblüffende Argumentation des 2. Petrusbriefes deutlich. Überraschend ist zunächst der Verweis auf die Verklärungsgeschichte der
Evangelien (2 Petr 1,16–18, vgl. Mk 9,2–10), womit die Qualität des
Petrus als Augenzeuge der Herrlichkeit Jesu begründet werden soll.
Diese Bezugnahme erklärt sich nur dadurch, daß die σεσοφισμέ-
νοι μῦθοι der 'Ketzer' (2 Petr 1,16) eine ähnliche hermeneutische Struktur haben wie der apokryphe Brief des Jakobus (NHC I,2)
und der Brief des Petrus an Philippus (NHC VIII,2), und daß sie die
Tradition der Ostererscheinungen (1 Kor 15,5) und der Gespräche mit
dem Auferstandenen als Rahmen der gnostischen Offenbarungsreden
und -dialoge benutzt haben. Gegen die Gnostiker, welche Sonderunterweisungen des Halb-Erhöhten (vgl. Joh 20,17) 'erfinden', greift die
'Orthodoxie' auf die Geschichte des historischen Jesus bzw. des vorösterlichen Petrus zurück, um die eigene Kontinuität mit der apostolischen Tradition zu betonen.

Zwei konsistente und plausible Auffassungen des Christentums setzen sich im Namen der Apostel auseinander. Für die einen ist die Welt eine unübersehbare Größe geworden, die sich nicht mehr verstehen, geschweige denn steuern läßt. Jede Hoffnung auf eine Zukunft wird aufgeben, und die Erkenntnis der Erlösung bietet einen Weg an, um das geistige Leben des Individuums zu retten, indem es seine eigentliche Heimat findet. Für die anderen mag die Welt zwar auch unverständlich und zu einem anscheinend unbeweglichen System geworden sein. Dies rechtfertigt aber kein Aufgeben der Hoffnung, denn Gott lenkt die Geschichte von ihrem Anfang bis zu ihrem Ende (2 Petr 3,3f). Für die einen hat die Welt ihre Autonomie und wird von ihren eigenen Gesetzen beherrscht. Gott bzw. sein Gesandter hat sich zwar in der Welt offenbart, die Offenbarung gehört aber nicht zur Welt. Die Welt bleibt die Welt und verhält sich nach ihrer eigenen Logik, wie es das Kreuzesereignis zuletzt belegt. Für die anderen ergibt sich diese Betrachtungsweise aus oberflächlichen Gedanken. Bestandteil des christlichen Bekenntnisses ist, daß Gott die Welt geschaffen hat, daß sein Wort die Weltgeschichte lenkt, wie es seine Heils- und Unheilstaten (die Sinnflutgeschichte) beweisen. Die Welt scheint zwar durch ihre eigene Logik gelenkt zu werden, aber man kann dies nur dahingehend deuten, daß Gott sein Gericht vorbereitet (2 Petr 3,5–7). Für die einen ist die Vorstellung des Gerichtes durchaus relevant, aber nur metaphorisch und im Zusammenhang mit der Erlösung. Gott ist nicht der Richter, sondern der himmlische Vater und die geistige Heimat der Erlösten. Er hat seinen Sohn deswegen in die Welt gesandt, weil ihre Geschichte weitergeht und sie auf ihre Selbstzerstörung zusteuert, und damit der Erlöser denen, die glauben, das ewige Leben bringt, indem er sie an ihren göttlichen Ursprung zurückholt. Für die anderen gibt es keine andere Heilsgeschichte als die Zeit, die von Gott auf Erden gegeben ist. Zu berücksichtigen ist zum einen, daß das göttliche Zeitverständnis vom menschlichen abweicht, und zum anderen, daß die Verzögerung der Parusie keine Verspätung ist, sondern der Erweis der Geduld Gottes, der die Menschen nicht vernichten will und auf ihre Bekehrung wartet (2 Petr 3,8f).

4. Schlußthesen

4.1   Das Christentum und die Gesellschaft

GAGER, J.G.: Kingdom and Community. The Social World of Early Christianity, Prentice – Hall Studies in Religion Series, New Jersey 1975. – HOLMBERG, B.: Sociology and The New Testament. An Appraisal, Minneapolis 1990. – KEE, H.C.: Das frühe Christentum in soziologischer Sicht, UTB 1219, Göttingen 1982. – MALINA, B.J.: The New Testament World. Insights from cultural anthropology, Atlanta 1981. – MEEKS, W.A. (Hrsg.); Zur Soziologie des Urchristentums. Ausgewählte Beiträge zum frühchristlichen Gemeinschaftsleben in seiner gesellschaftlichen Umwelt, ThB 62, München 1979. – PETERSEN, N.R.: Rediscovering Paul. Philemon and the Sociology of Paul's Narrative World, Philadelphia 1985. – STEGEMANN, E. U.W.: Sozialgeschichte des Urchristentums, Stuttgart 1994. – THEIßEN, G.: Studien zur Soziologie des Urchristentums, WUNT 19, Tübingen 1979. – TIDBALL, D.: An Introduction to the Sociology of the New Testament, Exeter 1983. – VERNER, D.C.: The Household of God. The Social World of the Pastoral Epistles, SBLDS 71, Chico 1983.

1.   Die theologische These des Paulus, nach welcher es in Christus weder Jude noch Grieche, weder Sklave noch Freien, weder Mann noch Frau gibt (Gal 3,28) bzw. alle einen einzigen Leib bilden (1 Kor 12,13), begründet die integrative Funktion der christlichen Gemeinden als sozialen Raum.

1.1   Die paulinische Formulierung ist die radikale Fassung einer Grundstruktur der christlichen Gemeinden in den verschiedenen seßhaften Entwicklungslinien des frühen Christentums. Varianten sind – als Indikativ oder als Imperativ – die Aufforderung zur Einheit und Bruder- bzw. gegenseitigen Liebe in den johanneischen und gnostischen Kreisen, die gemeinschaftliche Disziplin der hellenistisch-judenchristlichen Gemeinden oder die Haustafeln des hellenistischen Heidenchristentums.

1.2   Die erste These 'Weder Jude noch Grieche' bestimmt die geographische Integrationsfähigkeit des Christentums. Zum einen steht dem Christentum die Möglichkeit einer weltweiten Verbreitung offen; zum anderen bietet das Christentum eine weltweite Integrationsmöglichkeit seiner Anhänger.

1.3   Die zweite These 'Weder Sklave noch Freier' bestimmt die soziale Integrationsfähigkeit des Christentums. Der Bezug auf Christus (durch die Taufe symbolisiert) macht die Menschen zu

Brüdern und Schwestern. Zwei Hierarchien konkurrieren miteinander: Die gesellschaftliche und die christliche, wobei die letztere die erste relativiert bzw. in den christlichen Häusern außer Kraft setzen soll.

1.4 Die dritte These 'Weder Mann noch Frau' bestimmt die emanzipatorische Integrationsfähigkeit des Christentums. Allen Menschen soll in der Rollenverteilung innerhalb der Gemeinden und in der Ethik der gleiche soziale Status zuerkannt werden.

2. Die integrative Funktion des Christentums ist einer der Gründe, die die rasche Verbreitung des Christentums im römischen Reich erklären. Das Christentum konnte das Bewußtsein einer symbolischen und sozialen Zusammengehörigkeit und Elemente eines sozialen Aufstiegs anbieten.

2.1 Jedes Mitglied, Jude oder Grieche, Sklave oder Freier, Mann oder Frau, ist Bürger einer Gemeinschaft, deren Herr der Heiland der Welt ist, und die aus Gemeinden in der ganzen Welt besteht.

2.2 Menschen von dissonantem oder unsicherem Status finden in den christlichen Gemeinden die Möglichkeit einer neuen Identität durch die gegenseitige Anerkennung der Brüder und Schwestern und durch das Bewußtsein, die Erwählten einer himmlischen Heimat zu sein.

2.3 Den sozialen Unterschichten wird ein Zugang zu den Oberschichten ermöglicht: In christlichen Häusern wird jeder durch die Taufe als geliebter Bruder bzw. geliebte Schwester empfangen (Phlm 16), so daß die sozialen Verhältnisse der Gesellschaft innerhalb der christlichen Gemeinden umgestaltet bzw. aufgehoben werden.

2.4 Soziale Hierarchien und Funktionen gibt es in der christlichen Gemeinde auch: Gastgeber, Apostel (als 'Vater' seiner Bekehrten symbolisiert, Phlm 10.19), Propheten (1 Kor 12,1–14,40) haben faktisch eine Sonderstellung. Zum einen fungieren sie als Gegengewicht zu den sozialen Hierarchien (zum Beispiel wenn kleine Leute leitende Funktionen in den Gemeinden übernehmen können, weil sie bezahlt werden, 1 Tim 5,17f), zum anderen sind sie dadurch relativiert bzw. aufgehoben, daß alle Diener desselben Herrn sind und deswegen gleichermaßen anerkannte Brüder und Schwestern (Phlm 20).

3. Spannungen bei der Selbstdefinition der christlichen Gemeinden, ihrer integrativen Funktion und ihrer sozialen Zusammenstellung

sind von Anfang an ein Problem für die christlichen Theologen und für die christliche Ehtik gewesen. Die jeweiligen Lösungen sind sowohl durch die verschiedenen theologischen Entwicklungslinien als auch durch die jeweilige soziale Zusammenstellung der Gemeinden bestimmt.

3.1 In den Gemeinden entstehen Spannungen, weil verinnerlichte, gesellschaftliche Verhaltensmodelle bewußt oder unbewußt in Konkurrenz mit den Werten und Regeln des Gemeindelebens treten. Freie Menschen erwarten von Sklaven, daß sie sich auch in christlichen Häusern als Sklaven verhalten, Juden von Heiden, daß sie sich als Juden, Heiden von Juden, daß sie sich als Heiden verstehen (1 Kor 7,1–14,40; Röm 14,1–15,13).

3.2 Spannungen entstehen außerhalb der Gemeinden, weil Werte und verinnerlichte Regeln des Gemeindelebens mit den geltenden gesellschaftlichen Verhaltensmodellen bewußt oder unbewußt in Konkurrenz treten. Frauen und Sklaven, die in den christlichen Häusern als gleichberechtigte und anerkannte Geschwister empfangen werden, müssen sich zu Hause der gesellschaftlichen Ordnung anpassen (1 Petr 2,11–4,11).

3.3 Die theologischen und ethischen Lösungen, die in den verschiedenen Entwicklungslinien der frühen Christentümer formuliert werden, bestimmen die virtuellen Adressaten ihrer Verkündigung bzw. die Integrations- und die Anziehungskraft der verschiedenen Gemeinden.

3.4 Die soziale bzw. religiöse Zusammenstellung der jeweiligen Gemeinden bestimmt zum Teil die Entfaltung der theologischen Interpretamente. Ein Beleg dafür ist die unterschiedliche Entwicklung der sozialen Verhaltensregeln im 'Judenchristentum', im hellenistischen Judenchristentum (Matthäusevangelium, Jakobusbrief, die die 'Kleinen' bzw. 'Armen' theologisch aufwerten) und im hellenistischen Heidenchristentum ('Haustafeln' der Kolosser-, Epheser- und der Pastoralbriefe, die die Standpunkte der Hausherren vertreten).

4.   Die Unterschiede und gegebenenfalls die Auseinandersetzungen zwischen den verschiedenen Entwicklungslinien des frühen Christentums und der nach-apostolischen Christentümer betreffen nicht nur die Interpretation der Gründungsereignisse und des christlichen Glaubens, sondern auch ihre Voraussetzungen und

ihre Folgen in bezug auf das Verhältnis der christlichen Bewegungen zur Gesellschaft.

4.1 Das nach-paulinische Christentum der Apostelgeschichte und der Pastoralbriefe hat seinen Ort in der heidnischen, mehrschichtigen und beweglichen Gesellschaft der hellenistisch-römischen Welt. Der soziale Standpunkt ist aber derjenige der lokalen Oberschichten: Einflußreiche, reiche und gebildete Leute werden direkt oder indirekt angesprochen bzw. als Vorbilder in der Apostelgeschichte genannt. Die Voraussetzungen sind eine Interpretation des Christentums, die ihre Wurzeln in der Apologetik der Hellenisten hat. Die Folgen sind, daß gleichzeitig versucht wird, die für das Christentum typischen Werte zu bewahren und durch die Gesellschaft anerkannt zu werden. Das Ergebnis besteht in der Tendenz zu einer doppelten, sektorenhaft bestimmten Entwicklung (Eph 5,15–17 bzw. 5,18–6,9): Der Bereich der persönlichen Ethik steht unter der Forderung der christlichen, moralischen Tradition, der soziale Bereich unter den gesellschaftlichen Verhaltensmodellen. In beiden Bereichen sollen sich die Christen als bessere Männer, bessere Frauen, bessere Sklaven und bessere Bürger verhalten.

4.2 Die syrischen, hellenistischen Judenchristentümer des Matthäusevangeliums und des Jakobusbriefes vertreten den Standpunkt der unteren Schichten. Die Brüder sind per definitionem arm (so der Jakobusbrief), und auf die 'Kleinen' soll besondere Rücksicht genommen werden (so das Matthäusevangelium). Die Voraussetzungen liegen in der Betonung der bestehenden Gültigkeit des – allerdings unterschiedlich ausgelegten – Gesetzes, die als Abgrenzungsprinzip gegen das Judentum und das Heidenchristentum (= gegen die ἀνομία) bzw. gegen die Reichen und reiche christliche Gemeinden fungiert. Die Folgen sind: Das Christentum versteht sich als besseres Judentum, zum Gesetzesgehorsam tatsächlich verpflichtet (so das Matthäusevangelium), bzw. als das bekennende Christentum der Armen (so der Jakobusbrief, Jak 2,1–13). Das Christentum ist eine alternative Bewegung, die sich durch ihr eigenes Wertsystem von den Gesetzen der Gesellschaft abgrenzt und kritisch gegen das angepaßte Christentum eingestellt ist.

4.3 Die johanneische und gnostische Entwicklungslinie hat ihren Ort in liberalen Kreisen am Rande der Synagoge und in oberen

Schichten der heidnischen Gesellschaft (vgl. 1 Joh 3,17, das einen sozialen Fall als Idealfigur darstellt). Die geistigen Beziehungen zur Gesellschaft sind dadurch bestimmt, daß die eschatologische Gemeinde zwar in der Welt, aber nicht aus der Welt ist. Die Folgen sind eine gegenüber den Problemen der Gesellschaft gepflegte Distanz und die Pflege der innergemeinschaftlichen Zusammengehörigkeit der Erlösten, die durch die (als Sakrament interpretierte?) Fußwaschung symbolisiert wird.

4.2 Die Begründungen der christlichen Moral

BALCH, D.L.: Let Wives be Submissive: The Domestic Code in 1 Peter, SBLMS 26, Chico 1981. – BULTMANN, R.: Die Theologie des Neuen Testaments, UTB 630, Tübingen 1984[9], § 19 u. 59–61. – ELLIOTT, J.H.: A Home for the Homeless. A Sociological Exegesis of 1 Peter. Its Situation and Strategy, Philadelphia 1981. – HOPPE, R.: Der Theologische Hintergrund des Jakobusbriefes, FzB 28, Würzburg 1977. – Meeks, W.A.: The Moral World of the First Christians, Library of Early Christianity 6, Philadelphia 1986.

1.   Voraussetzung für die nach-apostolischen Begründungen der christlichen Moral ist die theologisch-anthropologische Struktur der Ethik, die durch die frühen Christentümer formuliert wurde. Die profilierteste Formulierung geben die paulinischen Apostelbriefe: Der Sitz der ethischen Entscheidungen ist das Gewissen (συνείδησις). Bestimmungsgründe sind der Zuspruch ('alles ist erlaubt') und der Anspruch Gottes ('nicht alles nützt' bzw. 'nicht alles baut auf', 1 Kor 6,12; 10,23) auf die Existenz des einzelnen und der Gemeinden.

1.1 Daß der Sitz der Ethik das Gewissen ist, bedeutet, daß das ethische Subjekt der einzelne ist, und daß sich das ethische Verhalten aus persönlichen Entscheidungen ergibt. Als Folge daraus versteht sich die christliche Ethik insofern als Dissidenz, als das Selbstverständnis und das Verhalten des einzelnen den gesellschaftlichen Normen kritisch gegenübersteht.

1.2 Der Begriff für den Anspruch Gottes auf die Existenz des einzelnen ist das 'Gesetz', und dies sowohl bei Paulus als auch in den juden- als auch in den heidenchristlichen Auslegungtraditionen der hellenistischen Christentümer. Paradox ist dabei, daß einerseits mit dem 'Gesetz' nichts anderes als die alttestamentlich-jüdischen Gesetzesüberlieferungen gemeint sind, daß andererseits ihre einzelnen Vorschriften prinzipiell keinen normativen Charakter haben: Man läßt sich nicht beschneiden, übertritt den Sabbat und gibt die goldene Regel, Tugend- und Lasterkataloge und andere Topoi der hellenistischen Moralphilosophie als Bestandteil des Gesetzes an. Die Paradoxie ist historisch und grundsätzlich theologisch zu erklären. Historisch: Sowohl Paulus als auch das hellenistische Judenchristentum sind von der hellenistisch-jüdischen Auslegungstradition des Gesetzes abhängig. Grundsätzlich theologisch: Die Funktion des Gesetzes ist offensichtlich nicht, ethische Inhalte zu liefern, sondern die Entscheidungen und die Handlungen des einzelnen vor Gott zu stellen.

2. Das Leitthema der Paränese des Jakobusbriefes ist in Jak 1,2–4 angegeben: Die 'Brüder' sollen sich über Versuchungen freuen. Diese paradoxe Aufforderung wird durch ein Wissen der Adressaten begründet, das sie aus ihrer Erfahrung gewonnen haben: Versuchungen fordern das Ausharren, das Ausharren vollkommene Entscheidungen, und daraus entstehen vollkommene Menschen (Jak 1,3f, vgl. Röm 5,3–5; 1 Petr 1,6).

2.1 Die Kette von Jak 1,3f ist voluntaristisch: Der Mensch entsteht aus seinem Wollen, aus seinen Entscheidungen und aus seinen Taten. Funktion und Ziel der Paränese ist es, eine Weisheit zu vermitteln, durch welche Menschen einzelne und ethische Subjekte werden können.

2.2 Jak 1,5–12 thematisiert die Bedingungen der Subjektwerdung des Menschen. Den Rahmen bilden zwei Verheißungen, die die ethischen Aufforderungen begründen und orientieren: zum einen besteht die Gewißheit, daß Gott dem die Weisheit gibt, der ihn darum bittet (Jak 1,5), zum anderen wird die eschatologische Krönung derjenigen versichert, die durch Ausharren in den Schwierigkeiten der Existenz ethische Subjekte geworden sind (Jak 1,12). Die Bilder von Jak 1,6–8 und Jak 1,9–11 (die parallel angeordnet sind zu den prophetischen Worten von Jak 4,13–17 und Jak 5,1–6, mit denen sie die Paränese umrahmen) warnen vor den verschiedenen Möglichkeiten, sich der Aufforderung zu entziehen: vor dem Wahn einer Existenz, die nirgends verortet ist und vor sich selbst flüchtet (Jak 1,6–8; 4,13–17), und vor der

Selbstzerstörung durch den Reichtum und den sozialen Aufstieg, die das Endgericht verwirklicht (Jak 1,9–11; 5,1–6).

2.3 Als Konsequenz hat der Jakobusbrief keine Vorstellung einer christlichen 'Orthodoxie', sondern nur einer 'Orthopraxie'. Derjenige schließt sich von der Gemeinschaft der 'Brüder' aus, der auf die Armut verzichtet und dadurch die Dissidenz der Armen Gottes verläßt (vgl. Jak 2,1–13).

3. Das Leitthema der Paränese des 1. Petrusbriefes ist in 1 Petr 1,13–25 angegeben: Die Christen, Fremdlinge auf Erden (1 Petr 1,1; 2,11), sollen in Hoffnung leben, weil Gott seine Barmherzigkeit in der Auferstehung Jesu erwiesen hat, und heilig sein, weil der Gott, der sie losgekauft hat und durch sein unvergängliches Wort neu geboren hat, heilig ist.

3.1 Als Indikativ (die Entscheidung der Glaubenden, sich dem Haus Gottes anzuschließen, wird als Erwählung theologisch gedeutet) und als Imperativ (die Aufgabe, sich als Menschen zu verhalten, die auf das eschatologische Gottesgericht warten) bietet sich das Evangelium als Identitätsgewinn an: Die Erfahrung der Christen ist, daß der Herr gütig ist, und der Herr ist deswegen gütig, weil er ihnen einen Ursprung (sie sind die Heiligen und die Erwählten) und eine Lebensorientierung (durch die Aufforderung, sich als die Erwählten und als das heilige Volk zu verhalten und erkennen zu geben), das heißt eine Identität, gibt.

3.2 Der Identitätsgewinn besteht zum einen in einer Umdeutung der Befindlichkeit der Adressaten: Sie empfinden sich als Fremdlinge und Pilger, und sie sollen sich tatsächlich als solche verstehen, weil sie als Haus Gottes Fremdlinge und Pilger auf Erden sind. Anders formuliert: Das, worunter sie leiden, ist gerade das, was sie auszeichnet.

3.3 Der Identitätsgewinn besteht zum anderen in der Empfehlung, einen guten Wandel unter den Heiden zu führen (1 Petr 2,11f). Die Aufforderung ist einerseits durch die Heilstaten Gottes, andererseits durch die Strategie der Gewaltlosigkeit begründet (1 Petr 2,13–4,11). Das Problem ist dasjenige der Dissidenten: Der Dissident hat seinen Ursprung jenseits der gesellschaftlichen Normen, steht ihnen kritisch gegenüber und wird als asozialer Mensch wahrgenommen. Die Strategie der Gewaltlosigkeit hat ihr Ziel darin, den wirklichen Grund der Dissidenz, das heißt ihre

Verwurzelung in der Unvergänglichkeit und in der Ewigkeit, anerkennen zu lassen. Deshalb sollen sich die Christen des Hauses
Gottes so verhalten, daß allen klar wird, daß sie keine Verbrecher, sondern durch ihre Hoffnung motiviert sind (1 Petr 3,8–22).

3.4 Der Verzicht der Paränese auf einen Teil der Freiheit, wie sie
theologisch-programmatisch in Gal 3,28 formuliert ist, ergibt sich
nicht aus einem 'bürgerlichen' Konformismus bzw. aus einer vermeintlichen Anpassung an die Normen der Gesellschaft, sondern
hat eine apologetische und missionarische Funktion. Die Perspektive ist die folgende: Die Tadellosigkeit der Christen als
Dissidenten, das heißt als Pilger und Fremdlinge des Hauses
Gottes in der Welt, ist die Voraussetzung dafür, daß Heiden
durch ihren vorbildlichen Wandel für den Glauben bzw. für die
Hoffnung gewonnen werden können (1 Petr 3,1).

4.3 Die Einheit des Christentums

DUDLEY, C.S./HILGERT, E.: New Testament Tensions and the Contemporary
Church, Philadelphia 1987. – DUNN, J.D.G.: Unity and Diversity in the New
Testament. An Inquiry into the Character of Earlist Christianity, London 1977.
– KÄSEMANN, E. (Hrsg.): Das Neue Testament als Kanon. Dokumentation und
kritische Analyse zur gegenwärtigen Diskussion, Göttingen 1970.

1. Der Versuch, die heutige christliche Vielfalt auf einen gemeinsamen Nenner, das heißt auf einen einheitlichen und maßgeben-
den Ursprung zurückzuführen, erweist sich als eine unhistorische
Betrachtungsweise.

1.1 Die Vielfalt ist von Anfang an Bestandteil der Geschichte der
frühchristlichen Bewegungen.

1.2 Der gemeinsame Nenner ist die vielfältige Berufung verschiedener Entwicklungslinien bzw. Überzeugungssysteme auf das Jesusereignis, um die menschliche Existenz vor Gott zu verstehen.

2. Der Versuch, die heutige christliche Vielfalt auf einen gemeinsamen Nenner zurückzuführen und auf eine Einheitlichkeit zu reduzieren, gehört zu einer alten Tendenz der christlichen Tradition.

2.1 Die Neigung zu Einheitlichkeit kann mit dem missionarischen
Bewußtsein und mit der apologetischen Selbstdefinition der
christlichen Gemeinden verbunden werden. Zum einen ist die

historische Größe und die Kontinuität der Kirchengeschichte ein Argument für die Plausibilität des Christentums (so die Apostelgeschichte). Zum anderen sollen sich die Christen vorbildlich verhalten und keine Ursache für soziale Unordnung sein, damit die Anziehungskraft der christlichen Religion bewahrt bleibt (so die Pastoralbriefe).

2.2 Die Neigung zu Einheitlichkeit kann mit Situationen verbunden werden, die als Bekenntnissituationen gedeutet werden. Politische Entwicklungen bzw. das Verhältnis zum Staat können so ausgelegt werden, daß Entscheidungssituationen entstehen, die die Einheit des christlichen Bekenntnisses fordern (so die Offenbarung des Johannes).

2.3 Die Neigung zu Einheitlichkeit kann mit der innerkirchlichen Problematik der Zuverlässigkeit der christlichen Überlieferung und mit der Gewißheit des Glaubens verbunden werden: Die Wahrheit muß so festgelegt sein, daß sie mit Sicherheit weitervermittelt werden kann. Sicherheit der Vermittlung schließt Vielfalt aus (so die Pastoralbriefe).

2.4 Die Neigung zu Einheitlichkeit kann mit der ideologischen bzw. der metaphysischen Entwicklung des christlichen Überzeugungssystems verbunden werden. Zum einen kann die christliche Theologie durch Einheitsvorstellungen der religiösen, philosophischen und politischen Umwelt geprägt werden (so Ignatius von Antiochien durch die Kombination des monarchistischen Prinzips mit der platonischen Ideenlehre). Zum anderen kann das Christentum mythische Formen annehmen, die die Einheit bzw. die eschatologische Zusammengehörigkeit der Glaubenden voraussetzen (so der Epheserbrief und die johanneische Erlösungslehre).

3. Der Versuch, die heutige christliche Vielfalt auf einen gemeinsamen Nenner zurückzuführen und ihn durch die Geschichtsschreibung des frühen Christentums zu begründen, scheitert an den Voraussetzungen des christlichen Selbstverständnisses schlechthin.

3.1 Der christliche Glaube definiert sich zunächst nicht als ein System spekulativer Aussagen, sondern als Selbstverständnis der menschlichen Existenz vor Gott durch den Bezug auf Jesus von Nazareth. Sowohl die Intepretation des Jesusereignisses als auch die Anthropologie, die der Deutung der menschlichen Befindlichkeit zugrunde liegt, sind variabel und können von einer Mutation des Christentums zur anderen variieren. Als Konstante bleibt, daß sich die historischen, das heißt die in den Fakten – wenn nicht in den Bekenntnisaussagen – immer chaotischen und offenen Selbstdefinitionen des Christentums aus der doppelten Auslegung der Gottesoffenbarung in Jesus und der Situationen der menschlichen Existenz ergeben.

3.2 Der christliche Glaube entsteht nicht durch die Vermittlung, sondern durch die Rezeption des Evangeliums. Ein Christentum gibt es erst, wenn Menschen die Autorität Jesu und seinen Anspruch auf ihre Existenz (das heißt ihre Berufung) anerkennen. Die doppelte Definition des christlichen Glaubens als personbezogen und als existentiell betont die Relevanz des einzelnen als Ort des Glaubensverhältnisses und der Entscheidung.

4. Der Versuch, die heutige christliche Vielfalt auf einen gemeinsamen Nenner zurückzuführen, ergibt sich aus den verschiedenen Selbstdefinitionen des christlichen Glaubens, die sich – wenn auch in unterschiedlicher Art und Weise – gemeinsam auf den historischen Jesus von Nazareth als Ort der Offenbarung Gottes berufen. Die Form der dadurch begründeten Einheit kann nur der offene Dialog sein.

4.1 Die verschiedenen Entwicklungslinien des Christentums sind aufgrund ihrer Selbstdefinition zu dauernder Auseinandersetzung gezwungen, weil sie sich auf dieselbe Person Jesu Christi als entscheidende Bestimmung ihres Selbstverständnisses berufen.

4.2 Der gemeinsame Nenner, das heißt die historische Person Jesu, der als der Auferstandene bzw. als der Erhöhte anerkannt wird, ist und bleibt historisch unerreichbar. Zum einen ist er Gegenstand des Bekenntnisses, zum anderen ist er der Fokalpunkt der überlieferten Jesus-Traditionen, der nur hypothetisch rekonstruierbar ist. Deshalb kann der immer wieder notwendige Versuch, die christliche Vielfalt auf einen gemeinsamen Nenner zurückzuführen, nur im Konflikt der Interpretationen des Jesusereignisses und seiner Bedeutung für das Selbstverständnis der menschlichen Existenz stattfinden.

4.3 Die Form des Dialogs, der in der Perspektive der Fortsetzung des Dialogs geführt wird, ist die rechtmäßige Form der Einheit des Christentums, das sich dadurch auch als offene Gesellschaft definiert. Voraussetzungen des Dialogs sind die existentielle Suche nach der Wahrheit und die gegenseitige Anerkennung der konkurrierenden Interpretationen als Gesprächspartner. Das immer vorläufige Ergebnis des Dialogs besteht in der weiteren Suche nach dem Verständnis des begründenden Jesusereignisses und seiner Bedeutung für die menschliche Existenz.

Register

A. Außerbiblische Quellen (zitierte Texte)

Die Übersetzungen sind zum Teil aus COHN, L./HEINEMANN, I./ADLER, M./
THEILER, W. (Hrsg.): Philo von Alexandria, Die Werke in deutscher Über-
setzung I, Berlin 1962[2]; SCHNEEMELCHER, W. (Hrsg.): Neutestamentliche
Apokryphen I: Evangelien, Tübingen 1990[6]; KRAFT, H. (Hrsg.): Eusebius
von Caesarea, Kirchengeschichte, Darmstadt 1981[2]; LINDEMANN, A./
PAULSEN, H. (Hrsg.): Die Apostolischen Väter, Tübingen 1992; REICH, K.
(Hrsg.): Diogenes Laertius, Leben und Meinungen berühmter Philosophen,
Philosophische Bibliothek 53/54, Hamburg 1967[2] und aus der jeweils
angegebenen Literatur übernommen.

B. Besprochene und kommentierte Stellen

Texte und Arbeiten
zum Neutestamentlichen Zeitalter

Jens Schröter

Der versöhnte Versöhner

Paulus als unentbehrlicher Mittler im Heilsvorgang zwischen Gott und Gemeinde nach 2Kor 2,14-7,4

TANZ 10, 1993, XIV, 378 Seiten, DM 86,–/ÖS 671,–/SFr 88,–
ISBN 3-7720-1889-0

Der 2. Korintherbrief wurde in der Forschung lange Zeit vernachlässigt. Dies hängt damit zusammen, daß Paulus hier sehr persönlich argumentiert, was die Analyse schwierig macht. Die vorliegende detaillierte Untersuchung des Stükkes 2,14-7,4 zeigt nun, wie gerade von dieser "Theologie des Apostolates" ausgehend ein Zugang zur paulinischen Theologie im ganzen möglich wird. Dazu werden alle wichtigen Fragen des Textes besprochen und in die Theologie des Paulus eingezeichnet. Dabei werden neue Akzente, etwa bezüglich der Stellung des Paulus zum Alten Bund, der Peristasenkataloge sowie seiner Rolle als Versöhner im Auftrag Gottes gesetzt. Vor allem aber wird deutlich, wie Paulus seinen Apostolat zu einem konstitutiven Bestandteil seiner Theologie macht.

Klaus Berger

Synopse des Vierten Buches Esra und der Syrischen Baruch-Apokalypse

TANZ 8, 1992, 287 Seiten, geb.
DM 98,–/ÖS 765,–/SFr 100,–
ISBN 3-7720-1887-4
kart. DM 68,–/ÖS 531,–/SFr 70,–
ISBN 3-7720-1861-0

Klaus Berger / François Vouga / Michael Wolter / Dieter Zeller

Studien und Texte zur Formgeschichte

TANZ 7, 1992, VIII, 233 Seiten
DM 78,–/ÖS 609,–/SFr 80,–
ISBN 3-7720-1886-6

Roman Heiligenthal

Zwischen Henoch und Paulus

Studien zum theologiegeschichtlichen Ort des Judasbriefes

TANZ 6, 1992, X, 196 Seiten
DM 68,–/ÖS 531,–/SFr 70,–
ISBN 3-7720-1885-8

francke
verlag

Tübingen und Basel

Klaus Berger

Theologiegeschichte des Urchristentums

Theologie des Neuen Testaments

UTB 1541, 1993, 350 Seiten
UTB-ISBN 3-8252-1541-5

Das Problem aller "Theologien des Neuen Testaments" ist das Verhältnis von Mannigfaltigkeit und Einheit in den Schriften des Neuen Testaments. Dieses systematische und zugleich historische Problem zeigt sich auch im Bereich der Didaktik: Studenten gelingt es kaum, die Inhalte der verschiedenen Positionen wirklich vergleichen und beurteilen zu können. Diese Schwierigkeit wird hier historisch gelöst: Die Theologiegeschichte wird nach Art eines sich verzweigenden Baumes gedacht, wobei auf Gemeinsamkeiten und Gabelungen zwischen Theologien besonderer Wert gelegt wird.

Klaus Berger

Einführung in die Formgeschichte

UTB 1444, 1987, 274 Seiten
UTB-ISBN 3-8252-1444-3

"Jeder, der mit dem Studium der Theologie beginnt, sollte das Buch lesen: Der Blick wird geweitet, das Interesse geweckt, nunmehr Exegese nach neu gewonnenen Erkenntnissen und Einblicken fruchtbringend zu betreiben. Aber auch der Religionslehrer sollte das Buch zur Hand nehmen."

Trierer Theologische Zeitschrift

Francke